中央民族大学中国边疆民族地区历史与地理研究中心
The Research Center of Historical and Geographical Studies of China's Frontier Regions and Nationalities, Minzu University of China

中国边疆民族研究

Studies of China's Frontier Regions and Nationalities

第八辑

达力扎布　主编

中央民族大学出版社

图书在版编目（CIP）数据

中国边疆民族研究. 第八辑/达力扎布主编. —北京：中央民族大学出版社，2014.11
ISBN 978-7-5660-0904-3

Ⅰ. ①中…　Ⅱ. ①达…　Ⅲ. ①边疆地区—少数民族—民族历史—中国—文集
Ⅳ. ①K28-53

中国版本图书馆 CIP 数据核字（2014）第 289888 号

中国边疆民族研究（第八辑）

主　　编	达力扎布
责任编辑	张　山
封面设计	布拉格
出 版 者	中央民族大学出版社
	北京市海淀区中关村南大街 27 号　　邮政编码：100081
	电　话：68472815（发行部）　传真：68932751（发行部）
	68932218（总编室）　　68932447（办公室）
发 行 者	全国各地新华书店
印 刷 厂	北京宏伟双华印刷有限公司
开　　本	787×1092（毫米）　1/16　　印张：18.25
字　　数	480 千字
版　　次	2014 年 11 月第 1 版　　2014 年 11 月第 1 次印刷
书　　号	ISBN 978-7-5660-0904-3
定　　价	52.00 元

目　录

元代荫叙中的族属差别

于　洁

内容提要：元代荫叙制度具有“民族性”的典型特征，将四等人制贯彻至选官与任官环节中，荫叙制本身对不同族群承荫人初授品级高低、所能进入职务系统，都有所区别；元代在维持其基本限定原则的基础上，尽量维护统治蒙古、色目族群中（选择通过承荫入仕的）贵族和高级官僚子弟的政治特权，并让他们通过荫叙制享受这种特权时更通达，前途更光明——即享有一些较优的仕进渠道。不过元代大量的荫叙案例显示汉人、南人家庭也在积极并稳定地参与荫叙。北方汉人和江南地区旧仕宦家庭和个体在元初的承荫情况表明：荫叙制度不但是统治上层“根脚”人士子弟的出仕捷径，也是江南勋旧、新贵家庭将已亡政权中政治、家族资历换做新政治资格的一种途径或手段，这些南宋时期地方精英阶层利用荫叙制实现了家庭政治资格的传递，入元后继续存在并发挥着重要作用。

萧启庆先生于《元代族群政治与族群关系》中总览元代族群政治，提出造成元代各族群“权力分配不均”这一状况的基本原因有二：首先，因元代统治者实行“族群等级制”；其次，政府甄用官员主要以“出身”，即“根脚”。[①]这在元代荫叙制的运行中，也同样贯彻着这一“不均衡”原则，这都通过对不同族群的荫叙规定表现出来，而“根脚”作为一种家庭政治地位，对承荫人获得资格、进入仕途之影响是超族群的——族群固有地位高低之分差，但族群内部亦有“根脚”大小之区别。所谓“根脚”，“乃指一个家族与蒙元政权之渊源，渊源愈深，根脚愈大，则其子弟入仕机会愈高，前程亦愈广。元朝最高阶层官职几为数十‘大根脚’家庭所占据，其中有蒙古、色目，亦有少数汉军世家。”[②]

关于元代荫叙制中的族属（民族）差别，是最早为史学界所关注的问题，并多有学者论证。如陈得芝先生在《中国通史·第八卷》中论及元代荫叙选官制度时便认为，荫叙制纲领性文件“至元四年的承荫体例”适用对象主要是汉人官员。大德八年（1304），元政府又明文宣布，‘有根脚的蒙古人每子孙承荫父职、兄职呵，皇帝识也者’；除此以外，此前所立承荫体例也适用于色目人，惟‘色目比汉儿人高一等定夺’。”[③]

此即是说，除去达鲁花赤等特殊职务，一般品官荫叙，蒙古人也较色目人、汉人更

① 萧启庆：《元朝的族群政治与族群关系》，《内北国而外中国：蒙元史研究》（下册），北京：中华书局，1997 年，第 467 页。

② 萧启庆：《元朝的族群政治与族群关系》，《内北国而外中国：蒙元史研究》（下册），北京：中华书局，1997 年，第 467 页。

③《元典章》卷 8《吏部二·官制二·承荫》“职官荫子例”，天津古籍出版社、中华书局，2011 年，第 258-259 页。

有机会享受到恩遇、超擢。不过《元典章》“职官荫子例”对蒙古人有一限定性词语：“有根脚的”，应是特指蒙古人中的高级官员，即至元四年“品官荫叙体例”中的承荫人之“特恩擢用”“选自特旨”者。[①]而《通制条格》用的说法是，“正蒙古人若上位知识根脚深重人员，取自圣裁。”[②]

荫叙制对于蒙古、色目承荫人最明确的优待，就是大德四年（1300）荫叙体例中的“蒙古、色目人特优一级”和免除“傈使”[③]。而萧启庆直接指出：对于“出身小‘根脚’的蒙古人——尤其是文官子弟及人数众多的军户子弟”而言，“荫袭制度全然不可凭借”[④]；笔者认为高级承荫人，其升迁上限取决于父祖“根脚”中下层蒙古官员，其承荫人的入仕待遇，大致都按至元四年、大德四年所制订的基本体例来运行；其仕途中所据优势，可能只是某些录用蒙古人较多的职务系统，如达鲁花赤、通事、译史；或者非常规性的擢用机会。这与金代所有职务系统中几乎都为女真承荫人配备的双重优待——女真人超迁格和“有荫”出职格相比，不可同日而语[⑤]。中下层蒙古承荫人，入仕出职情况基本与汉人、南人荫官无异；中下层色目荫官更是如此。

一、蒙古、色目人的荫叙情况

（一）蒙古人荫叙

1. 荫叙达鲁花赤

元人称：“皇元定制，县设官三员：曰监，曰令，曰簿；监，多以国人及色目为之。”[⑥]元代中下级蒙古官员，多以达鲁花赤出身，元初达鲁花赤与汉官并非同一系统，官员的选任和子弟荫叙等制度，也完全分开。

至元四年（1267）定汉人“品官荫叙体例”后，紧接着至元七年即为达鲁花赤量身颁布了“达鲁花赤弟男承荫”：将全体达鲁花赤分为两类：蒙古、回回、畏兀儿、乃蛮、唐兀与契丹、女真、汉儿达鲁花赤；前者荫子，凡路总管府达鲁花赤（正、从三品）“应合承袭之人子下州达鲁花赤（从五品）内叙用”，“散府、治州达鲁花赤（正从四、五品）应介承袭之人于县达鲁花赤（从六至从七）内叙用”；后者一般被称为“有姓达鲁花赤”[⑦]，

---

①《元典章》卷8《吏部二·官制二·承荫》“品官荫叙体例”，天津古籍出版社、中华书局，2011年，第253页。

② 方龄贵校注：《通制条格》卷6《选举·荫例》，北京：中华书局，2001年，第268页。

③ 这个规定内容是：“更定荫叙格，正一品子为正五，从五品子为从九，中间正从以是为差，蒙古、色目人特优一级。”（《元史》卷20《成宗三》，北京：中华书局，1976年，第432页。）可以看出所优待的“一级”是指子孙承荫时的初授散官品级中“一级”，元代官员之散官按“等（级）”升迁，荫叙以按“等（级）”分差，即指蒙古、色目人荫叙初授最高可为从四品。杨志玖先生《元代回回人的社会地位》（《回族研究》，1993年第3期）一文中引此条，注为“即正一品可为正四”，误，忽略了一品级内正、从之差方为“一等（级）”。关于免除“傈使”（实习期）的规定，为至大四年颁布的诏令：“诸职官子孙承荫，须试一经一史，能通大义者免保使，不通者发还习学，蒙古、色目愿试者听，仍量进一阶。（《元史》卷83《选举志三·铨法中》，第2061页。）这里可以看出学习经史对蒙古、色目人之优待较之天然的“特优一级”要小，即在初授时可进一“阶”，即一“级”之内上、下阶之差别待遇。

④ 萧启庆：《元代蒙古人的汉学》，《内北国而外中国——蒙元史研究》，北京：中华书局，2007年，第589页。

⑤ 见于洁《金元荫叙制度研究》，中央民族大学博士学位论文，2014年7月，第38-40、89-90页。

⑥ [元]张昌：《普公遗爱记》，李修生主编：《全元文》第59册，南京：凤凰出版社，2004年，第593页。

⑦《元典章》卷9《吏部三·官制三·投下》“有姓达鲁花赤革去”、“有姓达鲁花赤追夺不叙”，天津古籍出版社、中华书局，2011年，第294页。

此时则“同管民官体例承荫叙用”[①]。以上为《元典章》所载公文颁布时的意见，这一意见最终被批准执行，于是我们在《元史》中看到它的最终“定版”——至元七年四月壬午敕：

诸路达鲁花赤（上路正三品、下路从三品）子弟荫叙充散府诸州达鲁花赤（散府正四品，上州从四品，中州正五品，下州从五品），其散府诸州子弟充诸县达鲁花赤（上县从六品，中县正七品，下县从七品），诸县子弟充巡检。[②]

很明显，随着至元年间迁转体系的建立，达鲁花赤已经从军官中分离出来，像民官一样迁转，但元政府出于政治平衡考虑，维持达鲁花赤在地方行政级别中的尊崇，所以其子弟荫叙，较民官宽松，可以荫“弟”与“男”，且待遇相等，不必因为“旁荫”而降等；他们的子孙可以继续留在达鲁花赤职务系统中，官品也比普通民官荫子要高出两个级别（品官正从一品方能荫子五品），更像是一种降等“承袭”。大德四年之前，达鲁花赤的选任应该说以“承荫”为最主要方式，“在大规模战争后，很难再通过军功担任达鲁花赤，荫叙一途因而变得更加重要。在元朝辽阔的统治地区需要大批达鲁花赤，尤其是县、录事司等下级官府中的达鲁花赤，可以由官员子弟荫叙来填补”。[③]

不过，到大德四年（1300）更定荫叙法时，达鲁花赤荫子的特殊规定就被取消了：“达鲁花赤子孙与民官子孙一体荫叙，傍荫照例降叙。”[④]虽然达鲁花赤官员选任仍保持族属构成不变，但这一调整象征着达鲁花赤地位，在元代中期的平缓下降，“与至元前期的官员荫叙规定相比，系官民职达鲁花赤不再是官员中的特殊群体，已经融入普通官员当中”。[⑤] 这意味着即使父祖并非达鲁花赤，蒙古、色目人也可以通过荫叙充任达鲁花赤，这一职位虽然仍有“民族封闭性”，却不再具有“世代封闭性”；赵阮考察《至顺镇江志》所记载承荫为达鲁花赤之蒙古、色目 4 人，发现只有 1 人的父亲是达鲁花赤出身。[⑥]这也说明了大德四年以后并未完全禁止达鲁花赤子弟不得承荫本职务系统。洪学东认为上引大德四年规定中的达鲁花赤“应当和至元七年令一样，仅仅指‘契丹、女真、汉人达鲁花赤’，他们在达鲁花赤系统中级别较蒙古人、色目人低，他们的后代可以和民官子孙一体荫叙而已。”[⑦]

但不是所有达鲁花赤都属于一个职务系统，元代也有不属于流官系统的杂职达鲁花赤，即投下任命的达鲁花赤。元代中央政府下辖各路府州县的达鲁花赤由蒙古人担任，

---

①《元典章》卷 8《吏部二·官制二·承荫》“达鲁花赤弟男承荫”，天津古籍出版社、中华书局，2011 年，第 257-258 页。

②《元史》卷 7《世祖纪四》，北京：中华书局，1976 年，第 127 页。

③ 赵阮：《蒙元时期达鲁花赤研究》，北京大学博士学位论文，2012 年 6 月，第 100 页。

④《元史》卷 83《选举三》，北京：中华书局，1976 年，第 2060 页。

⑤ 赵阮：《蒙元时期达鲁花赤研究》，北京大学博士学位论文，2012 年 6 月，第 100 页。

⑥ 赵阮：《蒙元时期达鲁花赤研究》，北京大学博士学位论文，2012 年 6 月，第 100 页。

⑦ 洪学东：《元代荫叙制度研究》，暨南大学硕士学位论文，2012 年 5 月，第 19 页。洪文中认为：“总体而言，达鲁花赤的荫叙是一个颇为复杂的问题，民官的荫叙法则，军官的承袭法则，都能对某部分达鲁花赤产生效用，路一级达鲁花赤，由拥有特权的蒙古人和色目人承担，这两种人往往是元代法规中的特例，这又增加了达鲁花赤荫叙的复杂性。”此处只要厘清：常规荫叙制度适用于“流官系统”，而达鲁花赤这一职位本身便有流内、流外之分这个问题，就会更加清晰，如此投下达鲁花赤等不属于流官的达鲁花赤便被排除出去。

但各投下也多差设“受令旨或宣敕有姓达鲁花赤”，[1]这些“投下差放达鲁花赤”自有迁转例，[2]不拘常调。当然这些达鲁花赤多为“有姓人”，即族属为汉、契丹、女真等人。如投下大都等路管领怯怜口民匠总管府，也设“达鲁花赤一员，总管一员，俱受御宝圣旨”，[3]“受御宝圣旨的达鲁花赤、总管属于五品以上的宣命杂职官，受敕杂职人员为六品至九品官”；[4]投下等达鲁花赤多是投下自己任命，迁转也只在本衙门、本投下内，其荫叙子孙可能也只在内部。

2.荫叙译职

那么中低级蒙古承荫人还能选择哪些途径，一般来说，中央行政及御史台等部门，处理公文常需要蒙古吏员、译员，如通事、译史等，称为“译职”——这份职业对家世背景稍逊的蒙古承荫者来说，也充满着机遇。

蒙古人阔阔出一家两代为通事，皆系承荫：阔阔出（也作阔阔术）出身通事[5]，进献传国玉玺后，仕途路高升，后“召拜太中大夫（从三品）、中书礼部尚书”致仕；嫡长子燕帖木儿用荫入官，“除承务郎（从六品）、典瑞院都事”，“寻拜江南诸道行御史台监察御史”，“除承直郎、天临路总管府判官”，卒前官“奉议大夫（正五品）、同知南宁路总管府事”，子观音奴，“复以嫡长为宪府通事”。

通事、译史皆为流外吏员，虽杂务繁重，不过出职品级也相对较高。后者从事文字翻译，对任职人员有特殊语言之要求，选任有其专门渠道；而后者多负责口译，因此两职“任用之标准出入颇大”，后者显然更容易为蒙古承荫人所进入。[6]阔阔出并非贵胄，且为由吏入仕，与其子燕帖木儿皆为承荫人，其由荫入官的品级皆与大德四年荫叙体例相合，并无超授。阔阔出后来利用了“国族”身份，借献宝于宫中[7]，从此一路高升。他的履历中反映出中下级蒙古承荫人供职如能于政府机要部门，也会有其他承荫人所没有的机遇。

元代包括蒙古人在内的各族群译职人员虽皆非“贵胄”，但也大多出身“精英”（“菁英”）之家，而非市井小户；而元代译职人员各方面地位、待遇之高，也使得“高门子弟愿意屈身译职，并不意外”。[8]萧启庆通过考察统计发现，蒙古人担任译职者数量众多（总体数量虽在汉人、南人之下，但须考虑到蒙古人所占当时人口比率），父祖终官在上、中品级的分别占其总数“37.5%”“25.0%”，就总体而言，“出身元朝及南宋官宦家庭之译职人员亦达总数之 62.96%，其中出身上品官宦家庭者更多达 20.37%”，[9]这一职

---

① 《元典章》卷 9《吏部三·官制三·投下》“有姓达鲁花赤革去”，天津古籍出版社、中华书局，2011 年，第 294 页。

② 《元典章》卷 9《吏部三·官制三·投下》“投下达鲁花赤迁转”，天津古籍出版社、中华书局，2011 年，第 292 页。

③ 《元史》卷 89《百官五》，北京：中华书局，1976 年，第 2257—2258 页。

④ 关树东：《金代的杂班官与元代的杂职官》，《隋唐辽宋金元史论丛》第三辑，上海古籍出版社，2013 年。

⑤ 关于“通事”这一吏职具体情况，参见许凡《元代吏治研究》，劳动人事出版社，1987 年，第 11-12 页。

⑥ 见萧启庆《元代的通事和译史：多元民族国家中的沟通人物》，《内北国而外中国：蒙元史研究》（下册），北京：中华书局，2007 年，第 415-462 页。

⑦ 阔阔出献传国玺事见《蒙古拓拔公先茔碑》及《南村辍耕录》卷 26“传国玺”，中华书局，1959 年，第 317 页。

⑧ 萧启庆：《元代的通事和译史：多元民族国家中的沟通人物》，《内北国而外中国：蒙元史研究》（下册），北京：中华书局，2007 年，第 458-459 页。

⑨ 萧启庆：《元代的通事和译史：多元民族国家中的沟通人物》，《内北国而外中国：蒙元史研究》（下册），北京：中华书局，2007 年，第 462 页。

位的崇高吸引力，在阔阔出一家这样的蒙古承荫人仕宦选择上，便充分体现了出来。

（二）色目人的荫叙

1.一般色目家庭的荫叙形态

色目人的荫叙待遇比蒙古稍低，但情况与蒙古中低级承荫人入仕渠道的偏向性相似，大多入仕地方达鲁花赤职位，是元代达鲁花赤的主要构成群体。[①]那么高级色目官员家庭的荫叙是什么情况呢？荫官班祝，畏兀人，[②]其父哈珊（又作"哈散"）是大蒙古国时期高昌贵臣小云石脱忽怜（亦作"写云赤笃忽璘"）之后：

> 世王高昌，在唐为回鹘……逮高昌之归我太祖皇帝，公之大父讳写云赤笃忽璘，以本国兀鲁爱兀赤官实从来。既而命以宣差，真定府路都达鲁华赤断事官，临是郡，因丽兹土。爱兀赤公之息：伯讳八僓，以左右手都万户领天下鹰房……仲讳逮混察……叔讳哈剌哈孙，以□德大夫中书右丞行中书省事，后以本官袭父职，终于位。季讳间间，尝为宣慰使。公实出于伯氏而养于叔室，后替其续。[③]

据此可知哈珊被过继给日后位至宰相的哈剌哈孙，成为其嗣子。他至元二十年（1283）出宿卫，成为真金太子的东宫詹事判官，二十四年（1287）"除真定路总管府达鲁华赤兼管内诸军奥鲁劝农事，升嘉议大夫"；此后因哈剌哈孙在武、仁宗两朝的位高权重，加之本人西北战事有功而不断受到皇帝的垂青，"大德三年，入觐，玉音亲劳之余，大賚是膺，易三珠金虎符，统领西边军马，仍旧平章政事"；他在大德八年去世后，妻子别的斤"封赵国夫人"，为了巩固家族地位，维护子孙政治资本，她也与宫闱保持着密切的关系，"提携往来，出入宫掖，不殊平素，及子就荫而止"；其子班祝后来承荫进入了监察系统，"以荫绪累迁朝列大夫、佥河东山西道肃政廉访司事"。[④]

元代包括肃政廉访司在内的监察系统，职掌风纪弹纠，其官员族属安排，蒙古、色目要占至少50%，并大量使用色目人直接参预监察事务，这种安排用意在于"能够有效地监察蒙古、色目官员，避免了用汉族监察官员纠弹蒙古、色目大臣多生顾忌和软弱无力的弊端"。[⑤]据《元代畏兀儿研究》一书所列"畏兀儿仕宦在监察机构中任职的情况表"[⑥]就有班祝；色目世勋子孙也多充任御史大夫等职者，其控制言路，对元代后期政治生活及权臣之争影响甚大。[⑦]

更有一些高阶色目承荫人，初授中央其他部门，后又被特意选入监察系统任职者。

---

① 尚衍斌：《元代内迁畏兀儿仕宦研究》："畏兀儿仕宦中的绝大多数人担任过地方官，治理地方的政治实践可以说是畏兀儿仕宦政治实践的主要方面……。"（中央民族大学历史系编：《民族史研究》第1辑，民族出版社，1999年，第224页。）

② 关于元代畏兀儿人定义及内迁畏兀儿人仕宦情况，参见尚衍斌师：《元代畏兀儿研究》，北京：民族出版社，1999年；《元代内迁畏兀儿仕宦研究》，中央民族大学历史系编：《民族史研究》第1辑，第224页。

③ [元]瞻思：《有元甘肃等处行中书省平章政事荣禄公神道碑（哈珊神道碑）》，《辽金元石刻文献全编（三）》，《常山贞石志》卷21，北京图书馆出版社，2003年，第346-351页。

④ [元]瞻思：《有元甘肃等处行中书省平章政事荣禄公神道碑（哈珊神道碑）》，《辽金元石刻文献全编（三）》，《常山贞石志》卷21，北京图书馆出版社，2003年，第346-351页。

⑤ 尚衍斌：《元代内迁畏兀儿人仕宦研究》，中央民族大学历史系编，《民族史研究》第1辑，北京：民族出版社，1999年，第255页。

⑥ 尚衍斌：《元代内迁畏兀儿人仕宦研究》，中央民族大学历史系编：《民族史研究》第1辑，北京：民族出版社，1999年，第252-255页

⑦ 见郝时远：《元代监察制度概述》，《元史论丛》第3辑，北京：中华书局，1986年。

如帖木列思（又名“铁木烈思”）为名臣康里回回子、康里巎巎侄，于“至元六年四月用其祖中书平章政事、追封东平王卜忽木荫，以奉训大夫上”，①初授秘书监丞；后选任河南廉访佥事，至正九年由又继任温州路达鲁花赤、杭州路总管，至正十三年在杭州任上时，人称“累迁清要而居是任”，②不久便迁南台治书侍御史，返回监察系统。这种为色目高官、贵族子弟所开辟的专属渠道，也使得高级色目承荫人的仕宦途径较铨注地方达鲁花赤者更优。

对于中低阶色目承荫人仕途的考察，本文于所见文集碑传、地方志、石刻中选取10人作为典型展示，其职位多为府路县治中、达鲁花赤。

表1 元代中低阶色目承荫人选择职位情况一览

承荫人	施荫人及关系	承荫入仕情况	出处
火鲁忽达	保八（父）	侯字得之，世家北庭。平章公保八公之适子也。尝游成均，两膺乡荐，所至风采政事皆有可称道者云； 荫授晋宁路治中，历官兴州达鲁花赤、漕运万户、浙东元帅。	杨维桢：《长兴州重修学宫记》，《两浙金石志》卷17； 王德毅主编：《元人传记资料索引》，第2559页。
脱帖木儿	?	脱帖木儿，康里氏，荫授房山县达鲁花赤。	《嘉靖涿州》卷11
贯云石	贯只哥（父，后让荫于弟）	阿里海涯之孙。父名贯只哥，因以贯为氏。……有文武材，折节读书，士大夫乐从之游。少用荫为万户府达鲁花赤，让与弟，以文行荐为翰林侍讲学士，知制诰。既又辞疾还江南； 子贯阿思兰海涯，字子素，至顺二年任兰溪州达鲁花赤，历宁国路榷茶提举、慈利州达鲁花赤，升岳州路达鲁花赤。	《元贯云石等通元观诗刻（赠法师俞行简诗）·跋文》，《两浙金石志》卷18； 欧阳玄：《元故翰林学士、中奉大夫、知制诰、同修国史贯公神道碑》，《圭斋文集》卷9。
八资剌	?	八资剌字思齐，畏吾人氏，以世禄历侍仪使。至元丙子任监州，为政警敏，理断详审，民皆惬服。……	《至正昆山郡志》卷2《名宦》，《宋元方志丛刊1》，中华书局，1990年，第1120-1121页。

① [元]王士点、商企翁编次，高荣盛点校：《秘书监志》卷9，秘书监丞，杭州：浙江古籍出版社，1992年，第179页。

② [元]王大本：《杭州路重建庙学之碑》，《两浙金石志》卷18，《辽金元石刻文献全编（二）》，北京图书馆出版社，2003年，第429-430页。

海荅儿	卓麻儿 （父）	卓麻儿，回回人，大德元年为本路总管府达鲁花赤，因家焉，再迁婺州路总管府达鲁花赤，卒。海荅儿，卓麻儿子，以父荫历长兴州盐官、州同知、潭州榷茶提举，今宣武将军、绍兴路治中。	《至顺镇江志》卷 19《仕进・侨寓》，《宋元方志丛刊 3》，第 2864 页。
秃干牙里	斡鲁欢牙里 （父）	斡鲁欢牙里，畏兀儿人，元贞初为本路总管府达鲁花赤，因家焉。再授中大夫、瑞州路总管府达鲁花赤卒。 秃干牙里，斡鲁欢牙里子，以父荫累官朝请大夫、湖州长兴州达鲁花赤，卒。	《至顺镇江志》卷 19《仕进・侨寓》，《宋元方志丛刊 03》，第 2864 页。
也里牙	安马里忽思 （父）	安马里忽思，也里可温人，居镇江，中宪大夫、同知广东道宣慰使司副都元帅。 也里牙，安马里忽思子，以父荫忠翊校尉、南安路大庾县达鲁花赤，今昭信校尉，同知潭州路浏阳州事。	《至顺镇江志》卷 19，《仕进・侨寓》，《宋元方志丛刊 03》，第 2864 页。
阿思兰也奴	？ （父）	阿思兰也奴，畏兀儿人，以父荫补官，皇庆中，为金坛县达鲁花赤，因居焉。县有抛荒田，粮四千除石，民无从纳，尝建言免之。累迁朝散大夫、福建道宣慰副使签都元帅府事，自号澹斋。	《至顺镇江志》卷 19，《仕进・侨寓》，《宋元方志丛刊 03》，第 2865 页。

2.党项、契丹人家庭的荫叙

党项人在元属“四等人”中之色目人，而契丹人则被归于汉人，在元代承荫的法律条文种，常有别于一般色目人、汉人，情况有其特殊性。[①]关于元代党项、契丹等人荫叙的情况，材料不多。根据《元典章》至元七年六月“达鲁花赤弟男承荫”一条，并不限制党项、契丹、汉人等充达鲁花赤，还给予其后代相应荫叙资格：

> 除蒙古、回回、畏吾儿、乃蛮、唐兀等达鲁花赤应继之人，依准前项准拟闻奏，所据契丹、女真、汉儿达鲁花赤应继之人，拟同管民官体例承荫叙用。[②]

后来契丹、女真、汉人逐步退出了达鲁花赤系统。至大四年九月“有姓达鲁花赤革去”和延祐三年六月“有姓达鲁花赤追夺不叙”两条来看，[③]直到至大二年时，还有众

① 关于元代党项人（西夏人）之政治地位归属、变迁，见汤开健《元代西夏人的政治地位》，《甘肃民族研究》，1987 年第 1-2 期。杨志玖先生在《〈梦溪笔谈〉中‘回回’一词的再认识》一文中着重提出从族源、族属上来看，“在元代，西夏人称河西人、唐兀人，他们与回回人并列，不能混同”.（《中国民族史研究（四）》，北京：改革出版社，1992 年，第 172-178 页。）关于元代女真人的情况，见罗贤佑《金、元时期女真人的内迁及演变》，《民族研究》，1984 年第 2 期、杨保隆《浅谈元代的女真人》，《民族研究》，1984 年第 3 期。

②《元典章》卷 9《吏部三・官制三・投下》“达鲁花赤弟男承荫体例”，天津古籍出版社、中华书局，2011 年，第 257-258 页。

③《元典章》卷 9《吏部三・官制三・投下》“有姓达鲁花赤革去”、“有姓达鲁花赤追夺不叙”，天津古籍出版社、中华书局，2011 年，第 294-295 页。

多契丹、女真、汉人取蒙古名字，选入投下达鲁花赤的现象存在，说明元初对达鲁花赤的选任中，这些人常混杂其中。而延祐二年以后，政府开始严防这种事发生，并对此类已经授“宣敕”的达鲁花赤予以追夺，不再叙用。

党项（唐兀）人因其上层人物在元朝军事、政治中较为活跃，并多有世代为官者，其身份地位较前两者为高。[①]党项人在元四等人划分中常被归于“色目”，属于“第二等西北民族”，其承荫人的“根脚”可谓不小。[②]

如河西高家就是元代宫廷中较为活跃的世家，其承荫人常以宫廷荫叙起家，继承了金代宫廷荫叙的模式。元初肇建之臣高智耀，其子高睿，“资禀直亮，智耀之北使也，携之以行。及卒，帝问其子安在，近臣以睿见，时年十六。授符宝郎，出入禁闼，恭谨详雅”；[③]元世祖将名臣子授以“符宝郎”承应职，此类授予在金代大臣子荫补“宫中承应人”一途中非常多见。高睿承应之后，出职得任唐兀卫指挥副使，[④]并历翰林待制、礼部侍郎等职务；《嘉兴府志》称其“以恩荫历礼部侍郎，除嘉兴总管”，后“累迁廉访使”，[⑤]终封宁国公；可见高睿出入内、外朝，文、军职，抑或中央、地方之间，甚至监察系统都有历任，仕途通达，政治活动空间较一般名臣子和高级承荫人更大。其子纳麟也沿用了这种宫廷荫叙而入仕，大德六年“以名臣子，用丞相哈剌哈孙答剌罕荐，入备宿卫。十年，除中书舍人。至大四年，迁宗正府郎中”。[⑥]

杨朵儿只是元仁宗监察系统中的党项名臣。在元英宗即位前因忤逆宰相铁木迭儿被杀，英宗即位后为其平冤昭雪，泰定三年“特赠忠顺佐理功臣、金紫光禄大夫、司徒、上柱国、夏国公，谥襄愍”，第二年御史台即奏用其子不花“武备库提点不华佥河东山西道肃政廉访司事”；[⑦]而在父亲平反之前，他已经承荫入仕，其职“武备库提点”即系荫叙得来，“后遭家难，益自励为学，以荫补武备司提点”；直到天历初元文宗入继大统时，不花“除通政院判，将行，值陕西诸军拒诏”，他因率兵抵御，兵溃被杀，“至顺二年，赠嘉议大夫、礼部尚书，以褒其忠”。[⑧]

党项承荫人，除了可以从地方达鲁花赤、宫廷承应人等职位起家，还可以选充军职，如地方戍军、唐兀质子军（秃鲁花）。[⑨]至元九年规定承荫人的傔使，“拟除蒙古及已当

---

① 关于党项上层人物的活动，见史金波：《蒙元时期党项上层人物的活动》，中国社会科学院民族研究所民族历史研究室编：《民族史论丛》第1辑，北京：中华书局，1987年，第135页。

② 蔡志纯：《元朝民族等级制度形成试探》，中国社会科学院民族研究所民族历史研究室编：《民族史论丛》第1辑，北京：中华书局，1987年，第115页。

③《元史》卷125《高智耀传》，北京：中华书局，1976年，第3073页。

④ 关于元代宫廷禁卫中唐兀卫的组建与职能，见史金波：《蒙元时期党项上层人物的活动》，中国社会科学院民族研究所民族历史研究室编：《民族史论丛》第1辑，北京：中华书局， 1987年，第140-141页。

⑤《(万历) 嘉兴府志》卷 12，《中国方志丛书・华中地方第 505 号》，台北：成文出版社有限公司，1984 年，第 819页。

⑥《元史》卷142《纳麟传》，北京：中华书局，1975年，第3406-3408页。

⑦ [元]虞集：《御史中丞杨襄愍公神道碑应制》，《道园学古录》卷16，《虞集全集（下册）》，2007年，天津古籍出版社，2007年，第1063-1066页

⑧《元史》卷179《杨朵儿只、不花传》，北京：中华书局，1976年，第4155-4156页。

⑨《元史》卷133《拜廷传》，北京：中华书局，1976年，第3224页。

秃鲁花人数别行定夺”，[①]可见党项人在“秃鲁花”（质子）中服役后出职可酌情免于傔使。

进入地方上的党项、契丹等非汉人承荫人，其承荫经历分别与色目、汉人经历相似。如勃罗帖穆尔：

……字存中，号一斋，唐兀人氏，祖忽剌出，银青荣禄大夫、湖广行省丞相。父彻里帖木儿，中奉大夫、湖广行省参政。公以相门世禄，初授承务郎、直省舍人，升奉训大夫、武备寺丞。历大府监提点。至正辛巳冬，以奉议大夫来为监州，初下车适立都水庸田使，同开濬河道，公受委提调……[②]

而契丹人夹谷八儿思不花，“居镇江，以父荫历池州东流县主簿”，其承荫起家职位，是汉人中低阶承荫者常选择的九品地方县尉、主簿、照磨等，后来经升迁带正七品“承事郎”散官。[③]

二、汉人、南人家庭的入元荫叙与仕宦选择

对于元代汉人、南人个体与家庭参与荫叙情况的考察，与元代蒙古、色目群体取向不同，重点须置于汉人、南人作为具有地域性的族群加入元代荫叙制度前后这一时段。因为考察元代中后期荫官群体可知，随着荫叙规章制度和中央、地方官制的完善，各族群之间的荫叙“族属差异”渐渐缩小，取而代之的是平稳、规律地运行——不管是蒙古、色目还是汉人，“根脚”大小成为影响一个承荫人在选官、任官制度中获得、经营政治资格的决定性因素，除此之外的普通、无“大根脚”的中下级荫官，无论族属皆遵循荫叙制对其升迁的限制：迁转统一按散官品级，严格遵循“迁转格”及升迁上限；而不同族属的家庭内部，面对荫叙资格，其内部也会不可避免都出现了对荫叙资格的再分配：递推、让荫、争荫、过继、隔代荫叙或家长干预调节等等趋同现象。[④]所以对蒙古、色目荫官而言，深入对他们有利的职务系统内部经营宦业成为他们荫叙的一个典型特征。而对于汉人、南人家庭而言，在随地域“归附”之初，他们面对元王朝正在形成中的荫叙制及给予他们的特殊、过渡性政策，所作出的选择，成为他们融入元代族群政治时表现出的典型特征，也是需要重点关注的时期。

元代“荫叙有循常之格”[⑤]，作为官僚制度之附属，荫叙制随着至元年间职官体系和迁转制度的肇建而产生。参照《元史》、《大元圣政国朝典章》涉及荫叙之条目，可看到它在至元年间的建立并逐步构建起荫叙体系的过程。[⑥]中统三年（1262），李璮之乱平息后，为巩固统治之需要，元世祖果断“撤罢汉地世侯，分军民治之，置牧守，行迁转”，次年改元至元（1264），“中书省颁布了一个重要的文书，即《职官新制》”，于是元代职

---

① 《元典章》卷 8《吏部二·官制二·傔使》“品官子孙当傔使”，天津古籍出版社、中华书局，2011 年，第 268 页。

② 《至正昆山郡志》卷 2《名宦·侨寓》，《宋元方志丛刊 1》，北京：中华书局，1990 年，第 1120-1121 页。

③ 《至顺镇江志》卷 19《仕进·侨寓》，《宋元方志丛刊 03》，北京：中华书局，1990 年，第 2865 页。

④ 见于洁：《金元荫叙制度研究》，中央民族大学博士学位论文，2014 年 7 月，第 139-151 页。关于影响承荫人仕途迁转的因素分析，见 151-161 页。

⑤ 《元史》卷 81《选举志一》，北京：中华书局，1976 年，第 2016 页。

⑥ 关于元代体系建立的具体过程，详见于洁《金元荫叙制度研究》，中央民族大学博士学位论文，2014 年 7 月，第 120-138 页。

官体系和迁转法初具规模，至元十四年（1277）的《循行选法体例》，进一步将迁转对象“扩大到随朝官、京官、地方官、匠官等各种职官系统，对有关迁转的规定也做了进一步的调整和充实”。[①]一个中央政府完全掌控下官僚体系逐步建立起来，这都赋予荫叙制实行之先决条件。

那么至元之前乃至大蒙古国时期，汉地已有行政机构和官僚设置，荫叙制度在事实上有没有发生过？由于此时蒙古统治者所控制的区域多为原金朝统治者治下，这部分地区的居民后来在“四等人制”中被划分为“汉人”，而此后数十年中，南宋被征服，划入元朝版图，其治下居民“南人”也随着官僚体系的扩充，被纳入元代荫叙体系之中。汉人与南人家庭的荫叙，在他们加入元代荫叙体系初期有着鲜明的过渡形态，多参酌金、南宋旧制和平定之初的社会组织情况而灵活运行，考察这个演变轨迹，也能后清晰地看到元代荫叙制度随着参与群体的多样化、扩大化，不断充实、完善的过程。另一方面也能观察到不管是北方还是江南的仕宦家庭，在面临时代变换时，所进行的仕宦选择或“被”选择。

（一）汉人家庭早期荫叙

金政府贞祐二年（1214）以后南迁，木华黎开始经略华北地区。这个时期，由于蒙古国从上至下尚未形成完善的官僚制度，加之战事频繁，降叛不定，华北地区的秩序维持并不靠行政体系与官员，而是那些承制封拜的金朝投降将领和地方武装势力。所以这个时期“授予汉人的官制基本上是仿照金朝官制”；[②]而那些初期木华黎承制封拜的官员、将领，身兼地方军事、行政权利于一体，他们的职务、头衔其实往往是可以父子相袭的，称为“世侯”，这种继承惯例一直延续到元初忽必烈即位之后。[③]这种民官“荫袭”的情况在金代留下来的很多石刻材料中可以找到痕迹，被称为“民官承袭”。至元元年（1264）迁转法已经在民官中推行，依旧制承袭“有碍迁转体例”，不久后民官承袭便被取消，约至元四年（1267）左右，官员之“承袭”与“用荫”便在制度上彻底分开了[④]。

那么实际情况又是怎样？大蒙古国至元初这些地方官家庭的政治资格是怎样分配的？他们的“承袭”情况可分为几大类来逐一分析。

1. 父子相袭的荫叙形态

施荫人段直“世为泽州晋城人”，他的经历是典型的地方“乡党”自守而就地任命地方官：

> 甲戌之秋，南北分裂，河北河东山东郡县尽废，兵凶相仍，寇贼充斥。公乃奋然兴起，率乡党族属为约束，相聚以自守。及天子命太师以王爵领诸将兵来略地，豪杰并应，公遂以众归之，事定论功行赏，分土传世，一如古封建法。公起

① 白寿彝总主编，陈得芝卷主编：《中国通史》第八卷“元代卷”，上海人民出版社，1997年，第940-941页。

② 李鸣飞：《金元散官制度研究》，北京大学博士学位论文，2011年6月，第111页。

③ 关于金元之际占有州郡区划、世侯系衔、子嗣袭衔的情况，见温海清《画境中州：金元之际华北行政建置考》，上海古籍出版社，2012年，第202-212页。不过此书涉及地方官继承时，侧重考察军职、民职混合的世侯上层群体之职衔体系变化及其与行政制度演化的关系，并未对中低层地方“军民长官”群体及其后代承袭作更多挖掘。

④ 白寿彝总主编，陈得芝卷主编：《中国通史》第八卷“元代卷”，上海人民出版社，1997年，第938页。

泽应得泽，遂佩黄金符，为州长官，凡廿余年。[①]

到了元宪宗在位时期，忽必烈"在潜邸时"，段直还被任命为"提举本州学校事，未拜而公卒"，他的碑中交代其职位"子绍隆嗣"；因为他曾经"朝京师一朝王二，王宠赐甚渥"，所以另一个儿子段绍先入宫宿卫，成为怯薛，"国初凡守亲王分地者，一子当宿卫，绍先宿卫王府"，看起来他的二子都得到了"恩泽"。至元元年（1264）左右，元世祖"始罢诸侯世守，立迁转法"，[②]段绍隆"以迁转法行，加武略将军，移知葭州"。[③]证明这批"承袭"的民官依然被继续投用，成为元代中央官制完善初第一批参与"迁转"的官吏。

段直"初太师承制封拜时，授潞州元帅府右监军"，证明他最初是兼有军职与地方（管）民官职。这是元初地方官的一大特色，其中有一些家庭将民官职务"荫叙"予后人，从而成为文官家庭；而有的家庭的子弟将武职继承了下来，后代"承袭"录用。说明这些地方官家庭在后来也有分途，后代并非全部进入行政体系。

定襄县令赵公沂也是一个典型例子，其父赵浩是通过行省选帅辖区下任命的民官：

父讳浩，胡桃园人氏。时东山啸聚之徒云集风起，居民重受其扰，幸恃公威力，稍得安业。蒙行省大帅嘉公之忠勇，授以金符，委擢帅府事。至乙未年，省并州县，命公行定襄县令。[④]

后来赵公沂在中统元年"承袭父职，行定襄县令"。《定襄金石考》中跋后称"考元初牧守皆世袭，至元二年始革之。赵浩自乙未年令定襄（太宗七年）中统元年历二十六年公沂始袭父职，历年甚久"。[⑤]证明至元二年（1265）政策上停止地方官子"承袭"，但实际在中统年间这种选任方式还在有条不紊的运行着。赵浩任守令二十六年，上文中段直任县令也有二十多年，他们维持地方秩序的时间，证明了这种"承袭"也伴随运行了相当长的一段时期。

仪肃在金末被行省"檄摄虢州，俄弗支，则堡中条之上；会金窜汴降元后"，他见大势已去遂同意招降，于是按照金朝旧制佩金符，任命为"解州节度使"；其子仪叔安后"□父爵同知解州，有政绩，继而尹曲沃、隰州、修武、济阴，皆以□民治声。"[⑥]

关于仪叔安什么时候结束"承袭"所任，流入迁转，胡聘之在跋文中考证："按元初牧守皆世袭，至元二年始革之，见元史本纪。由解州同知迁尹曲沃，必在至元初。……碑末题扬州路高邮州知府兼劝农事（阙），则皇庆二年已迁尹高邮。"并且引《通志》"金

① [元]刘因：《泽州长官段公墓碑铭》（据静修集补完），《山右石刻丛编》卷 27，《辽金元石刻文献全编（一）》，北京图书馆出版社，2003 年，第 337-338 页。

②《元史》卷 5《世祖二》，北京：中华书局，1976 年，第 101 页。

③ [元]刘因：《泽州长官段公墓碑铭》（据静修集补完），《山右石刻丛编》卷 27，《辽金元石刻文献全编（一）》，北京图书馆出版社，2003 年，第 337-338 页。

④ [元]孔章：《创建永圣院功德记》，《定襄金石考》卷 2，《辽金元石刻文献全编（二）》，北京图书馆出版社，2003 年，第 945-947 页。

⑤ [元]孔章：《创建永圣院功德记》，《定襄金石考》卷 2，《辽金元石刻文献全编（二）》，北京图书馆出版社，2003 年，第 945-947 页。

⑥ [元]陈孚：《解梁仪氏□□记》，《山右石刻丛编》卷 30，《辽金元石刻文献全编（一）》，第 414-416 页；此碑文残缺严重，末题"皇庆二年癸丑□月□□□□"，胡聘之考证文中应有仪肃为官行状等，可惜已经磨灭，此文系其嗣子叔安皇庆二年所立。

石记”部分证明：“元仪氏先茔碑，高邮知州仪叔安立。即其人也。”[①]

还有一种情况，证明了元初承袭和荫叙不但在制度上相衔接，而且在一个家庭政治资格的继承上也是连续的。

张家第一代张恩，他在金末“仕为嵩州安抚使……以直言忤时贵，常退而不居，少署司竹监，遗泽在公矣”，证明他金末还使第三子张思忠（“公”所指代）荫补入仕。在张恩本人致仕后河南即陷入战乱：“王师徇河南，主帅闻其贤，版以故职，力辞已。乃为嵩人所归，未几改巩令。有仁政，号张佛。”后来，承金制荫补的思忠“尝署司竹监，恶其掊敛残民，弃而归养”，[②]放弃了仕途；次子思信选择了从军，“以百夫长从征合州、襄阳，以功拜管军总把，迁上千户，屯洪泽田以老”；长子思敬继承张恩官职，“初袭巩令”，历鄢陵、沁水、洛阳、大名、邹平五县，江陵总管府判官，知均、醴陵两州，同知扬路总管府事，所至称良吏”，说明继承职位的张思敬，后来汇入了迁转，并一直做到了“同知扬路总管府事”。[③]张思敬自己的墓志中称其子张献“以荫补建德主簿”。[④]

这种地方官第一、二代为父子相袭，而第三代则通过正规的荫叙得官，于是元初的“承袭”正式将这种家庭政治资格转化，以“荫叙”的形式又传到第三代，并且一直延续到元代中后期。[⑤]

此类“承袭转承荫”的例证还有很多。如刘克忠，父亲刘义为乡中义士，金末“晋阳公郭文振开阃于辽之囤山寨，闻其武勇，招之麾下，以战多累迁同知元帅府事。岁甲午蔡州破，公率其部曲款附天朝，丞相胡公、中书杨公交章上荐，拜辽州军民长官，佩银符”；岁丙辰（1256），刘义“请老”，刘克忠“袭父职，充辽州军民长官，吏民畏爱，人以为有先人之风”；关于刘克忠的仕途：“中统辛酉，总府保奏有旨褒谕。至元甲子迁同知绛州事。……后三年加武略将军，孟州知州，在官五年，治迹为一路最。至元九年移知临州，孟人诣阙上书保乞再任，故十五年复有是命。”至元十年（1273）刘义在任上去世，他的儿子也大约于此时获得荫叙资格：“子男一人,克忠也，以荫进义副尉。”[⑥]这时大概元代的荫叙制度已经开始运行，但刘义以从五品“武略将军”荫子从八品“进义副尉”，以至元四年“品官荫叙体例”来看，[⑦]所荫品级升了一等（一品），其中有何特殊原因，抑或是按照职事官品级。

2.叔侄、兄弟相袭的荫叙形态

元初这种地方官“承袭”对承荫人亲属关系限制并不严格。如果己子年纪尚小完全

---

① [元]陈孚：《解梁仪氏□□记》，《山右石刻丛编》卷 30，《辽金元石刻文献全编（一）》，北京图书馆出版社，2003年，第 414-416 页。

② [元]曹元用：《大元故巩县尹赠嘉议大夫礼部尚书轻车都尉追封清河郡侯张公神道碑》，《（民国）巩县志》卷 18，《金石三》，《辽金元石刻文献全编（三）》，北京图书馆出版社，2003 年，第 927-928 页。

③ [元]张起岩：《元故赠中奉大夫河南河北等处行中书省参知政事护军追封清河郡公张公神道碑铭》，《（民国）巩县志》卷 18《金石三》，《辽金元石刻文献全编（三）》，北京图书馆出版社，2003 年，第 919-921 页。

④ [元]曹元用：《大元故巩县尹赠嘉议大夫礼部尚书轻车都尉追封清河郡侯张公神道碑》，《（民国）巩县志》卷 18，《金石三》，《辽金元石刻文献全编（三）》，北京图书馆出版社，2003 年，第 927-928 页。

⑤ 此碑末题“致和元年月日，中奉大夫江浙等处行中书省参知政事嗣孙张毅等立石”。张毅为张思忠之子。

⑥ [元]王构：《大元武略将军辽州知州刘公神道碑》，《山右石刻丛编》卷 29，《辽金元石刻文献全编（一）》，北京图书馆出版社，2003 年，第 368-370 页。

⑦《元典章》卷 8《吏部二・官制二・承荫》“品官荫叙体例”条，天津古籍出版社，2011 年，第 252-253 页。

换兄弟或侄子继承职位。

李英“弱冠袭叔父宥爵，以宣武将军知滑州”，时间在中统之前，后在滑州职位上掌军政权三十年，“至元二年，改顺德路判官，尹清丰、南宫两县。二十一年，授武略将军，知裕州。二十五年，改知房州。所至以治滑为准，而滑以久任，其事益章灼可考不妄”；但后来他称叔父李宥本有子，认为“叔父抚我良厚，今得以宦业自拔”，至元三十年去世前“即归其爵兄子”；他本人的两个儿子也都相继成为地方官，“始，元德以给事东宫，授赣州判官，元忠佐御史府，授新淦州同知。公及见之，戒曰：壮岁长民，宜清谨自重。我昔罹兵艰，赤手立职业，若等展世勿弃暴，则先德永有绍。”①

也有兄弟相承袭之例。“太原路平遥县长官”梁琮，他的职位是从长兄梁瑜继承而来，瑜任金末地方官，“二十四载为本邑令，宽而有容，未尝见鞭箠及于人，故阖郡吏民无不怀爱，壬寅六月十二日因疾卒于官”；从其卒年来看已入太宗窝阔台时期，可能在木华黎经略中原时期已经被就地任命为蒙古国的守令；②而他的儿子、其余兄弟、侄子多从木华黎军四处征战：“戊寅之冬，会大朝太师国王总百万之师开拓疆土，自北而来至于并汾之间，偶然得公（作者注：三弟梁瑛），国王见而悦之，遽然信用，相从征伐，所至处无不畏威而下。至春班师，复归故地。及己卯之秋又按察那延总军与公南向征伐，由回牛、凤栖二岭遂下平阳”；且四弟珪、五弟珎皆“从按察那延征伐而终”，阵亡军中；在这种情况下，承袭也没有更多人选，由七弟梁琮继承了兄长的职位，“继故长兄为本邑令”。③

3. 元初汉人“承袭”的获得方式

关于获得“承袭”资格的方式。在至元四年正式建立荫叙制度，至元二十八年施行致仕制度之前，④似乎只有“身故”之官员，才能荫叙子孙。李鸣飞据元人王恽《论居官身故等官员子孙承荫状》⑤认为“直到至元八年前后，官员只有‘身故’之后，子孙才能承荫”；她还断言元初“实际实行的制度大体仿照承袭制度。承袭之制，只有父、祖身故，方能袭职。因此在至元前期，官员处于‘居官’、‘去任’、‘致仕’几种状态时，子孙并不能按照制度承荫授职。”⑥此说没有考虑元初地方官“承袭”形态的荫叙情况。其实，在这种“承袭”状态下，虽一般以“身故”者能荫子为多见，但如施荫人请老、告老等主动提交请求，在已空出现有职位情况下，朝廷一样会批准其“嗣子”补其职位。

靳家世代为曲沃大族，元初他们父子三人的仕宦经历，是一种“初以土归附者皆世

① [元]袁桷：《武略将军裕州知州李公神道碑》，《全元文》第23册，南京：凤凰出版社，2004年，第580-582页。

② 胡聘之考证：“按《元太平崇圣宫谕旨碑》有曰：本县长官梁瑜、万户梁瑛。此瑜令平遥之证。（元中统后县官皆名曰尹，瑜令平遥在未定制之前，故或曰令或长官）壬寅元太宗后乃马真称制之一年，以瑜卒年五十八考之，则令平遥当三十五年，当在元太祖之三年，金承安八年时元未入中国，瑜所受者必金官，否则碑文有误。”（《山右石刻丛编》卷24，《辽金元石刻文献全编（一）》，北京图书馆出版社，2003年，第253-256页。）

③ [金]张藻：《评事梁公之碑》，《山右石刻丛编》卷24，《辽金元石刻文献全编（一）》，北京图书馆出版社，2003年，第253-256页。

④《元典章》卷11《吏部五·职制二·致仕》“官员老病致仕”条，天津古籍出版社，2011年，第413页。

⑤ [元]王恽：《论居官身故等官员子孙承荫状》，《秋涧先生大全集》卷89，《元人文集珍本丛刊2》，台北：新文丰出版公司，1985年，第445页。

⑥ 李鸣飞：《金元散官制度研究》，北京大学博士学位论文，2011年6月，第184页。

其官”[①]的典型经历：

公不好弄跅弛，有大志，以孝悌闻于乡，家饶于财，喜施与而无伤惠之失，故人乐归之。贞祐之乱，以富室□从军于绛，尝用战多得以正班叙用。明年，绛城失守，公遁归于家。岁己卯王师复南下，公率□□□□□□□逆于境。国王太师嘉其意，授以征南帅，虑人新拊定，营骑□攘侵扰，仍命公董正一邑事。[②]

靳和投拜后，因其组织乡兵保护地方有力，“上旌其阀，命尹正绛阳事，而有金节之锡，所责既重。”至元二年，靳和去世时所带官职为“绛阳军节度使”（金官名）证明他既有军职又兼民官。他在“岁辛亥”（1251）对二子称：“今天下平定而年如此，吾其退矣。”于是“告于朝，俾麟嗣宗职，用尹曲沃，乃沉浮田里，日与衲僧野老友，加十五年而没，春秋六十有七”。[③]

这里二子中，靳麟是嫡长子，所以袭其军职，而靳用系庶出次子，荫叙了他的民官职务，这里称为“荫叙”因传中并未明言靳用直接接手了他的职位，可能只是政府的授意安排；后“麟以病致仕，用迁敦武校尉、荣河尹，次授汲县尹”，证明靳用后来也跟别的“承袭”民官一样，离开了初守之地，汇入了职官迁转体系。靳用后来官至“晋宁路总管”，他这一支在元中后期兴旺繁盛，其孙靳荣后来官至奎章学士。[④]

不但管民官，在蒙古国时期很多类型的职官，告老或告病之后，其后代都可以“袭”“荫”职位。杨元桢是金末士子，汴梁攻破后流落东平，“戊戌天朝开选，特诏宣德课税使刘公用之试诸道进士。君试东平，两中赋论第一”，后得到耶律楚材赏识，“宣授河南路征收课税所长官兼廉访使”，在官十年后“乃请老于燕之行台，以犹子元桢袭职”；尽管后来起复，但不久即归：“王府驿召入关，寻被教参议京兆宣抚司事。累上书，乃得请闲居乡郡。”[⑤]

这些例子都证明，元初承袭地方“守令”者，一旦进入职位，都在民官选籍中。他们多于至元以前承袭，而在至元二年以后，政府就开始让他们全部进入职官体系中流转，其后所任，以地方官为多，当然各式职务皆有。如霍彦深，“年十七袭父为梁邹主簿。未几去官就学，养母孝谨，家之内外肃整咸理”；他去官时间和原因不明，史料显示他并未告别仕途：

今年春，朝廷案视郡县疏远之境，虑有盗生而为民害，乃例置巡检一人，给之印绶、禄廪，使之警督之。仍命吏部选名已在籍而未尝有过者任其职。济南所置凡

① [清]胡聘之：《绛阳节度使靳公神道碑·跋文》，《山右石刻丛编》卷26，《辽金元石刻文献全编（一）》，北京图书馆出版社，2003年，第304-306页。

② [金]段成己：《绛阳节度使靳公神道碑》，《山右石刻丛编》卷26，《辽金元石刻文献全编（一）》，北京图书馆出版社，2003年，第304-306页。

③ [金]段成己：《绛阳节度使靳公神道碑》，《山右石刻丛编》卷26，《辽金元石刻文献全编（一）》，北京图书馆出版社，2003年，第304-306页。

④ 胡聘之引《曲沃县志》：“用，字佑之，和子，壮为曲沃翼城，有声，改荣河尹，奉法循理，劝农兴学，拜监察御史、陕西汉中道佥事，擢岭北、湖南道肃政廉访使，临民以德，执法不阿，所在颂之；终晋宁路总管。”（《山右石刻丛编》卷26，《辽金元石刻文献全编（一）》，北京图书馆出版社，2003年，第304-306页。）

⑤ [金]元好问：《金故河南路课税所长官兼廉访使杨君神道之碑》，《金石萃编》卷259，《辽金元石刻文献全编（二）》，北京图书馆出版社，2003年，第591-597页。

数处，而彦深得无棣。”[①]

此序后注时间为“至元七年二月二十六日”，证明“迁转法”的颁布停止了地方官“父子相袭”的选任方式，并逐步将这些承荫人都纳入新的官僚体系，使之成为“流官”。这时捕盗官“巡检”上任已经“给之印绶、禄廪”，说明官吏管理方式和机构设置的逐步规范、完善。事实上，后来低阶承荫人例注巡检成为常见之事，并在大德四年（1300）成为定制：“正六品子，流官与巡检内用。”[②]

(二)元初江南家庭的荫叙

至元十三年（1276），元军入临安，结束了南宋的统治。《元典章·圣政卷》保留着当年两款朝廷的求贤诏令：

> 前代圣贤之后、高尚、僧道医卜筮通晓天文历数并山林隐逸名士，仰所在官具实以闻。
>
> 亡宋归附有功官员并才德可用之士，穷居无力不能自达者，所在官司开具实迹，行移按察司体覆相同，申台呈省，以凭录用。[③]

这是针对南宋遗留官员的两个诏令，概括起来这些人可分为两类：一是有出身、资历、一技之长等“未归附”者；二是有功绩才能且无立身凭藉，有入仕效劳需求和愿望的“已归附”者。这两种类型的人中，“前代圣贤之后”是本小节考察的重点。元政府这段时间内，为安抚地方，实际上是对这批南宋“圣贤之后”采取了“以旧资荫新官”的政策。南宋世家子、四明人史侑孙卒于洪武八年，他晚年回忆元政府此举道：

> 元故事，宋宰臣之孙多因门第补官者。或怜处士才高，劝投牒自进。处士叹曰：吾家三世相宋，开国嗣王，入居台寺，为九卿、为法从者不翅二十辈，出膺郡两千石、县大夫之寄，复簪组星列，可谓极盛也已。盈虚损益，天之道也。贵与富岂专萃吾一门耶？国之守龟尚或不保，于吾家何有？自是益韬光敛彩……[④]

因此可以简单称此种荫叙为“因门第补官”。而另一方面，非圣贤之后、门第不高者，只要具有一定资品，也可“赍告敕赴省换授”，铨注新朝职位，以便荫叙子孙。[⑤]关于程矩夫所称“换授”推行的具体时间，据墓志记载，似在至元二十一年（1284）前后：“至元二十一年，有诏宋故官得验其资阶换授。”[⑥]虽然后一种政策，有学者认为“形同具文”，[⑦]不过因两种情况在史料中都可以见到，笔者认为都推行过而且达到了一定效果。[⑧]元人文集中记载了施行后求仕者的反应，“国朝取宋，乡之在班行者，多携故所受告敕

---

① 刘敏中：《送霍巡检彦深之无棣序》，《中庵集》卷 8，景印文渊阁四库全书第 1206 册，第 63-64 页。

②《元史》卷 83《选举三》，北京：中华书局，1976 年，第 2060 页。

③《元典章》卷 2《圣政一·举贤才》，天津古籍出版社、中华书局，2011 年，第 45 页。

④ [明]宋濂：《史处士墓版文》，《宋濂全集》，杭州：浙江古籍出版社，1999 年，第 1165 页。

⑤ [元]程矩夫：《取会江南仕籍》，《雪楼集》卷 10，《丛书集成续编》第 108 册，上海书店，第 105 页。

⑥ [元]黄溍：《奉训大夫瑞州路总管府判官致仕黄公墓志铭》，《金华黄先生文集》卷 32，《黄溍全集（下册）》，天津古籍出版社，2007 年，第 465-466 页。

⑦ 周良霄、顾菊英：《元代史》，上海人民出版社，1993 年，第 326 页。

⑧ 关于南宋灭亡后江南士人之动向，参见陈得芝：《元代江南之地主阶级》，《元史及北方民族史研究集刊》1983 年第 7 期，第 86-94 页；《论宋元之际江南士人的思想和政治动》，《蒙元史研究丛稿》，第 571—595 页。萧启庆：《宋元之际的遗民与贰臣》，《元朝史新论》，台北：允晨文化实业股份有限公司，1999 年，第 100-118 页。

入换新命”；[①]“至元间，凡异时有仕籍者，往往持所受告身，诣京师，乞换授。”[②]所以元统一江南之后，江南地区有一批出身故地的承荫人，其荫叙资格是从南宋的官僚体系中直接或间接继承下来的，王朝的灭亡并没有切断他们的“出身”——这些人在前代便是高官名将之后，已经具备荫叙的潜在条件（有的人父祖在宋时即为荫官），入元后其父祖通过元政府对江南官员“换授”政策，继续获得一定政治资本，同时也为子孙储备了荫叙的资格。

1. 文官家庭

龚潗在宋官中奉大夫、司农卿，“德祐内附，士大夫居班行者，例遣北上”，他“以列卿在遣中，行至莘县，不食而卒；”其子龚璛后发奋力学，后被举为教官，“用例调宁国路儒学教授，”秩满于地方主簿、县丞迁调，“其阶再转，俱将仕郎。先生笑曰：‘五十年尤故吾耶？盖异时以门荫补官，亦将仕郎也（正八品）’”；这里所指“异时以门荫补官”，应指入元后他可凭借其父龚潗在南宋官阶荫叙得官一事。[③]可推知，当时如果父祖为高级朝官，“换授”前人资品以荫补是比较容易实现的。

谢晟孙为“宋丞相、太师、鲁惠正王四世孙”，属南宋外戚，“咸淳间，用世泽入官，至太社令”，后“累阶朝散郎”；入元后他受荐“授承务郎、信州路总管官”，但不赴官告老还乡；这里可以看出谢晟孙出仕新朝之意并不浓厚，却接受了自前朝官品和名望得来的新官阶，实际上是为了延续其家庭的政治资格做的长远打算；不久长子莱老即“用公恩为福州路连江县名闻乡巡检。”[④]

申万里考察元代江南士大夫群体的生存状况，认为南宋灭亡以后大量江南士人沦入社会下层，“社会地位下降，处境恶化”；但史料所见，这批地方精英“在不利的环境中表现出顽强的适应能力”，不但积极寻求入仕机会，还“通过构建社会网络，积累自己的社会资本”。[⑤]本文通过考察几个南宋仕宦之家，他们入元后通过荫叙对政治资格的精心维持，并以婚姻来稍作巩固，而构建起社会网络和生存空间。

承荫人阮谦家庭内部的变迁，充分反映了宋、元代荫官的心态变迁。宛陵阮谦，字受益，其父阮申之“泰定间宰鄞”，[⑥]程端礼称其家“世仕鄞”并与之关系密切。阮谦在幼年为良师授业，学业造诣已显露，但他似乎并不以学业为人生目标：

> 时鄞之诸老尚多见受益造诣，莫不惊叹，许其他日为名进士，虽奉政亦奇其能继其乃祖秘书公世科也；受益又亲见奉政公六年抚字，所以兴利除害、彰善瘅

① [元]黄溍：《安阳韩先生墓志铭》，《金华黄先生文集》卷 32，《黄溍全集（下册）》，天津古籍出版社，2008 年，第 457 页。

② [元]黄溍：《故民应公碑》，《黄溍全集（下册）》，天津古籍出版社，2008 年，第 639 页。

③ [元]黄溍：《江浙儒学副提举致仕龚先生墓志铭》，《黄溍全集（下册）》，天津古籍出版社，2008 年，第 474 页；龚璛发表完这段“不如门荫”的感慨后，即递交致仕申请，致仕命未下已卒，时至顺二年（1331）十一月，因而他所言“五十年”应指德祐内附（1276）之后几年内的情况，而不是在宋的情况（北宋政和六年即取消将仕郎，“改迪功郎”）。

④ [元]黄溍：《信州路总管府判官谢公墓志铭》，《金华黄先生文集》卷 31，《黄溍全集（下册）》，天津古籍出版社，2008 年，第 450-451 页。

⑤ 申万里：《理想、尊严与生存挣扎：元代江南士人与社会综合研究》，北京：中华书局，2012 年，第 2-3 页。

⑥ 关于其父阮申之情况，见程端礼之弟、程端学《鄞县阮尹去思碑》：“泰定元年冬，汝阳阮君申之来为是邑。……君字周翰，号礼斋。常同知黄岩、瑞安州事，所在有声。”（程端学：《积斋集》卷 5，景印文渊阁四库全书第 1212 册，第 358-359 页。）

恶，夜思昼行如古循吏，效始及物，亦悟朱子“理不外事而事非学”之训非虚语。……寻丁父忧，服阕又曰：科第世所荣也。取士以言，吾岂能必有司之好恶。乃以父任调浙东帅府照磨事。

这里从“继其乃祖秘书公世科”推断，其祖父“秘书公”可能是南宋咸淳元年进士、官秘书监兼尚书左右司的阮登炳。《庙学典礼》载至元二十四（1287）年设立儒学提举司时，尚发现前朝状元阮登炳等很多名宦后代未被括为儒户，“此时或隐蔽山林，或出仕他处，或游学远方”[①]——阮登炳可能在元初隐居不出；但从其子阮申之的仕宦选择来看，阮氏一家并没有退出地方政治舞台。

阮谦荫叙照磨的时间，在后至元三年。[②]阮申之娶史氏，史氏之父，是“前承务郎、四明史君璘卿”，史璘卿之祖父便是“赠太师、齐国文靖公”史弥忠、南宋权相史弥远堂兄。而南宋史氏，其宗族政治势力一直延绵不断：“昔宋在江南，故越多功臣，世家惟史氏最贵。理宗入在藩邸，史卫王弥远进郑丞相，授以经，由是积恩礼义并史氏。袁越公由治临安，执经十余年，门代甲乙相次”。[③]阮氏入元后，继续与南宋大族史姓联姻、交往之情况，都详细记录于史氏之母、虞氏的墓志铭中：

生女曰婉伯，适忠勇校尉、温州路同知瑞安州事阮申之；娩伯适沿海千户别里吉。孙曰公焘、公熙、公点、公勋、公杰、公默。孙女二。夫人内外家皆宋世臣。宋亡，世家多沦丧。夫人相夫子，食享无遗阙。延祐三年，夫人相夫子医言：天台有灵草生，至服之乃可矣。会阮氏婿佐州黄岩，晋伯奉夫人以往，服食踰年方不效，乃还鄞。延祐三年六月己酉卒之某处。[④]

此段两处都间接交代了阮申之出任地方官的情况：先后任瑞安、黄岩两州同知；而阮申之侍奉岳母之描述，似乎显示出两家依赖姻亲之好，相互依存之状况。前引《郑夫人墓志铭》则显示出虞集之虞氏、袁桷之袁氏及与南宋宰执世家史氏、郑氏等世代联姻之情况，构成一个地方婚姻网络。这种联姻在入元后并没有被打断，仍旧维持着一定频率与规模。另一方面，史婉伯之妹娩伯“适沿海千户别里吉”，又显示了这个南宋旧世家，在婚姻上的另一个新倾向。[⑤]承荫人阮谦就是在这种情况下成长并承荫入仕的。

龙泉季氏入元的情况，也有大同小异之处。季琯“以军功筮仕尉幛之南胜”，其身世却颇可道：“前代显要之家，后世不陵替者寡矣。君立曾大父当赵宋之季，发身儒科，致位台谏。大父于国朝之初，入直宿卫，出镇郡符。其尊公以世赏尉永嘉，胥掾藩府。”[⑥]这里交代季琯曾祖父南宋末“发身儒科，致位台谏”，笔者推测应为南宋末曾弹劾贾似道的季可。[⑦]季可进入察院为贾似道所压，后乞奏罢公田。[⑧]接着在德祐元年，因前线崩

① 王颋点校：《庙学典礼》，杭州：浙江古籍出版社，1992 年，第 62 页。

②《至正四明续志》卷 1《职官・照磨》，《宋元方志丛刊 7》，北京：中华书局，1990 年，第 6450 页。

③ [元]虞集：《郑夫人墓志铭》，《虞集全集（下册）》，天津古籍出版社，2007 年，第 955-956 页。

④ [元]虞集：《虞氏史夫人墓志铭》，《虞集全集（下册）》，天津古籍出版社，2007 年，第 956-957 页。

⑤ [元]虞集：《虞氏史夫人墓志铭》，《虞集全集（下册）》，天津古籍出版社，2007 年，第 956 页。

⑥ [元]王毅：《送季君立之南胜县尉序》，李修生主编：《全元文》第 49 册，南京：凤凰出版社，2004 年，第 199-200 页。

⑦ 关于季可台谏经历：“咸淳二年……以季可为察院”（《宋季三朝政要》卷 4，北京：中华书局，1985 年，第 45 页。）

⑧ [宋]周密：《齐东野语》卷 17《景定行公田》，北京：中华书局，1983 年，第 313-317 页。

溃，临安宫中发生大臣连夜遁逃事件，遁逃18位要员中即有季可之名，[①]谢太后震怒下旨将其除名，但数月之后元军逼近，嘉兴府告急时，朝廷又就地“复季可官，令如龙泉县募兵”。[②]归附后季可可能隐乡里，闭门不出，但其子入元后则北上入宫接受官职或成为质子，所以称“入直宿卫，出镇郡符”，而其孙，也就是季琯之父“以世赏尉永嘉，胥掾藩府”。[③]

季琯之父虽然身为承荫人，其详细承荫及仕宦经历已不可知；但季琯作为季氏第四代，他的仕宦及其联姻选择，也显示出他为维持家庭在地方上的政治资历，作了安排与考量。至顺三年的《重建永嘉县学记》中，载当时温州治下永嘉县由“赵君塔纳字敬叔”接任当地县尹，掌管一方事务，而碑后题名中也有“承务郎永嘉县尹兼劝农事赵塔纳”并“永嘉县尉季琯”。[④]更多材料显示：季氏与赵塔纳之家正是姻亲。赵大讷（塔纳），原名良胜，后起蒙古名“大讷”，“先世有属籍于宋其讳元俨者，实熙陵之第八子，封周王，谥恭肃”；作为北宋皇族的支脉，到他祖父只得“会稽县尉”而其父只有赠官，证明此支脉在南宋末已经彻底沦为平民。赵大讷是完全通过自身职业转型、抓住时代机遇从而再次晋身仕途的典型人物：

> 侯少闓敏，通蒙古字学，遂以译曹掾起家，补泉州录事……娶同邑张氏，子六人……女二人，永嘉县尉龙泉季某之子某、瑞安唐彦骥其壻也。[⑤]

季氏到第四代季琯时，已经无法全部依赖前人遗留的仕宦资历，延续家族政治资格了。与赵大讷家的联姻，虽无法使季琯自身仕途有太大突破，但至少在一县之内其家庭势力能有所巩固。所以季琯仍觉得自己完成了“衣冠之相继”，又使“资产之有余。”[⑥]

2. 武官家庭的入元荫叙

武官家庭入元的仕宦案例，似乎较士大夫家庭为多，学界也已经有较丰富的研究成果。这里可以列举两个武官家庭入元后承荫人，可以窥见此类家庭的入仕态度。

吴瓘，嘉禾人，“承父荫为晋陵县尉，后隐居不仕”，人传“好古博雅，多藏法书名画，写梅学杨补之。所居曰竹庄，亭馆山石，皆清古邃丽，凡一花一木，颇有画趣。梅花道人尝为写图以识其景，竹庄老人其自号也。人称为竹庄翁”。[⑦]黄玠在《吴莹之小像

---

①《宋季三朝政要》卷5：“京师戒严，朝臣接踵宵遁，人情汹汹。知临安知府曾渊子，两浙运副、浙东提举王霖龙，机政文及翁、倪普，台谏潘文卿、季可、陈过、徐卿孙，侍从以下陈坚、何梦、曾希颜等十八人并遁。朝中为之空疏。”（中华书局，1985年，第57页。）

②《宋史》卷47《瀛国公纪》，北京：中华书局，1977年，第36页。

③[元]王毅：《送季君立之南胜县尉序》，李修生主编《全元文》第49册，南京：凤凰出版社，2004年，第199-200页。

④[元]柳贯：《重建永嘉县学记》，《东瓯金石志》卷10，《辽金元石刻文献全编（二）》，北京图书馆出版社，2003年，第297-298页。

⑤[明]宋濂：《元故朝列大夫同知婺州路总管府事致仕赵侯神道碑并序》，《宋濂全集》，杭州：浙江古籍出版社，1999年，第300-303页。

⑥[元]王毅：《送季君立之南胜县尉序》，李修生主编《全元文》第49册，南京：凤凰出版社，2004年，第199-200页。

⑦[清]顾嗣立、席世臣编：《元诗选癸集·癸之己上》，《吴瓘·题四梅图合卷并序》，北京：中华书局，2001年，第715页。

赞》中称其“有田有庐，诵诗读书”，[①]说明他在退出仕途后似乎并未有衣食之忧，暗示了他家庭根基强大。他的祖父吴森，为南宋末年降元后任征东省右丞范文虎手下管军千户，随范帅归附后“移屯扬州”，不久告闲，低调避世而居，专心地方事务并力行慈善。由于他在嘉兴之地的声望与势力，“至大庚戌，廉访司以名闻于朝，表其门曰义士”；[②]他的后代入元后却从未中断过仕宦，长子吴汉英、次子吴汉杰都被安排以浙江沿海地区财务、运输等要职：

> 泰定元年，嘉兴吴君汉杰以所居官品第七，用著令得请于朝，追赠其显考府君……府君有子四人：长曰汉英，从仕郎、平江等处财赋提举，已卒。汉杰其第三子，承事郎、温台等处海运副千户，今方以财显融于时，貤恩所及未艾也。[③]

吴瓘为吴汉英子，吴森长孙，所以他承荫入仕，是继承了整个家庭的政治资历。[④]他后来选择放弃上升机会较小的政治领域，而醉心于文化事业之经营，成为这批江南“精英”中的一个非典型代表，也使得他的家庭在元末明初成为嘉兴当地文化精英之摇篮。

罗壁，镇江本地人，“弱冠从军，积官武义大夫、利州路马步军副总管。至元十二年率所部军行次江陵归附。授宣武将军、管军千户”；至元十四年后，他就领本州安抚司事，讨伐徽州剧贼，又“奉朝命开杨村海道，运江南粟以实京师”，以此积极为新朝效力，“升怀远大将军，同知淮西道宣慰使司事，以两淮地旷民贫，请以荒闲田给民，随力垦辟。岁收粮数十万斛，官民利之”；后致仕前武阶转文，改授正奉大夫，死后“赠护军，追封豫章郡公，谥桓敏”；其子罗坤载，“以父任授广东盐课提举”，后历任余姚、兰溪知州，至顺年间官至今奉政大夫”。[⑤]可以说，罗坤载的荫叙资格，是以父亲积极的政治活动换来的；从罗壁墓志中能看出，他入元后选择与侨寓江南之蒙古人通婚，其继室“伯颜忽都林家奴”可能就是罗坤载的生母。[⑥]

以上可见，两个风格不同的南宋武官家庭。前者在南宋具备较高资历，而后者则选择抓住机会，充分施展其能力与抱负，配合统治者维持江南秩序。他们的共同之处是：积极入仕并使子孙承荫，配合地方势力、交际网络中之通婚，[⑦]并一直投入慈善、文化活动。借着这番经营，元代江南士人群体“基本保持了他们在江南社会中的精英地位，并且成了江南地方利益的代言人”，其家庭地位和影响力逐渐提高，“成为明清地方乡绅

---

① [元]黄玠：《吴莹之小像赞》，《全元文》第48册，南京：凤凰出版社，2004年，第557页。

② [元]赵孟頫：《义门吴公墓铭》，《全元文》第19册，南京：凤凰出版社，2004年，第264-265页。

③ [元]黄溍：《吴府君碑铭》，《黄溍全集》（下册），天津古籍出版社，2008年，第633-632页。

④ 关于吴瓘为吴汉英之子的推断，《义门吴公墓铭》：“男四人：汉英、汉贤、汉杰、汉臣。……孙男八人（此句下，明刻本、城书室本多：“瓘、玘、瑗、珂、琮、珏、瑄。”（李修生主编，《全元文》第19册，南京：凤凰出版社，2004年，第264-265页）；吴静康《读赵孟頫〈义士吴公墓铭〉》一文据所见康熙七年手抄本《义门吴氏谱》认为吴瓘为吴森长孙、吴汉英长子，1284年或稍后出生。（政协嘉善县文史委员会编：《吴镇研究论文选》，2001年，第32-41页）

⑤《至顺镇江志》卷19《仕进·土著》，《宋元方志丛刊3》，北京：中华书局，1990年，第2859页。

⑥ [元]程矩夫：《雪楼集》卷20《元都水监罗府君神道碑铭》，《丛书集成续编》第108册，第274页：丛书集成本作“巴延呼都琳嘉努”，据中国书店影刊洪武本程雪楼集改；罗坤载有蒙古名也速达儿。关于元代不同族群通婚之详实，参见洪金富：《元代汉人与非汉人通婚问题初探》，《食货》月刊(复刊)第6卷，第12期；第7卷，第1、第2期合刊。

⑦ 关于蒙古、色目仕宦群体与汉人家庭通婚状况，参见潘清：《元代江南民族重组与文化交融》，南京：凤凰出版社，2006年，第138页。

阶层的前身”。[①]

3. 其他地方科举之家的荫叙

萧启庆于《元代的儒户——儒士演进史上的第一章》一文中，概括元初江南被括士人家庭，其出路有“吏职”“教官”两种为其常选择。[②]若“门第”不深厚之普通科第之家，入元后可以先从此两处职务起家，也依然可以得到荫叙子弟的机会。他们第一代第二代的出仕，似乎比南宋世家大族内成员要更为积极。

孙应凤“淳祐四年登进士第乙科，官至将作监簿，知江阴军卒；”[③]其子孙规“至元十六年授将仕郎、庆元路儒学教授”，进入了教官序列；弟弟孙矩在仕途上更为通达，“至元十年授奉训大夫、雍州知州”，致仕时官至“亚中大夫、松江府知府致仕”；所以这个家庭第三代出现了承荫人，孙规之子孙煜“以父荫授从仕郎、温州路税务提领。历新喻州判官”，至顺年间官至“承务郎、泉州路税务提领”。[④]孙氏自淮西迁至镇江，根基不深，也非仕宦世家，但是因为儿子入元后的经营，家庭政治资历一直在较稳定的延续着，第三代有人承荫入仕，标志着其政治资格积累达到了一定程度。

当然，也有前朝科第人士直接“换授”或“举荐”而得到新职，带给后代荫叙资格的。“宋咸淳元年（1265）进士”程龙，“入元湘阴知州致仕”，他的孙子程枢，承其恩泽入仕，后迁转至任太平路推官，专理刑狱详”，又“受省委兼署府事”，直到至正年间还在任上。[⑤]郭景星，镇江本地人，“宋咸淳五年以乡试待补贡太学生，归附初翰林编修李谦使江南选佳士。郡守以为荐，以亲老辞不行”，后在燕公楠的推荐下，“授淮海书院山长，调湖州路、长兴州儒学教授，秩满改教乡校，以从仕郎、台州路黄岩州判官致仕。”长子郭畀、次子郭异，都与他一样选择山长、儒学直学之职务，幼弟郭略“亦以父荫入仕”；长子郭畀（字天锡）后为“江浙行省辟充掾史”，人称“克绍家学，尤精书画”。[⑥]

以上，我们围绕承荫人之出身背景，将江南世家、普通科第世家及中、高级武官入元之后的情况略作举例、梳理。这些由宋入元、前朝便拥有威望与政治资格的家庭，在自身生存需求及政府鼓励下，全都逐步地参与到了地方政治中，并竭力维持后代政治、文化资格的延续和地方上的声望。苏力认为：“地方精英之所以能对基层社会产生重要影响，同他们保持与政治权力的联结密切相关”，江南士大夫与武官所构建的社会网络“还包括家庭、乡里、宗族等等重要环节。所有这些环节和关系，都成为地方精英发挥自身优势、对地方社会施加影响力的途径和渠道”，[⑦]那么荫叙便是他们权力联结、社会网络中非常关键的接点。

---

① 申万里：《理想、尊严与生存挣扎：元代江南士人与社会综合研究》，北京：中华书局，2012 年，第 2-3 页。

② 萧启庆：《元代史新探》，台北：新文丰出版公司，1983 年，第 1-58 页。

③《至顺镇江志》卷 19《科举·侨寓》，《宋元方志丛刊 3》，北京：中华书局，1990 年，第 2858 页。

④《至顺镇江志》卷 19《仕进·侨寓》，《宋元方志丛刊 3》，北京：中华书局，1990 年，第 2862 页。

⑤ [元]陶安：《送程推官序》，《陶学士先生文集》卷 14，《北京图书馆古籍珍本丛刊 97》，北京：书目文献出版社，出版时间不详，第 202-203 页。

⑥《至顺镇江志》卷 19《仕进·土著》，《宋元方志丛刊 3》，北京：中华书局，1990 年，第 2860 页。

⑦ 苏力：《元代地方精英与基层社会：以江南地区为中心》，天津古籍出版社，2009 年，第 246 页。

三、余 论

荫叙，古谓之“世赏、任子”也，“任子之法，始于汉而其法尤备于唐汉”，[①]从“世禄世卿”制度一路发展而来，贯穿每个朝代，在古代中国漫长历史中具有持久生命力，“可以说是中国历史上延续时间最长的选官形式”。[②]

元代荫叙制度虽然继承自金代，但其品级设置较之金代更简单整齐，员额限制更为严格；在制度变化层面上，元初地方官的荫叙采用“父子相袭”“兄弟相袭”的方式，至元四年确立荫叙条例后，对荫叙制度的整体性调整只有大德四年品级整体上调，变化幅度较小，运行情况比较稳定。

随着散官制度其承载功能在元代进一步下降，以散官、散阶为凭借的荫叙制度也大大得到简化；由于职事官系统内部分工、等级的划分更为精密，使得荫叙资格开始逐渐不再依附于标志官员出身的“散品”，而是取决于官员所能实际获得的“职位”级别（职事官品）。元代承荫人初授品级取决于施荫人品级，而关于取决于散官品级还是职事官品级，大部分时间都采取更为灵活的“从一高”原则。元代承荫人的仕途，更多取决于个人在仕途上的灵活选择，还有他所能依赖的家庭“根脚”。

在荫叙制的发展历程中，元代荫叙制度具有一些特征，与金代荫叙制类似——一种强化民族特权的手段。[③]如金代女真承荫人在“仕进门户”阶段，所享受的超迁格和出职格法，是这种特权的典型表现。[④]元代将四等人制贯彻至选官与任官的环节中，荫叙制本身对不同族群承荫人初授品级高低、所能进入职务系统，都有所区别。荫叙制在维持其基本限定原则的基础上，尽量维护统治族群中（选择通过承荫入仕的）贵族和高级官僚子弟的政治特权，并让他们通过荫叙制享受这种特权时宦途更通达、更光明。

不过，元代荫叙制的民族性并不是它作为荫叙制本身所想传递的核心成分，只是金元两代的政治特点赋予了荫叙制额外的功能，并将这种功能与制度本身的形式、功能糅合在一起：“元代政府与社会既是中国过去的延续，又使中国过去中断。元朝的政治制度与统治方式建立在蒙古、内亚和中国的先例上，要将各种因素区别开来常常很难做到。”[⑤]元代更多江南仕宦家庭和群体的承荫案例证明：荫叙制度不但是统治上层“根脚”人士子弟的出仕捷径，也是江南勋旧、新贵之家庭将已亡政权中政治、家族资历换做新政治资格的一种途径或表现，地方精英阶层通过家庭政治资格的传递，继续存在并发挥着重要作用，这“印证了中国社会结构及其正统模式的牢固性”。[⑥]

（于洁，女，历史学博士，青岛理工大学人文与社会科学学院讲师，青岛：266520）

---

① [清]秦蕙田：《五礼通考》卷173，光绪六年九月江苏书局重刊本。

② 宁欣：《中华文化通典·选举志》，上海人民出版社，1998年，第133页。

③ 关于元代荫叙的民族性特征，先后有日本学者箭内亘、美国学West等撰专文论及。参见[日]箭内亘著；陈捷、陈清泉译：《元代蒙汉色目待遇考》，台北：台湾商务印书馆，1963年；Endicott-West. Elizabeth, "Hereditary privilege in the Yüan dynasty", "Journal of Turkish Studies(Festschrift for Francis W. Cleaves)", 9(1985).

④ 见于洁《金元荫叙制度研究》，中央民族大学博士学位论文，2014年，第89-90页。

⑤ 傅海波、崔瑞德主编：《剑桥中国辽西夏金元史》，北京：中国社会科学出版社，1998年，第616-617页。

⑥ 傅海波、崔瑞德主编：《剑桥中国辽西夏金元史》，北京：中国社会科学出版社，1998年，第646页。

乾隆初年清朝接待准噶尔使者之礼仪初探

赵令志

内容提要：清代接待外国、藩属国来使的机构，是礼部和理藩院、内务府，此与以往各代皆以礼部执掌有不同之处。清朝接待前来朝贡之藩属，系分为“汉文化圈”和“非汉文化圈”两部分，接待朝鲜、安南、琉球等汉文化圈的朝贡者，具体由礼部负责，委派汉大臣接待，而对“非汉文化圈”的来使，如蒙、藏地区或俄罗斯等国外使者，则由理藩院、内务府负责，选派满蒙大臣接待。此情况直至近代，才在接待国外使者方面有所更张。目前学界研究清代宗藩体制、朝贡体制的学者，多侧重礼部接待使者方面，而忽略了理藩院、内务府接待使者的研究，或囿于理藩院、内务府接待使者的资料，基本为满文档案所致。然有清一代，理藩院和内务府接待使者次数，却远远超过礼部，其作用和影响，亦为礼部之接待“汉文化圈”者所不及，故理藩院、内务府接待“非汉文化圈”之来使问题值得系统研究。

中国号称礼义之邦，以重礼尚义著称，尤其注重各种礼仪。自周代以来，就制定出一套完备的礼仪制度，其中接待外藩、外国来使之礼仪，几经完善，一直延续到清后期，在西洋船坚炮利的威逼下方有所改变。中国的封建统治者，无论是汉族还是少数民族，皆以天下正统和天朝上国自居，对外国来使，首先要求其必须承认并尊奉其为“天朝上国”或“天下共主”，遵行体现宗藩关系的三跪九叩觐见之礼，方允许往来并商谈有关事宜，否则来使不予接待甚至被驱逐，乾隆、嘉庆年间英国马嘎尔尼、阿美士德两次来使，因觐见礼仪问题，导致出使失败，即为典型例证。

综合东亚各国或民族间的交往历史，可以看到因为觐见礼而导致出使失败的事例极为罕见，表明各民族、各国之间，都可以接受彼此的觐见之礼，而使彼此之使者可以频繁往来。值得注意的是中国历代君主在接待来使方面所体现出的正统与闰位、中华与外夷及“普天之下莫非王土，率土之滨莫非王臣”的思想，所以在接待使者过程中，处处体现出泱泱大国、礼义之邦的天朝上国教化夷狄、怀柔抚远、皇恩浩荡之气势。往来于各国、各民族之间的使者，根据出使目的可分为朝贡使、谈判使、贸易使、递信使、熬茶使等等，但在中国的官书中，皆将其称谓朝贡使，甚至在《明实录》中，将瓦剌往返商谈归还明英宗的使节，也称为朝贡使之无稽之谈，治史者在引用时应该对此类史料详细甄别。

清朝入关后，满族统治者很快摈弃了满洲人传统的觐见礼仪，而继承并完善了中国传统的接待使者的礼仪，并形成了一套接待外藩、属国使者的礼仪制度，其中在优礼使者、厚往薄来方面尤为完备。乾隆朝之前，准噶尔部之巴图尔浑台吉、僧格、噶尔丹、策旺阿拉布坦等曾遣使到北京40余次[①]，遣使目的不尽相同，主要为商议通好、要求贸易、避免征战、议和定边等事务。

无论是何目的之准噶尔汗国来使，清朝都是以礼相待的，但如何接待准噶尔使者及清朝接待准噶尔使者的礼仪等问题，在《清实录》及部分方略中，虽有一些记载，但过于零散和简略，而《军机处满文准噶尔使者档译编》（下文简称《使者档》）所录有关接待使者的上谕、奏折、仪注、记注、咨文、呈文等，可谓清代接待使者的最完善的史料。兹以《使者档》为中心，对接待准噶尔使者的各类事宜进行综合研究，从中可以窥见清代对准噶尔汗国的政策变化及接待使者之礼仪等问题。另外，《使者档》中记载的清朝接待准噶尔使者之礼仪基本是沿袭前代的，因而根据《使者档》研究乾隆年间接待准噶尔使者的礼仪，亦可追溯前代接待使者之礼仪问题，从中探知清朝接待外藩使者之政策。

一、迎送使者

在乾隆朝以前，西北蒙古地区前往北京或北京派往西北蒙古地区的使者，基本是出张家口至呼和浩特，进入草原后自己解决食宿，由向导引领经喀尔喀至巴里坤出境，再前往所至地点，这条线路称为北路，距离较近，且可随行随牧，适合携带大量牲畜的商队行走。在乾隆初年，为了防止准噶尔使团滋扰地方，刺探消息，禁止准噶尔使者行走北路，规定其往返必须走南路，即从哈密入境，入嘉峪关后，奔肃州、宁夏、大同前往北京，归途亦然。沿途可利用驿站，由清朝解决各地所有食宿及畜力，虽然路途稍远，但比较安全舒适。

乾隆三年正月至京的达什、博济尔使团，是随清朝的使者从北路前来的，为了迎接该使团，清朝需“沿途轮派官四员、兵丁六十名随护。俟骑驮马驼至张家口，已奏准交付总管久霍托，相应俟使臣等至张家口，前来京城之时，俟伴送来京之章京等，仍准乘驿，驿马如若不敷，可将附近马匹酌情调用。携至其货物时，交付口北道员，雇车运至，所用银两报部。咨文直隶总督，将自张家口至京城，沿途如何轮派绿旗官四员、兵丁六十名护送之处，视伴送前来章京等之吩咐遵行。使臣等行经地方墩台汛地之兵丁，须整治齐整之处，由直隶总督仍照旧例转饬地方官员，咨文备办”。[②]从中可以得知，使者走北路，清朝需轮流派4名官员、60名绿营兵护送，到张家口后要为其备换马匹、骆驼，将使者之马匹、骆驼在口外牧放，似返回时换回。使者等由此乘驿马前往，驿马不足，便调用附近马匹，而其所携商品等，则交付口北道雇车运至京城，车价报户部报销；直隶总督转饬沿途地方官员整治墩台、汛地兵丁，并备好护送官员即绿旗兵丁，听候伴送使者之官员吩咐。虽然方便了使者，但给清朝带来沉重负担，且在草原行走，随行随牧，难免与喀尔喀及漠南牧民接触，日久必有摩擦之嫌，且为防止准噶尔沿途打探消息，清朝规定准噶尔使团及贸易商队，不准走北路，必须走南路。噶尔丹策零在奏表中曾多次

① 详见张双智《清代朝觐制度研究》（学苑出版社，2010年）中之相关表格。

② 乾隆二年十二月二十四日《军机大臣鄂尔泰等奏请备办使臣等由张家口至京事宜折》。按：本文所引档案，除特别注明出处者外，均引自《军机处满文准噶尔使者档译编》（中央民族大学出版社，2009）

恳请允许其商队、使团行走北路，但均被清朝回绝。

在策旺阿拉布坦时期，其所派使者既开始行走南路，噶尔丹策零即位后，其所派使团也以走南路为主。走南路虽然绕行，但对清朝而言却省却了很多麻烦和靡费。

走南路的使者到哈密后，与安西提督等官员接洽，商谈前往北京事宜。安西提督驰驿将使团人数、正副使臣、所携方物、货物数量及奏表主要内容等奏报，同时特派郎中、员外郎、主事级官员一名，携一名笔帖式、数名通事兵，带领使团前往肃州、北京。沿途轮流由各处汛地出数名绿营兵护送。

使团到肃州后，将所携牲畜等主要货物留下，并留所带数名跟役于肃州贸易，该跟役等待使臣等从北京返回肃州后，一起返回。陪伴官员将使团于肃州贸易之事，交付肃州地方官员照管，旋即带使者等前往北京。

陪伴官员及笔帖式等除照顾使者住宿、饮食，保护好使者所携物品外，还要随时奏报使者行程、言语、抵京日期等项。直至将使者平安伴送至京城，交付与钦命之陪同大臣或照看官员，其护送使者来京之使命完成。

使者等返回时，若无特殊情况，仍由伴送前来之官员、笔帖式、通事兵等护送使臣等沿原路返回。清朝对伴送官员、笔帖式及护送通事等均按例赏赐，但每次需由军机处奏请后发放，在《使者档》中保留了许多依例赏赐陪伴官员的奏折，如有关吹纳木喀前两次前来的伴送官员的赏赐，即有"去年，吹纳木喀等返回时，曾赏派往伴送郎中阿拉布坦银二百两。此次，护送吹纳木喀等前来之员外郎僧保、笔帖式萨音查克，仍派往伴送吹纳木喀等返回，相应赏员外郎僧保银二百两、笔帖式萨音查克银一百两。"[①]之记载，可知对陪伴官员赏银200两、笔帖式100两。检索历次赏赐皆此标准。但对通事的赏赐稍有变化，雍正十三年闰四月奏请赏赐通事兵的奏片为："准噶尔使臣吹纳木喀等自肃州起程来京时，由刘于义处派三名绿旗兵，作为通事随之而来。吹纳木喀等返回时，彼等将随使臣等返回肃州。相应拟恩赏此三名兵丁每人凉帽一顶、绸衣一套、银五十两遣往。"[②]即当时除赏银50两外，另赏衣帽。而此后对通事兵仅赏银50两。[③]这些赏赐物品及银两，"亦依前例，自广储司支取赏予"，[④]可知赏赐物品均出自内务府广储司，即皇家内帑，而非国库。

在往返伴送使臣过程中，一旦出现特殊情况，伴送官员要迅速奏报，并随机处理，如若有使臣、跟役等生病，要迅速奏报并延医诊治。而出现使臣或跟役出痘时，必须将出痘者与其他成员隔离，一般由伴送官员陪伴使臣等先行，而伴送之笔帖式则负责照顾生病人员。若有病故者，则按使臣要求处理后事，并详细奏报于军机处。另外，遇有紧急情况需使臣先行时，则由伴送官员陪使臣前往，笔帖式留后缓行，照顾进献之马匹和货物等。

总之，综合历次行走南路的来使往返情况来看，所有伴送官员等兢兢业业，对使臣

① 乾隆元年二月初七日《和硕庄亲王允禄等奏请依例赏赐伴送官员银两片》。

② 雍正十三年闰四月初九日《军机大臣鄂尔泰等奏请赏赐三名通事衣帽等项片》。

③ 详见乾隆七年十一月二十七日《军机大臣鄂尔泰等奏请赏赐伴送使臣章京等银两片》；乾隆十一年三月十九日《军机大臣讷亲等奏请赏赐伴送使臣返回官员银两片》等。

④ 乾隆十六年三月二十二日《大学士来保奏闻使臣还京及备办所需赏赐物品之项折》。

等悉心照顾，在往返的伴送过程中，没有出现任何问题，而令使臣等非常满意。因此，行走南路虽然绕远，但除此之外，利大于弊。

二、接待礼仪

接到准噶尔来使入边并前往北京的消息后，军机处即奏请安排此次来使之接待事宜，包括安排使者食宿、请旨钦定陪同大臣和列班大臣及照看使者之章京、进呈奏表方物仪注、朝觐仪注、筵宴仪注、使者礼佛事宜、赏赐事宜、辞行仪注等，事无巨细，均缮折片请旨，由乾隆皇帝钦定，足见清朝对准噶尔问题之重视，亦可窥知清代皇权集中之政体下机构运转情况以及清代各民族官员政务分工等问题。

每次准噶尔使者进京前，军机处均请旨钦定接待本次使团之照看官员，陪同大臣及议事大臣等。

1.照看官员

接待每个使团，先钦定照看官员。其任务是负责使团在京期间的一切繁杂事务，包括前往清河迎接、引领使臣进京、照顾使团成员饮食起居、带领使团前往觐见、筵宴、辞行场所等，若使团成员生病，则由照看官员汇报奏请派御医诊治。这些照看使团的官员，虽然级别不高，但均由军机大臣奏请，由皇帝钦定。如接待乾隆三年进京之达什使团时，军机处奏请：

> 伏查，先前准噶尔使臣等至，曾派内务府郎中桑格、理藩院郎中阿拉布坦、员外郎达桑阿照看。今达桑阿病故，阿拉布坦奉差在外，故此次拟俟准噶尔使臣达什等至，仍派总管内府六库郎中桑格，及另派理藩院员外郎黑塞、扎什照看。①

照看乾隆十一年哈柳使团的官员为：

> 照看使臣等，拟派内护军统领庆纳及派往迎接使臣之理藩院员外郎甘布、伴送使臣前来郎中伯达色”②

乾隆十五年三月照看尼玛使团的官员为：

> 照看使臣等，拟派理藩院主事伊兴阿、伴送使臣前来之主事诺木浑。庆恩现在静宜园工程处，不得空闲，此缺拟派堂郎中觉世奇。”③

由上述资料可知，钦定照看使臣之官员均由内务府、理藩院的堂郎中、郎中、员外中选任，后几次偶派主事司其职，但为首者仍为郎中。分别由理藩院出两名、总管内务府出一名。多数从在京官员内选用，偶有复派自哈密伴送前来之官员担任者，如乾隆十一年之伯达色、乾隆十五年之诺木浑，乃因其沿途出色陪伴使臣，或因精通语言之故，到京后仍令其担任照看官员。而伯达色、诺木浑，分别为理藩院驻哈密办理回众事务员外郎和主事，属于理藩院的官员。接待使者费用，一般出自总管内务府，由一名内务府郎中负责照看使团，可在饮食起居各方面均利于操办。而所选的两名理藩院官员，虽然难以考证其是否是蒙古人，但其精通蒙古语和满语乃为必备之条件，其除照顾使团成员

① 乾隆二年十二月初六日《军机大臣鄂尔泰等奏请指派照看使臣等之官员片》。
② 乾隆十一年二月十五日《军机大臣讷亲等奏请指派议事大臣等片》。
③ 乾隆十五年二月十五日《军机大臣傅恒等奏请指派议事大臣及陪同官员片》。

起居之任务外，另有监视使团之职能，要随时禀报使者之言行。

2.陪同议事大臣

陪同大臣、议事大臣级别较高，一般由尚书、侍郎担任，职责是负责此次使团的总体接待事宜，另要陪同、引领使臣觐见、筵宴、礼佛、辞行并商谈使臣所奏请之事等，对使团所有问题及谈判情况、使者言行等均需随时具奏，其中必须有精通蒙古语之大臣。

每次使者进京前，军机处都要奏请钦定陪同、议事大臣，如乾隆十一年三月哈柳使团到北京前，军机处具奏：

> 前年与使臣图尔都议事时，曾钦差尚书海望、班第、那延泰，侍郎阿克敦；派内务府官员一名、理藩院官员二名照看；派尚书海望、那延泰总理照料事宜。去年与使臣哈柳议事时，因尚书那延泰患病，曾钦差侍郎玉保，并增派尚书班第总理照料事宜。今与前来之使臣哈柳等议事时，拟仍派海望、班第、那延泰、阿克敦。……总理照料，拟仍派海望、那延泰。①

乾隆十二年哈柳使团进京前，军机处奏请：

> 本年三月，为与使臣哈柳等议事，曾钦派尚书海望、班第、那延泰、阿克敦。为照料事，派内务府官员一名、理藩院官员二名。总其责者，派有尚书海望、那延泰。与此次之来使玛木特等议事，拟仍派海望、班第、那延泰、阿克敦。照看使臣，拟派内务府堂郎中庆纳、理藩院主事伊兴阿、伴送使臣前来之主事尚图。总其责者，拟仍派海望、那延泰。②

乾隆十五年尼玛使团到来前，军机大臣傅恒等奏请：

> 先前与准噶尔使臣议事时，曾派阿克敦、海望、那延泰、班第。乾隆十年与使臣哈柳等议事时，曾派玉保替补那延泰缺。前年与使臣唵集等议事时，曾派兆惠替补班第缺。照看使臣等，曾派总管内务府堂郎中庆恩、理藩院主事伊兴阿及伴送使臣等前来之章京。总理照看者，因海望、那延泰外出，曾派阿克敦、兆惠。兹与此次前来之使尼玛等议事，除仍派阿克敦、海望、那延泰外，玉保会说蒙古语，现亦在家，相应仍派玉保……总理照管者，仍派海望、那延泰。③

以上3份奏片所涉及的海望、那延泰、班第、阿克敦及玉保、兆惠，当时均为尚书、侍郎级大员，其中海望为户部尚书、那延泰为理藩院尚书、班第为兵部尚书、阿克敦为刑部尚书、玉保为理藩院侍郎、兆惠为刑部侍郎，可见当时主要由理藩院、兵部、户部、刑部等满蒙官员陪同使者并参与和使者的谈判。另外，还需从陪同议事大臣中选出两名总其责者，基本由理藩院尚书和兵部、户部尚书担任。而选派出的陪同、议事大臣中，为交流方便，必须有精通蒙古语的蒙古官员，那延泰、玉保等即是。乾隆十三年准备接待唵集使团时，因那延泰出差，议事大臣中无能说蒙古语者，军机处奏请："约计那延泰抵达之日期，在使臣等抵达京城之前，尚不能到达。请准咨文那延泰，将其应办事项，从速完结，计使臣等抵达京城之期，于三月底返回京城，"④足见当时必须配备能说蒙古

---

① 乾隆十一年二月十五日《军机大臣讷亲等奏请指派议事大臣等片》。

② 乾隆十一年十二月初九日《军机大臣讷亲等奏请指派与使臣议事并照看大臣官员片》。

③ 乾隆十五年二月十五日《军机大臣傅恒等奏请指派议事大臣及陪同官员片》。

④ 乾隆十三年二月二十四日《军机大臣傅恒等奏请指派与准噶尔使臣议事大臣片》。

语之大臣。那延泰一直被钦定为陪同大臣，与其为理藩院侍郎、尚书且能说蒙古语有关。

另外，在使者觐见、辞行之时，由钦定陪同大臣引领入宫，故陪同、议事大臣不在入班大臣之列。

3.入班大臣

接待外国使者属于重大国事，既要显示本朝礼仪，又要体现皇帝威严，故在接待使者的重大活动中，如觐见、筵宴、辞行、颁敕等活动，均有规定之仪注，其中钦定入班大臣，在使者觐见、筵宴、辞行时分两翼列班，即其中内容之一。

《使者档》中存录了一份雍正十三年使臣等朝觐日入班诸大臣的职务名单，兹援引如下：

左翼：大学士尹泰、都统色尔毕、都统鄂善、都统宗室色博、都统佛彪、协办大学士尚书班第、散秩大臣超武公岱屯、护军统领阿琳、都统奇勒萨、署理都统印务护军统领哲尔津、署理都统印务满洲八旗都统原品扎勒泰、散秩大臣包德、左都御史福敏、署理都统印务尚书高奇、署理都统印务副都统扁图、署理护军统领印务副都统宗室色布肯、副都统六格、副都统迈鲁、左侍郎宗室普泰、右侍郎托时、副都统卦木保、副都统李岳察、副都统布颜图。

右翼：协办大学士事务尚书三泰、散秩大臣宗室曾升、都统李希、都统尚书僧格、都统宗室章格、都统佟祥文、委领侍卫内大臣散秩大臣内务府大臣常明、署理都统印务尚书宪德、护军统领济兰泰、散秩大臣伯伍弥泰、散秩大臣奉恩辅国公格图肯、都统甘国弼、护军统领满泰、散秩大臣施勇、前锋统领叶楚、署理护军统领印务副都统阿兰泰、副都统觉罗苏尔泰、副都统色勒登、副都统苏弼礼、副都统吉昌、副都统田存德、副都统于勇世、副都统杜依克、进茶散秩大臣伯玛哈达。

引导大臣：领侍卫内大臣公丰盛额、散秩大臣公纳木图、委散秩大臣沙津、委散秩大臣乌尔图纳苏图、御前头等侍卫策楞、散秩大臣公国舅伯奇、散秩大臣公马显、散秩大臣公噶尔萨、散秩大臣侯武格、头等侍卫傅拉纳。

随扈大臣：领侍卫内大臣哈达、署理护军统领印务头等侍卫乌勒德。[①]

从此份职名单中可以看到，入班大臣分为左右翼列班大臣、前引大臣、后扈大臣三类，其中左右翼各23名、共46名，前引大臣10名、后扈大臣2名，计58名，全部为八旗满洲、八旗蒙古之大学士、领侍卫内大臣、尚书、左都御史、侍郎、都统、协办大学士、副都统、护军统领、头等侍卫及散秩大臣等。以后，除在行宫接待使者，因特殊原因而减少入班大臣外，在京接待准噶尔来使时，其入班大臣均保持此规格。若有前次入班大臣因病或出差不能参加者，军机处等要奏请钦定增补入班大臣。如乾隆元年正月为使者觐见时，入班大臣不足而奏请钦定增补入班大臣，所奏为：

总理事务和硕庄亲王臣允禄等谨奏。

查得，先前准噶尔使臣吹纳木喀等抵达，令其入觐圣明时，会议边界事宜之诸大臣及派委陪同使臣之诸大臣，均未入班。前引、后扈之大臣等，亦皆另行就座，

① 雍正十三年四月二十日《准噶尔使臣朝觐时入班大臣名单》。

故入班大臣仅为二十余人，因人数过少，自尚书、侍郎、副都统等内抽出二十二人，共四十六人入班就座。此次令吹纳木喀等瞻仰圣明，拟仍照前例，毋令会议边界事宜之诸大臣及派委陪同使臣之诸大臣入班。今入班大臣内，除前引、后扈、献茶及另赴公差、因事耽搁者之外，两翼可入班者，仅剩三十余位大臣。是故，其未列入班之尚书、侍郎、副都统内，除左都御使福敏患腿疾，侍郎徐元梦年事已高，未将其名列入外，谨缮诸大臣之职名，恭呈御览。拟俟圣上钦定，匀为两翼，列班就座。

等因。乾隆元年正月十三日奏入，奉旨：著派三泰、来保、僧格、普泰、阿山、托时、申珠浑、穆赫廉、德沛、希德慎、柏修、色布金、色度、德敏、扎穆苏、策楞、柴寿、海兰、纪山、塞尔登、苏巴里、赫义、和兴、马什塔、秀库、法珠纳、吉昌、巴什、阿尔泰、巴勒岱、索拜、官保、鄂齐尔、桑格、托保、保玉、六格、布颜图、阿那布。钦此。[①]

乾隆十五年正月为筵宴使臣尼玛等，特奏请钦定增加原来未曾入班大臣列班：

大学士·领侍卫内大臣·忠勇公臣傅恒等谨奏。

查得，先前准噶尔使臣抵达，瞻觐圣明及筵宴之时，因入班大臣少，曾由臣处呈览满洲大学士、尚书、侍郎、内阁学士、副都统等之职名，酌情派出，增添入班。兹筵宴使臣尼玛等，仍照前例，将未入班满洲大学士、尚书、侍郎、内阁学士、满洲、蒙古副都统及前次增派入班大臣等之职名，一并缮于绿头牌，恭呈御览。俟上酌情派出后，匀入两翼入班就座。

等因，乾隆十五年正月初八日奏入，奉旨：著仍派原先所派乌凌阿、雅尔图、三和、德龄、雅尔胡达、何绷额、雅图、苏呼吉、明安、乌雅图、明图、瑚弼图、车凌、舒昌、博庆额、固纯、尚坚保。增派德通、杰福、通宁、舒山、嵩寿、官保、兆惠、马灵阿、乌拜、什臣、沙图、鄂托、四十六、普庆、乌赖、图喇、众佛保、鄂弥达、法畴、弘赢。[②]

以上原有或增补之入班大臣均为满蒙尚书、侍郎及满洲或蒙古都统、副都统等，可见接待准噶尔使者，亦只准满蒙大臣参与，汉大臣不与其中。

4.接取奏书

清代接待至京准噶尔使臣时，于准噶尔使臣抵清河之日，即派照看官员或陪同大臣往迎，照看赏与饭食，并告知翌日进京呈献奏表及方物之仪式。而在京之相关部门，均做好迎接准备。需要参与的部门有理藩院、兵部、户部、工部、光禄寺、顺天府及总管内务府之上驷院、茶膳房等，若皇帝在圆明园，使者至圆明园觐见时，圆明园营总处亦要警备。

第二天，由陪同大臣和照看官员带领使团进城，“使臣等抵达之日，所经门、街道，堆拨兵丁，须管带齐整之处，交付护军统领、步军统领等办理。使臣等进入时，由派往迎接之章京引入东华门，至箭亭前，由所派大臣等会同理藩院大臣等，接取其奏书及进

① 乾隆元年正月十三日《和硕庄亲王允禄等奏请钦定入班大臣名单片》。
② 乾隆十五年正月初八日《军机大臣傅恒等奏请指派入班大臣片》。

献之礼物，译出恭呈御览外，令使臣憩于上驷院房中，赏食饭食后，带至其住处下榻。”[1]即将使臣等带入东华门，于箭亭前望阙叩首，跪呈奏表，并宣称“我等奉 XX 台吉之命前来出使，我台吉 XX 给大皇帝请安”，如乾隆七年十一月，“准噶尔使臣吹纳木喀等，至箭亭前跪地，进呈噶尔丹策零之奏书及进献带把玉碗及貂皮三十张。跪地告称，我等之台吉噶尔丹策零请大皇帝安，另选本地马两匹，带至进献大皇帝。”[2]此乃使臣呈献奏表时之必备程序，旋由陪同大臣接取奏表及方物，礼成。随后将使团成员带至上驷院宴请后，引使者等到下榻之处，进城呈献、接取奏表和方物仪式方告结束。

《使者档》中所载历次来使，呈献奏表、方物都按此礼仪进行，除雍正十三年在圆明园前接取奏表、方物外，乾隆年间接取奏书的地点均在箭亭，即使皇帝在圆明园、苏州行在、热河行宫等地，使者觐见地点不在紫禁城，但准噶尔使者亦必须遵守此程序，在箭亭进行呈献奏表仪式。

乾隆十六年正月，乾隆皇帝南巡，喇嘛达尔扎所派使者额尔钦等前来，恐准噶尔使臣因皇帝不在北京，不按此仪式进献奏表，特于南巡路上降旨，由军机大臣傅恒字寄在京军机大臣，密授机宜，曰：

以前准噶尔使臣每次前来，于射亭前呈献奏表时，惟言前来出使之语，方跪而呈献。此次或彼等借朕起程之故不跪，抑或言暂时不可呈献，于此务必提前言明才好。先前准噶尔使臣抵清河之日，派陪同官员往迎，照看赏与饭食，次日领进呈献奏表后，于上驷院赏食恩饭，再送至住处。将此字寄大学士来保，使臣抵清河之日，著差侍郎玉保迎陪，应备诸项食品皆照前例预备，照看赏用。交付玉保尽心宣示彼等，告知我皇上起程南巡，降旨我理事王大臣，准噶尔使臣抵达后，迎接照看赏食、呈献奏表、筵宴等处皆照前例办理，令彼等歇息数日，再追赶至朕之行宫瞻觐等语，故理事王大臣特意差我前来迎接尔等。彼等若问大皇帝起程，奏书呈献于谁、谁照看筵宴我等等语，玉保即明白晓谕，明日照前例将尔等带至箭亭前，呈献尔所携奏表，望阙叩首后跪呈，即如呈献我皇上一般。我大臣呈接后，由驿站转奏。再吾皇帝若在宫中，则筵宴尔等。今已起程，理应不筵宴尔等。吾皇帝因悯恤尔等乃外藩之远来人，特施至恩，派王大臣照看筵宴尔等，即如皇上筵宴无二。呈献尔台吉之奏表，享用恩宴后，我等即刻起程，赶往皇帝之行在，瞻觐圣颜。窃思瞻觐之后，于彼处又筵宴尔等也，尔之事宜迅速完结，即可返回等语，断勿令其疑惑。接取伊台吉之奏表后，若正值本报起递之日，则随本报咨奏。若非本报起递之日，勿等本报，立即由驿站咨奏。于此，玉保亲自前去迎接彼等，想必彼等说此等言语，尽力开导晓示。对于彼等如何言语、如何行动、伊处情形如何等处略微问及，视彼等所告，详细尽心缮折，与准噶尔奏表一道咨奏。钦此。[3]

其内容乃恐准噶尔使臣不遵守清朝接取外国使臣呈献奏表仪注，而告知陪同大臣等

① 乾隆十一年三月初四日《军机大臣讷亲等奏请备办使臣抵京当日接取奏书等事片》；乾隆十五年正月初六日《军机大臣傅恒等奏请备办使臣抵京当日接取奏书等事项片》等。

② 乾隆七年十一月十七日《尚书海望等奏报使臣进呈奏书及方物片》。

③ 乾隆十六年正月二十二日《军机大臣傅恒为接取奏表仪注等事字寄大学士来保》。

如何晓谕使臣，使其不违反清朝接待使臣礼仪，顺利按仪注于箭亭完成呈献、接取奏表、方物之仪式而已。此仪式为使臣来使进京的首个仪式，其意义非凡，故乾隆皇帝降此御旨，绝非小题大作。

5.觐见礼仪

使者进京，最主要的礼仪就是觐见之礼，清代继承明朝觐见礼仪，制定了完备的觐见礼仪。觐见礼仪最突出的仪式，就是要体现出清朝乃“天朝上国”、“天下共主”，对使臣的优待和“厚往薄来”的赏赐政策，其目的即以此吸引诸国遣使来朝，达到其“万国来朝”之理想。外国使臣前来，属于代其国主向清朝皇帝请安纳贡，因此必须遵照清朝觐见礼仪朝觐，反之，则不予接待甚至驱逐来使，乾隆、嘉庆年间英国马戛尔尼、阿美士德两次来使，皆因觐见礼仪问题而功亏一篑，甚至对以后两国关系产生巨大影响。

另外，清朝自认为是天下共主，故对外遣使则设法在礼仪方面有所区别，即不行三跪九叩之礼，而是行二跪六叩等觐见亲王礼仪。清代使臣出使朝鲜、琉球等藩属国，均行二跪六叩之礼，以体现宗藩关系。对非藩属国，也尽量行此礼，方被视为得体，雍正年间遣使到莫斯科，对沙皇行二跪六叩之礼，清朝上下均沾沾自喜，即为典型例证。

在入关之前，因朝鲜、蒙古等地使者每年到沈阳，当时便有了一些简单的觐见之礼仪。入关后，结合中原传统的朝觐之礼，而形成了一套完备的觐见礼仪。《使者档》中详细地收录了每次来使之觐见礼仪，此记载较嘉庆《大清会典》所载觐见礼仪详细，[①]如雍正十三年准噶尔吹纳木喀等于正大光明殿觐见时，其礼仪为：

令聚集之大臣等提前入殿预备，令乾清门侍卫等排列于宝座两侧，豹尾班侍卫等排列于台阶下，台阶两侧令侍卫等排列，正门两侧，令侍卫等排列。其在外值守之护军等，排列整齐之处，交付领侍卫内大臣等预先备办。晨起，令使臣等憩于吏部房中，俟至赏食克食之时，由西侧侧门引至厢房预备。皇上升座后，由侍郎那延泰、班第、副都统多尔济、奏蒙古事侍卫等引入使臣等，空出殿前阶下中央，行三跪九叩礼觐见。礼毕，由西侧隔扇门引入使臣吹纳木喀、诺惠尼，于右侧前排就座诸大臣后跪叩，留出间隙入座。其随行厄鲁特等，皆令坐于隔扇外之右侧。皇上用茶时，令随大臣等跪叩，赏茶时，令其叩谢而饮。降旨时侧跪地聆听。礼毕，仍由西侧隔扇门引退，送至住处。

聚集之大臣、侍卫等，皆着常服。[②]

此为《使者档》收录较早的觐见礼仪，而以后的记载更为详尽，如乾隆四年十二月准噶尔使臣哈柳觐见时，其过程为：

届时，聚集之大臣等各带坐褥入乾清宫，列班预备，前面就座十位大臣，仍行入座，后扈二位大臣侍立。御前侍卫等立于宝座附近，豹尾班侍卫列于宝座两旁，乾清门侍卫等列于豹尾班侍卫之后。月台两侧，每翼排立侍卫二十名；乾清门两侧，各立值班章京一员，侍卫二十名；阶下两翼，各列侍卫二十名，照门立侍卫二十名。再，凡使臣经过之门，增派章京、护军等排列齐整之处，交付前锋

① 嘉庆《大清会典》卷31《礼部·主客清吏司》。

② 雍正十三年四月二十四《军机大臣鄂尔泰奏报所拟准噶尔来使觐见仪注折》。

统领、护军统领办理。令派往照看之章京等，率使臣等由西华门、西侧门进入，引至照门赏食饭食。俟圣上升乾清宫宝座，由尚书那延泰、侍郎勒尔森及奏蒙古事侍卫等，引使臣入乾清门西侧门，由西侧拾阶而上，空出丹墀中央，令使臣哈柳、松阿岱、巴颜及随行厄鲁特等列队，行三跪九叩礼。礼毕，引使臣等由乾清宫西侧隔扇进入，于右侧前排大臣等之后跪叩一次，留出空隙而坐。其随行而来之厄鲁特等，令坐于隔扇外右侧台阶上。皇上用茶时，令随大臣等跪叩，赐茶时，令其跪叩饮之。降旨时，跪地聆听。事毕，仍由西侧隔扇引退，行经照门，出西华门，送至住处。聚集之大臣、侍卫等，仍着常服。”①

两者相较，并无本质区别，不过是后者在对入班大臣、各处侍卫、使臣进宫路线、使团成员行礼等方面记注更详细而已。但通过后者可以更准确的得知使臣觐见时清朝之仪仗等情况。

另外，《使者档》记载准噶尔来使中，有三次觐见地点不在宫中，因接见之处面积所限，或因随行大臣、侍卫人数不足，均做部分调整。其中乾隆十一年十二月使臣玛木特等于雍和宫大和斋觐见的仪注为：

兹令使臣玛木特等，于雍和宫大和斋瞻觐，相应由陪同章京等，于二十四日凌晨引领使臣玛木特等至雍和宫准备。圣上驾临，令使臣等于清宁门外随我大臣官员等跪迎。圣驾入，将使臣等安置于达喇嘛房内，赏以饭食。殿内令豹尾班侍卫站立，难以容纳，可斜立于廊下；其御前侍卫，计其容纳，立于宝座两旁，其余立于豹尾班地方。使臣等进入所经所有道路，皆带侍卫等站立。届时，先令入班大臣等进，将使臣等带至东书院门外站立，俟降旨传召，由尚书班第、那延泰、侍郎玉保、奏蒙古事侍卫引入，以初见礼，于殿前月台行三跪九叩礼。礼毕，自西侧引入，随右侧就坐首排大臣，令为首使臣玛木特、副使巴图蒙克、杜喇勒哈什哈跪叩一次后，留空隙而坐。其随行而来之厄鲁特等，令坐月台西侧。皇上用茶时，令随大臣等跪叩，赐茶时，令其跪叩饮之。降旨时，跪地聆听。事毕引出，带至其原坐地方暂候。跳步扎时，圣上所坐黄幄，搭于天王殿前东侧，准备宝座。呼图克图所坐矮床，照前朝西放置。时近，令我诸大臣官员及诵经喇嘛等预先进入，排列整齐后，令使臣等进入，立大臣之末准备。圣上驾临，随众跪叩。圣上升座后，跪叩一次，而后准令入座，其随行而来之厄鲁特等，随后列坐。跳毕步扎，赏茶饮时，因聚集人多，逐一分放则需时过长，相应惟于前排就座两列分放。事毕，引使臣出，暂至原坐房内等候，俟皇上还宫，再带回其住处。其余喇嘛等，俟皇上回还，臣等再照料饮茶。其带使臣等至前后殿礼佛之处，俟确定圣驾御临之时辰，如若得当，则先行叩拜，如所不及，则俟皇上还宫，赏彼等以饭食，遣散众人后，再行叩拜。是日，聚集之大臣官员皆着补褂、蟒袍。使臣等行经之街道、门口、堆拨等，均派官兵排列整齐，及于雍和宫一带巡管之处，拟交付步军统领、护军统领等。②

① 乾隆四年十二月十八日《军机大臣鄂尔泰等奏闻使臣哈柳等瞻觐圣明仪注折》。

② 乾隆十一年十二月二十三日《军机大臣讷亲等议奏玛木特等于大和斋瞻觐仪注折》。

此次于雍和宫觐见，实际有两项内容，其一是使者觐见，一切按觐见礼进行。不过由于场地狭窄，而减少仪仗侍卫、入班大臣数而已，而一切礼仪均遵照在正大光明殿瞻觐之礼进行。另一项内容则是带领使臣礼佛。

另有两次在京外觐见时，因随行大臣侍卫数有限，所以侍卫仪仗有所减少，而对入班大臣亦做调整。其中乾隆十六年喇嘛达尔扎所遣额尔钦等在苏州觐见的仪注为：

> 此次随驾前来之文武大臣，著坐首排之外，尚不足之人于地方官员内，钦定指派入班。是日，照先前令使臣朝觐之例，派入班大臣各自携带坐褥，入行在大殿，预先按列铺垫，在前坐之十位大臣并立预备，令御前侍卫等排列于宝座近处，豹尾班侍卫列于宝座两侧，令乾清门侍卫等排列于豹尾班侍卫之后。将丹陛两侧各立二十名侍卫，行在大门两侧各立入值章京侍卫二十名，大门内应立侍卫之处，酌情于两侧排列侍卫。使臣经过街道，交付地方大臣，派官兵整齐排列。准噶尔使臣额尔钦等抵苏州后，引于住处，习练礼仪。赏食克食后，由尚书那延泰、侍郎玉保引领，于行在大门外预备。皇上升座后，那延泰、玉保、奏蒙古事侍卫等引领使臣，入行在西侧门，由西侧拾阶而上，于所空出之丹陛中央排列，以首次前来之礼行三跪九叩礼。礼毕，引使臣入西侧隔扇门，于右翼首排大臣末尾跪叩而座，随行之厄鲁特等令坐于隔扇门外廊檐下右侧台阶。皇上用茶时，令随大臣跪叩；赏茶时，令其叩谢而饮，降旨则跪地聆听。事毕，仍由西侧隔扇门引出，送至住处。是日，聚集之大臣侍卫等，皆着补褂、蟒袍类常服。①

可知此次因随行大臣不敷列班，故而从地方官员中指定，大门内应站立之侍卫，亦不像在宫中那样排列，而是酌情站立。

乾隆十九年达瓦齐所遣使臣敦克多前往热河行宫觐见之仪注为：

> 本月十五日引领此次前来使臣敦多克等瞻觐圣明时，聚集入班王公、蒙古王公、三品以下大臣及新降来之厄鲁特等。时辰一到，各自携带坐褥进入，按品级预排位置，前排十位大臣坐定，后扈二大臣站立。御前侍卫站于宝座旁边，后扈侍卫列于宝座两旁，乾清门侍卫站于后扈侍卫后。正门两边列当班章京各一，侍卫各二十名。月台下每翼各站侍卫二十名。另于使者路过之街门，增派章京兵丁，整齐排立之处，交付于前锋统领、护军统领、热河副都统。由指定陪同之章京等，是日引领使臣等，安置于正门外厢房内休息，恩赏饭食。皇上升宝座后，所属部院大臣、奏蒙古事侍卫等引使臣等从西侧翼门进入，上西边月台，中间留出空地，将使臣敦多克、奔塔尔、布林及跟随伊等前来之厄鲁特等排列，按初至之礼，行三跪九叩礼。礼毕，引使臣从殿西隔扇门进入，于右翼首排大臣之末跪叩后，留空隙而坐。余下之厄鲁特等，令坐于隔扇门外之右侧月台上。皇上用茶时，令随王公大臣跪叩，赏茶时，令其叩谢而饮。降旨时跪闻。礼毕，由西侧隔扇门引退，出西侧翼门，带至住处。
>
> 是日聚集之王公大臣、侍卫、初降之厄鲁特王车凌等皆着蟒袍补褂类常服。②

① 乾隆十六年二月二十一日《军机大臣傅恒等奏请使臣瞻觐仪注折》。

② 乾隆十九年五月十二日《大学士傅恒等奏闻使臣朝觐仪注折》。

此次列班大臣，除随行而来的入班大臣外，在行宫之外藩蒙古王公、三品以下大臣及刚刚归降的杜尔伯特部三车凌等，皆得以列班，可谓变化较大，而随行侍卫充裕，故排列仪仗方面与在宫中觐见仪仗相同。

从以上在不同条件下接待使臣朝觐的仪注可以看出，清朝接待使臣朝觐，自己可以因特殊情况在仪仗和列班大臣等方面略作调整，但使臣觐见过程，无论在何地，均无任何变化，即在皇帝升座后，由引领大臣和奏蒙古事侍卫带领，从西侧门进入，由西侧拾阶而上，空出丹墀中央，令使臣及随行人员于丹墀上行三跪九叩礼。礼毕，引使臣等由西侧隔扇进入，立右翼列班大臣等之末，跪叩一次，留出空隙而坐。其随行而来之厄鲁特等，令坐于隔扇外右侧台阶上。皇上用茶时，令随众大臣等跪叩；赐茶时，令其跪叩饮之。降旨时，跪地聆听。事毕，仍由西侧隔扇引退，觐见礼成。由此可见，对外国使臣而言，其觐见礼仪主要是于丹墀之上行三跪九叩礼、立于右翼列班大臣之末、皇上用茶时其随众大臣等跪叩、赐茶时使臣跪叩饮之、降旨时跪地聆听。看似简单，其中却内涵深刻，处处彰显天朝威严。

引领使臣觐见之大臣，一般由陪同、议事大臣中选定。在觐见前军机大臣为此事具奏，特别是需要更换引领使臣瞻觐大臣时，要列出拟定者，由皇帝指定。如乾隆十三年四月军机大臣等具奏：

> 查得，先前率准噶尔使臣玛木特等瞻仰之时，曾由尚书班第、那延泰、侍郎玉保引入。兹班第、玉保皆出差在外，率此次前来使臣唵集等瞻仰之时，除尚书那延泰之外，请圣上酌情再派两位大臣。
>
> 等因，乾隆十三年四月十一日奏入，奉旨：著派勒尔森、阿尔彬。钦此。[①]

乾隆十五年正月指派引领使臣尼玛时，军机处奏请：

> 先前引领准噶尔使臣瞻觐之时，曾派那延泰、班第、玉保带领瞻觐。因班第、玉保出差，亦曾派那延泰、勒尔森。今除那延泰、玉保外，尚需一人，相应于阿兰泰、勒尔森内，派谁之处，恭请圣裁。
>
> 等因，乾隆十五年正月初八日奏入，奉旨：著派阿兰泰。钦此。”[②]

以上所指派的引领大臣皆为理藩院之蒙古人，他们精通蒙古语，便于与使者沟通，可以讲述觐见礼仪，而对准噶尔蒙古使者而言亦有亲近之感，足见清朝对觐见礼仪，安排得细致入微。

列班大臣、侍卫所着常服，即蟒袍补服，乃大臣上朝面君之礼服。举行朝觐之礼，乃国家之大事，故皇帝、大臣皆着礼服。但在国丧期间，不但停止对使臣之筵宴之礼，觐见时列班大臣、侍卫等亦不穿常服，而改穿素服，此事亦由军机处具奏钦定，如乾隆十三年四月：“军机大臣等奏言：从前夷使到京，俱蒙恩赐筵宴。今据护送夷使员外郎甘布等报称，准噶尔夷使唵集等于本月初六日进京。现遇孝贤皇后大事，距百日之期尚远，应请将筵宴之处停止。至夷使唵集等仰觐天颜之日，一切礼仪，照例办理。其齐集

---

① 乾隆十三年四月十一日《军机大臣傅恒等奏请钦点导引准噶尔使臣入宫大臣片》。

② 乾隆十五年正月初八日《军机大臣傅恒等奏请指派引领使臣瞻觐大臣片》。

大臣侍卫等，著仍穿素服。”[①]故在乾隆十三年四月十二日，使臣安集等觐见时，列班大臣及侍卫等皆着素服。

清朝对以上觐见之礼，执行严格，每次准噶尔使臣进京前，军机大臣均具奏此次使臣觐见礼仪之仪注，陪同大臣还要负责教习使臣演练，唯恐在觐见时出现不测情况。清朝接待准噶尔使臣的觐见之礼，亦适用于其他藩属国及外国的使臣，英国使臣马戛尔尼、阿美士德于乾隆、嘉庆年间前来出使时，清朝强调觐见之礼，非独难为外洋来使，而是固执自己之觐见礼仪而已。

6.筵宴礼仪

古代颇重筵宴之礼，上自朝廷之各种筵宴，下到地方飨宴，均有一套完备礼仪。清廷每年春节，要举行中正殿筵宴（十二月二十三日）、保和殿岁除筵宴（除夕）、紫光阁筵宴（元旦后择日）、山高水长筵宴并赏烟花（正月十四、十五日）等，欢度佳节。筵宴对象为年班进京之蒙古汗、王、贝勒、贝子、公、台吉、塔布囊、额驸及外国来使等，在京呼图克图、朝中大臣等一并入筵，[②]其中准噶尔使臣哈柳、尼玛等参加了此类筵宴。

在非过年期间进京的准噶尔使者，亦有专门之筵宴之礼。有关清朝筵宴蒙古王公等场景，以乾隆十九年五月十六日筵宴三车凌的万牲园筵宴图最为直观，此次筵宴，准噶尔达瓦齐所遣使臣敦多克、奔塔尔、布林等皆位列其中。其筵宴礼仪，与此前筵宴准噶尔使臣之礼相同。《使者档》中存录了多次在西厂子和丰泽园筵宴准噶尔使者的仪注，其中以乾隆十五年筵宴尼玛之仪注，记载最为详细，兹移录如下：

> 因奉旨令准噶尔使臣尼玛等于正月初十日丰泽园瞻觐圣明，施恩筵宴，相应仍照前例，将搭支大蒙古包于丰泽园之处，业经交办外，是日，照看之章京等，预先引导使臣等，入紫光阁门，歇于另行所搭之蒙古包，由派往照料大臣等照看，先行用餐。进圣主之桌，置蒙古包内宝座前；众人之桌，列于两侧。诸使及跟役等所坐之处，亦酌量摆桌。与大蒙古包相对搭支黄凉棚，置高桌金器。召集列班大臣及增派大臣等，令前引就坐十位大臣入座，后扈二位大臣站立，豹尾班侍卫列宝座两旁。御前侍卫、乾清门侍卫等，列宝座两侧。时辰到，我等之大臣各带坐褥，预先进入铺垫，令使臣等继右翼首排诸臣末，空出间隙排列。俟圣上驾临，随我等之大臣跪迎，圣上升座后，由派委引领使臣等瞻觐之大臣等及奏蒙古事侍卫，引使臣尼玛等至大蒙古包前，将中间空出，行三跪九叩礼。礼毕，引使臣等由大蒙古包西侧隔扇门进入，继右翼首排诸臣末跪叩一次，留空隙而坐。其随行厄鲁特等，令坐于隔扇门外右侧。抬桌护军章京、尚膳正等进桌，而后尚茶正进茶。圣上饮茶之时，令使臣等随众跪叩一次。侍卫等近前敬众人以茶，饮茶时，跪叩一次。用茶毕，取桌布。内务府官员等由高桌取盅、壶、杯等进奉，俟至蒙古包大门附近，众皆跪地。敬酒大臣等近前献圣上以酒，圣上饮酒时，使臣等随众跪叩一次。敬酒大臣等，仍以大杯斟酒饮之。圣上尝过饽饽桌，移至两侧后，由尚膳正等进献肉食，分发众人之肉食，事先放置，进酒桌。领侍卫内大臣照管

① 《平定准噶尔方略前编》卷51，《清高宗实录》卷312，乾隆十三年四月戊午条。

② 光绪十七年刊本《理藩院则例》卷18、19《宴赉》。

侍卫等分别斟酒，饮酒时，跪叩一次。接过酒杯，再跪叩一次。派侍卫等以大杯斟酒恩赏使臣等，令使臣等跪叩一次饮之。进肉食时，令绰尔齐等即上前作乐，布库等摔跤。继令各类杂耍人等分别上前表演。宴毕，使臣等随我大臣等就地跪叩三次，引出带至其住处。

是日，聚集之大臣、侍卫、官员等皆着补褂、蟒袍。

筵宴用桌等所有物件、杂耍人等，均皆交付内务府备办，交由领侍卫内大臣、护军统领派人管理。圣上驾临时，排列仪仗，大蒙古包前备乐之处，则交付各该处，照前备办。[①]

从中可以发现，筵宴礼仪与觐见礼仪有许多相同之处，因要进食、饮酒，故对使臣而言，筵宴之礼更为繁琐。此次筵宴准噶尔使臣的地点在丰泽园，首先由照看官员将使臣等引领到紫光阁前搭起的蒙古包内，休憩用餐。列班大臣、侍卫等就位后，使臣列于右翼列班大臣之末。皇帝驾临时，同群臣一样跪迎，皇帝升座后，由引领大臣和奏蒙古事侍卫带使臣至大蒙古包，于中间行三跪九叩之礼，礼毕回到原位。其后尚茶正进茶，圣上饮茶之时，使臣等随众大臣跪叩一次。侍卫等敬众人以茶，饮茶时，跪叩一次。用茶毕，献酒大臣等近前为皇帝献酒，皇帝饮酒时，使臣等随众臣跪叩一次。此后侍卫等分别为大臣等斟酒，饮酒时，跪叩一次。接过酒杯，再跪叩一次。皇帝派侍卫等以大杯斟酒恩赏使臣等，使臣等跪叩一次后饮之。宴毕，使臣等随列班大臣等就地跪叩三次，引出带至其住处。可见，使臣的筵宴之礼，是在不断跪叩中进行的，其中以使臣身份所行三跪九叩之礼为主要礼仪。而清朝在筵宴时赏赐准噶尔汗和使臣，亦为礼遇之一。从仪注上看，好像筵宴使臣时，使臣等唯叩首谢恩，其实在仪注外，使臣等是可以开怀畅饮的，乾隆皇帝也不拘使臣等饮食，如乾隆五年正月筵宴使臣哈柳时，即降旨于哈柳：

朕早欲召哈柳等入内，赏赐饭食。因近期筵宴诸位内王及以年节礼前来朝觐之蒙古王公，故而未曾召进尔等。此次尔等之噶尔丹策零，既悉遵朕旨，恭顺具奏，朕甚嘉之。尔哈柳往返数次，朕甚嘉赏，故趁今日筵宴诸臣，亦令尔等入内，赏食饭食，观赏百戏。尔等毋庸顾忌诸臣，尽管随意品尝畅饮欣赏。尔等蒙古人喜好饮酒，尔等若拟饮几杯，朕尽可赏给尔等畅饮。如同一家，切勿拘谨，尔等无所拘谨，朕即欣悦。尔等即便些微失礼，朕亦不会责怪。钦此。[②]

如此，方有宴会之气氛，也能达到筵宴使臣之目的。而筵宴中皆安排娱乐项目，在“进肉之时，令绰尔齐等近前作蒙古乐，继令各项杂耍人等纷纷近前演戏，摔跤手等摔跤。”[③]主要观赏项目有“蒙古音律、平地觔斗、棹子上套圈、桌子上擄蓆、攞索、盘杠子、爬杆子、软索、戏法、耍盆子、杂耍、掼跤、演戏”[④]等，概将当时宫廷娱乐项目，呈献殆尽。

清朝方面筹办、参与筵宴的相关机构有内务府、理藩院、侍卫处、吏部、兵部、护军统领、步军统领、八旗值月旗（十七年后改为值年旗）、武备院、銮仪卫、膳茶房等，

① 乾隆十五年正月初八日《军机大臣傅恒等奏闻筵宴使臣仪注折》。
② 乾隆五年正月十二日《谕著使臣哈柳等西厂子筵宴尽可畅饮》。
③ 乾隆七年十二月初二日《军机大臣鄂尔泰等奏报丰泽园筵宴使臣等仪注折》。
④ 乾隆七年十二月初二日《军机大臣鄂尔泰等奏报丰泽园筵宴使臣等仪注折》。

操办机构亦较行觐见礼之时多。

筵宴使臣时，列班大臣、侍卫仪仗等同觐见仪式相同，列班大臣亦由军机处奏请钦定。如乾隆十一年十二月准备筵宴使臣玛木特时，军机大臣奏请：

查得，先前准噶尔使臣至，令觐见筵宴之时，因入班大臣少，曾由臣处呈览满洲大学士、尚书、侍郎、内阁学士、副都统等职名，酌情派出，增添入列。兹筵宴使臣玛木特等，仍照前例，将未入班满洲大学士、尚书、侍郎、内阁学士、满洲蒙古副都统及今年增派入列大臣等职名，一并缮于绿头牌，恭呈御览。俟圣上酌情派出后，并入两翼入列，均匀就座。

等因，乾隆十一年十二月二十七日奏入，奉旨：著增派来保、哈岱、苏布希里、祥泰、海格、纳穆图、舒凌阿、傅恒、海兰、新柱、塞楞、纳玛什西、岱屯、伊通阿、傅达里、法畴、萨哈岱、海昌、哈达哈、齐木拜、奇通阿、特库、马斌、伊勒慎、永谦、保住、富昌、王怡、鸿凯、鄂岱、博伦岱、伍弥泰、庆泰、满福，及查郎阿、德龄、雅尔图、乌凌阿、舒赫德、勒尔森、索住、三和、雅尔胡达、色尔赫、留保、额勒格、富尔松阿、何绷额、雅图、苏呼吉、明安、罗山、乌雅图、明图、色勒登、瑚弼图、车凌、卓巴、阿尔彬、舒昌、博庆额、法珠纳、福德、固纯、尚坚保、索拜、拉布敦、哲库讷。钦此。”①

前文已述，使者觐见时的列班大臣为58员，而此筵宴钦定列班大臣的名单为68员，但乾隆十五年正月筵宴尼玛时，钦定之入班大臣为：“著仍派原先所派乌凌阿、雅尔图、三和、德龄、雅尔胡达、何绷额、雅图、苏呼吉、明安、乌雅图、明图、瑚弼图、车凌、舒昌、博庆额、固纯、尚坚保。增派德通、杰福、通宁、舒山、嵩寿、官保、兆惠、马灵阿、乌拜、什臣、沙图、鄂托、四十六、普庆、乌赖、图喇、众佛保、鄂弥达、法畴、弘赢”，②为37员；乾隆十七年正月筵宴图卜济尔哈朗时，钦定的列班大臣为：“著兆惠、杰福、嵩寿、雅尔图、舒山、明安、弘赢、鄂托、明图、德通、色世琉、雅尔胡达、法畴如常派出。亦派穆赫廉、惠永、鹤年、世贵、积德、广成、德尔苏、明福、兆明、伊伦齐、那亲、富僧额、阿兰泰、海亮，”仅27员，可知筵宴之列班大臣，不像觐见时列班大臣那样固定人数，但尽管对列班大臣人数不硬性规定，而其前引大臣10员、后扈大臣2员是必备的，只增减左右翼列班大臣而已，据此窥得，清朝筵宴使臣之礼不像觐见礼仪那样严格，所以觐见之礼重于筵宴之礼。而筵宴使臣的同时，尚有于正月筵宴朝中大臣之目的，故列班大臣不拘人数，即可释解矣。

此外，在筵宴使臣时，要钦定一名献酒大臣，专为皇帝献酒，并指挥侍卫为列班大臣、使者等敬酒，所以该献酒大臣均由领侍卫内大臣中选定。此献酒大臣亦由军机处奏请钦定，如乾隆十五年正月所奏：

查得，先前筵宴准噶尔使臣之日，为给皇上进酒，进呈领侍卫内大臣之职名，曾指派来保、哈达哈。前年因派哈达哈出差，后奉旨派庆泰补哈达哈缺，故将庆泰之名，一并缮于绿头牌进呈，伏乞钦派一名。等因，乾隆十五年正月初八日奏

① 乾隆十一年十二月二十七日《军机大臣讷亲等奏请指派筵宴日入班大臣片》。

② 乾隆十五年正月初八日《军机大臣傅恒等奏请指派入班大臣片》。

入，奉旨：著派哈达哈。钦此。”[①]

其中提到的来保、哈达哈、庆泰皆系领侍卫内大臣，或因该职掌管各级侍卫，并为正一品武职，方得以专司其职也。

7.辞行礼仪

使臣辞行之礼仪分为两部分，一是引至乾清宫等处向皇帝辞行，在此仍有辞行仪注。《使者档》中存录数份辞行仪注，内容相同，而以乾隆五年二月哈柳之辞行仪注最为详细，原因于下：

是日，召集所有入班大臣、议政大臣、增派之大臣等。届时，各带坐褥入乾清宫，列班预备，前面就座十位大臣，仍行入座，后扈二位大臣侍立。御前侍卫等立于宝座附近，豹尾班侍卫列于宝座两旁，乾清门侍卫等列于豹尾班侍卫之后。丹墀两侧，每翼排立侍卫二十名；乾清门两侧，各立值班章京一员，侍卫二十名；阶下两翼，各列侍卫二十名，照门立侍卫二十名。大臣、侍卫等皆仍前着常服。使臣经过之门、街、堆，增派章京、护军、步甲等，排列齐整、管束之处，交付护军统领、步军统领办理。是日晨起，令派往照看之章京等，率使臣等由其住处进西华门，引至照门赏食饭食。俟圣上升乾清宫宝座，由尚书那延泰、都统绰尔多、侍郎勒尔森及奏蒙古事侍卫等，引使臣入乾清门西侧门，由西侧拾阶而上，由西侧隔扇进入，于右侧前排大臣等之后跪叩一次，留出空隙而坐。其随行而来之厄鲁特等，令坐于隔扇外右侧台阶上。皇上用茶时，令随大臣等跪叩，赐茶时，令其跪叩饮之。降旨时，跪地聆听。事毕，仍由西侧隔扇引退”。[②]

可知此仪式，在清朝方面此礼仪与觐见礼仪相同，其入班大臣亦是觐见时之钦定大臣，侍卫仪仗等与觐见时一样。但在使臣方面却有所变化，即不再于丹墀上行三跪九叩之礼，而是由引领大臣直接带至乾清宫，从西侧门进入，立于右翼列班大臣之末，并叩首一次。而此仪式中皇帝降旨最为重要，实乃对此次出使谈判事项之总结，故使臣等均需跪地聆听。辞行时，亦并非仅按仪注进行，也有互相问候祝福之类的对话，如乾隆十一年三月哈柳辞行时：

上宣哈柳近前，降旨曰：尔现已事竣，宜早起程而去。俟尔返回，向尔之台吉问好。尔等亦路途顺利。降旨毕，将赏给其台吉策妄多尔济那木扎勒之珐琅鼻烟壶一个，交付于彼。降旨曰：此乃赏赐尔之台吉者，尔且赍往转交。而后亦赏哈柳珐琅鼻烟壶一个。哈柳跪奏称，仰副大皇帝慈旨，我等一路顺行，送达圣谕。愿大皇帝陛下永久安康，延年益寿，弘扬黄教，安逸众生。”[③]

辞行的另一仪式，是向使臣交付敕书的仪式，此仪式一般在使臣返程前进行，亦由军机处奏请，奉旨后执行。如乾隆十三年四月军机大臣等奏请：

查得，先前交付颁降准噶尔之敕书时，令使臣等憩于上驷院，赏食饭食后，带至箭亭前，令其跪地交付。此次颁降策妄多尔济那木扎勒之敕书，俟御览钤宝，

① 乾隆十五年正月初八日《军机大臣傅恒等奏请指派进酒大臣片》。
② 乾隆五年二月初五日《军机大臣鄂尔泰等议奏使臣辞行仪注折》。
③ 乾隆十一年三月二十七日《军机处带哈柳等觐见辞行记注》。

拟于本月二十四日交付。相应仍照前例，带喃集等至上驷院屋内歇息，赏食饭食后，带至箭亭前，令其跪地，将敕书及赏策妄多尔济那木扎勒之物件、赏使臣喃集等之物件，均皆交付。其令使臣等觐见时颁降谕旨，及与彼等所议言语，皆译为蒙古语撰文，一并交付可也。[①]

这是每次接待使臣的最后一个仪式，即在箭亭前，由陪同大臣向使臣交付此次之敕书和赏赐给准噶尔汗和使团成员的所有银两、物品等，使臣跪接谢恩后此礼即成，比较简略。并且此仪式不像使臣递交奏表那样，必须在箭亭进行，其在圆明园时，此仪式即在圆明园正门前举行。[②]

综合以上对准噶尔使者的接待礼仪来看，可知清朝较为重视初谒之礼，即对交付奏表方物和觐见礼仪比较严格，而筵宴、辞行之礼虽有完备仪注，而在执行中偶有变通。在对使臣礼仪的要求上，则是在觐见和筵宴礼仪中，行三跪九叩之礼，以体现清王朝与朝贡国之尊卑等级关系。而负责接待准噶尔使臣的机构，以理藩院、内务府为主，但没有礼部参加，参与其中的大臣、官员，皆为满蒙大臣、官员，而且在伴送官员、照看官员、陪同大臣中，必须有精通蒙古语者，折奏均用满文，可见清朝处理边疆及民族问题之特色。

三、在京生活

雍正十三年三月准噶尔使臣抵达北京前，军机处具奏：

准噶尔噶尔丹策零之使臣吹纳木喀、诺惠尼旦夕将至。查得，先前策旺阿喇布坦所遣之使根顿、博罗呼楞，噶尔丹策零所遣之使特磊抵达后，入东华门，跪于箭亭前，由该部大臣等接受其奏书、所献礼物，赏给使臣等饭食，引至住处下榻，另行择日令其瞻仰圣明。使臣等皆下榻皇城内文书馆，由总管处派出官兵守护。其每日供给使臣等之食用蒙古羊一只，随行跟役等之中原羊一只，奶、酥油、面、茶、盐、米、柴薪、木炭、蜡烛、碗盘等物及差役、驿马，均由各处领取给付在案。此次俟噶尔丹策零所遣使臣吹纳木喀、诺惠尼等抵达后，将其引领至圆明园门前跪地，由派往办理使臣事务之大臣等接受其所带奏书、所献礼物，安置使臣等于吏部房中，赏给饭食，引至钦定之住处下榻。除将其奏书，经翻译恭呈御览后，另行择日瞻仰圣明之处，具奏请旨外，每日仍照例供给使臣吹纳木喀、诺惠尼食用蒙古羊各一只，跟行十三人中原汉羊二只，其奶、酥油、面、茶、盐、米、柴薪、木炭及所用器皿等物、驿马等，皆照例从各处领取给付。其差役由园户等内挑选憨厚者，计其足敷派往。其看守官兵，在外堆守，勿事更张。使臣等之住处，由武备院领取蒙古包三顶，帐房四顶搭支。派内务府官员一名、理藩院官员一名照看使臣等即可。[③]

据此可知，雍正末年对使者的接待礼仪及规格，是按以往成例进行，使者在当时下

① 乾隆十三年四月二十三日《军机大臣傅恒等奏闻交付敕书及赏物仪注片》。

② 乾隆十二年正月十六日《军机大臣讷亲等奏报交付敕书仪注片》。

③ 雍正十三年三月二十五日《军机大臣鄂尔泰等奏闻办理使臣吹纳木喀等日用物品折》。

榻于皇城内文书馆，外有官兵把守。专门从内务府之园户内拣选忠厚者，派到使臣等住处服侍使团成员。每天给正副使臣蒙古羊各一只，随来的 13 名跟役每天给中原汉羊两只，并供给奶、酥油、面、茶、盐、米、柴薪、木炭及所有器皿等，为使者出行提供马匹，且在使臣下榻之处，由武备院搭建蒙古包、帐篷，供使团成员居住。

这种接待规格，以后一直未变，每次准噶尔使团到达北京前，军机处均奏请接待使臣的各项事宜，其中涉及以上内容者，几乎变化不大，如乾隆十五年正月使臣尼玛等抵京前，军机处具奏：

先前准噶尔所遣使臣至，命派委照看之章京往迎，引使臣等至箭亭前，接取其奏书及所献礼物后，令使臣等憩于上驷院房中，赏食饭食之后，带至其住处下榻。兹使臣等于初八日抵京，相应仍照前例，提早一天派照看之章京往迎。使臣等抵达之日，所经门、街道，堆拨兵丁，须管带齐整之处，交付护军统领、步军统领等办理。使臣等进入时，由派往迎接之章京引入东华门，带至箭亭前，由所派大臣等会同理藩院大臣等，接取其奏书及进献之礼物，译出恭呈御览外，令使臣憩于上驷院房中，赏食饭食后，带至其住处下榻。使臣尼玛、副使达希藏布、奔塔尔，仍前每日拨给食用蒙古羊各一只，其随从人等，每六人每日拨给汉羊一只，至食用奶、酥油、面、茶、盐、米、柴薪、炭火及所用炊餐器具等，皆照例由各该处支取给付，所拴驿马，照例备办，并派官兵，于使臣等之住所外围设置堆拨把守，交付武备院，计其足數，搭支蒙古包、帐房，供使臣等下榻。所用夫役，由园户内择其憨厚者，足数派出。使臣等食用各种饼果等物，视其所需，由派往陪同之官员等由该处领取，给其食用。①

比较两份奏折，内容基本相同，知乾隆年间接待准噶尔使者，一直沿用前代定例。其中使臣在箭亭进行完呈献奏表、方物礼仪后，被带到六部或内务府各衙门的官房中用餐，这是使团进入京城的第一餐，照例由内务府备办，所以属于皇帝赏赐。《使者档》中仅存一份使臣入京后，赏食第一餐的菜单，概所有使臣皆按此规格招待。其内容为：

军机处咨行膳房，为知照事。

准噶尔使臣等于本月二十一日抵达。使臣等抵达后，安置于吏部房中，按例赐宴。两位使臣饭食一桌，羊尾骨一盘，烤肉一盘，奶豆腐一碗，蒸饽饽、卢氏饽饽四种；随从人等饭食二桌，炖、烤肉各两盘，蒸饽饽、卢氏饽饽各两种，亦备茶。送往住所之饭食三桌，炖肉、饽饽一并送去。②

所赏食物，以肉食、奶食为主，充分考虑到了蒙古人的饮食习惯。每日所供给的羊只，正、副使臣给蒙古羊、跟役等给汉羊，两者有所区别。蒙古羊是草原羊，汉羊是中原圈养的羊，两者口味不同，个头与肥瘦也不一样。乾隆十六年使臣额尔钦等前往苏州觐见时，路上给使臣等只提供汉羊，使臣特向陪同大臣玉保要求供给肥羊，玉保将此事奏报如下：

抵雄县之日，使臣额尔钦言，我等近来诸日所食皆为瘦小羊只，侍郎若能吩

---

① 乾隆十五年正月初六日《军机大臣傅恒等奏请备办使臣抵京当日接取奏书等事项片》。

② 雍正十三年四月十九日《军机处为备办宴筵准噶尔使臣事咨膳房文》。

付彼等，可否给我等食用优质肥羊？言毕，奴才我告之曰，此处皆为内地汉人地方，不可与蒙古地方相比，羊只甚缺。虽有却为体小之汉羊。①

从中可见蒙古羊与汉羊的区别，而蒙古人喜食肥羊。在供给羊只方面，使臣与跟役有别，以体现对使臣之优待。

使臣之下榻处，乾隆初年在圣化寺，七年以后基本固定，其“若在京城，则住位于西华门外街前根掌关防内管领等之办事房内。若在圆明园，则住位于西花园南所东侧之一所房内”。②

准噶尔所遣使团中，有多个使团赶到北京时，恰逢春节，清朝安排使臣参加清廷春节期间筵宴群臣、观赏烟花、溜冰射鼓等活动。

筵宴群臣前述筵宴使臣已涉及，不再赘述。观赏烟花多于元宵节在圆明园西厂子举行，观赏烟花时要觐见皇帝，故亦有觐见仪注，其中乾隆十年哈柳观赏烟花的仪注为：

> 令准噶尔使臣哈柳等，于西厂子观看焰火时，令乾清门行走之蒙古王、额驸、台吉等，坐廊下两旁。各省将军、副都统大臣等及入班大臣等，部、院、旗满洲大臣等，列坐阶下两侧。是日，陪同之章京，引使臣哈柳等至西南门外所支蒙古包，由派往照看之大臣等照料进晚餐、饮茶。傍晚，圣驾将临，引使臣哈柳等进西南门入帷幄，于右翼首排大臣之末，留空隙立迎圣驾。圣上升宝座后，于右翼首排大臣末，留空隙而坐。侍卫等上茶，布库等摔跤后，施放爆竹时，令使臣等仍坐于原处观看。圣驾还宫后，仍引出西南门。③

乾隆十二年使臣玛木特以辞行礼观赏烟花的仪注为：

> 是日，陪同之章京等带使臣等至西南门外所支蒙古包，由大臣等照看，赏食饭食毕，入南路正门旁左翼门，行经出入贤良门右侧门，至正大光明殿观赏熬山灯后，仍由原路引出，坐西南门外所支蒙古包恭候。观赏火戏时，钦派御前侍卫等亦与御前行走蒙古王、额驸一同坐于廊下。圣上升宝座后，侍卫等上茶毕，令布库等开始摔跤，进呈黄酒、果品。圣上亲赐蒙古王、贝勒、我大臣等内数人以酒，饮毕，召使臣玛木特近前，亦赐酒饮之。旋复召玛木特近前，交付赏赐策妄多尔济那木扎勒、使臣玛木特之物。继于我大臣等内，复赏数人以酒时，侍卫等为其余诸大臣、副使、随行而来厄鲁特等斟酒。旋又召玛木特近前，亲赐黄酒饮之，令副使巴图蒙克、杜喇勒哈什哈等跪于阶下，亦赏酒饮之。开始放灯，进各样饽饽、肉食，火戏毕，圣驾还宫后，引使臣等出。④

从这两份仪注中可以看到，参加观赏烟花者不止是接待使臣的入班大臣，凡在京之蒙古王公、各省将军、副都统、各部院及八旗的满洲大臣皆可参加，人数庞大。对于使臣等，先由照看官员引领至为其准备的蒙古包内，与陪同大臣一起用餐后，先期观赏花灯。傍晚进入帷幄内立于右翼大臣之末，迎候圣驾。皇帝升座后，进茶、果、黄酒等，观布库摔跤，及为蒙古王公、贝勒、大臣赐酒后，赐正副使臣酒。施放烟花后，开始上

① 乾隆十六年二月十二日《理藩院侍郎玉保奏闻使臣沿途言语情形折》。
② 乾隆十五年正月初三日《军机大臣傅恒等奏请钦定使臣之住处片》。
③ 乾隆十二年正月初六日《军机大臣讷亲等奏闻令玛木特等观看焰火仪注》。
④ 乾隆十二年正月十六日《带使臣玛木特等观赏焰火觐见仪注》。

肉食、饽饽，边食边看。烟花施放完毕，皇帝还宫，引使臣等前往住处。

每年元宵节观赏烟花，是清廷过年的重大活动之一，能够参加者无疑荣耀莫大，而对准噶尔使者而言，能够参加更是难得的机遇，故观后皆兴奋称奇，如玛木特等观灯和烟花后：

> 玛木特等闻知施放烟花爆竹、演奏音乐，欣喜称，实乃妙音奇观也，目不暇接，仰仗圣恩，吾等小人，得见未曾目睹之物，得听未曾耳闻之乐。放焰火时，初极惊奇，环顾四周，似甚恐惧，后始释然，赞叹奇妙。行抵住处，与其属下人等一同，连声称赞，又模仿跳灯笼舞人等动作。告知章京等称，感激大皇帝不尽之恩，指达尔汉王等令彼等认识。等语。谈论饮酒，直至三更，始方就寝。[①]

> 引玛木特等观赏正大光明殿两侧熬山灯鸣乐。玛木特及随行厄鲁特等，皆赞叹惊呼、大笑不止，纷纷告称，仰承大皇帝之恩，目睹如此神奇绝美之物，实乃前世之福，千载难逢也。乃吾等无名之辈，不仅不能亲眼目睹，耳闻亦难者也。一时眼花缭乱，难以铭记，惟有欣感祈祷外，委实难以言表。[②]

使者等兴奋之态，流露笔端，从中亦可窥见清朝怀柔使臣之一斑。

《使者档》中，记载使者观赏溜冰射鼓的史料，仅有一条，为：

> 遵旨带准噶尔使臣尼玛等站河岸观赏溜冰时，尼玛好奇，问曰，彼等脚上所穿为何物，想必系铁石之物也，否则断不能溜如此之快，远看甚美。等语。奴才等告之曰，所穿乃溜冰鞋。又见皇上射鼓，彼等赞叹，问臣等曰，着黄蟒袍者，想必大皇帝也。观牌连连倒下，善射哉。等语。奴才等曰，我等之大皇帝不止善射，骑射狩猎，其兽无一漏网，均被射中，尔等见之，则愈加惊叹也。言毕，彼等闻之，皆赞叹不已。尼玛问奴才等，大皇帝有几位阿哥。等语，奴才等言称，我等之大皇帝有六七位阿哥，亦有孙辈阿哥。尼玛等称，实乃天生大福也。[③]

可知此次观赏，是奉旨允准的，其目的不是为了让使者观赏满洲溜冰之戏，而是让使者等见识乾隆皇帝之射技，明白皇帝文武卓尔不群及清朝骑射立国，所言不虚。

四、瞻寺礼佛

准噶尔使者在北京另外一项重要活动是瞻寺礼佛。准噶尔蒙古人笃信黄教，与清朝交往过程中，亦因黄教问题导致双方关系恶化。噶尔丹策零与清朝和好，多以双方要“阐扬黄教，安逸众生”为辞，在20余年的友好交往中，准噶尔要求赴藏熬茶、从西藏聘请喇嘛等问题，皆欲与清朝争夺黄教有关。而清朝振兴黄教，以黄教安蒙藏乃其国策。为展示本国黄教兴盛，同时满足使臣瞻拜大福之佛和叩拜活佛之心愿，清政府特意安排，皆带领准噶尔使臣前往各大寺院拜佛。若逢清廷跳步扎，则带领使臣观赏跳步扎；若遇重大诵经活动，则允许使者参加，同时，若使者有拜见活佛之请求，则安排其拜见活佛。

① 乾隆十二年正月十六日《使臣等观看焰火情形记注》。

② 乾隆十二年正月十六日《兵部尚书班第等奏报玛木特等观赏熬山灯时称奇片》。

③ 乾隆十五年正月初十日《协办大学士阿克敦奏闻尼玛等观溜冰及交付赏物情形片》。

1.前往寺院礼佛

准噶尔使者在北京前往拜佛的寺院主要为弘仁寺、嵩祝寺、圣化寺，后雍和宫、阐福寺建成，此二寺为必去之处。具体情况，详见所制《使者档所载准噶尔使臣在京礼佛情况表》。

从《使者档》有关瞻寺礼佛的档案里，可以发现清朝此举，收效颇大。如乾隆十五年尼玛等到弘仁寺、阐福寺、雍和宫后，陪同大臣等奏称：

> 准噶尔使臣尼玛等于弘仁寺瞻拜后，进阐福寺大殿，见臣等在场，连尼玛在内，各皆欣悦，问臣等好，即欲谈事，臣等言称先带彼等礼佛，彼等纷纷拜佛，赞叹何等完美，敬献哈达。尼玛等合十欣喜称，今日我等仰蒙大皇帝垂爱，得以叩拜有大福之佛塔及有名之呼图克图等，实出我等之意外。仰承大皇帝施恩，上天亦降瑞雪，此亦我等前世所修微福，我等复有何言。惟有感戴大皇帝圣恩，祈祷神佛呼图克图之慈悲耳。等语。臣等称，尔等前日曾向我等告请如何得以叩拜弘仁寺、塔等庙宇，我等具奏我等之大皇帝，我等之大皇帝念尔等蒙古人笃诚乞请，准照所请，即行带至各寺叩拜佛塔及呼图克图等。故今日率尔等逐一叩拜，尔已至几处。等语。尼玛等作揖告称，大皇帝之此恩实属厚重，于我等之后世之生计皆有裨益也。我等自住处起行，先至雍和宫拜佛，一一瞻拜嚓尼特、温都孙、扎宁克、额木齐拉仓，亦拜大迈达礼佛轮、莲花佛。我处虽有塑立迈达礼佛之二寺，其佛尊焉能如此塑成耶，且亦小，此诚乃神奇。我等叩拜济隆呼图克图，据闻济隆呼图克图乃宗喀巴佛之徒弟，名喇嘛之呼毕勒罕，由藏而来方一二年，我等得以叩拜，甚是造化。由彼至章嘉呼图克图驻锡寺庙拜佛，觐见呼图克图，甚是惊奇，蒙古语好。蒙询问我等路经游逛地方。复往白塔，于座下叩拜祈福。至弘仁寺，叩拜旃檀佛。我等原先闻得，此佛自然而成，极有福分。兹仰仗大皇帝之恩，亦得以叩拜此佛。拜见著名噶尔丹锡勒图呼图克图，叩献哈达。此来叩拜查干萨固尔泰佛，委实神奇，我等难以言表。等因。欣欣然争相合十告知。臣等言，尔等仰承我等之大皇帝之恩，得以叩拜各大寺、塔及呼图克图等，实乃尔等之大造化。[①]

这些活动确实对使臣触动很大，皆赞叹北京黄教之盛，并衷心感谢清朝使其得以有如此之礼佛机会，乃终生之造化，如使臣唵集所言：

> 拜谒诸佛，得遂我愿，喜而忘食矣。大皇帝施此鸿恩，委实无量。嗣后不仅利我等之此生，即便来生，亦必转世为人。我等惟有感激文殊菩萨大皇帝之恩外，无以言表。[②]

诚乃为肺腑之語。后来之使臣尼玛亦言：

> 在我处时，曾闻大皇帝推兴黄教，不曾目睹。我等此次来，仰仗大皇帝之恩，得以叩拜城内大寺之佛尊及著名呼图克图等，并得以叩拜此二处常人所不能到达之花园内寺庙之供佛。观之皆甚神奇壮观，黄教之振兴，理所应当也。仰承大皇帝之

① 乾隆十五年正月十四日《协办大学士阿克敦等奏闻尼玛等前往各寺礼佛情形片》。

② 乾隆十三年四月十五日《尚书海望等奏闻使臣唵集等雍和宫礼佛情形折》。

恩，于我等之今生及来世，皆大有裨益。[1]

清朝引领准噶尔使者到各大寺院拜佛，其目的是让使臣看到北京寺院之堂皇，清朝黄教兴盛，清朝皇帝真心向佛，乃黄教之护法之王，返回后转告其台吉，可谓一举多得，颇有成效。

2.参加跳步扎和诵经

跳步扎，汉文史料或记做“步踏”，即金刚驱魔神舞，乃藏传佛教重要佛事活动。清宫每年年末均举行跳步扎活动，乾隆十一年以前，多在中正殿、乾清宫举行，其后基本在雍和宫进行。具体时间和邀请的参加者为：“每年十二月，喇嘛等于中正殿跳布扎，大建则二十九日跳，小建则二十八日跳，并于前一日演练。跳布扎之日，令蒙古客人等进入观赏。”[2]其中的蒙古客人是指年班进京的蒙古王公、额驸等，因蒙古人深信参加跳步扎驱鬼，可以消灾延福，保来年之平安，故多被邀请参加。乾隆四年与准噶尔划定边界，双方关系发生实质性变化，故开始邀请来京之使臣参加跳步扎和诵经活动。前面所述允许使臣等瞻寺礼佛，实际是让使臣参观各寺院之规模和特色，而让使臣参加跳步扎和诵经活动，则意在从佛事活动方面展示清朝黄教之兴盛状况。

因乾隆皇帝参加跳步扎，所以便有相关的仪注。乾隆四年年底准噶尔使臣哈柳首次参加跳步扎的仪注及仪式为：

本月二十九日，喇嘛等于中正殿跳布扎颂赞索若巴凌经时，遵旨令准噶尔使臣哈柳等进入观赏。是日未时始跳布扎，相应由陪同章京等将使臣等于午前引入西华门，带至咸安宫北面之空地，彼处事先搭支三个蒙古包预备，引使臣等至蒙古包歇息，由派委陪同之大臣等照看赏食饭食。是日，将入班大臣、议政大臣，及增派大臣等概行召集，于中正殿外门派护军统领一名、护军参领一名率护军校、护军二十名把门，中正殿内两侧门院，酌派侍卫等把守，令豹尾班侍卫等进入排列之处，交付领侍卫内大臣等。届时，令入班大臣等先入，由领侍卫内大臣等酌量入座。其章嘉呼图克图、噶尔丹锡勒图呼图克图所坐矮床，置于御座附近。喇嘛罗布藏西瓦在京之事，使臣等知之，跳布扎时，倘若不令罗布藏西瓦进入，必致使臣起疑心。罗布藏西瓦为达喇嘛，相应于跳布扎之日，命伊于达喇嘛之前，扎萨克喇嘛之后入座诵经。皇上升座之后，由尚书那延泰、都统绰尔多、侍郎勒尔森及奏蒙古事侍卫等，带使臣等进中正殿大门，入右翼门，于右翼前排大臣等之后，留出空隙叩拜一次后入座，其随行厄鲁特人等，命于诸大臣后面之西南墙角处就座。跳布扎颂赞索若巴凌之后，众喇嘛照例面向皇上撒米、诵达什经、敬献哈达，献过哈达，回原位入座。将茶桌由两侧一齐推进，多派献茶侍卫等。皇上用茶时，使臣等随大臣等跪叩，赐茶时，叩首饮之。茶桌撤后，先将使臣等引至住所。是日，将于咸安宫后面之空地搭支蒙古包预备，及于中正殿院两侧令诸大臣、喇嘛等、使臣等所坐之毡褥，交付武备院预先备办妥当。其赏给使臣等之饭茶，交付该部备办。凡使臣等行经之门，

---

① 乾隆十五年正月二十一日《协办大学士阿克敦等奏闻引使臣至碧云寺礼佛等情形片》。

② 乾隆四年十二月二十一日《军机大臣鄂尔泰等奏请令使臣等入中正殿观赏跳布扎折》。

派护军等排列整齐,咸安宫后面之空地派护军等管带之处，拟交付护军统领办理。[①]

该仪注在大臣列班、侍卫仪仗、使臣进入、使臣位置、赐茶叩首等方面，与觐见、筵宴、辞行仪注基本相同，唯系参加佛事活动，又有活佛参加，故内容及安排活佛、达喇嘛等座位方面另有特色。跳步扎是每年的重要佛事活动，即使皇帝不参加，仍然要按部就班地进行。乾隆十一年、十五年，乾隆皇帝未曾参加，当时跳步扎的仪式为：

此次之来使尼玛等观看跳布扎时，皇上亦不驾临，相应仍按前例，免支黄幄及为众人进茶。召集诵经之喇嘛千余名坐左边，大臣等于右边对坐。诵经喇嘛及聚集之大臣等就坐处皆铺毡垫。既然不支圣上所坐黄幄，相应照前令三位呼图克图正向而坐。是日清晨，照看之章京等带领使臣等至雍和宫，酌择喇嘛等所住房内宽敞之处，供使臣等歇息，由照看之大臣等赏食饭食毕，引至前后殿礼佛，再带至原处等候。届时引入。于首排大臣之末，留隙而坐，随行而来之厄鲁特等坐于众大臣之后。跳布扎礼毕，将使臣等带回住处。聚集之大臣等皆着蟒袍补褂。其备办恩赏使臣等之饭食茶饮，收拾令使臣等歇息之喇嘛房间，备办坐垫等处，皆交付各该处备办。使臣等路经街道门堆，皆令官兵排列整齐，及管理雍和宫外围之处，均拟交付步军统领、护军统领等。[②]

可知除免支黄帷、为僧众赐茶、叩首谢恩及呼图克图正向而坐以外，其他过程和仪式与皇帝驾临时相同。另外，跳步扎的过程并非仅仅表演驱鬼，而诵经亦为主要内容之一，故每次参加跳步扎的喇嘛较多，且呼图克图亦参与诵经，如乾隆十五年雍和宫跳步扎时，参加的喇嘛达1200余名，其中多数为诵经喇嘛。[③]

如准噶尔使者所言：“按我蒙古例，若能观看跳步扎，则一年畅顺。兹蒙大皇帝之恩，得以观看，相应于我等更有裨益也。”[④]在准噶尔地区的寺院，每年亦举行跳步扎，但规模难以与清廷举办的跳步扎相比，因此，准噶尔使者能够参加如此规模宏大的跳步扎活动，乃为莫大荣耀。清朝则以此来笼络使者，使之了解并宣传清廷信仰黄教之盛况。

准噶尔使者不在腊月、正月来北京时，便错过了参加跳步扎的活动，但若遇其他佛事活动，清廷亦准其参加。如乾隆十三年四月在雍和宫为孝贤皇后办道场，念“依如格勒经”时，便特谕准噶尔使者唵集等参加，此次参加道场之仪注为：

于雍和宫召集千名喇嘛念依如格勒经时，将御临黄凉棚搭于天王殿前东侧，于宝座台上置放宝座。令前引十位大臣，列排坐于凉棚前东面，后扈两位大臣侍立，豹尾班侍卫列于天王殿两侧山墙前。御前侍卫、乾清门侍卫，计宝座东面所能容纳站立。二位呼图克图所坐二榻，于清宁门内面向天王殿放置。供献之黄案，自呼图克图等所坐榻前往后排列。其念经之千名喇嘛，分东西两侧对坐，自西侧狮子往南，稍离喇嘛等，令满洲文武大臣等西向挨次排列入座。准噶尔使臣唵集等，随首排大臣之末，留空隙而座，其随行厄鲁特等随之而坐。引领使臣之尚书

① 乾隆四年十二月二十四日《军机大臣鄂尔泰等奏请备办使臣等观中正殿跳布扎事宜折》。另乾隆十一年十二月二十三日《军机大臣讷亲等议奏玛木特等于大和斋瞻觐仪注折》，内容与此相似。

② 乾隆十五年正月二十四日《军机大臣傅恒等奏闻备办带尼玛等观看雍和宫跳步扎事宜折》。

③ 乾隆十五年正月二十四日《军机大臣傅恒等奏请带尼玛等观看雍和宫跳步扎时不必召集蒙古宾客片》。

④ 乾隆十五年正月二十八日《内大臣海望奏请准尼玛等于观看步扎时向三位呼图克图进献木碗片》。

那延泰等，酌情照看使臣入座。其使臣等，于午时前自住处引至，令憩于雍和宫达喇嘛房内，赏食饭食。念经喇嘛等所坐毡褥，暂免铺设。圣上驾临时，令千名喇嘛及呼图克图等皆于清宁门外两侧跪迎，引使臣唵集等往前跪迎，俟圣上驾临东书院，令铺喇嘛等之坐褥。钟鼓楼前之两侧，排列念经队伍，引入诸大臣排列，亦引入使臣等，令于就座处站立。届时奏闻，驾临之时，均令跪地。圣上升座后，令二位呼图克图就榻入座，令念经喇嘛等入座，众大臣、使臣等皆叩头入座。喇嘛等念经毕，于黄凉棚东侧放置矮榻，令二位呼图克图面西而坐。旋进茶，献皇上茶时，众皆跪地，皇上用茶时，众皆叩首。继依次为二位呼图克图、坐首排喇嘛等、首排及次排大臣等、使臣等进茶。上还宫后，由臣等照看其余人等饮茶。饮茶毕，由照看之章京等引使臣等出西侧门，带至其住处。念依如格勒经时，由都统旺扎尔向佛尊、呼图克图敬献哈达。

是日，聚集之大臣、官员等皆着素服。[①]

这是清廷所做的比较大的道场，其仪注与跳步扎之仪注基本相同。诵经者除章嘉呼图克图、噶尔丹锡勒图呼图克图外，还有上千名喇嘛。让使臣参加此类活动，目的仍在显示清朝黄教之兴盛，同时以此优待使者。使者等能够参加如此规格的佛事活动，自然是千载难遇，故皆欣喜感恩，如所言：

大皇帝乃真佛、大施主，扶佑黄教，乃大皇帝虔诚之心力，振兴教法，乃喇嘛之功课。今做如此之大道场，实乃神奇之典范，难以遇逢。因皇后之大事，大皇帝圣心悲恸，为皇后做依如格勒经之道场，又念我等系蒙古人，传来我等听依如格勒经，并瞻觐圣颜，实为喜出望外无尽之恩。嗣后，凡于我等此生及来世有益者，皆源自于大皇帝所施洪恩也。[②]

对于笃信黄教之使者等而言，能够参加如此道场，可修今生和来世之福。其回到游牧地后，汇报参加如此道场，宣传清朝黄教盛况，无疑对准噶尔人颇为震憾。而乾隆皇帝通过让使者到寺院礼佛、参加跳步扎和诵经活动，展示清朝皇帝系实心阐扬黄教、安逸众生，乃蒙藏民众心目中的“菩萨王”。[③]

3.拜见活佛

准噶尔使臣拜见驻京呼图克图的途径有二：一为前往嵩祝寺、弘仁寺礼佛时，若章嘉呼图克图、噶尔丹锡勒图呼图克图在寺内,得以前往叩拜,如乾隆五年正月哈柳由陪同大臣“带至嵩祝寺叩谒章嘉呼图克图,由彼带至弘仁寺，叩谒噶尔丹锡勒图呼图克图。”[④]但这种情况下拜见呼图克图，也是由军机大臣奏准后，才得以拜见的，并且连呼图克图招待使臣的肉食、茶叶，亦皆从内务府备办。[⑤]

另一拜见呼图克图的途径为参加跳步扎。跳步扎时，章嘉呼图克图、噶尔丹锡勒图呼图克图，乾隆十三年以后济隆呼图克图均参加，因而，参加跳步扎之准噶尔使臣得

① 乾隆十三年四月二十一日《军机大臣傅恒等奏报雍和宫诵经仪注片》。

② 乾隆十三年四月二十一日《尚书海望等奏闻雍和宫道场毕使臣唵集等欣喜情形片》。

③ 石滨裕美子《清朝与藏传佛教——菩萨王化的乾隆帝》，早稻田大学出版社 2011 年 9 月出版。

④ 乾隆五年正月二十四日《军机大臣鄂尔泰等奏请准使臣叩谒章嘉呼图克图等片》。

⑤ 乾隆五年正月二十四日《军机大臣鄂尔泰等奏请准使臣叩谒章嘉呼图克图等片》。

以借机拜见呼图克图。

拜见呼图克图时，使臣敬献哈达和礼品如木碗等，呼图克图亦回赠其护符等。如乾隆十五年正月“尼玛笃诚向三位呼图克图叩献哈达，将其地一位老喇嘛吹赞兰占巴进献章嘉呼图克图、噶尔丹锡勒图呼图克图之哈达各一条，由副使达希藏布代为进献，呼图克图等皆称不知此。章嘉呼图克图回赠一护符，噶尔丹锡勒图呼图克图不曾回赠。”①

若使臣等向呼图克图请求佛尊，呼图克图会将此事汇报给陪同大臣等。乾隆十五年正月尼玛等在雍和宫参加跳步扎时，向三位呼图克图进献木碗各一，并请求佛尊，章嘉呼图克图即告于陪同大臣那延泰，“适才尼玛等给我叩头献碗后，告知曰，仰蒙大皇帝恩典，我等得以两次叩拜三位呼图克图。我等均系远道前来之人，请呼图克图，赐我等宗喀巴、达喇额克祈愿佛，以便沿途虔诚祈祷而行。彼等如此请求，如若不给，似过小气，故经我等三人商酌，各送彼等宗喀巴、达喇额克之锡鲁克五尊、擦擦佛一尊、护符一个。”那延泰即时具奏，奉旨“著照请赠送”后，呼图克图方赠之。②

据此可知，尽管准噶尔使臣等笃信黄教，均欲拜见活佛，但必须得到清朝的允许。即使允许其拜见活佛，各个方面也均在清朝的掌控之中。

《使者档》所载准噶尔使臣在京礼佛情况表

来使时间	正使名称	前往寺院	参加佛事	拜见活佛
雍正十三年四月	吹纳木喀			
乾隆元年正月	吹纳木喀			
乾隆三年正月	达什	圣化寺、旃檀寺③		
乾隆三年十二月	哈柳	弘仁寺、圣化寺		
乾隆四年十二月	哈柳	嵩祝寺、圣化寺、旃檀寺	中政殿跳步扎	章嘉呼图克图、噶尔丹锡勒图呼图克图
乾隆五年闰六月	莽鼐			
乾隆七年三月	吹纳木喀	旃檀寺		噶尔丹锡勒图呼图克图
乾隆七年十一月	吹纳木喀	旃檀寺		噶尔丹锡勒图呼图克图
乾隆八年十二月	图尔都		乾清宫跳步扎	

① 乾隆十五年正月十四日《协办大学士阿克敦等奏闻尼玛等前往各寺礼佛情形片》。

② 乾隆十五年正月二十九日《尚书那延泰等奏报使臣观看跳步扎时请章嘉呼图克图赠送佛尊片》。

③ 满文写作“jantan syi”，实为弘仁寺。因弘仁寺内供奉旃檀佛，故时人将该寺亦称旃檀寺或旃檀觉卧寺。另，弘仁寺在乾隆年间因避讳，或写作“宏仁寺”。

乾隆十年正月	哈柳			
乾隆十一年正月	哈柳	雍和宫	雍和宫跳步扎	章嘉呼图克图、噶尔丹锡勒图呼图克图
乾隆十一年十二月	玛木特	雍和宫	雍和宫跳步扎	章嘉呼图克图、噶尔丹锡勒图呼图克图
乾隆十三年四月	唵集	嵩祝寺、雍和宫、旃檀寺	参加雍和宫诵经	章嘉呼图克图、噶尔丹锡勒图呼图克图
乾隆十五年正月	尼玛	弘仁寺、阐福寺、嵩祝寺、雍和宫、碧云寺、永安寺、弘光寺	雍和宫跳步扎、诵经	济隆呼图克图、章嘉呼图克图、噶尔丹锡勒图呼图克图、
乾隆十六年正月	额尔钦	弘仁寺、阐福寺、嵩祝寺、雍和宫、金山寺、天宁寺		噶尔丹锡勒图呼图克图、济隆呼图克图、
乾隆十七年正月	图卜济尔哈朗	弘仁寺、阐福寺、嵩祝寺、雍和宫	雍和宫跳步扎、诵经	济隆呼图克图、章嘉呼图克图、噶尔丹锡勒图呼图克图、
乾隆十九年五月	敦多克			

五、赏赐之礼

自古各国通使，无论商谈何事，总要备礼为先。使者所携除国书外，即为见面礼品。但中国古代王朝，均自称“中国”，视周边诸国皆为外藩，故将此类礼品，多称贡品、方物，进而将外国谈判使节与属国之朝贡使者混而为一，混淆两者关系，直至清后期，在列强抗议及船坚炮利之威逼下，才设立专属衙门，将此合理区分。

准噶尔汗国时期的使臣，清朝均将其列入贡使之列，其实其与朝鲜、琉球等之贡使有很大区别。准噶尔每次来使皆有各自的谈判内容，清朝在接待使者方面，虽然礼仪有相同之处，但亦与接待朝鲜、琉球等来使有区别。在乾隆三年以前，清朝与准噶尔汗国之间相互遣使，其中清朝向准噶尔汗国遣使亦达30余次[①]，每次皆携带国书和礼品前往。清朝使臣携带之“国书”，清朝自称敕书，以体现尊卑等级关系；携带绸缎等礼品，清朝自称赏赐礼品，而实质都是两国间的通使必备之物而已。此问题治史者不可不察，否则无法研究中国古代的中外关系沟通、交流的发展历史。

① 详见张双智《清代朝觐制度研究》第96、97页。

一般而言，各国使臣所携带的礼品，多为本国特产，如清朝的丝绸磁器、西洋的钟表、草原的貂皮良马等，是使臣携带的主要礼品。准噶尔使臣每次进京携带的礼品主要是貂皮、马匹等。笔者根据《使者档》等记载，绘制出雍正、乾隆年间《准噶尔进京使臣所携礼品表》如下：

准噶尔进京使臣所携礼品表

来使时间	正使名称	遣使首领	所携礼品
雍正十三年四月	吹纳木喀	噶尔丹策零	貂皮 35 张
乾隆元年正月	吹纳木喀	噶尔丹策零	貂皮 35 张
乾隆三年正月	达什	噶尔丹策零	貂皮 31 张
乾隆三年十二月	哈柳	噶尔丹策零	貂皮 30 张
乾隆四年十二月	哈柳	噶尔丹策零	貂皮 31 张 使臣哈柳另献貂皮 21 张
乾隆五年闰六月	莽鼐	噶尔丹策零	貂皮 31 张、玉碗 1 件
乾隆七年三月	吹纳木喀	噶尔丹策零	貂皮 30 张
乾隆七年十一月	吹纳木喀	噶尔丹策零	貂皮 30 张、马 2 匹、玉碗 1 件
乾隆八年十二月	图尔都	噶尔丹策零	貂皮 30 张、马 2 匹、玉碗 1 件
乾隆十年正月	哈柳	噶尔丹策零	貂皮 30 张并玉碗、木碗各 1，犬、马各 2
乾隆十一年正月	哈柳	策妄多尔济那木扎勒	貂皮 40 张
乾隆十一年十二月	玛木特	策妄多尔济那木扎勒	貂皮 41 张、马 2 匹、木碗 1 件
乾隆十三年四月	唵集	策妄多尔济那木扎勒	貂皮 41 张、马 2 匹、玉碗 1 件
乾隆十五年正月	尼玛	策妄多尔济那木扎勒	貂皮 41 张、马 2 匹、玉碗 1 件
乾隆十六年正月	额尔钦	喇嘛达尔扎	貂皮 41 张、马 2 匹
乾隆十七年正月	图卜济尔哈朗	喇嘛达尔扎	貂皮 41 张、马 2 匹、雕 2 只
乾隆十九年五月	敦多克	达瓦齐	貂皮 41 张、马 2 匹、玉碗 1 件

从表内的礼品栏中可见，准噶尔汗国的主要礼品是貂皮，一般每次带 30 至 40 余张。其次是马匹，准噶尔草原历来是出名马之地，《使者档》所载准噶尔的 17 次来使中，有 9 次携良马 2 匹。其中有 7 次带玉碗为礼品，准噶尔汗国辖境内出产和田玉，玉碗为

珍贵之物，或其知晓乾隆皇帝嗜玉而献之。另有木碗、雕、犬等，仅一、两次携带，非主要礼品。此外，使团携带大量货物到北京贸易，亦多为皮张，此不属于礼品。

清朝以上国自居，号称礼义之邦，在对外国国王和使臣的赏赐方面，继承了中原王朝“厚往薄来”的原则，赏赐丰厚，成为清朝怀柔边远、吸引往来的重要手段，并以此体现天朝上国政治、经济、文明之昌盛。从《使者档》有关赏赐的记载中，可知清朝对准噶尔台吉及使者的赏赐，分为例赏、加赏、特赏三部分，是根据谈判情况、关系好坏分别进行赏赐的。例赏、加赏、特赏的对象包括准噶尔台吉和使团成员，而对使团成员的赏赐，按正使、副使、跟役三类分别赏赐，标准差距较大。

1.例赏

例赏是遵循以往的礼尚往来之礼，对对方携带礼品之回礼和对使者们的例行赏赐。清朝于顺治八年，定对额鲁特贡使之例赏为：

> 额鲁特贡使一等者：上号蟒缎一，帽缎、彭缎各一，毛青布二十四，银茶桶一、重三十两。随从五人，各彭缎一，毛青布八；次等者：补缎一，彭缎一，毛青布十六。随从三人，各彭缎一，毛青布十六；小台吉及塔布囊各官来使，各彭缎一，毛青布八。随从一人，各毛青布四。[①]

详细规定了各级别台吉所遣来使之赏赐待遇，准噶尔巴图尔浑台吉之使臣即为一等者。另外，从中可以窥得，当时额鲁特各部遣使者既有浑台吉，亦有小台吉。但后来基本都是浑台吉遣使，且赏格亦有增加。

清朝对准噶尔来使的例赏，分为对准噶尔台吉例赏和对使者例赏两部分，其中对准噶尔台吉的例赏，清朝称为“颁敕之礼”，标准为“赏各色缎十匹”，该标准一直未变。对使团成员的例赏标准为：

> 其为首使臣，赏银一百两、御用缎二匹、官用蟒缎一匹、补缎一匹、彭缎二匹、毛青布二十四匹；赏副使银五十两，官用蟒缎一匹、御用缎二匹、彭缎二匹、毛青布二十匹；其随行来京之厄鲁特，留肃州之厄鲁特等，人各赏银二十两、官用缎二匹、彭缎一匹、毛青布八匹外，其使臣及随行来京之厄鲁特等，若在冬季，赏皮袄各一袭、棉袍各一袭，倘在夏季，赏棉袍各一袭、双层纱袍一袭，及帽子、腰带。[②]

其中例行赏赐的银两、绸缎、布匹，一直没有变化，而赏赐的衣服却根据季节有所变化，在冬季赏赐正使“焰红妆缎面白鼠皮袄一袭，焰红妆缎棉袍一袭”；副使“焰红妆缎面黑鼠皮袄一袭，焰红妆缎棉袍一袭”；随来北京的跟役“赏金字缎面羊皮袄各一袭、金字缎棉袍各一袭”，并腰带帽子等。[③]夏季来使，正副使臣“各赏应时焰红妆缎面棉袍一袭，夹层纱袍一袭”；至京之跟役“各赏金字缎面棉袍一袭，夹层纱袍一袭”，并腰带、凉帽等。[④]

---

① 《清世祖实录》卷 54，顺治八年闰二月丁丑条。

②乾隆三年二月初十日《军机大臣鄂尔泰等奏请照例赏赐使臣达什等物项片》；乾隆七年十一月二十二日《军机大臣鄂尔泰等奏请依例赏赐使臣吹纳木喀等银两缎匹等物折》等。

③ 乾隆三年二月初十日《军机大臣鄂尔泰等奏请照例赏赐使臣达什等物项片》。

④ 乾隆十三年四月十三日《军机大臣傅恒等奏请赏赐唵集等银两物品片》。

另外，雍正十三年闰四月奏请赏赐准噶尔使臣的奏折为：

准噶尔噶尔丹策零所派使臣吹纳木喀等，事毕将遣返。查得，先前准噶尔使臣等来，除专特施恩另行赏赐外，照例赏使臣二等蟒缎一匹、补缎一匹、大缎二匹、彭缎二匹、毛青布二十四匹；赏随从跟役等，每人各赏大缎二匹、彭缎一匹、毛青布八匹，遣往在案。今特施恩赏使臣吹纳木喀等棉衣各一套、纱夹衣各一套、吹纳木喀银一百两，诺惠尼银五十两，随从十三人，每人各赏银二十两外，彼等返回之时，亦照前例，拟赏吹纳木喀二等蟒缎一匹、补缎一匹、大缎二匹、彭缎二匹、毛青布二十四匹；赏随从跟役等，每人各赏大缎二匹、彭缎一匹、毛青布八匹。其诺惠尼，酌加核减，赏二等蟒缎一匹、官缎二匹、彭缎二匹、毛青布二十匹。随从十三人，及留肃州七人，均各赏官缎二匹、彭缎一匹、毛青布八匹。①

据此奏折可知，在雍正年间之前，赏赐准噶尔使者的例赏仅为绸缎、布匹，而银两、衣服属于加赏。乾隆元年赏赐吹纳木喀时，总理事务王大臣等仍将赏赐衣服做为加赏奏请，②获准加赏后，即成为对后来使者的赏赐定例，同绸缎、布匹一样变成例赏。加赏逐渐变为例赏，在《使者档》记载中体现颇多。

每次准噶尔使团都有大批跟役随从，至肃州后，将部分跟役留于肃州进行贸易，仅带数名跟役进京。按清朝赏赐之礼，对来京之跟役除例赏外皆有加赏，偶有特赏，但对留于肃州之跟役，仅有例赏，赏格与来京之跟役相同，为“人各赏银二十两、官用缎二匹、彭缎一匹、毛青布八匹”，这些赏品同赐给使者的其他物品一起交与使臣，由使臣带至肃州分发。

2. 加赏

乾隆七年十一月，军机大臣为加赏准噶尔台吉事具奏：

查得，先前颁降准噶尔噶尔丹策零以敕书，例赏缎十匹。乾隆四年，因噶尔丹策零派使臣哈柳，一切事宜，悉遵谕旨，恭顺具奏，格外施恩赏蟒缎、妆缎六匹，玻璃、磁器十种。继而使臣莽鼐、吹纳木喀等至，恩赏玻璃、瓷器十种，缎十六匹。均皆记录在案。

此次，噶尔丹策零特派吹纳木喀等，进献玉碗、马匹，极为恭顺具奏，相应请随敕赏缎十四匹外，其如何另行恩赏之处，谨此请旨。

等因，乾隆七年十一月二十二日奏入，奉旨：亦赏缎十四匹外，著赏蟒缎、妆缎八匹，玻璃、磁器十二种。钦此。③

---

① 雍正十三年闰四月十六日《军机大臣鄂尔泰等奏请赏赐使臣吹纳木喀等物品折》。

② 详见乾隆元年正月十九日《和硕庄亲王允禄等奏请赏赐吹纳木喀等物项片》，该奏片内容为：查得，去年遣返准噶尔噶尔丹策零所遣使臣吹纳木喀等时，曾赏吹纳木喀银一百两、御用缎二匹、官用蟒缎一匹、补缎一匹、彭缎二匹、毛青布二十四匹，赏诺惠尼银五十两、官用蟒缎一匹、（原档残缺）、毛青布二十匹，随行而来之二十人，人各赏银二十两，官用绸缎二匹，彭缎一匹，毛青布八匹。另对吹纳木喀、诺惠尼及随行而来之厄鲁特人中除留于肃州之七人外，其来京城之十三人，人各赏纱袍一件、棉袍一件、帽子、腰带等在案。赏此次前来使臣吹纳木喀、额塞及随行而来之二十四名厄鲁特之银、缎、布，拟仍照前例，俟其起程之时颁赏。其赏留于肃州之六名厄鲁特之银、缎、布，则交付吹纳木喀等，俟其抵达肃州转赏外，届时赏给吹纳木喀、额塞火红妆缎面儿狐皮袄（原档残缺），其随行而来十八名厄鲁特，各赏金字缎面儿羊皮袄一件、金字缎棉袍一件。可否之处，谨此请旨。等因。乾隆元年正月十九日奏入，奉旨：著赏。钦此。

③ 乾隆七年十一月二十二日《军机大臣鄂尔泰等奏请格外恩赏噶尔丹策零物品片》。

看来加赏噶尔丹策零的主要原因是“一切事宜，悉遵谕旨，恭顺具奏”，即两者友好关系日益密切，因而加赏。乾隆四年十二月使臣哈柳来京时，所携奏书遵旨划界，并奏请赴藏熬茶，乾隆皇帝为此甚为欣悦，是开始加赏噶尔丹策零之直接原因。

另外，由于准噶尔使臣携带礼品增加，且“极为恭顺具奏”，作为礼尚往来，也是加赏的重要因素。乾隆七年以后，对准噶尔台吉的加赏也固定化，且数量不断增加，几乎形同例赏。

加赏准噶尔台吉的同时，对使臣等亦行加赏。乾隆四年十二月因诸事商谈成功，亦对使臣哈柳加赏，经军机大臣奏请，奉旨“赏哈柳大缎四匹、玻璃器皿四种”，[①]并在返回前加赏哈柳银二百两、副使松阿岱、巴彦各加赏银五十两。

嗣后，对准噶尔来使的加赏，基本标准为正使“大缎四匹、玻璃器四种、银二百两”，副使“银五十两”，并且，每次噶尔丹策零、策妄多尔济那木扎尔、喇嘛达尔扎的来使，基本都按此标准加赏，偶有增加者，亦仅为哈达等，为数不多，而此加赏标准则形同定例。

3、特赏

乾隆年间对准噶尔台吉之特赏，始于乾隆七年十一月吹纳木喀来使之时，实为使臣为其台吉求索而致。该赏缘起于：

> 照看使臣等之内护军统领庆恩等禀称，据使臣吹纳木喀暗地告称，噶尔丹策零喜好鹰犬，闻知大国鹰犬甚佳，极愿得以一见。料想此次大皇帝必恩赏我等之噶尔丹策零，可否恩赏鹰犬带往耶。[②]

乾隆皇帝览后降旨：

> 准噶尔之噶尔丹策零请安，进献马匹、物件，笃诚恭顺具奏，相应照例赏赐外，特恩赏好鹰二只，良犬二只。著饬交该大臣等，挑上等鹰绊、犬圈各两副赏之，一副在途用，一副俟至其游牧后用。钦此。[③]

在此次紫光阁筵宴使臣吹纳木喀后，传旨使臣：

> 等之台吉噶尔丹策零进献之马，适朕已试骑，故此格外施恩，将朕佩戴素珠赏给噶尔丹策零。尔等赍往晓谕噶尔丹策零。钦此。

又以噶尔丹策零进献良马，特赏御佩素珠一挂。使者临行前复降旨：“著赏噶尔丹策零橘、柑各一篓赍往”[④]

从此，开特赏准噶尔台吉之例。此后来使时，基本都对准噶尔台吉有特赏，赏赐物品以绸缎、磁器、玻璃器、珐琅器、如意、佛经、佛塔、酒海、灯笼、象牙制品、漆器、荷包等为主，每次赏赐种类和数量均较前一次多，其中以乾隆十五年特赏于策妄多尔济那木扎勒，十六年赏于喇嘛达尔扎的物品之种类、数量最多。乾隆十五年尼玛来使时特赏策妄多尔济那木扎尔的物品有：

> 漳绒二匹、妆缎二匹、宁绸二匹、玻璃瓶一对、玻璃碗二对、玻璃盘一对、

---

① 乾隆四年十二月二十六日《军机大臣鄂尔泰等奏请时逢年节赏噶尔丹策零及使臣哈柳物品折》。

② 乾隆七年十一月二十八日《军机大臣鄂尔泰等奏闻据称噶尔丹策零喜好鹰犬片》。

③ 乾隆七年十一月二十七日《谕著赏噶尔丹策零鹰犬》。

④ 乾隆七年十二月十二日《谕著赏赐噶尔丹策零橘柑赍往》。

瓷盘一对；带套木碗一个、珐琅小瓷瓶一对；玉如意一柄；大红漳绒四匹、酱色漳绒二匹、黄漳绒一匹、表二件（随木匣）、磁珐琅瓶一对、蓝玻璃画金观音瓶一件、象牙佛手盒一件、画羊角方灯一对、画羊角六方瓶灯一对；四方羊角卓（桌）灯一对、四方纱卓（桌）灯一对、小荷包十对（内银锞二十个）、大荷包一对（内金钱二个）；磁胎珐琅甘（橄）榄瓶一对、磁胎珐琅茶碗一对、青花白地碗一对、霁红靶（把）碗一对、青花白地碟一对、绿彩磁盘一对、霏（翡）翠玻璃大碗一对、亮绿玻璃刻花茶碗一对、亮蓝玻璃碟一对。[①]

翌年，因准噶尔汗位更替，使臣额尔钦赶至苏州觐见。乾隆皇帝或遵前例，或因其诚心请安具奏，故对新汗喇嘛达尔扎例赏、加赏外，特赏亦颇丰厚，主要特赏为：

连套木碗一个、玻璃碗一对、磁碗一对、磁盘一对、花瓶一对、红玻璃瓶一对、金漆盒一对、玻璃盘一对、对子荷包一对（内有金钱）、小荷包十对（内有银锞）、漳绒二匹、缎三匹、妆缎一匹、宁绸二匹；镶嵌如意九柄（一盒）、柿黄橄榄瓶一对、青花白地磁花瓶一对、霁红把碗一对、月白涅玻璃烧碗一对、绿磁盘一对、绿玻璃碗一对、酒黄玻璃碗一对、青花白地磁碟一对、象牙盒三件、珐琅碗一对、漳绒五匹；磁象花插一件、磁绕芝花插一件、磁各种果形笔洗一件、漆盒一对、锦缎六匹。[②]

特赏与例赏、加赏不同，根据乾隆皇帝的意愿可增可减，所赏物品也不像例赏、加赏那样固定，随意性较大。如乾隆十七年图卜济尔哈朗来使时，因聘请喇嘛谈判破裂，乾隆帝对喇嘛达尔扎的特赏既减少较多，而乾隆十九年达瓦齐所遣使臣敦多克来使时，对达瓦齐未予特赏，仅有例赏和加赏而已。

清朝对使臣特赏，始于乾隆十年对哈柳之特赏，当时筵宴时特赏噶尔丹策零时，亦赏哈柳"灯笼一对"。此后开特赏使臣之例，前来使臣均有不同特赏，仍以乾隆十五年、十六年来使所得特赏最多。乾隆十五年特赏正使尼玛："西洋鼻烟壶一对；玉如意一柄；古铜漳绒一匹、黄漳绒一匹、洋漆罩盖三层海棠盒一对、象牙田瓜盒一对、画羊角方灯一对；锦一匹、片金一匹、大缎一匹；羊角卓（桌）灯一对、大荷包一对、小荷包三对（内都有银锞）。"副使达希藏布、奔塔尔："各锦一匹、大缎一匹。各小荷包二对（内皆有银锞）"，至京之跟役"各官用缎一匹。"[③]

乾隆十六年对喇嘛达尔扎特赏的同时，亦对使臣特赏，赏正使额尔钦："珐琅花插一对、玻璃碗一对、玻璃盘一对、红花碗一对、对子荷包一对（内有银锞）、小荷包四对（内有银锞）、妆缎一匹、红缎一匹、各色缎四匹；洋磁笔筒二件、青花白地磁碗一对、绿玻璃花瓶一对、镶金星玻璃鼻烟壶二件、漳绒三匹、各色缎四匹；磁小花瓶一件、磁笔洗一件、锦缎三匹。"副使尼玛："对子荷包一对（内有银锞）、小荷包三对（内有银锞）、各色缎四匹；各色缎四匹；锦缎一匹。"副使奔塔尔、塔克都："对子荷包各一对（内有银锞）、小荷包各一对（内有银锞）、各色缎三匹；各色缎三匹；锦缎各一匹。"

---

① 乾隆十五年二月十三日《赏赐此次准噶尔来使（尼玛）物品清单》

② 乾隆十六年五月二十四日《赏赐本次来使（额尔钦）物品清单》。

③ 乾隆十五年二月十三日《赏赐此次准噶尔来使（尼玛）物品清单》。

对跟随到苏州的5名跟役，先后各特赏缎2匹。[①]因乾隆十五年尼玛曾为策妄多尔济那木扎勒的正使至京，且各项谈判顺利，清朝对其优礼有加，故十六年尼玛复为喇嘛达尔扎之副使时，清朝将其与其他两名副使区别对待，对特赏物品有异，属于赏赐中之特例。

乾隆十七年因聘请喇嘛谈判破裂，使臣图卜济尔哈朗拒不延聘清朝为准噶尔准备的喇嘛，所以在减少对准噶尔台吉特赏的同时，亦减少了对使臣的特赏，仅特赏正使“铜镶石鼻烟盒二个；玉如意一柄”，“漳绒二疋、洋漆盒一对、象牙盒一对、纱灯一对。”[②]且对副使等未予特赏。

笔者根据《使者档》和《清实录》等文献，绘制了《清朝赏赐准噶尔台吉及使者物品表》，基本概括了乾隆年间清廷对准噶尔台吉及历次使者的例赏、加赏、特赏，从中可以了解清朝对准噶尔使者之赏赐之礼。

清朝赏赐准噶尔台吉及使者之物品表

使臣名称及到京时间	赏赐对象	所赏物品		
		例赏	加赏	特赏
吹纳木喀 雍正十三年四月	噶尔丹策零	赏各色缎十匹		
	正使吹纳木喀	二等蟒缎一匹、补缎一匹、大缎二匹、彭缎二匹、毛青布二十四匹、银一百两。	棉衣各一套、纱夹衣各一套、帽子、腰带等。	
	副使诺惠尼	赏二等蟒缎一匹、官缎二匹、彭缎二匹、毛青布二十匹、银五十两。	棉衣各一套、纱夹衣各一套、帽子、腰带等。	
	跟役	至京之13名、留肃州之7名跟役每人各赏大缎二匹、彭缎一匹、毛青布八匹、各赏银二十两。	至京之13名跟役各赏棉衣各一套、纱夹衣各一套、帽子、腰带等。	
吹纳木喀 乾隆元年正月	噶尔丹策零	赏各色缎十匹		
	正使吹纳木喀	官用蟒缎一匹、补缎一匹、御用缎二匹、彭缎二匹、毛青布二十四匹、银一百两。	火红妆缎面儿狐皮袄（原档残缺）及帽子、腰带等。	
	副使额塞	官用缎二匹、御用缎二匹、彭缎一匹、毛青布二十匹、银五十两。	火红妆缎面儿狐皮袄（原档残缺）及帽子、腰带等。	
	跟役	至京之18名、留肃州之6名跟役每人各赏官用缎二	至京之18名跟役各赏金字缎面儿羊皮	

① 乾隆十六年五月二十四日《赏赐本次来使（额尔钦）物品清单》。

② 乾隆十七年正月十三日《朝觐筵宴时依礼赏赐准噶尔台吉及使臣物项记注》和乾隆十七年正月十五日《使臣于山高水长观看烟火时赏赐准噶尔台吉及使臣物项记注》。

		匹、彭缎一匹、毛青布八匹、各赏银二十两。	袄一件、金字缎棉袍一件及帽子、腰带等。	
达什 乾隆三年正月	噶尔丹策零	各色缎十匹。		
	正使达什	官用蟒缎一匹、补缎一匹、御用缎二匹、彭缎二匹、毛青布二十四匹、银一百两。 焰红妆缎面白鼠皮袄一袭，焰红妆缎棉袍一袭及帽子、腰带等。	（上述加赏成例赏）	
	副使博济尔	官用缎二匹、御用缎二匹、彭缎一匹、毛青布二十匹、银五十两。 焰红妆缎面黑鼠皮袄一袭，焰红妆缎棉袍一袭及帽子、腰带等。		
	跟役	22 名跟役每人各赏官用缎二匹、彭缎一匹、毛青布八匹、各赏银二十两。 至京之 22 名跟役各赏金字缎面儿羊皮袄一袭、金字缎棉袍一袭及帽子、腰带等。		
哈柳 乾隆三年十二月		各色缎十匹		
	正使哈柳	官用蟒缎一匹、补缎一匹、御用缎二匹、彭缎二匹、毛青布二十四匹、银一百两。 焰红妆缎面白熏皮袄一袭，焰红妆缎棉袍一袭及帽子、腰带等。		
	副使绰诺 副使乌巴什	各赏官用缎二匹、御用缎二匹、彭缎一匹、毛青布二十匹、银五十两。 焰红妆缎面黑熏皮袄各一袭，焰红妆缎棉袍各一袭及帽子、腰带等。		
	跟役	39 名跟役每人各赏官用缎二匹、彭缎一匹、毛青布八匹、各赏银二十两。 至京之 18 名跟役各赏金字缎面儿羊皮袄一袭、金字缎棉袍一袭及帽子、腰带等。		

	噶尔丹策零	各色缎十匹	蟒缎、妆缎六匹，玻璃、磁器十种。	
哈柳 乾隆四年十二月	正使哈柳	官用蟒缎一匹、补缎一匹、御用缎二匹、彭缎二匹、毛青布二十四匹、银一百两。 焰红妆缎面白鼠皮袄一袭，焰红妆缎面棉袍一袭及帽子、腰带等。	大缎四匹、玻璃器四种； 临行赏银二百两。	
	副使松阿岱	各赏官用缎二匹、御用缎二匹、彭缎一匹、毛青布二十匹、银五十两。	临行各赏银五十两。	
	副使巴颜	各赏焰红妆缎面黑鼠皮袄一袭，焰红妆缎面棉袍一袭及帽子、腰带等。		
	跟役	62 名跟役每人各赏官用缎二匹、彭缎一匹、毛青布八匹、各赏银二十两。 至京之 27 名跟役各赏金字缎面儿羊皮袄一袭、金字缎棉袍一袭及帽子、腰带等。		
莽鼐① 乾隆五年闰六月	噶尔丹策零	各色缎十匹。	玻璃、磁器四十件、大缎六匹。	
	副使莽鼐	官用缎二匹、御用缎二匹、彭缎一匹、毛青布二十匹、银五十两。 焰红妆缎面黑鼠皮袄一袭，应时双层纱袍一袭并凉帽、腰带等。		
	跟役	6 名跟役每人各赏官用缎二匹、彭缎一匹、毛青布八匹、各赏银二十两。 6 名跟役各赏金字缎面羊皮袄一袭，并凉帽、腰带等。		
吹纳木喀② 乾隆七年三月	噶尔丹策零	各色缎十匹、	磁器十件、大缎六匹。	
	正使吹纳木喀	官用蟒缎一匹、补缎一匹、御用缎二匹、彭缎二匹、毛青布二十四匹、银一百两。 焰红妆缎面皮袄一袭，焰红	大缎四匹、玻璃器四种、银二百两。	

① 此次来使，奉旨按副使待遇接待。

② 《使者档》对此次来使无记载，《方略》、《实录》亦未记载副使及跟役情况。对使臣之例赏，系笔者根据赏例推定者。

		妆缎面棉袍一袭及帽子、腰带等。		
吹纳木喀 乾隆七年十一月	噶尔丹策零	各色缎十匹	蟒缎、妆缎八匹，玻璃、磁器十二种	好鹰二只、良犬两条；御佩素珠一挂；橘、柑各一篓。
	正使吹纳木喀	官用蟒缎一匹、补缎一匹、御用缎二匹、彭缎二匹、毛青布二十四匹、银一百两。 焰红妆缎面皮袄一袭，焰红妆缎面棉袍一袭及帽子、腰带等。	大缎四匹、玻璃器四种、银二百两。	
	副使玛木特 副使图尔都	各赏官用缎二匹、御用缎二匹、彭缎一匹、毛青布二十匹、银五十两。 焰红妆缎面皮袄各一袭，焰红妆缎面棉袍各一袭及帽子、腰带等。	银各五十两。	
	跟役	23 名跟役每人各赏官用缎二匹、彭缎一匹、毛青布八匹、各赏银二十两。 至京 17 名跟役各赏金字缎面儿羊皮袄一袭、金字缎棉袍一袭及帽子、腰带等。		
图尔都① 乾隆八年十二月	噶尔丹策零	各色缎十匹。	锦缎、妆缎各八匹、玻璃、磁器十五件。	佛像二尊；妆缎、漳绒、宁绸各二匹，玻璃器六件，珐琅器四件。
	正使图尔都	官用蟒缎一匹、补缎一匹、御用缎二匹、彭缎二匹、毛青布二十四匹、银一百两。 焰红妆缎面皮袄一袭，焰红妆缎面棉袍一袭及帽子、腰带等。	大缎四端，玻璃器四件，银二百两。	
哈柳② 乾隆十年正月	噶尔丹策零	各色缎十匹	妆缎、漳绒、宁绸各二匹，玻璃器六种、珐琅器四种。	玻璃器四种，佛果一个、灯笼一对。
	正使哈柳	官用蟒缎一匹、补缎一匹、御用缎二匹、彭缎二匹、毛青布二十四匹、银一百两。	大缎四端，玻璃器四件，银二百两。	灯笼一对。

① 《使者档》对此次来使无记载，《方略》、《实录》亦未记载副使及跟役情况。对使臣之例赏，系笔者根据赏例推定者。

② 《使者档》对此次来使无记载，《方略》、《实录》亦未记载副使及跟役情况。对使臣之例赏，系笔者根据赏例推定者。

		焰红妆缎面皮袄一袭，焰红妆缎面棉袍一袭及帽子、腰带等。		
哈柳	策妄多尔济那木扎勒	各色缎十匹。	蟒缎、妆缎八匹，玻璃六件、磁器八件、珐琅器四件。	玉如意一柄；重五十两之银茶桶一件、酒海一个、曼达一个、藏香一百束。鼻烟壶一个；《无量寿经》一部、玻璃壶一对、玻璃盖碗一对；珊瑚素珠一串、珐琅壶一对、珐琅花茶桶一个。
乾隆十一年正月	正使哈柳	官用蟒缎一匹、补缎一匹、御用缎二匹、彭缎二匹、毛青布二十四匹、银一百两。焰红妆缎面白鼠皮袄一袭，焰红妆缎面棉袍一袭及帽子、腰带等。	大缎四端，玻璃器四件，大哈达四条、银二百两。	玉如意一柄；鼻烟壶一个；玻璃壶一对、问钟一件。
	副使图布吉尔干 副使玛木特	各赏官用缎二匹、御用缎二匹、彭缎一匹、毛青布二十匹、银五十两。焰红妆缎面灰鼠皮袄各一袭，焰红妆缎面棉袍各一袭及帽子、腰带等。	银各五十两。	
	跟役	25 名跟役每人各赏官用缎二匹、彭缎一匹、毛青布八匹、各赏银二十两。至京之 15 名跟役各赏金字缎面儿羊皮袄一袭、金字缎棉袍一袭及帽子、腰带等。		
玛木特 乾隆十一年十二月	策妄多尔济那木扎勒	各色缎十匹。	蟒缎、妆缎八匹，玻璃、磁器、珐琅器皿十八种。	鼻烟壶一只；大荷包一对、小荷包两对，荷包内各放银元宝一个；妆缎二匹、漳绒二匹、宁绸二匹，珐琅器二种，玻璃器六种、磁器两种；《无量寿经》一部、吊灯两对、玻璃碗一对、玻璃壶一对；玉如意一柄、问钟一个；漳绒六匹、漆盒一对、珐琅壶一个、象牙盒一

				个、火镰一个。
	正使玛木特	官用蟒缎一匹、补缎一匹、御用缎二匹、彭缎二匹、毛青布二十四匹、银一百两。 焰红妆缎面白鼠皮袄一袭，焰红妆缎面棉袍一袭及帽子、腰带等。	大缎四匹、玻璃器四种、银二百两。	鼻烟壶一只；大荷包一对、小荷包两对，荷包内各放银元宝一个；台灯一对、玻璃壶一对；玉如意一柄、问钟一个；漳绒二匹、漆盒一对、象牙盒一个。
	副使巴图蒙克 副使杜喇勒哈什哈	各赏官用缎二匹、御用缎二匹、彭缎一匹、毛青布二十匹、银五十两。 焰红妆缎面灰鼠皮袄各一袭，焰红妆缎面棉袍各一袭及帽子、腰带等。	银各五十两。	
	跟役	43 名跟役每人各赏官用缎二匹、彭缎一匹、毛青布八匹、各赏银二十两。 至京之 16 名跟役各赏金字缎面儿羊皮袄一袭、金字缎棉袍一袭及帽子、腰带等。		
唵集 乾隆十三年四月	策妄多尔济那木扎勒	各色缎十匹。	蟒缎、妆缎八匹，玻璃、磁器、珐琅器皿十八种。	玉如意一件、哥窑瓶二件、三色玻璃瓶一件、玻璃葫芦花插一件、西洋珐琅鼻烟壶一件、象牙如意盒一件、问钟一件、漆套盒二件、妆缎二匹、蟒缎二匹、章（漳）绒二匹、宁绸二匹；银塔一尊、佛经一部、佛像一轴、蓝玻璃罩盖匣一对。玻璃套匣一件，内盛小荷包三十八个。
	正使唵集	官用蟒缎一匹、补缎一匹、御用缎二匹、彭缎二匹、毛青布二十四匹、银一百两。 焰红妆缎面棉袍一袭，夹层纱袍一袭并凉帽、腰带等。		象牙盒一件、洋漆套盒一对、漳绒二匹。
	副使敦多布	官用缎二匹、御用缎二匹、彭缎一匹、毛青布二十匹、银五十两。 焰红妆缎面棉袍一袭，夹层		

		纱袍一袭并凉帽、腰带等。		
	跟役	26 名跟役每人各赏官用缎二匹、彭缎一匹、毛青布八匹、各赏银二十两。 至京之 13 金字缎面棉袍一袭，夹层纱袍一袭，并凉帽、腰带等。		
尼玛 乾隆十五年正月	策妄多尔济那木扎勒	各色缎十匹。	蟒缎、小龙缎八匹，玻璃、磁、珐琅器十八种。	漳绒二匹、妆缎二匹、宁绸二匹、玻璃瓶一对、玻璃碗二对、玻璃盘一对、瓷盘一对；带套木碗一个、珐琅小瓷瓶一对；玉如意一柄；大红漳绒四匹、酱色漳绒二匹、黄漳绒一匹、表二件（随木匣）、磁珐琅瓶一对、蓝玻璃画金观音瓶一件、象牙佛手盒一件、画羊角方灯一对、画羊角六方瓶灯一对；四方羊角卓（桌）灯一对、四方纱卓（桌）灯一对、小荷包十对（内银锞二十个）、大荷包一对（内金钱二个）；磁胎珐琅甘（橄）榄瓶一对、磁胎珐琅茶碗一对、青花白地碗一对、霁红靶（把）碗一对、青花白地碟一对、绿彩磁盘一对、霏（翡）翠玻璃大碗一对、亮绿玻璃刻花茶碗一对、亮蓝玻璃碟一对。
	正使尼玛	官用蟒缎一匹、补缎一匹、御用缎二匹、彭缎二匹、毛青布二十四匹、银一百两。 焰红妆缎面白鼠皮袄一袭，焰红妆缎面棉袍一袭及帽子、腰带等。	大缎四匹、玻璃花插一对、玻璃碗一对、银二百两。	西洋鼻烟壶一对；玉如意一柄；古铜漳绒一匹、黄漳绒一匹、洋漆罩盖三层海棠盒一对、象牙田瓜盒一对、画羊角方灯一对；锦一匹、片金一匹、大缎一匹；羊角卓（桌）灯一对、

				大荷包一对、小荷包三对（内皆有银锞）；
	副使达希藏布 副使奔塔尔	各赏官用缎二匹、御用缎二匹、彭缎一匹、毛青布二十匹、银五十两。 焰红妆缎面黑鼠皮袄各一袭，焰红妆缎面棉袍各一袭及帽子、腰带等。	银各五十两。	各锦一匹、大缎一匹。各小荷包二对（内皆有银锞）。
	跟役	44 名跟役每人各赏官用缎二匹、彭缎一匹、毛青布八匹、各赏银二十两。 至京之 17 名跟役各赏金字缎面儿羊皮袄一袭、金字缎棉袍一袭及帽子、腰带等。		各官用缎一匹。
额尔钦 乾隆十六年正月	喇嘛达尔扎	上用蟒缎一匹、片金一匹、妆缎二匹、闪缎一匹、字缎一匹、缎四匹。	御用蟒缎一匹、片金一匹、妆缎一匹、闪缎二匹、字缎一匹，玻璃、磁器、珐琅器十八件。	连套木碗一个、玻璃碗一对、磁碗一对、磁盘一对、花瓶一对、红玻璃瓶一对、金漆盒一对、玻璃盘一对、对子荷包一对（内有金钱）、小荷包十对（内有银锞）、漳绒二匹、缎三匹、妆缎一匹、宁绸二匹；镶嵌如意九柄（一盒）、柿黄橄榄瓶一对、青花白地磁花瓶一对、霁红把碗一对、月白涅玻璃烧碗一对、绿磁盘一对、绿玻璃碗一对、酒黄玻璃碗一对、青花白地磁碟一对、象牙盒三件、珐琅碗一对、漳绒五匹；磁象花插一件、磁绕芝花插一件、磁各种果形笔洗一件、漆盒一对、锦缎六匹。
	正使额尔钦	御用缎二匹、官用蟒缎一匹、彭缎二匹、补缎一匹、细布二十四匹、银一百两。 元狐帽一顶、妆缎面银鼠皮袍一件、妆缎面绫里锦袍一件、绿纺丝搭包一条。		珐琅花插一对、玻璃碗一对、玻璃盘一对、红花碗一对、对子荷包一对（内有银锞）、小荷包四对（内有银锞）、妆缎一匹、红缎一匹、

				各色缎四匹；洋磁笔筒二件、青花白地磁碗一对、绿玻璃花瓶一对、镶金星玻璃鼻烟壶二件、漳绒三匹、各色缎四匹；磁小花瓶一件、磁笔洗一件、锦缎三匹。	
	副使尼玛 副使奔塔尔 副使塔克都	御用缎各二匹、官用蟒缎各一匹、彭缎各二匹、细布各二十匹、银各五十两； 每名青狐皮帽一顶、妆缎面灰鼠皮袍一件、妆缎面绫里锦袍一件、绿纺丝搭包一条。		赏尼玛：对子荷包一对（内有银锞）、小荷包三对（内有银锞）、各色缎四匹；赏尼玛：各色缎四匹；锦缎一匹。	赏奔塔尔、塔克都：对子荷包各一对（内有银锞）、小荷包各一对（内有银锞）、各色缎三匹；赏奔塔尔、塔克都二人：各色缎三匹；锦缎各一匹
	跟役	赏随来跟役 20 名并留驻肃州跟役 24 名：每名官用缎各二匹、彭缎各一匹、细布各八匹、银各二十两。 至京之 20 名跟役黄狐帽各一顶、字缎面羊皮袍各一件、字缎面杭细里锦袍各一件、绿纺丝搭包各一条。		赏至苏州之 5 名跟役缎各一匹；复赏 5 名跟役缎各一匹。	
图卜济尔哈朗 乾隆十七年正月	喇嘛达尔扎	御用蟒缎一匹、片金一匹、妆缎一匹、闪缎一匹、字缎一匹、缎四匹。	加赏上用蟒缎一匹、片金一匹、妆缎一匹、闪缎一匹、字缎三匹、磁胎法琅橄榄瓶一对、磁胎法琅茶碗一对、青花白地碗一对、霁红靶碗一对、青	碧玉花插一件、铜镀金套拉古尔碗一个； 玉如意一柄； 妆缎二疋、漳绒二疋、宁紬二疋、玻璃瓶一对、玻璃碗二对、玻璃碟一对、磁碟一对； 各色漳绒六疋、磁花瓶	

			花白地碟一对、绿彩磁盘一对、霏翠玻璃大碗一对、亮绿玻璃刻花茶碗一对、亮蓝玻璃碟一对。	一对、蓝玻璃瓶一对、象牙盒一对、纱灯二对。
	正使图卜济尔哈朗	官用蟒缎一匹、补缎一匹、御用缎二匹、彭缎二匹、毛青布二十四匹、银一百两。 焰红蟒缎面薰制灰鼠皮袄一套，焰红蟒缎棉袍一套及帽子、腰带等。	大缎四疋、玻璃瓶一对、玻璃碗一对、银二百两。	铜镶石鼻烟盒二个；玉如意一柄；漳绒二疋、洋漆盒一对、象牙盒一对、纱灯一对。
	副使塔克达 副使皋莽	各赏官用缎二匹、御用缎二匹、彭缎一匹、毛青布二十匹、银五十两。 各赏焰红蟒缎面灰鼠皮袄一套，焰红蟒缎棉袍一套及帽子腰带等。	银各五十两。	
	跟役	43 名跟役每人各赏官用缎二匹、彭缎一匹、毛青布八匹、各赏银二十两。 至京之 17 名跟役各赏金字缎面儿羊皮袄一袭、金字缎棉袍一袭及凉帽、腰带等。		
敦多克	达瓦齐	各色缎十匹。	加赏玻璃、磁器十六种	
乾隆十九年五月	正使敦多克	银百两①。		
	副使奔塔尔 副使布林	银各五十两。		
	跟役	48 名跟役各赏银二十两。		

以上赏赐银两、物品，皆出自内务府。清代接待外藩使者，一应财物，皆出自内务府。接待准噶尔使者的照看使臣之官员中，有一员为内务府司员，其主要任务即协同办理使者所需和赏赐物品等。清代除户部所属之银库外，还有内务府所属银库，一般将其称为“内帑”，为皇家所属，而户部所属银库为“外帑”或“国帑”，是国家的银库，其或在北京、或在各省。“国帑”财政来源于国家之正项税收，而“内帑”财物来源是内务府所属人员上缴银两、物品及内务府专司产业之所出。在以往的研究成果中，基本认

① 对此次来使，乾隆皇帝降旨“著按先例赏赐准噶尔使臣”，故应该仍有缎、布、衣类等项例赏，但因档案未记载，只记载了银两数，故仅录之。

为“内帑”属于皇家银库，是供皇帝等挥霍的财务，这种观点存在缺陷。清朝皇帝并非仅把内帑银两等供皇宫消费，而亦多将其用于国事，用于接待、赏赐外藩等，仅为其中一部分，另外还用于赏赐八旗、赏赐出征官兵等。在清代的汉文史料中，出自户部银库的款项写作“拨”，而出自内务府的款项、物品等则写作“赏”或“赐”，以此庶可区分款项来源。

六、抚恤之礼

在中国历史上北方游牧民族、渔猎民族等与中原王朝的交往中，有一个困扰北方民族的最大问题，就是春季的天花和夏季的炎热，这是在目前民族关系史研究中被忽略的问题，但确是一个影响巨大的问题。夏季炎热使北方民族不便在长城内久留，而春季天花却使其在该季节不敢跨入长城。在长城之内各地区春季天花病菌流行，未曾出痘之成人染之，九死一生。北方民族民众绝大多数未曾出痘，且无治疗此病之经验，故染之必亡，因而使游牧民族对此病菌极为畏惧，亦畏内地如雷池。

此问题虽然成为双方交往的重大障碍，但也阻止了游牧民族的南下，常常挽救中原王朝之败局。在战争中，北方民族即使怎样势如破竹，打入长城以内，但在春季之前都要撤回，而夏季因为难耐酷暑，在征战中或突然终止返回。许多汉文史料皆将其记为战败北还，而实际却是因为惧怕天花和难耐酷暑所致。

因为惧怕天花和炎热，所以北方民族向中原遣派使者，如无特殊原因，都要避开春季和夏季，一般在秋末从游牧地出发，冬季到达内地，在春节过后，即返回游牧地。清朝在安排外藩年班进京或朝觐时，亦基本如此安排时间，为防止未曾出痘者在京城染病，特许位列年班的外藩王公不必进京，而在围班时觐见，即“其有因生身年班，不来京者，至围班则毕集”。[①]清朝建热河行宫，令外藩蒙古赴行宫朝觐，乃为解决外藩王公惧怕天花和炎热之良策。

乾隆年间准噶尔使者基本都是在冬季进京的，春节过后即离京，但仍有部分使者染病身亡。笔者根据《使者档》绘制《清朝对病逝之准噶尔使者抚恤表》，其中仅为来京之使臣和跟役病逝情况，不包含准噶尔派往肃州等地贸易的使者。来京病逝人员中有副使2名、跟役8名，10人中8人因出痘身亡，1名因伤寒、另1名未记病因，故感染天花为主要死因。

无论是在北京还是往返途中，发现有染病者，即与使团成员隔离，如使臣玛木特所请：“杜喇勒哈什哈浑身疼痛，卧病在床，随行之根敦扎布等人亦患病，经大夫诊断为出痘，我等蒙古人甚是惊恐，不能住在一起，相应请准我及巴图蒙克率带随从而来人等，择城外僻静处住二三日，以候杜喇勒哈什哈、随从根敦扎布等可否稍愈之消息”，[②]可窥见蒙古人对出痘之恐惧之状。在京有染病者，要派御医医治；在途中有染病者，由伴送官员交付地方官员延医治疗，清廷接到奏报后，“派笔帖式一员，赏银百两，带往

① 嘉庆《大清会典事例》卷747《理藩院·朝觐》。

② 乾隆十二年三月初五日《主事尚图等为副使杜喇勒哈什哈等行抵肃州出痘事呈军机大臣文》。

医生一名，立即乘驿遣往，照料诊治”。[①]亦有有幸被治愈者，例由派往照看之官员护送追赶使团后返回。[②]

对病逝准噶尔使者后事之处理，清朝先后有所变化。雍正十三年闰四月吹纳木喀使团跟役在北京病逝后，奉旨：“将塔尔济骨殖火化，派领催一名，送交吹纳木喀等。并照先前办理所来使臣等内病故人等之例，赏银一百两，交付吹纳木喀等，赍回交付塔尔济之妻孥”，[③]知当时是将逝者遗体火化，派1名领催携骨灰及100两抚恤银，追赶交付使臣，将骨灰和抚恤银两交给使臣带回交与其遗属的。但在乾隆七年十二月，准噶人使团跟役卓特巴出痘病故，正使吹纳木喀告称：“按我准噶尔之例，人一旦故去，即如灰尘，无庸带回尸体，随处可葬，惟请遣派喇嘛一名念经，招引其魂”，清朝按其所请，“除交付扎萨克达喇嘛噶尔丹锡勒图呼图克图，酌派诵经喇嘛一名，念经招魂外，再交付照看之章京等，照例装殓尸体，运至城远郊掩埋”。[④]此后，不再将逝者遗体火化带回，而是就地掩埋，但按蒙古人之习惯，要请喇嘛为其念经招魂。

对准噶尔使团病逝者之抚恤，除其所得各项赏赐物品外，清朝按抚恤“所来使臣等内病故人等之例，赏银一百两”，交给使臣带回交与遗属。若在回程途中病逝，“所需银两，由地方官员处支取”，[⑤]交给使臣带回。但从《清朝对病逝之准噶尔使者抚恤表》中可以看到，乾隆十二年以后，未再给准噶尔使团病逝者发抚恤银两，其原因与清朝处理事务，皆遵循前例有关。乾隆十二年三月，军机处接到伴送官员有关副使杜喇勒哈什哈等病逝的呈文后具奏：

> 此次副使杜喇勒哈什哈行抵肃州，因痘亡故。其丧事，玛木特等已指派办理，且料此间使臣等早已自肃州起程，即将出卡。现今即便行文，亦难赶上，相应照前次来京城亡故人等之例，似毋庸赏银，奉旨：“不必赏。”[⑥]

乃因使臣等已出境，难以追赶而未赏。但翌年准噶尔唵集使团之跟役舍楞在京城病故，军机大臣奏请：

> 去年准噶尔之副使杜喇勒哈什哈及随使臣前来之厄鲁特根敦扎布行抵肃州，因出痘亡故后，令将赏赐彼等之银两、衣物、缎布等物赍回，给其妻孥外，并无另行赏银之处。而今病故之舍楞，其按随从而来人等之例，应赏之银两、衣物、缎布等项均已赏赐，相应交付使臣唵集等赍回，给其妻孥外，似无需另行赏银。[⑦]

奉旨：“知道了。”

其后，按此例未再抚恤，从其中或可发现清代循例办事之规章。

① 乾隆七年十二月二十四日《军机大臣鄂尔泰等奏报使臣吹纳木喀等跟役之于阳高县出痘片》。
② 详见乾隆八年正月二十五日《军机大臣鄂尔泰等奏报护送出痘痊愈厄鲁特事宜片》。
③ 雍正十三年闰四月二十九日《领侍卫内大臣丰盛额等奏报准噶尔使臣跟役塔尔济染痘病故片》。
④ 乾隆七年十二月初二日《军机大臣鄂尔泰等奏请赏赐病故跟役卓特巴以银两片》。
⑤ 乾隆七年十二月二十一日《军机大臣鄂尔泰等奏报使臣吹纳木喀等之跟役于宣化府出痘片》。
⑥ 乾隆十二年三月十三日《军机大臣讷亲等奏闻副使杜喇勒哈什哈病故不必赏银片》。
⑦ 乾隆十三年四月二十五日《军机大臣傅恒等奏闻厄鲁特舍楞出痘亡故片》。

清朝对病逝之准噶尔使者抚恤表

来使时间	逝者	身份	病因	病逝地	抚恤金额
雍正十三年五月	塔尔济	跟役	出痘	北京	银100两
乾隆七年十二月至八年正月	卓特巴	跟役	出痘	北京	银100两
	额木齐等3人	跟役	出痘	宣化	银各100两
乾隆十二年三月	杜喇勒哈什哈	副使	出痘	肃州	因无法追赶而奉旨未恤。
	根敦扎布	跟役	出痘	肃州	
乾隆十三年四月	舍楞	跟役	出痘	北京	因前例未恤。
乾隆十七年四月	索诺木	跟役	伤寒	嘉峪关	未奏览
乾隆十九年五月	奔塔尔	副使	（未详）	古北口	未记载

以上从对使者之迎送、接待、赏赐、礼佛、抚恤及安排使者生活几个方面，总结了清代接待准噶尔使者的各种礼仪。清代每年由礼部、理藩院等定期接待属国或外藩来京使臣，具有一套完备的礼仪制度。以上所述，仅为为期20余年间接待准噶尔使臣的各种礼仪制度，其虽难以涵盖清朝接待来使之全部礼仪制度，但从中可以窥见清朝接待外藩使臣的礼仪情况和清代处理边疆民族问题之策略。

清以少数民族政权借机入关，迁都北京，一切草创，故行政制度方面基本沿袭明制。机构方面具有民族特色并不同于明朝者，乃理藩院和内务府。理藩院执掌内外蒙古、回部、番部等事务，而内务府职责为“奉天子之家事”，乃管理皇室宫禁事务之机构，其下辖七司三院分管内廷财政、礼仪、宫禁、营造、侍奉等事务。但在翻译满文档案中，我们发现内务府在接待外藩使者过程中，发挥着重要作用，譬如接待使者过程中，陪同官员必须有内务府的官员、一切接待费用出自内务府、赏赐使者的物品亦出自内务府等，证明内务府亦有参与“国事”之职能，为我们重新认识清廷“家”与“国”的关系，提供了全新的资料。

清代接待外国、藩属国来使的机构，是礼部和理藩院、内务府，此与以往皆以礼部执掌有不同之处。实际上，清朝将接待外藩事宜，分为“汉文化圈”和“非汉文化圈”两部分，接待朝鲜、安南、琉球等汉文化圈的朝贡者，具体由礼部负责，派汉大臣接待。而对“非汉文化圈”的来使，如蒙、藏地区或俄罗斯等国外使者，则由理藩院、内务府负责，派满蒙大臣接待。两者区分明确，互不杂糅，此情况直至近代，才在接待国外使者方面有所更改。目前学界研究清代宗藩体制、朝贡体制的学者，多侧重礼部接待使者方面，而忽略了理藩院、内务府接待使者的研究，或囿于理藩院、内务府接待使者的资料，基本为满文档案所致。然有清一代，理藩院和内务府接待使者次数，却远远超过礼部，因而此问题值得进一步深入探讨。

本文不嫌冗长，叙述理藩院、内务府接待准噶尔使者的各种礼仪，乃为补以往对清代接待“非汉文化圈”研究缺失之处。另外，以往研究清代“大一统”和满族“汉化”、

“儒化”问题的国内外学者，或因不能参考满文、蒙古文、藏文等档案文献资料，都过于强调汉文化对藩部、藩属的影响和在清代大一统中的作用，其实清初统治者与蒙藏地区或者“非汉文化圈”的国家交往，并未推行汉文化，而是因地制宜，因俗而治，使用的文字是作为国文的满文以及相关民族的文字，很少使用汉字。在宗教方面，也以弘扬黄教以安蒙藏为国策，并未推行儒教，因而，清代北部边疆各民族并没有被“汉化”或“儒化”，清代的大一统是尊重并利用各民族文化基础之上实现的，绝非如一些学者所持的，系以汉族区域为中心，向边疆延伸的观念。关于这一点，应该说“新清史”学者们的观点值得注意。

（赵令志，男，1964年生，历史学博士，中央民族大学历史文化学院教授，北京：100081）

从一份满文档案看 17—18 世纪蒙古领主属下商人的活动*

齐 光

内容提要：本文通过分析今阿拉善左旗档案馆所藏的一份满文档案，阐明 17 世纪中后期至 18 世纪早期蒙古青海和硕特部领主属下的一位穆斯林商人的行商路线及其活动，同时揭示当时蒙古内部的形势及大清帝国、沙皇俄国、奥斯曼帝国、莫卧尔帝国的相关情况，以此探讨当时的蒙古政权经营商业的特点及与欧亚大陆各大帝国之间的往来关系问题。

一、于阿拉善左旗档案馆发现的一份满文档案

2007 年，笔者在今阿拉善左旗档案馆调查史料时，偶然发现了一件清朝乾隆时期的满文档案，其上记载着康熙朝中前期即 17 世纪中后期至 18 世纪早期时段蒙古青海和硕特部领主所属的一位穆斯林商人的活动路线及其游历欧亚大陆几个大帝国的情况。以下是这件档案的出处、照片、具体内容及翻译。

出处：阿拉善左旗档案馆藏《清代阿拉善和硕特旗扎萨克衙门档》，全宗号 101，目录号 3，卷号 139，件号 8，“宁夏部员文书，关于边疆”之后续部分。

档案照片：

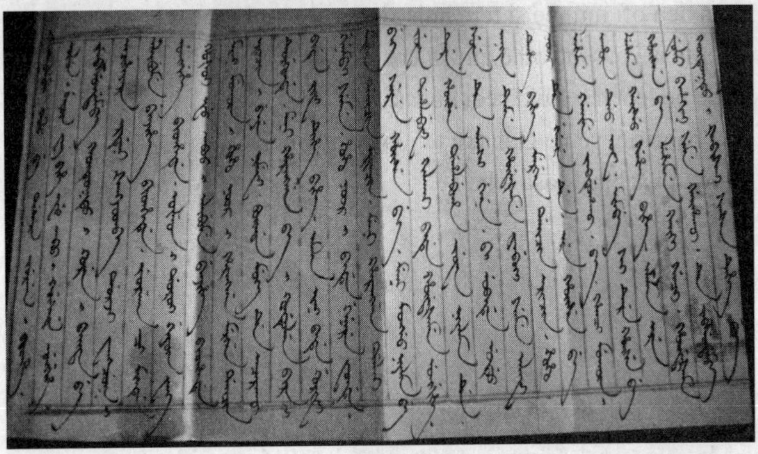

【照片 1】

* 本文系国家社会科学基金青年项目“清代喀尔喀蒙古噶舒克文书与社会体制研究”（编号：13CZS047）及“复旦大学‘985 工程’三期复旦丁铎尔中心生态环境与人文社科交叉研究项目”之“全球变化与区域响应（1200—2000），Climate Change & Regional Response (1200-2000)，编号：FTC98503A09”的阶段性研究成果。

满文转写：

【照片 1】

01. Tulergi golo be dasara jurgan i bithe.
02. ūlet i giyūn wang bihe efu aboo i gūsade unggihe.
03. jebdzundamba kūtuktu i kuren i baita be
04. icihiyara erdeni šangjotba dorji wangcuk i
05. alibume benjihe bithede jurgan ci minde
06. unggihe bithede ūlet i doroi giyūn wang
07. hošoi efu aboo i alibume benjihe
08. bithede mini mukūn i huhu noor i harangga mergen daicin
09. erincin i beye nimefi boihon muke de acarakū
10. turgunde meni harangga ba i kundulen bira i
11. bade jifi tehe bihe.amala ini bade gurifi
12. genembi seme huhu noor i bade genere fonde
13. mergen daicin erincin meni harangga dalai
14. bek sere hoise be meni monggo niyalma be
15. juwan dahalabufi kalkai bade hūdašame unggihe.
16. tere hoise dahalabuha juwan niyalma de
17. suwe te amasi gene bi ubade udu
18. aniya teme hūdašame yabuki seme alafi
19. tehe bihe.mergen daicin erincin huhu
20. noor de genere de ere hoise be
21. leheme gaime jabduhakū.be hanci mukūn i
22. ahūn deo ofi mimbe si tere hoise be
23. leheme gaisu sehe bihe.amala ere
24. hoise be leheme gaiki seci hūdašame
25. fulu bahakini seme gaihakū.te jebdzundamba
26. kūtuktu i šabisai sasa tehe be

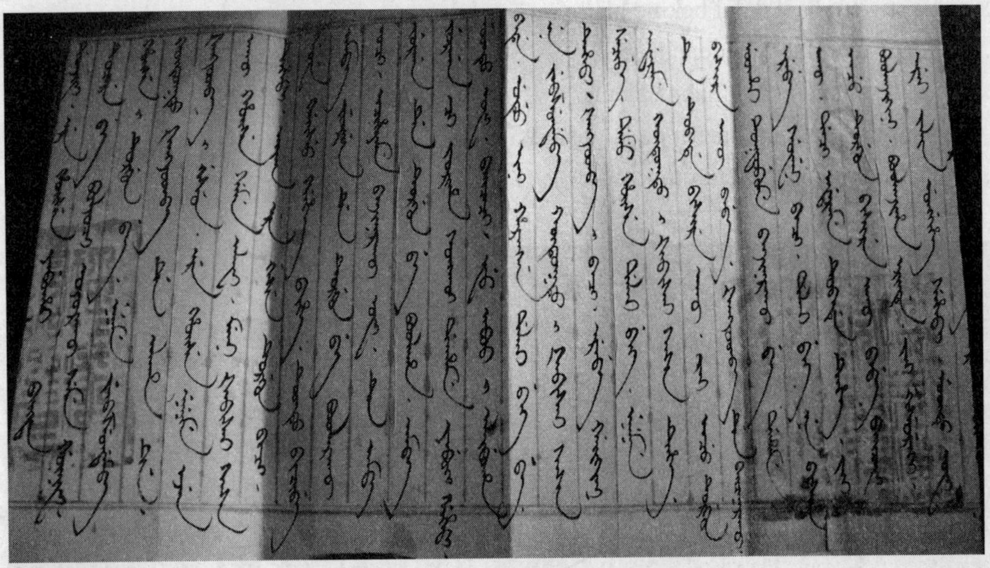

【照片 2】

满文转写：

【照片 2】

01. donjifi ere hoise yabuhai baita
02. tucire be boljoci ojorakū seme gūnifi
03. hoise i turgun be neneme jebdzundamba
04. kūtuktu šangjotba de alaha de
05. šangjotba i gisun ere hoise neneme ejen
06. akū hoise seme alafi meni šabisai sasa
07. tehebi.aika ere gese turgun baci
08. suwe gaisu sehe bihe.tuttu bicibe
09. amba jurgan de turgun be boolarakū
10. oci icihiyame banjinarakū ofi te amba
11. jurgan de turgun be boolaha.amba
12. jurgan ci joriha songkoi dahame yabuki sehebi.
13. uttu ofi baicaci efu aboo i alibuha
14. bade udu ini harangga dalai bek be
15. ne jebdzundamba kūtuktu i šabisai sasa
16. tehebi.šangjotba i baci erebe gaikini
17. secibe damu hoise dalai bek neneme
18. adarame kūtuktu i šabisai sasa tehe.
19. te tubade bisire akū.jai encu turgun
20. bisire akū babe šangjotba de baicanarakū
21. uthai toktobume banjinarakū be dahame

22. erebe suweni baci dalai bek ne bisire
23. akū daci adarame tubade tehe jai
24. encu turgun bisire akū babe baicafi
25. boolanjikini.boolanjiha erinde jai gisureki.
26. erei jalin unggihe sehebi.uttu ofi

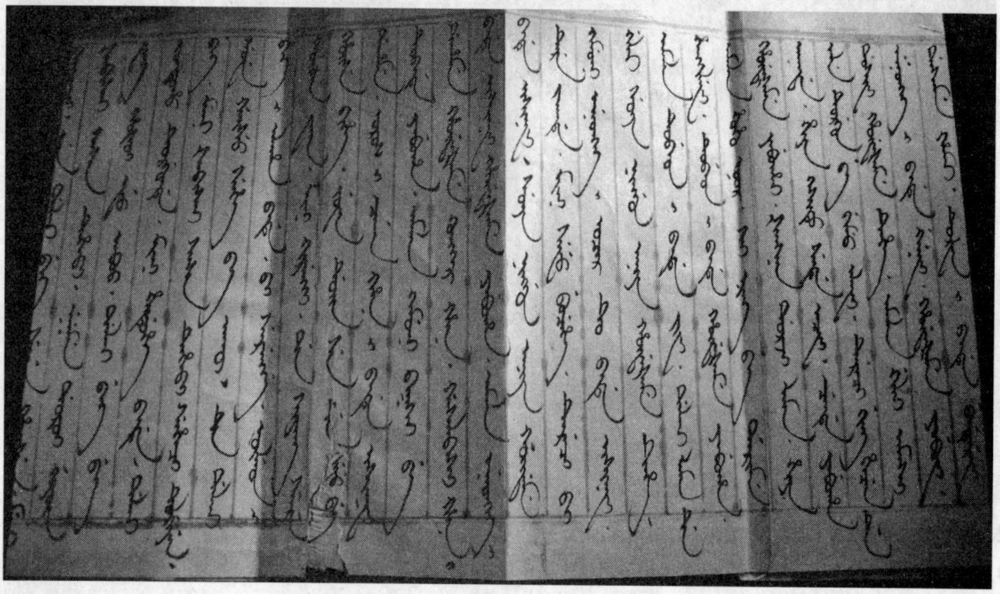

【照片 3】

满文转写：

【照片 3】

01. baicaci ere dalai bek sere hoise meni
02. šabisai sasa tehebi.neneme doroi giyūn
03. wang hošoi efu aboo dalai bek be
04. jondoho turgunde mini henduhe bade dalai
05. bek meni šabisai sasa tehebi seheci tulgiyen
06. suwe gaisu sehe ba akū.te dalai
07. bek i alaha bade bi serengge ūlet i
08. hoise waka.mini giranggi da xiyang sere
09. hoise bihe.juwan duin se de sefu be
10. dahame oros i cagan han i bade isinafi
11. tubade yabuha.amala kemuni baksi be
12. dahame hūdašame kungker han gasalbasi han i
13. bade isinafi hūdašame yabuha.amala enetkek i
14. bade isinafi sunja ninggun aniya goidame
15. tere jakade mini sefu bucehe.tereci bi

16. kemuni enetkek i ocir tu bade isinafi
17. geli sunja ninggun aniya hūdašame tehe.
18. amala tubet i bade jifi dalai lama de
19. hengkilefi tubet i bade hūdašame yabuha.
20. amala huhu noor si ning be darime
21. hūdašame yabuhai šangnan dorji lama hiya
22. ananda hiya kesitu sede acafi cende yabuha
23. ele turgun be gemu alafi tereci ging hecen de
24. dosifi hūdašame tehe.amala geli amasi
25. enetkek i bade genefi hūdašame yabufi
26. dasame hami turfan i bade bederefi

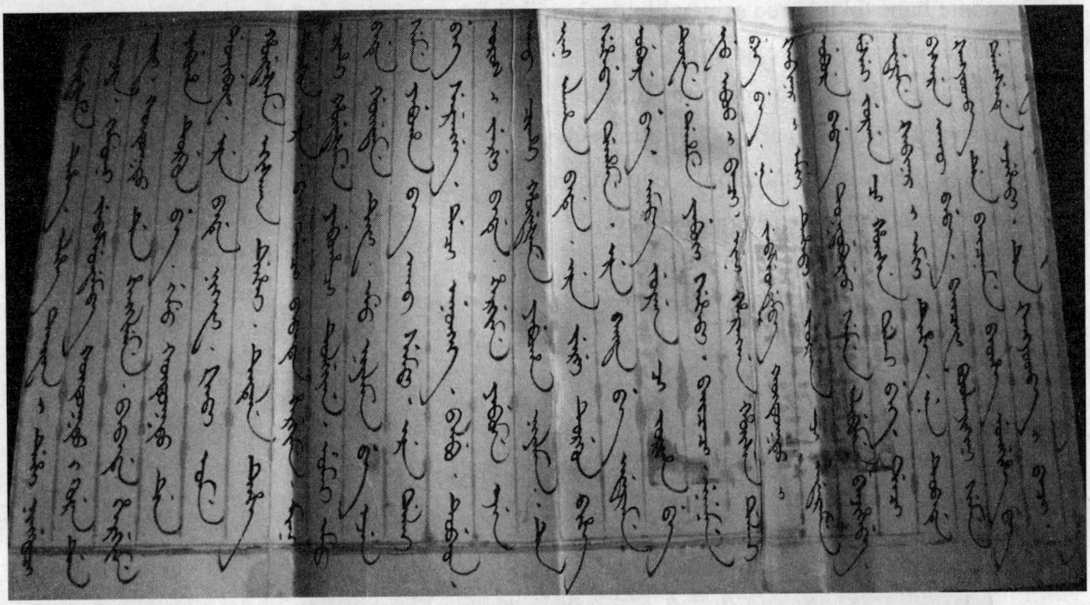

【照片 4】

满文转写：

【照片 4】

01. hūdašame tehe.elhe taifin i dehi ningguci
02. aniya kemuni jebdzundamba kūtuktu i kuren de
03. jifi kūtuktu de hengkileme babade hergime
04. yabuha turgun be gemu kūtuktu de
05. donjifi ere bade nikefi šabi ome
06. hūdašame ekisaka dehei.tetele tehe
07. turgun ere.bi daci babade hergime mini
08. cihai hūdašame yabuhaci tulgiyen umai emu

09. bade goidame tefi emu niyalma be ejen
10. seme yabuha ba akū sembi.ere dalai
11. bek serengge daci enetkek balbu tubet
12. oros i jergi bade hergime yabume ejen
13. akū cihai hūdašame yabuha niyalma.te
14. ini alaha bade ere jergi turgun bihe
15. sehebe dahame ere baita be adarame
16. obure be amba jurgan ci joriha be
17. tuwame dahame yabuki sehebi.baicaci neneme
18. efu aboo i baci ini harangga hoise dalai
19. bek be ne jebdzundamba kūtuktu i
20. šabinar i emgi tehebi jurgan ci adarame
21. obure babe toktobureo seme alibume benjihebe
22. musei jurgan ci hoise dalai bek daci
23. adarame šabinar i emgi tehe ne tubade
24. bisire akū babe baicafi boolanjikini seme
25. šangjotba de baicaname bithe unggihe be
26. dangsede ejehebi.te šangjotba i baci
27.

【照片 5】

满文转写：

【照片 5】

01. baicafi alibuha bade dalai bek serengge
02. daci enetkek balbu tubet oros i jergi
03. bade hūdašame yabure niyalma umai ūlet i
04. hoise waka be dahame adarame obure
05. babe jurgan ci jorireo sehebi.dalai bek
06. eici efu aboo i harangga hoise inu waka
07. babe getukeleme baicarakū oci toktobume
08. gisureci ojorakube dahame erebe efu
09. bihe aboo i gūsade bithe unggifi
10. hoise dalai bek da adarame efu [残缺]
11. harangga oho yargiyan temgetu be getukeleme
12. tucibume boolanjikini.isinjiha erinde jai
13. gisureki.erei jalin unggihe.
14. abkai wehiyehe i duici aniya juwan biyai orin jakūn.

翻译内容：

理藩院咨文已故厄鲁特郡王额驸阿宝旗。

办理哲布尊丹巴呼图克图库伦事务之额尔德尼商卓特巴多尔济旺楚克呈文内称：准部致我处咨文内开：据厄鲁特多罗郡王和硕额驸阿宝呈文内称，因我之同族兄弟青海所属墨尔根代青额林辰身体有病，又不服水土，故曾来我领地之昆都仑河地方居住，后迁回其领地。墨尔根代青额林辰返回青海地方时，曾与我言称：我属下回人达赖伯克，前令其带领我十名蒙古人，遣至喀尔喀地方贸易。该回人与所带十人言称：尔等今即返回，我欲在此地居住数年行商。以此伊遂居彼地。等语。墨尔根代青额林辰返回青海时复言：将此回人，我无暇收捕。唯我等乃近支同族兄弟，故恳求将该回人收捕回来。等语。其后我曾拟将该回人收捕，唯念使其再多挣点而未捕之。今闻彼已与哲布尊丹巴呼图克图之沙比那尔同住一处，窃思此回人将来难料闯出何等祸端，故前将此回人之事告知于哲布尊丹巴呼图克图及商卓特巴。商卓特巴回称：此回人初称伊乃无主子之回人，方使其与我沙比那尔同住一处。若果真有此事，尔速将其收捕带去。等语。虽是如此，若不将此事报知大部，即不可处理。故兹将此事报之，唯照大部所示遵行。等语。为此查得，额驸阿宝呈文所称：伊之属民达赖伯克今与哲布尊丹巴呼图克图之沙比那尔同住一处，商卓特巴处亦已答应准其收捕。等语。虽是如此，唯念回人达赖伯克先前何以与呼图克图之沙比那尔同住，今是否仍在彼地，再是否另有他事等处，若不将此令商卓特巴核查，即难以速决也。故为此事，令尔详查达赖伯克今是否仍在，起初因何居住彼地，再是否还有其他事由等处呈报。俟上报之日再议。特此咨行。等语。据此查得，此名达赖伯克之回人，现与我沙比那尔同住一处。先前多罗郡王和硕额驸阿宝曾提起过达赖伯克之事。我唯言达赖伯克与我沙比那尔同住于一处，此外并未曾言尔等收捕带去等语。今据达赖伯克言称：我非厄鲁特回人，我族裔乃是叫作大乡之回人。十四岁即跟随师父到俄罗斯查干汗处，在彼地活动。后又跟随师父经商至孔克尔汗、噶萨尔巴锡汗处。其后再到印度地方滞在五六年。那时，我师父去世了。后我又到印度奥齐尔图地方，经商了五六年。接着来到土伯特地方，叩拜达赖喇嘛，在土伯特地方行商。而后因经常通过青海、西宁做买卖，遂与商南多尔济喇嘛、侍卫阿南达、侍卫克锡图等人相见，并将一切往事俱报给伊等，其后即进入京城经商而居。后又去印度地方经商，转而返回至哈密、吐鲁番地方经商而居。康熙四十六年，前来哲布尊丹巴呼图克图之库伦，叩拜呼图克图，并将游走各处之情由，俱报闻呼图克图。依靠此地成为沙比那尔，向来经商安稳居住久矣。居住至今之情由如此。自身向来游走各地随意买卖行商外，向无只滞留一处，将某人拜为主子之事。等语。此达赖伯克乃游走印度、巴勒布、土伯特、俄罗斯等地之无主子且随意贸易之人。兹见其所言之处，有此等情由，故此事如何裁断，拟照大部指示遵行。等语。

查得，先前额驸阿宝所言其属下回人达赖伯克今与哲布尊丹巴呼图克图之沙比那尔同住，恳请部裁之处，将此我部为回人达赖伯克起初何以与沙比那尔同住，今是否仍在彼处等事，曾致书商卓特巴，令其核查上报，俱已在案。兹照商卓特巴呈称：达赖伯克乃一向来买卖行商于印度、巴勒布、土伯特、俄罗斯等地之人，并非厄鲁特之回人，为此如何裁断之处，恳请部指示。等情。若不查明达赖伯克是否为额驸阿宝属下回人之事，此事断难裁决。故咨文额驸阿宝旗，拟请将回人达赖伯克原先如何成为额驸属民，俱将真实证据，明示报来。俟上报之日再议。

为此咨行。

乾隆四年十月二十八日。

二、对该件满文档案的分析

这件满文档案是下行文，发送方是理藩院，接收方是蒙古阿拉善和硕特旗印务处。

理藩院(Man：tulergi golo be dasara jurgan i yamun，Mon：γadaγatu mongγul-un törö-yi jasaqu yabudal-un yamun)：清朝于崇德元年即 1636 年设立。是在清朝皇帝的权威下专门负责承办蒙古事务的衙门，故清朝常称其为“蒙古衙门(Man：monggo jurgan)”。后因在内扎萨克蒙古诸旗与内地接壤地带的例如：八沟、塔子沟、三座塔、乌兰哈达、神木、宁夏等地设立了派出机构——“驻扎××地方理藩院章京(或称司员)”以处理蒙古、民人间的事务，故蒙古人又将北京的理藩院称为“大部(Mon：yeke jurγan)”。另外，经过康熙、雍正、乾隆年间发生于西北的多次战争，原由蒙古青海和硕特部、准噶尔部统治的藏地及天山南北地方陆续被清朝所支配，继而这些地方的事务也由理藩院来承办。所以到了 18 世纪 80 年代，理藩院负责的范围包括了漠南蒙古诸旗、黑龙江将军辖区一部分、喀尔喀蒙古四部、科布多等地厄鲁特旗、青海蒙古二十九旗、达赖喇嘛地方政权、回疆各伯克、天山南北新旧土尔扈特、杜尔伯特等，及哲布尊丹巴呼图克图的库伦、锡热图库伦、盛京、五台山、避暑山庄普陀宗乘庙等处喇嘛事务，以及与俄罗斯之间的往来事物。理藩院下达给外藩蒙古各盟旗的文书，大都利用蒙古文或满文，而蒙古各部王公、台吉等呈给理藩院的文书绝大部分也利用蒙古文或满文。至于达赖喇嘛地方政权的文书，康熙、雍正朝时曾广泛利用过蒙古文，后来则变成其藏文文书经驻藏办事大臣的翻译，以满文的形式上奏到清朝皇帝处。如此利用多语言来处理事务的理藩院，是清朝皇帝与蒙古、西藏、回部高层关系上非常重要的存在，其切实地反映了清朝这一大帝国的国家性质和统治理念。

阿拉善和硕特部：卫拉特蒙古中最早服属清朝的一支游牧集团[①]。1677 年前后，天山北麓卫拉特蒙古内部发生准噶尔部噶尔丹吞并鄂奇尔图车臣汗的事件。为逃避噶尔丹，阿拉善和硕特部祖和啰理率领属下迁移至甘肃北部边境即今阿拉善左右两旗地界，并经过长达 20 余年的迂回曲折，终于 1697 年服属清朝被编立为扎萨克旗。阿拉善和硕特部作为卫拉特蒙古的一支，与青海和硕特部、准噶尔部、达赖喇嘛地方政权等当时盘踞在内陆亚洲的这些政权在血缘、地缘和政教关系上都有密切的联系，因此受到了康熙帝及其后雍正帝的格外重视。在 1696 年的昭莫多战役、1715 年的哈密保卫战、1720 年的进军西藏、1730 年的对准噶尔战争中，阿拉善和硕特部王公及其属下兵丁都发挥过他人无法替代的作用，为其可汗主子清朝皇帝立下了汗马功劳。1725 年为监视“罗卜藏丹津之乱”后的青海和硕特部，清朝又将阿拉善和硕特部迁移至青海博罗充克克地方居住，后 1732 年返回阿拉善地方。该行文发出日期是乾隆四年即 1739 年的农历十月二十八日，而就在同年农历五月二十四日，阿拉善和硕特部第二代扎萨克王爷阿宝因病去世于定远营[②]，结束了其自 1709 年始的扎萨克王爷生涯。从这件行文中的“理藩院咨文已故厄鲁特郡王额驸阿宝旗”一语可知，当时理藩院是明确知道阿宝死讯的。从阿宝死后即发此文询问事务可以推断，理藩院是想利用阿宝的死去，试图早早了断文中所记的事务。

青海：即青海和硕特部，卫拉特蒙古的一支，领主层为成吉思汗弟哈布图哈萨尔的后裔。1636 年居住在天山北麓草原的和硕特部具有固始(国师)封号的首领图鲁拜琥率军南下，在准噶尔等部首领的协助下，一举歼灭了盘踞在青海湖周边的喀尔喀蒙古绰克图台吉部。1637 年图鲁拜琥从五世达赖喇嘛处请封到“持教法王(Mon: šajin-i bariγci nom-un qaγan)”封号，自此遂称固始汗。其后固始汗又通过一系列的征服战争，占据了包括卫、藏、喀木在内的整个藏区。1642 年，固始汗遵照忽必烈可汗布施领地于大师八思巴的传统，将卫、藏地方献给了五世达赖喇嘛，后再按照蒙古政治传统在达赖喇嘛下设立第巴(摄政)等官职，以此建立了达赖喇嘛地方政权。此外，固始汗还将水草丰美的青海作为领地分给其长子以下的诸子，又对物产丰富的喀木地区进行分配，以作为诸子诸孙的抽税区，后来在此基础上形成了青海和硕特部。直至 1724 年“罗卜藏丹津之乱”被清朝平定为止，青海和硕特部曾是保护达赖喇嘛地方政权，及在途中支援蒙古各部和清朝人员前去拉萨办理事务的极其重要的力量。

哲布尊丹巴呼图克图：指清朝时期喀尔喀蒙古四部全体供奉的黄教高僧。共传八世。

---

① 关于清朝时期阿拉善和硕特部的详细情况，请参见拙著《大清帝国时期蒙古的政治与社会——以阿拉善和硕特部研究为中心》，复旦大学出版社，2013 年。

② 中国第一历史档案馆、中国人民大学国学院西域历史语言研究所合编：《清朝前期理藩院满蒙文题本》，内蒙古人民出版社，2010 年，第 2 卷，第 12 篇，《管理理藩院事务怡亲王弘晓等题厄鲁特扎萨克多罗郡王阿保病故请准其次子承袭本，乾隆四年十二月十一日》，第 60-62 页。

乾隆四年当时，应为二世哲布尊丹巴呼图克图罗布丹密多布。1727 年至 1736 年间，雍正帝优待哲布尊丹巴呼图克图，给其建造了庆宁寺。但哲布尊丹巴呼图克图的库伦仍有过多次迁徙，最终于乾隆四十三年即 1778 年定居在了色尔伯河岸，即今乌兰巴托地方。库伦一词由来于该呼图克图的属民——沙比那尔(庙丁)的居住地。

商卓特巴：此一称谓来自西藏，藏语是 phyag mdzod pa，汉译强佐。在西藏社会，特指管理高僧及寺院财产的人员。清朝时期的蒙古高僧亦有自己的商卓特巴，在此指管理哲布尊丹巴呼图克图财产、属民等事务的人物。

墨尔根代青额林辰：固始汗次子鄂木布长子之墨尔根台吉次子。其游牧地接近大草滩(在今甘肃省山丹县境内)、甘州(今甘肃省张掖市)一带【图一】，属青海和硕特部左翼。据本史料反映，墨尔根代青额林辰曾一度游牧至昆都仑河即今额济纳河下游居住，当时该地区归阿拉善和硕特部扎萨克王爷阿宝管辖。因阿拉善和硕特部与青海和硕特部王公、领主同是固始汗子孙，相互间有紧密联系，故阿宝称其为同族兄弟。这也是自 1705 年起康熙帝将幼小的阿宝养育宫廷，指配为额驸，以此利用阿拉善和硕特部来影响青海和硕特部的直接原因①。

【图一】18 世纪前后的青海和硕特部游牧图

基于范伟策划，汪前进、刘若芳编，北京外文出版社，2007 年，

《清廷三大实测全图集》之《康熙皇舆全览图》

① 齐光：《大清帝国时期蒙古的政治与社会——以阿拉善和硕特部研究为中心》，第 100-102 页。

回人达赖伯克：即本文主要探讨的人物。据上述史料内容可知，此达赖伯克出身于“大乡(Man：da xiyang)”，而“达赖伯克”一语，来自蒙古语的 dalai beg。“达赖”是封号，“伯克”是职位，想必是由其蒙古领主授予的。从青海和硕特部领主墨尔根代青额林辰请求额驸阿宝抓捕达赖伯克一事来看，达赖伯克应是墨尔根代青的属民。不然墨尔根代青额林辰不会擅自指某人为其属民，也更不会请求阿宝去抓捕。在以“领主—属民(Mon：noyan—albatu 或 ejen—qariyatu)”关系为基干的古代蒙古社会，人的隶属关系是十分明确的，这在《喀尔喀—卫拉特法典》等诸多蒙古法律文献中都有相关记述。另外，从哲布尊丹巴呼图克图的商卓特巴所言“此回人初称伊乃无主子之回人，方使其与我沙比那尔同住一处”也可看出“领主—属民”关系在当时的蒙古社会中所起的作用。从达赖伯克最终于康熙四十六年至哲布尊丹巴呼图克图的库伦居住的事情可知，达赖伯克活动的时间主要集中在康熙朝中前期即 17 世纪中后至 18 世纪早期时段。

据该档案史料可知，达赖伯克所言走过的地方如下：

俄罗斯查干汗(Mon：caγan qaγan)：即蒙古人对俄罗斯沙皇的称谓。俄罗斯传统上是一个欧洲民族。16 世纪，摆脱了蒙古金帐汗国控制的莫斯科公国在沙皇伊凡四世的时候先后攻灭喀山和阿斯特拉罕国，以此逐渐变得强大起来。其后，从 1578 年叶尔马克启程向东始至 1619 年建立叶尼塞斯克为止，沙皇军役人员沿着西伯利亚发达的水系，陆续建立多个城寨，先后占领了鄂毕河、叶尼塞河的广大流域。17 世纪初期，沙皇俄国以托木斯克为基地，不断向南向东进行扩张。不过，他们虽然能轻易吞并居住南西伯利亚的一些森林小部落，但当遇到准噶尔部及喀尔喀蒙古右翼扎萨克图汗家系的阿勒坦汗等强大力量时，其军事扩张就变得难以为继。因军事上无法达到战胜对方的目的，沙皇俄国便利用和平手段派遣使者至蒙古首领处进行说服。据沙斯季娜所著《十七世纪俄蒙通使关系》[①]载，沙皇俄国使者曾几次劝诱阿勒坦汗表示臣服沙皇，但都遭到了拒绝。不过这种和平的手段带来了和平的回应，1620 年代阿勒坦汗曾向莫斯科派遣过几次表示友好的使者。1639 年稍前，阿勒坦汗还致书俄罗斯沙皇，要求准许其使臣经过俄罗斯领土到土耳其奥斯曼帝国及耶路撒冷、基齐尔巴什和印度，以作为阿勒坦汗协助沙皇使者到明朝贸易的条件[②]。而在卫拉特蒙古，情况也与喀尔喀蒙古类似。在整个十七世纪，喀尔喀、卫拉特蒙古各部都与沙皇俄国有过往来关系，其中 17 世纪 20 年代卫拉特蒙古土尔扈特部西迁至伏尔加河流域居住，可以说是当时的蒙古与俄罗斯关系中影响力最大的一次事件。西迁后的土尔扈特部虽远隔万里，但并没有断绝与卫拉特、喀尔喀蒙古诸部及达赖喇嘛地方政权之间的联系。在 1640 年于喀尔喀蒙古扎萨克图汗部领地召开的“喀尔喀—卫拉特会盟”上，即有土尔扈特部首领和乌尔鲁克的身影。此外，土尔扈特部因其汗权的继承需要达赖喇嘛授予的蒙古传统封号及印章的保证，所以常派使者来拉萨朝见达赖喇嘛。因土尔扈特部的存在及与其关系的延续，蒙古诸部前去土尔扈特

① 沙斯季娜著，北京师范大学外语系七三级工农兵学员及教师译：《十七世纪俄蒙通使关系》(内部参考本)，商务印书馆，1977 年。

② 参见苏联科学院远东研究所编、厦门大学外文系译、黑龙江大学俄语系校：《十七世纪俄中关系》，商务印书馆，1978 年，第 1 卷，第 1 册，第 49 号文件，“1639 年迟于 4 月 8 日，军役贵族瓦·斯塔尔科夫使团到蒙古阿勒坛汗处的出示报告摘要——关于让俄国使臣过境去中国的谈判和关于中国情况的报道”，第 160-161 页。

及周边沙皇俄国统治区域进行商业活动的可能性就变得很大。此外，与明朝及后续的清朝的贸易常被清朝切断也是喀尔喀、卫拉特蒙古诸部积极寻求向“西方”打开出口的重要原因。也是达赖伯克前去“俄罗斯查干汗处”进行交易的前提。17 世纪后半期当时在沙皇俄国内部，是著名皇帝——彼得大帝执政的时期，沙皇俄国正试图努力学习西欧，推行改革，继续增强国力。

孔克尔汗：来自波斯语的 khūn kār ，意思即暗杀者、刽子手，后来专指奥斯曼土耳其的苏丹。在本文中，特指 17、18 世纪的蒙古人对奥斯曼帝国苏丹的称呼。“孔克尔”一语，有很大可能是经过哈萨克传入蒙古的。据乾隆朝时期的满文档案记载，当时哈萨克人认为其统治阶层起初是从“孔克尔国”来的[①]。另外，西迁后的土尔扈特也曾在沙皇俄国的压力下被迫出兵协助俄国与奥斯曼帝国进行过战争。卫拉特、喀尔喀蒙古诸部因此也会经常听到关于奥斯曼帝国内部的消息。又据《十七世纪俄蒙通使关系》载，1637 年前后喀尔喀蒙古的阿勒坦汗曾令其“一名使节经莫斯科去土耳其苏丹王处”，同时“阿勒坦汗不仅打算同‘土耳其苏丹王及红头王’建立贸易关系，而且还设法和他们建立外交联系”[②]等语，证明在 17 世纪前半期，卫拉特、喀尔喀蒙古诸部积极寻求与奥斯曼帝国建立关系。而在奥斯曼帝国内部，当时科普鲁卢家族连任大维奇(宰相)，其正是国力鼎盛，商贸极度发达之时。

噶萨尔巴锡汗：即前述喀尔喀蒙古阿勒坦汗所言“基齐尔巴什”的汗，指当时占据整个伊朗、阿塞拜疆及阿富汗部分地区的突厥人建立的萨菲王朝的国王。1638 年奥斯曼帝国与伊朗萨菲王朝之间签订和约，自此阿塞拜疆地区逐渐恢复了与沙皇俄国及奥斯曼帝国之间的经贸关系。同时 17 世纪的萨菲王朝非常鼓励商业，据说以伊斯法罕为中心云集了世界各地的商人。上述喀尔喀蒙古阿勒坦汗所言的“红头王”，也在指此噶萨尔巴锡汗。与奥斯曼帝国之间的和平协定的签订，为商贸的繁荣创造了条件，相互间的频繁往来，促进了萨菲王朝及其周边地区的发展。在这种有力环境下，达赖伯克可以在萨菲王朝境内，或通过该地前往印度进行商贸活动。

印度奥齐尔图(Man：ocirtu)地方：或在指莫卧尔帝国统治时期的印度西北部古吉拉特地区，该地穆斯林众多，商业发达，伊斯兰文化甚是繁荣。17 世纪后半期当时，正是莫卧尔帝国第六位皇帝即著名的奥朗则布执政的时期。他开疆扩土、勤于政治、鼓励商业，将国力推向了鼎盛。另外，我们知道莫卧尔帝国是中亚帖木儿后裔巴布尔创建的政权。帖木儿自小深受察哈台汗国统治阶层的影响，常以成吉思汗的后裔自居。而其后裔巴布尔建立的莫卧尔帝国的“莫卧尔”一词，也在指蒙古。虽然莫卧尔帝国皇室信仰的是伊斯兰教，但将其血统看成是来自于成吉思汗，当时这在强调其帝国的统治合法性上是很重要的元素。所以，17 世纪蒙古本部属下的穆斯林商人前去莫卧尔帝国经商，就有了很多可以对话的条件。

巴勒布：即今天的尼泊尔地区。蒙古语的“balbu”一词，由来于藏语的 bal po，即

① 李保文等编：《清代中哈关系档案汇编(一)》，中国档案出版社，2006 年，第 75 篇，《【军机处】奏查哈萨克汗世袭源流事片，乾隆二十三年十一月十三日》，第 180-182 页。

② 沙斯季娜著：《十七世纪俄蒙通使关系》(内部参考本)，第 50-51 页。

在指尼泊尔。17世纪中后期至18世纪早期时段，尼泊尔仍受新马拉王朝的统治。与达赖喇嘛地方政权之间，两地关系友好和平，商贸往来非常频繁。

土伯特(Man：tübed)地方：即蒙古人对以拉萨、日喀则为中心的卫、藏地区的称谓，后来传入满文。1642年，青海和硕特部固始汗依照大元帝国可汗忽必烈赐予八思巴领地的传统，将征服到手的卫藏地方献给了西藏格鲁派教主五世达赖喇嘛，从此达赖喇嘛即被赋予世俗权力，以此建立了达赖喇嘛地方政权。1682年五世达赖喇嘛圆寂，摄政桑结嘉措却秘不发丧，仍以五世的名义诱导噶尔丹等与清朝对峙，终使噶尔丹身败名裂。因此桑结嘉措也于1705年被青海和硕特部的拉藏汗擒杀。但各方使者与商人，并没有停止在该地区的活动。尤其是作为保护达赖喇嘛地方政权大后方的青海和硕特部各大领主，在拉萨常以统治者自居，这可能也是达赖伯克经过西藏返回青海的重要原因。

商南多尔济喇嘛：即漠南蒙古归化城扎萨克大喇嘛。因归化城土默特部与清朝皇帝之间特殊的隶属关系，商南多尔济自小作为康熙帝的伴当被养育在了紫禁城宫中。噶尔丹战争期间(1688-1697)，商南多尔济曾被康熙帝派往噶尔丹及喀尔喀蒙古首领处。1696年昭莫多战役之后，又被康熙帝派到西宁驻扎，一面除安抚青海和硕特部众领主之外，一面收集情报并监视青海和硕特部、达赖喇嘛地方政权及准噶尔部的活动。藏于中国第一历史档案馆的《康熙朝满文朱批奏折》原件中专有商南多尔济的秘密奏折，日本著名清史学家楠木贤道对其有过详细研究[①]。

侍卫阿南达：乌弥氏，八旗蒙古正黄旗人。祖上为察哈尔林丹汗部下巴赖都尔忙来，1635年前后领230户人归附皇太极，随即被编入了八旗。1688年噶尔丹进攻喀尔喀时，身为侍卫的阿南达被康熙帝派往噶尔丹处调停。随后1690年的乌兰布通战役时，召集喀尔喀蒙古抵御噶尔丹军队。1696年昭莫多战役，阿南达亲率蒙古兵参战，随后又领阿拉善和硕特兵驻扎在布隆吉尔河一带，以防止噶尔丹逃往拉萨并搜集准噶尔部的情报。1697年后，与商南多尔济一同驻扎在了西宁。康熙四十年卒[②]。

侍卫克锡图，八旗蒙古正白旗人[③]。

三、达赖伯克的行商路径及其背景

此件行文的主要内容是：首先，阿拉善和硕特部第二任扎萨克王爷额驸阿宝，给哲布尊丹巴呼图克图及其心腹商卓特巴去信，讲出达赖伯克的事由，以此试图逮捕达赖伯克回阿拉善旗。时商卓特巴的答复是：达赖伯克起初说自己是无主子的回人，若果真是阿宝的属民，希望迅速搜捕拿去。但是阿宝为了妥善办理此事，没有立即逮捕达赖伯克，而是呈文理藩院，请求得到理藩院的允许后再去收捕。因为雍正四年理藩院曾以擅自管理不该管之事为由严厉弹劾过一次阿宝[④]。接到阿宝的请求后，理藩院咨文商卓特巴，令该处查明达赖伯克的身世及如何居住库伦等之情由后上报。于是，商卓特巴查明后向理藩院报告：基于达赖伯克本人的言语，坚称达赖伯克不是阿宝的属民，而是游走各地

① 〔日〕楠木賢道：《康熙帝的亲信商南多尔济奏折》，日本《历史人类》，第34号，2006年。

② 王锺翰点校：《清史列传》，中华书局，1987年，卷281，阿南达部分。

③ 《八旗通志初集》卷171，名臣列传31，正白旗蒙古世职大臣，克锡图部分。

④ 齐光：《清朝镇压“罗卜藏丹津之乱”与阿拉善和硕特部》，日本《社会文化史学》，第50号，2008年。

随意经商的回人。得到这种报告结果后，理藩院再咨文阿拉善旗，令其明确报知达赖伯克的身世并提供相应的证据，以期再办。

此处最为关键的，既为达赖伯克向哲布尊丹巴呼图克图的商卓特巴明言了其是无主子之回人一点，商卓特巴正是据此才没有向理藩院交出达赖伯克的。那么，事情到底是怎样的呢？如前所述，达赖伯克应为青海和硕特部墨尔根代青的属民，若不然墨尔根代青不会特意要求阿宝前去喀尔喀蒙古抓捕。若墨尔根代青恳请阿宝前去喀尔喀蒙古抓捕不是他属民的人，那么这在当时“领主——属民关系”非常牢固的蒙古社会，是难以想象的，也是违背传统和法律的。史料中的墨尔根代青曾一度游牧至阿宝管辖的昆都仑河一带，此事应发生在1724年即雍正二年以前。因为经过“罗卜藏丹津之乱”的平定，雍正二年被迫服属清朝被编立为旗、佐领及划定了游牧地后的青海和硕特部，已失去了自由移动的权利和实力。那么，达赖伯克为何向商卓特巴说自己是无主子之回人呢？这是因为经过雍正元年至二年的“罗卜藏丹津之乱”，原属青海和硕特部领主的回人、番人等属民，作为年羹尧与雍正帝商定的“善后事宜”，大部分被清朝划为内省直辖民，小部分还被编为土司辖属[①]。雍正二年当时，达赖伯克正在喀尔喀蒙古经商，理应听到了这一消息，为此不认为自己是有主子的人，也因此否定了与青海和硕特部墨尔根代青家族间的隶属关系。可以判断，达赖伯克于康熙四十六年前去喀尔喀蒙古之后，没有马上投靠哲布尊丹巴呼图克图，因为当时他是有主子的人，基于蒙古社会的传统商卓特巴不可以接纳这种人为沙比那尔。达赖伯克最终投靠哲布尊丹巴呼图克图，作为其沙比那尔于库伦定居的时间，应在清朝平定完“罗卜藏丹津之乱”的雍正二年之后，即被清朝强行切断了“领主——属民”关系后。

据此可以推断，达赖伯克并没有欺骗商卓特巴和理藩院，其所言当属真实。若其言相违，清朝定可通过寻找商南多尔济、阿南达等人的线索，将其治罪拿捕。所以我们也有充分的理由相信，回人达赖伯克所言的周游列国行商的事迹是真实的。

至此，我们即可依照达赖伯克本人的言语断定曾为青海和硕特部左翼墨尔根代青属民的回人达赖伯克的行商轨迹：首先从西北甘青交界处的墨尔根代青领地出发→准噶尔部→沙皇俄国城镇(应在土尔扈特部及其周边)→奥斯曼土耳其帝国→萨菲王朝治下的阿塞拜疆和伊朗→莫卧尔帝国统治下的印度古吉拉特地区→尼泊尔→达赖喇嘛地方政权下的拉萨→青海和硕特部和内地接壤的西宁→北京→印度→哈密、吐鲁番地区→喀尔喀蒙古(参见【图四】)。

达赖伯克能够在东方各大帝国间自由行商的背景为：

青海和硕特部、准噶尔部、伏尔加河土尔扈特部同为卫拉特蒙古。1640年，以上这些卫拉特蒙古诸部与喀尔喀蒙古通过会盟，政治上建立了牢固的同盟关系，各部之间的人员及物品的往来都十分活跃、频繁。另外，该同盟建立当时，清朝占领漠南蒙古，切断了喀尔喀、卫拉特蒙古诸部与明朝的边境贸易。为了不被清朝的这种孤立政策所左右，维持稳定有序的贸易，喀尔喀、卫拉特蒙古诸部需要打开“西方”的出口。乘此形

---

① 台湾“故宫博物院”故宫文献编辑委员会编：《宫中档雍正朝奏折》，“国立故宫博物院”印行，1977年，第26辑，《年羹尧，奏陈剿抚西海等地番回事折，无年月》，第431-432页。

势，善于经商又是穆斯林的青海和硕特部领主墨尔根代青的属下达赖伯克，经过准噶尔部至伏尔加河流域的土尔扈特部，随后继续行商至周边的沙皇俄国及奥斯曼帝国，又因印度莫卧尔帝国奥朗则布鼓励商贸，而由伊朗到达印度。再因当时的西藏受青海和硕特部的直接保护而经尼泊尔到拉萨进行商贸活动。其后还常往来于青海和西藏之间。再因当时的清朝正极力搜集西藏及青海和硕特部的情报，故达赖伯克受到驻扎西宁的商南多尔济、阿南达等康熙帝亲信的特别优待，遂到北京经商。其后墨尔根代青可能令达赖伯克再走一次“西方”，可是 1707 年即康熙四十六年，基于当时的政治形势，康熙帝施加压力于青海和硕特部，要求其不得向准噶尔部派遣使者及商人[①]。随即尊重康熙帝的意见，墨尔根代青停止了派遣达赖伯克通过准噶尔去“西方”的计划，转而将其派往已经服属清朝的喀尔喀蒙古哲布尊丹巴呼图克图处经商。可惜 16 年之后，青海爆发“罗卜藏丹津之乱”，在这场战乱中被清朝强行切断了与旧主间的从属关系的达赖伯克，不得不加入沙比那尔籍，倚靠哲布尊丹巴呼图克图来过活。

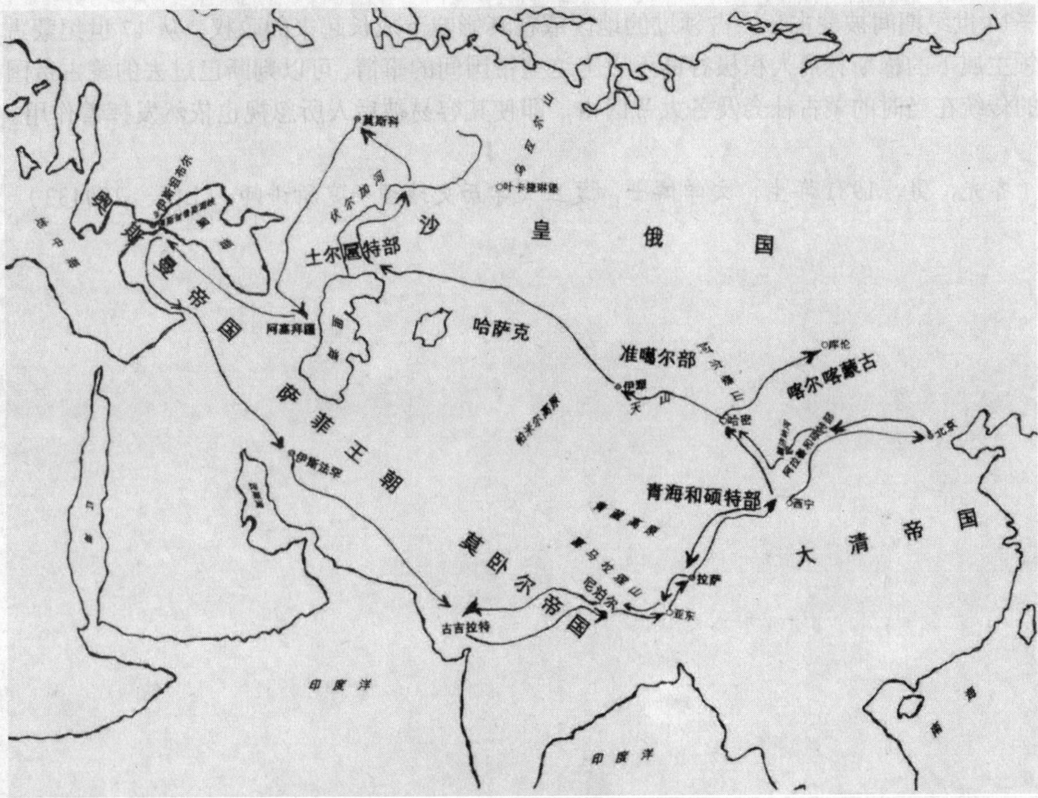

【图四】达赖伯克行商路径示意图（笔者手绘）

① 中国第一历史档案馆、内蒙古大学蒙古学学院合编：《清内阁蒙古堂档》，内蒙古人民出版社，2005 年，第 17 册，《颁降厄鲁特策妄阿拉布坦之敕书》，第 539-545 页。

结语

首先，达赖伯克的事迹反映了蒙古传统社会中“领主——属民”关系的一个特点；即一旦结成主从关系，不管双方所处的地理位置多么遥远，不管从事牧业、农业还是商业，双方人之间的主从关系仍然维持不断。这可能也是古代蒙古社会中的领主、台吉们各自都有自己商队的一个重要前提。想必 1218 年前后蒙古汗国向花剌子模派遣 450 人商队时，其中的商人与成吉思汗及其后妃、诸王、大臣之间也是以这种关系为纽带的。

其次，因清朝占领漠南蒙古后切断了喀尔喀、卫拉特蒙古诸部与明朝的边境贸易，故 1640 年召开会盟前后，喀尔喀、卫拉特蒙古诸部开始寻求与“西方”的沙皇俄国、奥斯曼帝国、萨菲王朝及莫卧儿帝国建立关系。为此，在喀尔喀、卫拉特蒙古诸部与清朝相对峙的 17 世纪后半期，青海和硕特部领主属下达赖伯克积极出走“西方”进行交易，其足迹已遍布以上这些帝国。而 18 世纪初期清朝控制喀尔喀蒙古和青海和硕特部，并与准噶尔部对峙之后，达赖伯克出走“西方”行商的事业也不得不宣告结束。

最后需要关注的是：沙皇俄国、奥斯曼帝国、莫卧尔帝国及大清帝国，都是在 13—14 世纪期间被蒙古帝国占领过的地区或在其影响下成长起来的政权。从 17 世纪蒙古领主属下的穆斯林商人积极行商于以上这些帝国间的事情，可以判断已过去的蒙古帝国的传统在当时的蒙古社会及各大帝国内，即使其容易被后人所忽视也依然发挥着作用。

（齐光，男，1981 年生，文学博士，复旦大学历史地理研究所讲师。上海：200433）

满文题本揭示的清代蒙古各部贵族女性对爵位承袭事务的参与

——以青海蒙古为中心的对比和分析

[美] 贾宁

内容提要：本文对《清朝前期理藩院满蒙文题本》中所有涉及蒙古爵位承袭事例进行内蒙古、外蒙古、青海和辉特各部的比较性探讨和综合分析，展示乾隆时期生活在盟旗制度中的蒙古贵族女性对爵位承袭政务的参与，揭示她们在蒙古的久远传统和新式盟旗制度的结合中特有的、但还远未写入史册的历史贡献。

中国第一历史档案馆与中国人民大学国学院出版的《清朝前期理藩院满蒙文题本》洋洋1613件，[①] 起自顺治十年，终在乾隆六十年，有关爵位承袭题本共有290件，[②]其中顺治朝6件，康熙朝41件，雍正朝无，乾隆朝多达243件，有关青海蒙古爵位传承事务题本一共八件，书于乾隆九年至五十八年之间。这八件青海题本数量上与乾隆期高达134件的内蒙古各盟旗和79件喀尔喀蒙古各盟旗之同类题本不堪攀比，[③]但内容上却鲜明地体现着青海和硕特蒙古在乾隆年间颇具特色之处，即王公台吉之妻、母在先夫或故子爵位继承人抉择中较普遍的公开参与角色。对这一角色的关注和探讨，需要以清代盟旗制度中各部蒙古贵族妇女地位的比较研究为前提。

关于蒙古贵族妇女在清代以前的国家和部落事务中的参政、甚至主导地位，不断有国内外学者问津和著述。虽然对此专题的研究目前仍遗留着很大的探索空间，但已有的成就事实确凿，结论明确。美国人类学教授 Jack Weatherford（杰克•威泽弗德）2010年出版的 *The Secret History of the Mongol Queens: How the Daughters of Genghis Khan Rescued His Empire* 是目前此领域最新的大型专著，[④]时代起自成吉，展于达延，空间多集中于东、中亚洲的同时亦囊括欧亚大陆，作者笔下之蒙古上层女性具有卓越的主政资历和往往强于男性的统治才能。在此著之前国内学者们发表的满都海研究（如聂长江2008年内蒙古师范大学硕士论文《满都海夫人事迹蒙古文献考》和2009年《中央民族

①见《清朝前期理藩院满蒙文题本》，中国人民大学国学院西域历史语言研究所，中国第一历史挡案馆．呼和浩特：内蒙古人民出版社，2010，“前言”第2页。1613件为顺治朝149件，康熙朝130件，和乾隆朝1334件的总和。

②本文不讨论阵亡者后代之晋封和新封爵位，蒙古成年男子封授台吉例亦不包括在内。

③其他承袭题本分记杜尔伯特、土尔扈特、辉特、西藏、哈密、甘肃等。

④此书2012年由赵清治翻成中文，并以《最后的蒙古女王：成吉思汗之女如何拯救蒙古帝国》之译名由重庆出版社发行。

大学学报》（哲学社会科学版）第一期上布仁图、聂长江合著的“论满都海夫人的历史功绩”），土默特部三娘子研究（如徐凯在 1983 年《明史研究》第 2 辑发表的“论蒙古三娘子的历史作用”），和选题更为广阔的“明代土默特部蒙古族妇女的社会地位及其作用”（李美玲，《阴山学刊：社科版》2008 年第 8 期）等等著述，已形成对蒙古传统政治文化赋予贵族女性习俗性领导地位的普遍认知。作为蒙古的整体政治文化现象，这种贵族女性习俗性领导地位不只适用于登上蒙古最高权力的少数女性，也是蒙古社会各层次女性相应政治地位的实际体现。探讨清朝盟旗体系中所保留的蒙古传统，着眼点正是清朝廷管理之下的各部蒙古社会。

对于蒙古贵族女性参政传统在清代的遗留和体现，德国学者裴慕贞(Veronika VEIT ）在“关于清代蒙古贵妇人地位的札记” (Some Remarks on the Position of Mongol Noble Ladies during the Ch’ing Period)①一文中简要列出了蒙古在清朝编旗置盟后喀尔喀蒙古各部贵族妇女在夫族旗制中的领导地位，其中有从康熙到乾隆时期札萨克图汗部六位，土谢图汗部三位，赛因诺颜部一位，车臣汗部三位。在这些喀尔喀蒙古贵族妇女中，三位帮助儿子取得了继承权，一位帮助了幼子治理旗务。作者特别指出，记载这些妇女的清代文献信息过于疏简，女性的功绩或只在皇帝的敕谕中顺有褒奖，或以官方记载统一语言格式规划框定，有的甚至只留姓名而无事迹，故单凭这些只言片语的拾零，研究者无以寻求研究对象的个人色彩和个例特性。②

《清朝前期理藩院满蒙文题本》（下通称《题本》）恰恰丰富了研究这一课题的第一手资料。虽然作为官方操理政务的题本并不涉及生活故事，但作为政务施行过程的真实记录，事例、姓名、参与原因、特定情节、表达方式以及最终结果都据实而书，大大增加了具体和真实的历史信息。加之年代跨度大而专题信息相对集中，《题本》为研究者克服他种史料零星散逸或落笔不实之不利因素、并为对比清代各部蒙古贵族妇女参与承袭事务提供了难得的条件，进而为探索青海蒙古的特点打下根基，开辟新径。

由于《题本》诸件提供的信息皆为蒙古有爵男性之妻、母在夫家部族或旗务中的地位，故本文“蒙古贵族妇女”的概念限定于以婚姻而贵之蒙古女性，除两例清代下嫁蒙古的公主以外，女方父族身份对婚后蒙古女性地位的影响不包括在讨论范围之内。

一、对内蒙古爵位承袭题本的分析

在数量最多的内蒙古承袭事务题本中，仅有两件提到贵族女性。书于康熙五年十一月初八日的“理藩院尚书喀兰图等提议科尔沁卓哩克图亲王病故由其子毕勒塔噶尔承袭本”（卷一，题本 244 号, 401 页）揭示，科尔沁和硕卓哩克图亲王病逝后，身后留有持托诺黑公之爵的长子，贵为固伦额驸的二子，还有不争爵位的三子、四子。理藩院的考虑清晰直率：

> amban meni gisurehengge, tūnehei gung udu ahūn bicibe, deo biltagar de gurun i gungju be bufi, gurun i efu obuhabi. uttu be dahame, wang sirara be

① 《蒙古史研究》，中国蒙古史学会，第四辑，呼和浩特，1993 年，118-125 页。

② 《蒙古史研究》，第四辑，124 页。

amba,.

臣我等议，托诺黑公虽年长，[但] 弟毕勒塔噶尔赐给了固伦公主，是为固伦额驸，故袭王爵居首。

因第二子毕勒塔噶尔娶皇太极与庄妃所生第四女雍穆长固伦公主为妻，[①]则理藩院举之，皇帝定之“biltagar de hoshoi cin wang sira” (令 [二子] 毕勒塔噶尔袭亲王)。此例中爵位候选人妻子的地位决定了袭爵人选，但这位妻子是皇家下嫁公主，和蒙古内部的贵族女性并不同位。

书于乾隆五年的“厄鲁特扎萨克多罗郡王阿保病故请准其次子承袭本”（卷二，12号，60－62页）记：

60上 tulergi golo be dasara jurgan i baita be kadalame icihiyara hoshoi urgun cin wang amban hūng hiyoo sei gingguleme wesimburengge, hese be baira jalin. ūlet i jasak i doroi giyūn wang hoshoi efu bihe aboo i sargan hoshoi gege i alibuha bithede, mini eigen giyūn wang efu aboo, abkai wehiyehe i duici aniya sunja biyai orin duin da nimeme akū oho. mini ahūngga jui beise gumbu aifini akū oho. ne bisire jacin jui lobzangdorji ninggun se ilaci jui beise larjiwangshuk sunja se, ere juwe ci tulgiyen, jai juse akū. bairengge, jurgan ci ulame wesimbufi, wang ni jergi be sirabureo seme ce be suwaliyame benjihebi.

管理理藩院事务怡亲王臣弘晓等敬题，为遵旨事。已故厄鲁特扎萨克多罗郡王和硕额驸阿保之妻和硕格格呈文，称“吾夫郡王额驸阿保乾隆四年五月二十四日病故。吾长子贝子古木布早已过世，现有二子拉布藏多尔济六岁，三子贝子拉尔济旺书克五岁。除此两子外，别无他儿。所请求的是，由院转奏，准袭王爵”，连同册书一并呈上。

阿保之妻是康熙堂兄博果铎庄亲王之女，由康熙帝抚养宫中，身世显赫，同时又是拉善蒙古与清皇家第一结亲者，[②]政治身份尤佳，故理藩院提议，aboo i jergy be, ini jacin jui taiji labzangdorji de sirabuki. (阿保之爵准由其二子拉布藏多尔济袭, 62 页)。此例中出面操理亡夫爵位承袭的仍是身份优尊的皇家贵女，同上件题本一样并非蒙古。

就清代前期内蒙古题本总体观之，涉及女性的承袭事例数量及其有限，两例爵位持有者妻，一位未参与爵位承袭事务，一例直接为幼子陈情，但因都是皇室下嫁公主，不代表蒙古内部贵族妻子在承袭事务中的地位。此两件外绝大多数的内蒙古题本所反映的则是遵循清代常规官系程序，承袭事务由旗、盟中有威望之男性和朝廷任命之盟旗官员逐级推举人选，上报理藩院。理藩院查核实情，审理规章，提出建议，题报皇上。皇上裁决后，理藩院由吏部协助拟定对亲王、郡王和贝勒爵级的 abdangga fungnehen（册书）和对贝子下至辅国公爵级的 ulhibure fungnehen（诰命），然后颁行落实。

①杜家骥，《清朝满蒙联姻》，人民出版社，2003 年，12 页。

②杜家骥，《清朝满蒙联姻》，人民出版社，2003 年，157－158 页。

二、对喀尔喀蒙古爵位承袭题本的分析

外蒙古题本中有五件提及女性，从不同方面展示着外蒙古有爵者之妻在统领部众，确定亡夫爵位承袭事务的参与和决定作用。

书于乾隆五年十月三十日之“管理理藩院事务怡亲王弘晓等题喀尔喀扎萨克多罗郡王敏珠多尔济病故请准其长子承袭本”（卷二，49 号，375 页）载，已故喀尔喀土谢图部汗阿林盟左翼中旗扎萨克多罗郡王敏珠多尔济之妻向喀尔喀副将军扎萨克多罗郡王成衮扎布呈文，称：

375 上 mini eigen minjur dorji, ere aniya ilan biyai orin jakūn de nimeme akū ohobi. mini eigen nimeme ujelefi

吾夫敏卓尔多尔济本年三月二十八日病故。吾夫病重后

375 下 delhentuhe gisun, mini ahūngga jui ceringbeidub uyun se, jacin jui batumungke nadan se, ilaci jui gungge sunja se. bi akū oho manggi, mini jergi be ahūngga jui ceringbaidub de sirabuci, amaga inenggi gūsai urse be kadalaci ombi seme delhentuhebi.

留有遗言，“吾长子车凌拜都布九岁，二子巴图蒙克七岁，三子贡格五岁。吾过世后，爵位如由长子车凌拜都布承袭，日后可胜任旗务。”

理藩院对此查核后上题皇帝，建议依敏珠多尔济之妻所请：

376 下 baicaci yaya wang, geile, beise, gung sirabure de, gemu ahūngga jui de sirabumbi. giūyn wang bihe minjur dorji i jergi be, kooli songkoi ini ahūngga jui ceringbaidub de sirabuki.

查得，凡王，贝勒，贝子，公承爵时，皆长子袭。郡王敏珠多尔济之爵依例请由他的长子车凌拜都布承袭。

此例中，郡王之妻对族内承袭事务率言直呈亡夫所愿，是她在旗内事务中地位非同一般的表示。理藩院查议过程中，典制与蒙古夙愿无有触忤，故顺请上题，乾隆帝批红恩准。

书于乾隆十五年六月十六日的“兼管理藩院事务大学士傅恒等题喀尔喀扎萨克和硕超勇亲王策凌病故请准其长子承袭本”（卷四，19 号，114－116 页）在理藩院核查策凌爵位之源时记：

115 上 wang efu zering ni da sekiyen be baicaci, ini mama kalkai gecul katun, elhe taifin i gūsin emuci aniya jushen be gaifi dahame jihe manggi, zering be taiji ci hoshoi efu obuha, altai jugūn i cooha de genefi, juwe mudan dasihime dosire de colgorome fashshame yabufi, haha sain, niyalma yebkan seme …

查王额驸策凌之根源，他的祖母喀尔喀葛楚勒喀屯［哈屯］，康熙三十一年携众来归后，策凌由台吉擢和硕额驸，从阿尔泰路大军，两次出征，战事卓越，是为俊杰……

此记载中一笔带过的策凌祖母信息，把此女性在 1691 年决策前途，率部归清的统

帅地位跃然纸上，说明十七、十八世纪之交的喀尔喀蒙古，至少有些部族是在贵族女性统领之下。

书于乾隆二十年七月三十日的“兼管理藩院事务大学士傅恒等题喀尔喀扎萨克辅国公巴图蒙克病故请准其胞弟承袭本”（卷六，3 号，15－18 页）中记：

15 页下 kalkai dulimbai cooha be kadalara aisilara jiyanggiyūn ilhi culgan i da jasak i hoshoi cin wang decinjab i alibume benjihe bithede, meni aiman i jasak gurun de aisilara gung bihe

喀尔喀管理中路军副将军副盟长扎萨克和硕亲王德钦扎布呈文，吾部落原扎萨克辅国公

16 页上 batumungke i eniye, gūsai baita be aisilame icihiyara taiji idam sei alibuha bithede, meni jasak i gung bihe batumugke cooha de genefi, orici aniya jorgon biyai tofohon de coohai kūwaran de mama ershere de ak ohobi. batumungkede umai juse akku. ini banjiha deo sangjirencin juwan uyun se, dambajingjun tofohon se gemu beye es'hun. sangjirencin beye jadagan yabume muterakū. bairengge jiyanggiyūn i baci ulame yabubufi gung bihe batumungke i jergi be ini ilaci deo dambajingjun de sirabureo sehebi.

巴图蒙克的母亲，协理旗务台吉伊达姆等呈文，曰“吾已故之扎萨克公巴图蒙克从军后，二十年十二月十五日在军营因出痘而亡。巴图蒙克无嗣。他的胞弟桑吉然沁十九岁，达姆巴京准十五岁，皆生身。桑吉然沁残疾不能行走，请将军转达，已故公巴图蒙克的爵位准由其三弟达姆巴京准承袭。”

理藩院审议后，把原请全盘题上，皇帝批红：dambajingjun be jasak i gurun de aisilara gung sirame fungne, gūwa be gisurehe songkoi obu（准封达姆巴京袭扎萨克公，其它依议）。

此例中反映的由扎萨克辅国公之妻、承袭人之母领头呈请袭爵人选，显示了她的权威地位，延续着女性参政的长期传统。

书于乾隆二十七年十月十七日的“管理理藩院事务大学士傅恒等题阿尔泰路军台委骁骑校阵亡曼洮阵亡所赏云骑尉爵由其养子承袭本”（卷九 18 号，170－172 页）记：

170 下 altai jugūn i coohai giyamun be kamcifi kadalara cahar jakūn gūsaigūsa be kadalara amban barpin i alibume benjihe bithede, coohai giyamun i araha funde boshokuu mantao, abakai wehiyehe i orici aniya jiyanggiyūn bandi be dahame

兼管阿尔泰路军台之察哈尔八旗管旗大臣巴尔聘呈文，称“查得，军台委任之骁骑校曼洮，乾隆二十年随将军班第

171 上 cooha dosifi tucikakū turgunde, coohai jurgan, tulergi golo be dasara jurgan i emgi acafi ilgame gisurefi tuwashara hafan bahabuha, sirabuci acara niyalma be baicaci, mantao de umai enen juse akū, mantao i sargan anggasi, ini eigen i banjiha deo yumjab i jui sula mijitdorji be enen obume ujiha be

dahame, erei tuwashara hafan be jurgan ci wesimbufi mijitdorji de sirabureo,

出战未归。兵部与理藩院同会分议，查寻应袭领云骑尉之人，曼洮无子嗣。曼洮之寡妻因抱其夫之胞弟豫姆扎布之子米吉特多尔济为嗣抚养，请求由院题奏，此云骑尉准由米吉特多尔济承袭。

理藩院查议后，上题乾隆帝：

172下 … erei tuwashara hafan be altai jugūn i coohai giyamun be kamcifi kadalara cohar jakūn gūsai gūsa be kadalara amban i alibume benjihe songkoi mantao i sargan anggasi ienen obume ujiha jui sula mijitdorji de sirabuki.

……依兼管阿尔泰路军台之察哈尔八旗管旗大臣咨文，此云骑尉请由曼洮寡妻立嗣抚养之子米吉特多尔济承袭。

乾隆帝批红“依议”。此题本揭示了两点重要信息，第一，清朝廷注重有爵之妻在与亡夫无亲生子的情况下，由她的领养儿享有承爵权。第二，有爵之妻在抚养承袭后继人事务中占有正统地位。与其他题本中由男性贵族或旗盟官员提议无子亡夫的承袭在兄弟或侄辈中推举的例子不同，此例完全集中在女性的身份和选择，折射出此部蒙古中的妇女地位。

书于乾隆四十年九月二十五日的“兼管理藩院事务工部尚书福隆安等题扎萨克图汗部辅国公贡楚克扎布病故请准其长子承袭本”（卷十四，49号，575—577页），记喀尔喀扎克毕图里耶湖盟长扎萨克图汗齐旺巴勒斋呈文中语：

575下[guncukjab] nimeme ujelehe manggi, ini gung ni jergi be jacin jui sonnomcerin de sirabureo seme …

［衮楚克扎布］病重后，请求准由他的次子孙努姆车仁承袭他的公爵…

586上 geli guncukjab i gung ni jergi be ini jacin jui sonnomcerin de sirabuci, guncukjab i sargan, fejergi urse gemu cihangga umai temshere hacin akū …

如若他的次子孙努姆车仁承袭衮楚克扎公之位，衮楚克扎的妻子、属下人众皆心甘情愿，无涉争议。

经理藩院审议上题，皇帝批红：sonnomcerin be gurun de aisilara gung sirame fungne, gūwa be gisurehe songkoi obu（封孙努姆车仁袭扎萨克公，其他依议）。此题本略及妻子的只言片语，闪现出蒙古有爵之妻对部族社会稳定的重要影响力。这是《题本》有关喀尔喀蒙承袭事务中最后提及女性作用的一件，从年代上看，直至乾隆四十年，还有贵族妇女在旗务中持有权威，言简而意重。

《题本》提供的喀尔喀蒙古贵族女性政治参与的信息较之内蒙古题本大有增加。这些信息或略详或极简，或直接或间接，却都反映着喀尔喀蒙古在清代盟旗制度中女性虽然不被朝廷直接授予贵族名号和官务职衔，但承担承袭决策、辅助有爵幼子的重要地位仍未动摇，她们在亡夫身后，或直接介入承袭决策，或攸关承袭过渡时期部落之社会稳定，其族内威望和地位均得到清朝廷的认可。

就 97 件题本中仅有如此五例记录女性的比例看，喀尔喀蒙各旗、盟承袭事务的常规程序，应该已是如同内蒙古诸盟旗一样，由男性占据的官制系统进行决策，女性参与犹存，但已不占主导地位。

三、对青海蒙古和与之同源的辉特爵位承袭题本的分析

记载青海和硕特蒙古爵位继承事务的八件题本分别是：

乾隆九年二月初二兼管理藩院事务兵部尚书班第等题青海扎萨克辅国公车凌病故请准其三子承袭（卷三，28号）

乾隆十五年六月十六日兼管理藩院事务大学士傅恒等题青海扎萨克固山贝子噶勒丹旺扎勒病故请准其胞弟承袭本（卷四，18号）

乾隆十八年七月初七日兼管理藩院事务大学士傅恒等题青海扎萨克辅国公衮楚克扎布病故请准其长子承袭本（卷四，69号）

乾隆二十六年六月十二日兼管理藩院事务大学士傅恒等题青海扎萨克辅国公贡格病故请准其长子承袭本（卷五，63号）

乾隆二十三年十二月十四日管理理藩院事务大学士傅恒等题青海扎萨克多罗郡王病故其侄降袭多罗贝勒并请颁给册命本（卷七，56号）

乾隆五十年五月初九日管理理藩院事务大学士傅恒等题青海郡王色布腾多尔济病故由其族叔降级承袭并颁给册命本（卷九，36号）

乾隆五十八年十一月初三日管理理藩院事务大学士和珅等题青海厄鲁特扎萨克头等台吉三都步病故其族人多尔吉承袭本（卷二十二，33号）

乾隆五十八年十二月初七日管理理藩院事务大学士和珅等题土默特贝子朋素克琳亲青海厄鲁特辅国公达玛琳呈请其四长子袭爵本（卷二十二，40号）

在这八件题本中，三件记载了贵族妻子的决策地位，一件记载了贵族母亲的决策地位，四件一起反映了女性参与爵位继承事务的超高比例。

书于乾隆九年二月初二的"兼管理藩院事务兵部尚书班第等题青海扎萨克辅国公车凌病故请准其三子承袭"题本（卷三28号，227－230页）中记：

> 227 huhu noor, fanzi sei baita be icihiyara meiren i janggin uksun manggulai i alibume benjihe bithede, neneme mini baci huhu noor i jasak i gurun de aisilara gung cering, abakai wehiyehe i nadaci aniya juwan biyai orin ilan de nimeme akū oho babe, jurgan de boolahacitulgiyen, gung ni jergi siraci acara niyalma beencu yabubufi, baicafi benjihe erinde boolaki seme elibume unggihe be danggsede ejehebi. te gung bihe cering ni sargan tubajab i alibuha bithede, mini eigen cering de sunja jui bi. ahūngga jui dorji orin jakūn se, jacin jui dasidorji orin ninggun se, duici jui dasidondob, orin duin se, suncaci jui idamtar jakūn se, ese gemu beye esgun. mama ershere unde. ilaci jui dasijab, mama ershehe. mini eigen beye bisire fonde, dasijab be amaga inenggi ini jasak i gung ni tushan i baita be aicihiyame mutembi seme …
>
> 管理青海、番子事务梅林章京（副都统）宗室莽古来呈文，说"先，我处呈送青海扎萨克辅国公车凌于乾隆七年十月二十三日逝世之事，除报

院外，‘应袭公之人另行考察再报’之语记录在档。现已故公车凌之妻图巴扎布呈文，曰，‘吾夫车凌有五子，长子多尔吉年二十八，二子达西达尔吉年二十六，四子达西单达布年二十四，五子阿达母塔尔八岁。他们皆生身，尚未出痘。三子达西扎布，出过痘。吾夫在世有言，日后达西扎布能胜任他的扎萨克公之职……

228 上…mini eigen i jasak i gung ni jergibe dasijab de sirabureo sehebi……’……乞请吾夫扎萨克公之爵由达西扎布承袭。’……”

理藩院审议后，顺请上题，皇帝批红：dasijab de kemuni jasak i gurun de aisilara gung sirabu(且令达西扎布袭扎萨克辅国公)。扎萨克辅国公车凌之妻只身呈文请愿，表现出她在旗务地位的强势，她的请愿使辅国公的遗愿顺利获得朝廷认可。

乾隆十五年六月十六日“兼管理藩院事务大学士傅恒等题青海扎萨克固山贝子噶勒丹旺扎勒病故请准其胞弟承袭本”（卷四，18 号，106－109 页）记：

106 页下 huhu noor fanzi sei baita be icihiyara meiren i janggin i jergi bandi i alibume benjihe bithede, nimeme akū oho jasak i beise galdan wangjal i sargan belek, gūsai janggin, hafasa uhei

管理青海番子事务梅林章京（副都统）班第呈文，称“已病逝之扎萨克贝子噶尔丹旺扎尔之妻帛勒克、旗章京、官员共上

107 上

alibuhe bithede, galdan wangjal de mai juse enen akū. damu emu banjiha deo gebu mingnai orin uyun se, beye eshun. mangnai de duin jui bi. ahūngga jui lobzang sebtan, juwan emu se, jacin jui idam, ilaci jui cecung, gemu nadan se. duici jui balcit, duin se. ereci tulgiyen umai beise i jergi siraci acara hanci mukūn i ahūn deo juse akku. bairengge, beise i jergi be mangnai de sirabureo seme alibuhabi.

呈文，曰：‘葛尔丹旺扎尔无子嗣，仅有一胞弟，名为莽鼐，二十九岁，未出痘。莽鼐有四子，长子拉布曾色布坦十一岁，次子伊达木，三子车冲皆七岁，四子巴尔其特四岁。除此之辈之人外，近亲宗族中无有应该承袭贝子爵位的兄弟。启请准由莽鼐承袭贝子爵。

此请在理藩院详加审查后如请上题，皇上批红：mangnai be jasak i gūsai beise sirame fungne，gūwa be gisurehe songkaoi obu（准封莽鼐袭扎萨克旗贝子，其它依议）。亡故贝子之妻率旗内官员共同上呈爵位承袭人，不仅表现了她在承袭事务中的发言权，还揭示出她与朝廷任命的旗内官员不相上下的重要地位。

书于乾隆十八年七月初七日的“兼管理藩院事务大学士傅恒等题青海扎萨克辅国公衮楚克扎布病故请准其长子承袭本”（卷四，69 号，560－562 页）记：

560 上 huhu noor fanzi sei baita be icihiyara meiren janggin shuming ni alibume benjihe bithede, jasak i gurun de aisilara gung guncinjab i sargan, gūsai gubci

管理青海番子之梅林章京舒明呈文，称“扎萨克辅国公衮沁扎布妻，统

全旗

560 下 uhei alibuha doron gidaha bithede, meni gung guncinjab de juwe haha jui bi. ahūngga jui coijungjab, ere aniya jakūn se, jacin jui burin ilan se. meni gung ni jergy be, ahūngga jui coijungjab de sirabuci, geren gemu gūnin dahambi...

之众共呈钤印文书，曰，‘吾公衮沁扎布有两子。长子崔中扎布，现年八岁。次子布仁三岁。若吾公之爵由长子崔钟扎布袭，则顺众心所望。……’”

理藩院详查此辅国公各代渊源，如请上题，皇上批红：coijungjab be jasak gurun i aisilara gung sirame fungne，gūwa be gisurehe songkoi obu（准封崔中扎布袭扎萨克辅国公，其他依议）。比之上例，此题本用语更清晰的表现出辅国公之妻单独率众请愿爵位承袭事务，她在旗内的地位应该更高于管旗官员。

书于乾隆二十三年十二月十四日的“管理理藩院事务大学士傅恒等题青海扎萨克多罗郡王病故其侄降袭多罗贝勒并请颁给册命本”（卷七，56 号，438－441 页）记载了贵族母亲在承袭事务中的决策地位。

438 下 huu noor fanzi sei baita be icihiyara meiren i janggin jifu i alibume benjihe bithede, nimeme akū oho jasak i doroi giyūn wang sonomdarji i eniye katun ceringsonnom i alibuha

青海办理番子事务梅林章京（副都统）济福所上咨文称，“过世之扎萨克多罗郡王苏努木多尔济之母可敦车京苏努木呈

439 上 doron gidaha bithede, meni wang sonomdorji i delhentuhe gisun, bi buceci, jasak i doroi giyūn wang ni jergi be, mini banjiha esgen i jui sula taiji sebden dorji de sirabureo sehebi. meni wang umai juse akū. damu sula taiji sebten dorji, mini wang ni banjiha esgen i jui. jai ne gūsai baita be aisilame icihiyara taiji cembel, umesi goro mukūn, aika wang ni jergi be sula taiji sebten dorji de sirabuci, meni gūsai gubci gūnin gemu dahambi.

钤印文书，曰，“吾王苏努木多尔济临终遗言，‘吾一旦过世，扎萨克多罗郡王爵由我胞叔之子闲散台吉色布腾多尔济承袭。’吾王无子嗣，唯闲散台吉色布腾多尔济为吾王胞侄也。再有，现协理旗务台吉车木伯勒为甚远宗族，王爵如由闲散台吉色布腾多尔济承袭，尽合吾旗之愿。

经理藩院完毕查核程序上题奏报后，皇帝红批：sebden dorjijasak i doroi giyūn wang sireme fungne, gūwa be gisurehe songkoi obu (色布腾多尔济袭扎萨克多罗郡王爵，其它依议)。此例中，郡王之母手执旗主权宜之钤印书，代表所有旗众进呈所愿，语气坚定，折射出此女性在族中显贵群里也颇具权威。

这四件爵位继承事务题本展示的袭爵过程，表现了青海和硕特蒙古王公之妻、母对本族爵位承袭事务的强势参与。她们推荐的承袭人选无一不得到地方各级蒙古、中央理藩院的承认和乾隆帝的御准，反映出截至乾隆二十三年不少青海贵族女性在部族社会仍然保持的高权显位和社会各个层次对她们政治地位的肯定。

辉特蒙古的一件承袭题本值得包括在讨论之内。辉特蒙古跟青海和硕特蒙古同属“与元裔属众所代表的‘东蒙古’相区别”的西蒙古或“四卫拉特”。[1] 故这件题本佐证着乾隆时期蒙古中贵族持爵之妻在承袭事务中的地位和作用。此题本书于乾隆二十一年十月二十六日，题为“监管理藩院事物大学士傅恒等题辉特辅国公霍通额莫根病故请准其子承袭本”（卷六， 37号， 233－235页）。

233下 coohai nashūn i baci sarkiyafi tucibuhe, abkai wehiyehe i orin emuci aniya, anagan i uyun biyai juwan ilan de, hese gung bihe hotong emegen i sargan

军机处抄出，乾隆二十一年九月十三日谕，“对已故公霍通额莫根之妻

234上 dejit, jai sini mama de wasimbuha. duleke aniya hotong emegen mini kesi be aliki seme hing seme hargashame jihebe, bi kesi isibume gung ni hergen fungnefi umesi gosime jaka hacin shangnafi amasi unggihe. hotong emegen, mini kesi be huksheme coohai bade genefi beye akū oho be. bi ambula shar seme gosime gūnimbihe. te dejit si geli sini jui mama fejergi urse be gaifi, bayar han i hanci tehe suilaha turgun be tucibume baime wesimbuhengge umesi jilakan. kesi isibume hotong emegen i gung ni hergen be uthai sini jui mama de sirabukini, suwe te bayar han i hanci sirhai sere bade tehe be dahame uthai tubade nukteme tekini, si damu

德姑特及其尔子嘛玛降谕，‘去年霍通额莫根敬领朕恩，仰朝入觐。朕施仁封公，惠怜赐物，而后咨行。霍通额莫根感戴朕恩，身从军旅，阵亡呜呼，吾恻然悲轸。现，德姑特，尔与尔子嘛玛，携领属众，陈情入居巴亚尔汗附近之困苦缘由，奏请甚堪眷怜。施恩，霍通额莫根公之爵即准由其子嘛玛承袭，尔等现既已入居巴亚尔汗附近西尔海地，令即在彼处住牧。尔唯有

234下 mini kesi be huksheme, sini jui mama be saikan tacibume, fejergi urse be bargiyatame banjire doro be saikan kiceme yabukini, uttu ohode, mini kesi be mohon akū enteheme alimbikai, saikan kice, cohome wasimbuha sehebe gingguleme dahafi sarkiyafi tucibuhebi.

切念朕恩，尽心教子嘛玛，整治属下，勤奋生计。如此，朕恩浩远，拟旨善勉。”

乾隆帝的谕旨清晰地揭示此辉特部女性在先夫故亡后于族众中的携众领袖地位，更淋漓尽致地表达了乾隆帝对已故公霍通额莫根之妻德姑特之信赖依托和委以重望，足见德姑特尔在夫、子爵位过渡时期统领部落的关键身份。这件题本大大增强了上述喀尔喀、青海蒙古诸题本得出的结论，即清代朝廷直至乾隆时期对各部蒙古女性参政传统的支持和尊重。但在十二件有关额鲁特、土尔扈特、杜尔伯特、辉特部及阿尔泰路驿站喀喇沁爵位承袭事务的题本中，只有这一件涉及女性，比例上大大低于青海蒙古之同类题本。

① 金海，齐木德道尔吉，胡日查，哈斯巴根，《清代蒙古志》。内蒙古人民出版社，2010年，129页。

八件中另外的四件青海题本，皆雷同于内外蒙的众多同类题本，即爵夫、爵子故去后，承袭过程从人选的提出，地方盟旗官员的咨报，理藩院制度性的审核和举荐，直到皇帝御批圣旨，均无女性涉足。这反映出盟旗制度的普遍男性主导地位并存于青海蒙古。所以，对青海蒙古的总体结论是，青海蒙古女性在承袭事务中的政治参与率在乾隆二十三年以前仍然很高，但和男性主导的盟旗官系承袭管理参半而行。

四、汉籍史料与题本的互证

由于雍正时期在《题本》中完全空白，顺治、康熙年间也有缺失，并记录青海蒙古承袭事务的题本仅有八件，是否目前《题本》所集能完整反映蒙古各部承袭状况，还需更多史料佐证。以祁韵士（1751－1815）《皇朝藩部要略》观之，内蒙古、准噶尔蒙古各卷无涉爵位承袭事。卷八“外蒙古喀尔喀部要略六”记载喀尔喀蒙古爵位继承多例，但从汗位，亲王、郡王、贝勒、贝子、公、到台吉之位，均无提及亡夫之妻参与袭爵人选。[①]然而卷十“厄鲁特要略二”对青海蒙古王公之妻参与夫爵继承事务记载明确。康熙五十七年，贝勒达颜卒，“上悼唁之，子旺舒克喇布坦袭。”六十一年“贝勒旺舒克喇布坦卒，无嗣。朋素克旺扎勒于达颜为从子，某夺其属。遣侍郎常寿堪状。达颜弟噶尔丹岱青诺尔口吃，达什车凌其子也，年十有四。达颜妻玉木楚木察罕达喇请以达什车凌袭旺舒克喇布坦爵。允之，降袭固山贝子。诏善视达颜妻。”。[②]又载，雍正二年，噶尔丹岱青诺尔布在清朝与罗卜藏丹津的战争中“以不从逆，且以兵击贼党功封固山贝子，世袭罔替。青海世爵自此始。 ... 噶尔丹岱青诺尔布寻卒，其妻请以达什车棱兼袭之。理藩院议，蒙古无袭两世爵例。谕曰噶尔丹岱青诺尔布于青海罗卜藏丹津事，著有劳绩，因议功，封为贝子。今既病殁，伊兄弟而家止有贝子达什车棱一人，著从优加恩，并两贝子爵为贝勒，仍世袭罔替，旋授扎萨克。”[③]

再看张穆（1805－1849）《蒙古游牧记》，对内蒙古的记载偶有提及爵位承袭，但却不涉女性。[④]对喀尔喀蒙古的袭爵事务，[⑤]有两例爵位人无子嗣，其妻、母参与决策。卷之九车臣汗一例：“硕垒汗第十一子阿南达，号达赉台吉。康熙二十七年，率众来归二十八年，授济农及扎萨克。三十年，封固山贝子。三十五年卒。妻苏嘛达喇请以第三子丹津袭爵。其扎萨克，以长子一等台吉贡楚克袭。四十四年，丹津卒。苏嘛达喇请以第四子齐巴勒阿喇布坦袭。诏降袭镇国公，寻兼扎萨克。以丹津子延楚布多尔济袭。雍正二年，侍苏嘛达喇来朝。[注：康熙五十一年，上由塞外行围，延楚布多尔济随其祖母苏嘛达喇迎觐。赐苏嘛达喇墨尔根哈屯号。]”[⑥]又有卷之十扎萨克图汗部载，“乾隆二十年，大军剿达瓦齐。普尔普车棱携族［自准噶尔］来归。授扎萨克一等台吉。以通谟克子旺沁札布为其近族，命往同居。二十四年卒，无子。其母车棱，请以旺沁札布第三子

① 《皇朝藩部要略》，西藏社会科学院西藏学汉文文献编辑室编辑，全国图书馆文献微缩中心，1993 年，104－111 页。

② 《皇朝藩部要略》，卷十，38b, 147 页，卷十一，1b, 151 页。

③ 《皇朝藩部要略》，卷十一，9a-b，155 页。

④ 《蒙古游牧记》，太原：山西人民出版社，1991 年，98, 118 页。

⑤ 《蒙古游牧记》，172, 174，241，244，248 页。

⑥ 《蒙古游牧记》，234 页。

沙克都尔札布为普尔普车棱嗣，诏允。”[①]

《蒙古游牧记》卷十二中对青海蒙古妻、母参与统领部众和袭爵事务事例的记载略多于喀尔喀部。顾实汗第三子支脉下西后旗郡王“康熙三十年，达颜嗣……五十七年卒。子旺舒克喇布坦嗣。六十一年卒。无嗣。达颜妻玉木楚木察罕达喇请以达颜弟噶勒丹岱青诺尔布之子达什车凌嗣。诏降固山贝子。噶勒丹岱青诺尔布初为闲散台吉。雍正二年……叙功，封固山贝子，世袭罔替。（注：青海世爵自此始）噶勒丹岱青诺尔布寻卒。其妻请以达什车凌并袭之。诏从优加恩，并两贝子爵为贝勒，仍世袭罔替。”[②]顾实汗第四子支脉下，第三子“达尔巴之孙车凌惇多布孤幼，母楚克赉纳木札勒以所属唐古特兵万从军”，在康熙五十七年准噶尔袭藏时助清讨伐。[③]又，“罗卜藏达尔札，号车臣岱青。父卓哩克图岱青，顾实汗次子鄂木布之次子也。康熙三十六年，和硕特诸台吉入觐，罗卜藏达尔札幼，不获至，母阿勒达尔以闻，诏封辅国公。”[④]另有青海扎萨克辅国公阿喇布坦札木素实逝世后无子嗣，弟之子礼塔尔袭位。

这两种汉籍史料和《题本》揭示的清代蒙古各部具有同样的基本模式：青海蒙古贵族妇女的强势参与特征最为突出，喀尔喀蒙古亦存旧日女性参与传统。这些女性不但在承袭事务中有发言权，在爵位过渡期有部众统领权，其建议也都被朝廷采纳。

总之，《题本》所提供的种种实例是目前考察清代蒙古盟旗制度中爵位承袭事务的坚实历史依据，也是探讨蒙古贵族女性参与承袭政务的可靠事实来源，并由于审视件数高达二百有余，对其综合分析并以汉籍文献佐之而得出的结论具有重要参考价值。

结　论

历史上蒙古社会稳定之一大关键，是亡故领袖身后的汗位或爵位承袭。每一代的交替，顺度则安，逆惑则乱，且权利过渡时期贵族女性，或作为妻子或作为母亲，在夫亡子逝之后的政治地位尤其突出。对于十八世纪编入清代盟旗制度中的各部蒙古，由爵位承袭而保持的部族整体延续亦密切关系大体以原部族为基础的旗、盟之社会稳定。《题本》揭示，清代前期蒙古各级爵位承袭由于征战、瘟疫、疾病诸种原因而周期频短，并大量亡故持爵者是在子嗣幼冲或童年、少年之龄患病而突发性过世，爵位承袭人往往没能在持爵者有生之年由官方确认。因此，袭爵事务成为清朝蒙古管理当中相当频繁的政务。在此政务实行的过程中，经常有持爵者妻、母仍旧沿袭着成吉思汗时代以来蒙古女性权利和地位的一线传统，参与甚至主导袭爵事务。这种主导作用体现在通过旗盟官制体系与朝廷沟通，或帮助实现持爵者临终人选遗愿，或自主推荐人选，并在爵位承袭的过渡时期维护着部族内部的社会稳定。

《题本》的总体记载和两种汉籍史料的互证展示，在清朝前期盟旗制中的蒙古各部，身为有爵之妻的贵族女性对承袭政务的参与在内蒙古已不明显，主要反映的是下嫁满洲皇女的特权，并且乾隆五年“厄鲁特扎萨克多罗郡王阿保病故请准其次子承袭本”中，

① 《蒙古游牧记》，255 页。
② 《蒙古游牧记》，288 页。
③ 《蒙古游牧记》，289 页。
④ 《蒙古游牧记》，301 页。

身为皇女的阿宝妻也只是在为两幼儿尽母责时出面呈请，词语平和，不涉取舍，全无青海蒙古女性在候选人的推举中陈辞直悍，我求必果的语势。女性参与爵位承袭事务的传统在乾隆时期的喀尔喀蒙古颇有遗留，但实例极其有限，绝大多数题本反映的是男性主导的盟旗官制体系承担承袭决策。青海蒙古的题本件数少，但女性参政比例高，强势重，为青海蒙古独树一帜之亮点。

由于清代蒙古爵位到乾隆时期已完全由清朝廷在盟旗的管理体系中封准，爵位的承袭便成为管理盟旗之要政，并是维护边疆，稳定蒙古，保持多民族统一国家至要内容。盟旗制度是清代在蒙古各地区建立的新式国家制度，制度体系内对蒙古的传统有因袭也有改造，以保证纳入大清帝国的蒙古各部不因爵位传承而祸起萧墙。在这个制度中，蒙古爵位传承的常规程序，是由朝廷册封的盟旗官员，有时或经区域将军，逐级把爵位候选人提交中央专管机构理藩院，经理藩院调查，核实，审理后，依据清朝典制条文，拟定推举结论，题报皇上，皇上裁决后，由礼部撰写 abdangga fungnehen（册书）或 ulhibure fungnehen（诰命），理藩院通过地方将军、盟旗系统逐级落实承袭任命。和清代以前蒙古内部黄金家族血缘脉系决定的贵族身份不同，满族皇帝视军功、联姻而晋封的清代贵族（亲王、郡王、贝勒、贝子、镇国公、辅国公等）、盟旗官员（盟长，管旗扎萨克、协理台吉、参领，佐领、骁骑校等），与原蒙古的汗王和台吉贵族相结合，形成了纳入盟旗管理系统中的贵族上层世代延续的承袭体系。这个承袭体系很大程度上亦是官职和政务体系。这个体系的所有职位皆只授与蒙古男性成员，不给女性留有以自身官爵参与政务的机会。但蒙古的传统却仍然把有爵贵族的妻、母放置在特定条件下的政治主导地位，认可她们的权利和领导地位。这个传统解释了为什么贵族妇女仍在某些盟旗化了的部族中发挥作用，特别是在承袭事务中占有关键的一席之地。理藩院和乾隆帝对她们的承袭人选推举均表示赞同，实际反映了清朝廷对此蒙古传统的认可和尊重。

《题本》对内、外蒙古，青海和辉特蒙古的记载，又综合地反映着不同蒙古部族对贵族女性参政传统不同程度的延续。自成吉思汗以来的蒙古历史，由婚而贵之女性的领导地位有不少实例。十七世纪满族兴起并主导中原前后，此类蒙古妇女的领导地位也在史料记载中频频有数。乾隆年间青海蒙古袭爵事务中贵族女性的主导作用在这两个大背景中都不算特殊，属于保持性权利。但和同时期大量题本中其他蒙古各部、旗的袭爵事务比较，青海蒙古贵族女性的强势和朝廷对之给予的尊重则颇显突出。在承袭决定权主要掌握在官系男性手中的大趋势下，青海蒙古的女性强势是 18 世纪历史时期的一大特色。对这一大特色的比较研究一直还是一个不甚开发的课题。由《题本》出世而给这一课题探讨打开的新门，大大促进了学术界对清代盟旗制度中蒙古社会的认识。

从更宽的角度审视蒙古参政妇女的作用，婚姻给她们带来的贵族身份，夫爵赋予她们在部族（清代已是盟旗）政务中的地位，族众对她们的倾心拥护，朝廷对她们的认可甚至托以重望，都使她们在蒙古的久远传统和新式盟旗制度的结合中，对清朝的边疆稳定作出了特有的、但还远未写入史册的贡献。

（贾宁，女，满族，美国爱荷华州中心学院历史系教授。Central College, 812 University St., Pella, IA 50219 USA. 研究方向：清史）

清代蒙古律的适用范围及其文本

达力扎布

内容提要：清朝通过立法管理蒙古地区，保证了北部边疆的稳定，同时把蒙古律施行于理藩院管辖的今青海、四川北部和西藏北部的“番子”，东北的达呼尔、索伦，新疆哈密、吐鲁番的“回子”，在管理边疆民族方面发挥了重要作用。蒙古律的文本也多次修订，有若干版本。

清廷通过制定蒙古法律规范外藩蒙古的军事、行政、司法和社会生活，使外藩扎萨克在办理旗内事务及审理刑狱时有法可依，并依法对其进行监督和管理。蒙古律除适用于外藩蒙古之外，还施行于理藩院管辖的其他民族。为适应对蒙古地区统治的需要，理藩院不断制定和颁布新条例，多次修订蒙古《律书》的文本，从而形成了诸多版本。以往对蒙古律的适用范围及该律的修订关注较少，本文略加论述。

一

蒙古律是清朝为外藩蒙古制定的法律。天聪三年（1629）正月，清太宗颁布敕谕于已归附的漠南蒙古诸部，令其接受后金法律。之后不断颁布法令、法规于漠南蒙古诸部。崇德八年（1643），理藩院将清太宗时期（1627-1643）颁布的法令、法规整理编纂为一部法典——蒙古《律书》，颁发给外藩蒙古施行。[①]清朝定都北京之后，继续实行以法治理蒙古的政策，制定和颁布有关外藩蒙古的法令，并多次修订蒙古《律书》。清代称为外藩蒙古制定的法律为“蒙古律”或“蒙古例”。以《蒙古律例》为例，其内容包括官衔、户口差徭、朝贡、会盟行军、边境哨卡、盗贼、人命、首告、捕亡、杂犯、喇嘛例、断狱等十二类，全面规范了外藩蒙古的军事、行政、司法以及社会生活。理藩院将蒙古《律书》颁发给外藩蒙古各扎萨克和协理台吉，令其依法办理旗内事务和审理刑狱。

清代，蒙古律除适用于外藩蒙古之外，亦施行于理藩院所属的内属蒙古及边疆其他民族。由于各种原因，蒙古律在其他民族施行时间长段不一，形式不同。

（一）蒙古律适用于边外八旗游牧察哈尔和归化城土默特

清朝入关前就在边外八旗游牧察哈尔和归化城土默特施行蒙古律。康熙朝《大清会典》记载：“国初定，边内人在边外犯罪，照内律，边外人在边内犯罪，照外律，八旗

①见拙文《清朝入关前对蒙古立法初探》，载方铁、邹建达主编：《中国蒙元史学术研讨会暨方龄贵教授九十华诞庆祝会文集》，北京：民族出版社，2010年，第221-238页。

游牧察哈尔蒙古、苏鲁克人等俱照外律治罪。”[①]边外指长城外，所谓边外律即蒙古律。乾隆七年（1742）又定，“嗣后，八旗游牧察哈尔蒙古盗牲畜及犯别项罪名者，皆照蒙古律，如蒙古律所未载，照刑部律办理。”[②]乾隆二十六年（1761），清廷设立察哈尔都统管理八旗游牧察哈尔，停其归京师八旗蒙古都统管辖。[③]归化城土默特左、右翼两旗在清初两翼都统世袭，属于内扎萨克四十九旗，参加会盟和朝贡，施行蒙古律。乾隆十九年（1754）、二十四年，清廷分别取消土默特右翼和左翼都统的世袭制，乾隆二十八年，将土默特两翼旗归绥远城将军直接统辖，改为内属旗。[④]八旗游牧察哈尔和归化城土默特的管理体制虽然发生变化，仍然施行蒙古律。[⑤]

（二）蒙古律施行于理藩院管辖的其他民族

1. 蒙古律变通施行于青海、四川和西藏北部的“番人”

雍正二年（1724），清朝统一青海，取消青海和硕特蒙古对今青海、四川北部和西藏北部番部（今藏族部落）的统治，实行蒙、番分治。在和硕特等部编设二十九旗，推行盟旗制度，将原附属于和硕特的番部分别划归地方管辖，今青海玉树一带二十九族番人划归西宁办事大臣管理，西藏北部纳克舒地区三十九族番人归西藏办事大臣管理，四川西北松潘地区番人归四川雅州府管辖。在番地设立千户、百户组织，推行会盟制度。雍正十一年（1733），清廷命革职留任的西宁办事大臣达鼐从《理藩院律书》中选录66条编辑成册，并译为藏文，颁发给各部番人施行。此律无正式名称，汉文称之为《番例》，亦称作《夷律》、《番夷律例》、《番夷章程》、《番例条款》、《番夷成例》、《西宁青海番夷成例》等。[⑥]《番例》包括行政、军事、刑法等内容，其条目是直接从《理藩院律书》摘录的，内容完全一致，只是把蒙古王、公、台吉、旗内官员名称相应改为番人千户、百户等，罚马改为罚犏牛，减少了罚牲畜的数量。后增两条，共68条。雍正十二年八月，协理西宁办事大臣郎中三达里，召集玉树、纳克舒“番人”会盟，颁发《律例》，同年颁发给四川松潘等地的“番人”。此后在“番人”中施行《番例》至清末，民国政府亦承认其法律效力。[⑦]

2. 蒙古律施行于达呼尔、索伦部落

清初，达呼尔、索伦部落（今达斡尔、鄂温克族人）归附之后，归理藩院管辖。理藩院依据“理藩院所定律书”即蒙古律审理两部刑狱。康熙二十二年（1683）黑龙江

①康熙朝《大清会典》卷145《理藩院・刑例》，台北：文海出版社，1993年，第7079页。光绪朝《大清会典事例》记载：“国初定边内人在边外犯罪，依刑部律，边外人在边内犯罪，依蒙古律，八旗游牧察哈尔蒙古、牧厂人等有犯，均依蒙古律治罪。”（光绪朝）《清会典事例》卷994《理藩院・刑法》，北京：中华书局，1991年，第1254页。

②（光绪朝）《清会典事例》卷994《理藩院・刑法》，第1262页。

③拙文《清代八旗察哈尔考》，载《明清蒙古史论稿》，北京：民族出版社，2003年，第316-333页。

④王玉海：《归化城土默特二旗内属问题》，《蒙古史研究》，第五辑，呼和浩特：内蒙古大学出版社，1997年，第232-238页。

⑤现存大量案例，见中国人民大学国学院西域历史语言研究所、中国第一历史档案馆编：《清前期理藩院满蒙文题本》，呼和浩特：内蒙古人民出版社，2010年。仅举几例，有关八旗察哈尔案例，卷8题本第50，第315-321页；卷10题本第39，第516-518。有关土默特案件，见卷4题本第56，第451-463页；卷13题本第28，第383-398页。

⑥目前未见到《番例》藏文本，汉译本有六种，即乾隆雅州府志本，国家图书馆藏清抄本，民国二年（1913）大河日报社铅印本，民国八年（1919）周希武《玉树调查记》附本，申报馆印本和刘翰华手抄本。

⑦见拙文《〈番例〉渊源考》，《青海民族大学学报》，2012年第2期，第15-21页。

将军设立之后，清廷从布特哈打牲部落征召部分达呼尔、索伦人丁编设牛录，安插于将军辖下瑷珲、墨尔根、齐齐哈尔等城的驻防八旗，至康熙三十年（1691），又将留居原地的达呼尔、索伦人划归黑龙江将军管理。自康熙二十三年起，在达呼尔、索伦部落改行内地法规，首先是编入黑龙江驻防八旗的达呼尔、索伦官兵，随后是转归黑龙江将军直辖的布特哈牲丁，至康熙三十四年，清政府完全以内地满、汉兵民所遵行的律令规章来处理达呼尔、索伦的一切司法事务。①乾隆十四年（1749）规定，“凡打牲索伦在蒙古地方偷窃四项牲畜者，照蒙古例分别首从定拟。”②即打牲索伦人若在蒙古地方偷窃牲畜，仍照蒙古律治罪。

3. 蒙古律施行于哈密、吐鲁番的“回子”

清人称新疆维吾尔族为“回部”或“回子”。康熙三十五年（1696），哈密归附清朝，康熙五十九年（1720），吐鲁番归附清朝，清廷在哈密、吐鲁番先后推行外藩蒙古扎萨克制度。③雍正四年（1726），清廷委派理藩院理事司官驻哈密办理事务，乾隆元年（1736），又派理藩院理事司官驻瓜州，办理移驻瓜州的吐鲁番回子事务。④理事司员皆依蒙古律办理回子事务和审理刑狱。⑤乾隆二十三年（1758），清朝统一新疆，设立驻哈密办事大臣，撤回了理藩院驻哈密理事司员和笔帖式。⑥乾隆二十四年（1759 年），又设立驻辟展办事大臣，⑦撤回了驻瓜州办理回子事务理事司官和笔帖式。之后各办事大臣以《大清律例》审断哈密、吐鲁番的命盗重案。⑧同时以理藩院制定的《回疆则例》办理事务。

理藩院的前身是“蒙古衙门”，专门管理外藩蒙古事务，其制定的法律即蒙古律，其文本称作蒙古《律书》，康熙三十三年后，题名为《理藩院律书》。顺治年间俄罗斯势力向东扩张至黑龙江流域，达呼尔、索伦南迁归附清朝，之后清朝统一青海、西藏和新疆地区，理藩院职能随之扩展，不仅管理外藩蒙古，还管理西藏及西北地区的喇嘛事务，青海、四川和西藏北部的“番子”，新疆的“回子”和厄鲁特事务，以及俄罗斯事务。理藩院以本院法规处理藩属部落事务时，将蒙古的政治制度和法律推行于新藩属的一些部落，使蒙古律的适用范围得以扩大。清代实行蒙汉分治政策，蒙古律是适用于蒙古的特别法律，同时适用于在蒙古地区犯罪的民人（汉人）和其他民族。如乾隆二十六年定，

① 以上参见金鑫：《清代达斡尔、鄂温克两族所适用的法律》，《满语研究》，2013 年第 2 期，第 122-127 页。

② 島田正郎著：《清朝蒙古例の實效性の研究》——東洋法史論集，第七，東京：創文社，1992 年，第 287 頁。

③ 包文汉、奇・朝克图整理：《蒙古回部王公表传》卷 108《哈密回部总传》，第一辑，呼和浩特：内蒙古大学出版社，1998 年，第 684 页；卷 110《吐鲁番回部总传》，第一辑，第 695-698 页。

④ 乾隆朝《大清会典则例・理藩院则例》稿本，《柔远清吏左司・驻扎》条，见美亚沙、经莉、陈湛绮主编：《理藩院公牍则例三种》第一册，北京：全国图书馆文献缩微复制中心，影印本，2010 年，第 141-143 页，第 146 页。

⑤ 见拙文：《清代审理哈密和吐鲁番回人命案的两份满文题本译释》，载达力扎布主编《中国边疆民族研究》第七辑，北京：中央民族大学出版社，2013 年，第 92-128 页。另一份题本为《兼管理藩院事务大学士傅恒等题报恭奉恩诏应赦免各案蒙古人犯情由本》，乾隆二十年六月二十三日，前引《清前期理藩院满蒙文题本》，第 5 卷，518-525 页。

⑥ 乾隆二十六年八月初一日《哈密办事大臣永宁等奏请颁赏哈密办事大臣关防折》，见中国边疆史地研究中心、中国第一历史档案馆合编：《清代新疆满文档案汇编》，影印本，桂林：广西师范大学出版社，2012 年，第 52 册，第 232-233 页；乾隆二十六年《口口口奏报哈密等处所派理藩院章京等职全部撤除片》，第 64 册，第 78 页。

⑦ 《清朝文献通考》卷 191，《兵十三・藩部各旗》，第二册，杭州：浙江古籍出版社，2000 年，第 6541 页；乾隆四十四年裁辟展办事大臣，改设吐鲁番领队大臣，《清朝文献通考》卷 191，第 6541 页。

⑧王东平：《清代回疆法律制度研究》，哈尔滨：黑龙江教育出版社，2003 年，第 172-193 页。

"民人在蒙古地方犯事照蒙古律治罪"[①]；乾隆十四年定，打牲索伦人在蒙古地区偷窃亦照蒙古律治罪。"番人"偷窃邻近蒙古人牲畜亦依照蒙古律审决。[②]

二

清太宗崇德八年理藩院编纂了第一部蒙古《律书》，此后理藩院为适应蒙古地区社会发展和管理的需求，不断制定新法规，颁布各旗施行。过数年之后，对蒙古《律书》修订一次，增入已颁发的条例，刻版印刷后颁发给各旗，由此形成了多种版本，名称虽有变化，都是蒙古律的文本。以下介绍本人所知蒙古《律书》的修订本。

（一）康熙年间的两种修订本

1.《康熙六年增订蒙古律书》

康熙六年（1667），理藩院题请修订崇德八年蒙古《律书》，以增入顺治年间制定的新法规。修订后的《律书》题名为：engke amuγulang-un jirγuduγar on-u qaγučin jasaγ-un bičig-dür nemeju toγtaγaγsan jasaγ-un bičig（即《康熙六年增订蒙古律书》）。收例 113 条，未分类、分卷，中国第一历史档案馆藏刻本一部。[③]

2.《理藩院律书》[④]

康熙三十年（1691），喀尔喀归附清朝。第二年，理藩院题请颁给喀尔喀各扎萨克每人一部蒙古《律书》，以便于管理其部众。[⑤]此后奉旨编辑蒙古《律书》。蒙古国国立中央图书馆手抄本收藏部藏有一部刻本。原书题签为：γadaγa-du mongγol-un törö-yi jasaqu [yabudal-un yamun-u] čaγajan bičig（即《理藩院律书》），收例 152 条，不分卷，其中保留《康熙六年增订蒙古律书》113 条例文中的 106 条，删减了七条，新增 46 条。[⑥]其中最后一条《外藩蒙古回部流放宁古塔之人今后发配南方各省总督下充军》定于康熙三十三年。

（二）乾隆年间有五种修订本

1. 乾隆六年（1741）本

乾隆五年开始修订，第二年完成。[⑦]该本仿乾隆五年修成的《大清律例》，题名为

---

① 《蒙古律例》卷十二，故宫博物院编：《故宫珍本丛刊》第 334 册，北京：海南出版社，2006 年，第 178 页。

② 乾隆五十九年六月初五《管理理藩院事务大学士和珅等题议青海番子宗堆等偷盗马匹按律拟罪发配云南等地本》，《清前期理藩院满蒙文题本》第 23 卷，题本第 7，第 65-74 页。

③宝音德力根、乌云毕力格、吴元丰主编：《清内阁蒙古堂档》第 22 卷，北京：内蒙古人民出版社，2005 年，第 263-360 页。

④ 现藏蒙古国国立中央图书馆，其条例最晚一条为康熙三十三年闰五月奏准，V. A. 梁赞诺夫斯基认为是康熙三十五年成书，见[美] V. A. 梁赞诺夫斯基：《蒙古慣習法の研究》，第四章第二节，《康熙帝 1696 年蒙古法典》，東亞經濟調查局刊，1935 年，见第 113-114 页。仅依据 Ц. Ж. 扎姆察拉诺的推测。清代刊印蒙古律书，除《康熙六年增订蒙古律书》之外，都不署修订和刊印日期，暂以各本中署有制定时间的条例中最晚的一条大致推定其完成和刊印时间。

⑤ 雍正朝《大清会典》卷 222《理藩院二·刑例》，台北，文海出版社影印本，1995 年，第 14441 页。

⑥ 拙文《康熙三十五年〈蒙古律例〉研究》，载中央民族大学历史系主办：《民族史研究》第 5 辑，北京：民族出版社，2004 年 4 月，第 97-118 页。

⑦《清高宗实录》卷 126，乾隆五年九月乙亥条；卷 156，乾隆六年十二月丙午条，第 1241 页。北京：中华书局，1986 年，第 843 页。

《蒙古律例》（mongγol čaγajan-u bičig）。[①]此本完成后，盛京刑部侍郎兆惠奏请将其译为满文，以便于使用，《清高宗实录》乾隆七年五月甲申条记载：

> 盛京刑部侍郎兆惠奏：查科尔沁蒙古人等前抵奉天，遇有命盗案件，向由将军审明报部。经乾隆三年奉天将军博第奏准，移咨盛京刑部，即照蒙古条例定拟，缮摺具奏。但臣部所有蒙古条例，皆系蒙古字样，并未繙清。臣部虽有蒙古司员，不识蒙古文字，恐是非莫辨，关系匪轻。请令理藩院将蒙古条例繙清，以裨引用。得旨。如所请行。下部知之。[②]

此本仅见于文献记载，对其卷数、条例数，是否有满、汉文本均不得而知。

2. 乾隆三十一年（1766）本

现存汉文刻本，十二卷，一函，四册，收例189条。卷六《台吉三次犯窃应议罪》一条为乾隆三十一年增订条。故宫博物院图书馆藏汉文刻本一部。[③]中央民族大学图书馆亦有此刻本，一函，四册。[④]内容分为官衔、户口差徭、朝贡、会盟行军、边境哨卡、盗贼、人命、首告、捕亡、杂犯、喇嘛例、断狱等十二类，每类一卷，共十二卷。此后《蒙古律例》的各种版本的题名、版式、卷数都相同。以理推之，此时应有蒙古文、满文和汉文三体文本。

3. 乾隆三十九年（1774）本

现存汉文刻本，十二卷，一函，四册，收例193条。卷八《蒙古等妄行越诉诬告》一条是乾隆三十九年制定。国家图书馆普通古籍馆藏汉文刻本一部，[⑤]相同本子有中国社会科学院法学研究所收藏本，[⑥]京都大学文学部所藏桑原文库本和东洋文库本。[⑦]

4. 乾隆四十六年（1781）本

蒙古文抄本，据其内容和修订时间，应有此刻本，目前未发现汉文本。卷一《顺治年以前康熙年以后王公台吉等子嗣分别袭职》条署乾隆四十六年。国家图书馆和中央民族大学图书馆各藏蒙古文《蒙古律例》抄本一部，十二卷，一册，收例197条。

5. 乾隆五十四年（1789）修订本，

现存满文、汉文和蒙古文刻本。十二卷，一函，四册，收例209条。卷六《蒙古等偷窃四项牲畜合计次数拟罪》条所署时间为乾隆五十四年。国家图书馆藏汉文刻本一部，还有东京大学附属东洋文化研究所藏大木文库本，台北“中央研究院”历史语言研究所傅斯年图书馆藏本；法国巴黎国立图书馆藏有满文刻本、蒙古文抄本。[⑧]蒙古国中央档

---

① 島田正郎著：《清朝蒙古例の研究》——東洋法史論集第五，東京：創文社，1982年，第131-132頁。

②《清高宗实录》卷167，乾隆七年五月甲申条。

③ 影印本见故宫博物院编：《故宫珍本丛刊》，第334册，海口：海南出版社，2006年，第128-179页。

④ 中央民族大学图书馆藏，索书号：线473.8/0527/1（1-4册），《蒙古律例》。

⑤ 《中国珍稀法律典籍集成》所收为同一本，而将《偷窃皇上围猎临幸营盘马匹治罪》一条从《偷窃四项牲畜者计赃分别绞遣》条内分出，成为194条，见刘海年、杨一凡总主编、张锐、徐立志主编：《中国珍稀法律典籍集成》丙编第二册，北京：科学出版社，1994年，第336页。

⑥ 苏亦工著：《明清律典与条例》，北京：中国政法大学出版社，2000年，第82页。

⑦ 见島田正郎著：《清朝蒙古例の研究》《總論・蒙古律例の諸本》，第155頁。

⑧ 见島田正郎著：《清朝蒙古例の研究》，《總論・蒙古律例の諸本》，第159-160頁。

案馆藏蒙古文刻本一部。[①]

6. 嘉庆二十年（1815）重印乾隆五十四年本，十二卷，一函、二册，附新增例文23条。[②]中央民族大学图书馆藏汉文刻本一部；还有国学文库本、台北广文书局影印本[③]。

乾隆朝《蒙古律例》几种版本的条目数字

卷数	名称	31 年本	39 年本	46 年本	54 年本
1	官衔	17	17	19	24
2	户口差徭	22	24	24	23
3	朝贡	9	9	9	9
4	会盟行军	12	12	12	13
5	边境哨卡	17	17	17	17
6	盗贼	29	29	31	35
7	人命	10	10	10	10
8	首告	6	5	5	5
9	捕亡	18	19	19	20
10	杂犯	18	18	18	18
11	喇嘛	6	6	6	6
12	断狱	25	27	27	29
总数		189	193	197	209

嘉庆年间，理藩院撰修本部门则例《理藩院则例》之后，不再修订《蒙古律例》文本，《理藩院则例》替代《蒙古律例》成为蒙古律的文本。按清代各部门则例十年一次修订的规定，不断修订《理藩院则例》，增入新订和修改的例文，刊印后颁发给各旗施行。蒙古《律书》和《蒙古律例》与《理藩院则例》都是有关蒙古事务的综合性法规，蒙古《律书》和《蒙古律例》只收录与外藩蒙古各扎萨克旗事务直接相关的条例，是颁行内外扎萨克遵照办事断案的法律文书，而《理藩院则例》则收入与理藩院所管事务相关的全部规定和条例（《回疆则例》除外），包括了理藩院本衙门的办事规定，以及有关西藏、新疆和俄罗斯事务的条例。前者是专门颁发给蒙古的法律，后者是部门则例，性质和用途不同，而作为清代蒙古法的文本，都是蒙古律或蒙古例的载体，在内容和性质上是一脉相承，[④]《清史稿》记载："若蒙古治罪条例，载诸《理藩院则例》。"[⑤]

（三）《理藩院则例》的初修本与四次修订本

1. 嘉庆初修本

① 拙文《〈蒙古律例〉及其与〈理藩院则例〉的关系》，载《清史研究》，2003 年第 4 期，第 4 页。

② 中央民族大学图书馆藏本，见《蒙古律例·回疆则例》，北京：全国图书馆文献缩微复制中心出版，1988 年。

③ 島田正郎著：《清朝蒙古例の研究》《總論·蒙古律例の諸本》，第 161 頁。

④ 拙文《略论〈理藩院则例〉刑例的实效性》，载《元史及民族与边疆研究集刊》，第 26 辑，上海古籍出版社，2013 年，第 102-117 页。

⑤ 赵尔巽等撰：《清史稿》卷 142《刑法一》，第 15 册，北京：中华书局，1976 年，第 4189 页。

嘉庆十六年（1811），理藩院获准修撰本部门则例——《理藩院则例》，托津等撰《钦定理藩院则例》于嘉庆二十年完成汉文本，二十二年完成满文、蒙古文本，[①]共六十七卷，收例 713 条。《理藩院则例》是在乾隆五十四年《蒙古律例》基础上编纂而成，扩充了内容，增入了理藩院本部门的一些规定，以汉、满、蒙三种文本颁行。[②]中央民族大学图书馆藏汉文刻本一部，内蒙古自治区图书馆藏满文刻本一部，国家图书馆藏蒙古文刻本一部。[③]

2. 道光七年（1827）本

《理藩院则例》于道光三年修订，道光七年完成。托津等撰《钦定理藩院则例》六十三卷，收例 1454 条。有满、蒙、汉三种文本，[④]存世情况不详。

3、道光二十三年（1843）本

道光十三年再次修订，至道光二十三年完成。赛尚阿等撰《钦定理藩院则例》六十三卷，收例 1567 条。有满、蒙、汉三种文本，道光二十三年三体字本全部完成。故宫博物院图书馆藏汉文刻本一部、[⑤]中央民族大学图书馆藏汉文刻本一部。内蒙古社会科学院图书馆藏蒙古文刻本一部。[⑥]故宫博物院图书馆、中央民族大学图书馆各藏满文刻本一部。

4. 光绪十七年（1891）本

光绪十六年修订，于十七年完成。松森等撰《钦定理藩院则例》六十六卷，1606 条。有满、蒙、汉三种文本。中央民族大学图书馆藏汉文刻本一部。[⑦]

5. 光绪三十四年（1908）排印本

光绪三十四年将十七年本活字排版重印，更名《理藩部则例》，改定了其中的“部院名目”。[⑧]

综上所述，蒙古律作为清代蒙古衙门及理藩院的法规，不仅执行于外藩蒙古，而且施行于理藩院管辖的内属蒙古，变通施行于青海、四川北部和西藏北部的“番子”，还曾经施行于东北的达呼尔、索伦，新疆哈密、吐鲁番的“回子”，在清代管理边疆民族事务方面发挥了重要作用。理藩院对蒙古律的文本也经过多次修改增订，目前保留下了不同时期的版本，是研究清代蒙古族历史以及边疆民族历史的重要史料。

（达力扎布，男，1955年生，历史学博士，中央民族大学历史文化学院教授，北京，100081）

①见《原修则例原奏》（嘉庆二十二年十月二十七日）、《原修则例原奏》（嘉庆二十三年十二月二十八日），见道光朝《理藩院则例》，《故宫珍本丛刊》第 299 册，第 7-10 页。

② 刘广安著：《清代民族立法研究》，北京：中国政法大学出版社，1993 年，第 14-15 页。

③ 托津等撰：《钦定理藩院则例》，63 卷，嘉庆二十三年刊本，中央民族大学图书馆藏本。蒙古文本已整理出版，见包银海校注：《理藩院则例》（蒙古文），北京：民族出版社，2006 年。

④ 《续修则例原奏》（道光七年九月十一日），道光朝《钦定理藩院则例》，《故宫珍本丛刊》第 299 册，第 17-19 页。

⑤ 道光朝《钦定理藩院则例》，《故宫珍本丛刊》第 299-300 册。

⑥ 见尼日拉图、金峰校注：《理藩院则例》（蒙古文）上、下册，海拉尔：内蒙古文化出版社，1989 年。

⑦ 松森等撰：《钦定理藩院则例》，66 卷，光绪十七年刻本，中央民族大学图书馆藏。

⑧ 西藏社会科学院西藏学汉文文献编辑室编辑：《西藏学汉文文献汇刻》第三辑《钦定理藩部则例》，全国图书馆文献缩微复制中心，1991 年；张荣铮等校注：《钦定理藩部则例》，天津古籍出版社，1988 年。

浅谈东科寺活佛在蒙藏关系史上所发挥的重要作用

韩官却加

内容提要：藏传佛教格鲁派自明朝万历年间开始传入蒙古各部后，为了将其永久性地传播和植根于蒙古民族和蒙古地区，历辈东科尔呼图克图作为达赖喇嘛的代表，为之做了不懈的努力。格鲁派之所以能够在明末清初得到和硕特蒙古部首领固始汗的军事支持，这与东科尔活佛早期在漠西厄鲁特部弘传佛法有着密不可分的关系。

青海省不仅是我国历史上一个多民族汇聚、分布的地区，同时也是我国西部一个重要的多民族文化传播的交汇地和聚焦区，还是我国历史上著名的“唐蕃古道”的必经之地。尤其是明朝万历年东蒙古部首领俺答汗与藏传佛教格鲁派领袖三世达赖喇嘛索南嘉措在青海仰华寺的会晤，揭开了藏传佛教格鲁派弘传蒙古地区的序幕和蒙藏关系发展的新篇章。青海作为格鲁派创始人宗喀巴的故乡，在格鲁派向蒙古民族和蒙古地区的传播中发挥了桥梁和纽带的作用，一代又一代的格鲁派高僧以青海为根据地，历经千难万险，打破了民族与地域的界限，来回穿梭于蒙藏地区，最终将藏传佛教格鲁派传播和扎根于蒙古民族之中，并以其为纽带，将这两个民族紧紧地联系在一起。蒙藏两族的文化在这里交汇共鸣和传播发展，使得蒙古族这个昔日称雄世界的强悍民族，在藏传佛教的熏陶下，一改过去勇往善战的剽悍心理，开始在佛教慈悲为怀的神光中寻找比较和平的发展路经。在藏传佛教格鲁派弘传蒙古地区过程中，东科寺及其活佛系统发挥了重要的作用。

一

东科寺位于青海省湟源县城西南30余公里处日月藏族乡的寺滩村，在日月山北麓(黑山)与东科河的南岸。东科寺亦称“东科尔”、“洞阔尔”“丹噶尔”等，是藏语的音译，藏语全称为“东科尔具善法轮洲”，据称其佛号来源与东科寺第一世活佛的出生地有关，现名称之为“东科尔佛教讲修洲”。寺院坐北朝南，属于藏传佛教格鲁派寺院。寺滩村为藏汉民族共同杂居的村庄，主要信仰藏传佛教格鲁派。

东科寺与四川甘孜的东谷寺(亦称东科寺)有着重要的渊源关系。东谷寺，位于四川甘孜县东北部，距县城60公里，这里原来是一片水草丰茂、鸟兽聚集且荒无人烟的草原而得名“东谷”。后来被青海霍尔人开发定居。这里的霍尔人据称与明朝中期西居青海进而入居该地的西蒙古部众有很大关系，如西套蒙古小王子等部最后都入居到这些地方。这里的原住民藏族，跟古代一样称来自北方的蒙古人为“霍尔”，并在他们的人名或地名前冠加“霍尔”，如甘孜也称“霍尔甘孜”，这与青海一些藏区的蒙古族人名前冠以“苏合”一样，以区别于原住藏族居民。东谷寺是康区最早建立的蒙古族格鲁派寺院。东谷地方后来由霍尔东谷土司管辖，并逐步发展到千寨，“东谷”也有“千寨地”之意。由于藏语地域方言翻译差别的原因，“东谷寺”在青海就称之为“东科寺”。

东谷寺，于藏历第八个绕迥木马年（1474 年）由东谷寺第一世活佛达瓦嘉措在康区甘孜东谷地方建成，法名“桑钦多杰林”，属格鲁派（黄教）寺庙。1655 年，五世达赖喇嘛派其弟子霍尔曲吉昂翁彭措到康区霍尔地区，修建格鲁派寺庙，以弘扬格鲁派施主固实汗之功德，1662 年昂翁彭措对原有的东谷寺进行了扩建，成为当时霍尔十三寺之一。由于康区东谷寺，特别是青海东科寺在蒙藏历史上与中央王朝接纳关系方面所发挥的重要作用，寺院分别受到统治阶级的拢宠和赏赐，汇聚了许多珍贵宝物，陆续送归母寺集中保存。所以，该寺成为目前当地珍贵文物保存比较集中的寺院之一。

青海东科寺在清顺治三年(1646)，四世东科尔活佛多居嘉措（嘉样嘉措）入藏朝拜，并向五世达赖和固实汗建议在河湟地带划地建寺弘法，同意后指派他来安多建寺弘法。顺治五年(1648)，于今青海省湟源县城垣东门外始建东科尔寺，寺名藏语称“东科噶丹曲科岭”，意为“东科尔具善法轮洲”[①]，应该说它就是康区东谷寺在青海地区所建的分寺，简称东科尔寺。为了便于区别康区的东科寺（东谷寺），又称西宁东科寺。因得到和硕特蒙古王固实汗的大力支持，划青海湖东南(今湟源县)部一带的多卡尔、多查子、库苦库图、道达耶、哈拉库图、日月山、塔尔湾库图、拉萨札子（皆为湟源辖区）等地作为东科尔寺的溪卡，并颁有金印卷书为凭。[②]自此，凭借五世达赖喇嘛和当时掌握青藏高原实权的和硕特蒙古汗王固实汗的大力支持，东科寺在青海地区的地位得以迅速提高，并且也成为东科尔活佛的根本寺院。

雍正元年(1723)青海蒙古王罗卜藏丹津举兵反清，东科尔寺毁于兵燹，其遗址在今湟源县城东百米处，当地称作“旧寺台”。乾隆元年(1736)，由东科寺五世活佛索南嘉措于今湟源县日月山北麓(黑山)与东科河南岸寺摊村重建东科尔寺，乾隆皇帝特赐金匾“特普天邪丹书林”又赐名“嘉善寺”。寺院占地约 30 亩，所建正殿大经堂 5 间，耳殿 2 间，正门 5 间，均为柏木地板，松木天花板，门扇装饰有兽头铜环，金钉镶嵌。佛祖释迦牟尼，文殊、普贤菩萨及宗喀巴等均为镀金铜像。殿柱红底金龙缠绕，各种佛像千姿百态，巧夺天工，还有许多宝幡佛龛与珍贵唐卡。殿前社火院一平如砥，并修有僧舍、厨房、库房、议事房数百间，其中活佛昂欠备极精美。此后，又集中八方布施，装饰点缀，仅从北京购请大小镀金铜佛达数千尊，骆驼驮运取道绥远、包头运至寺院，特建楼阁供奉，遂成为丹噶尔首屈一指的藏传佛教大寺。东科尔寺历史上广有寺产，极为富豪，据《丹噶尔厅志》记载：“土地之广，田租之多，编丹邑皆是也”，“ 僧徒众盛至百数十人”，历世东科尔活佛为该寺寺主、东科尔驻京呼图克图，其“掌财赋收纳之柄者，唯管家一人所司，寺僧得为管家柄利数年，家资累千万金，富雄一乡矣”[③]。可见当时东科寺的经济与政治权势的强盛。清末以来，特定东科寺为钦差大臣每年七月十五

---

① [清]智观巴·贡却乎丹巴绕杰著，吴均等译：《安多政教史》，甘肃民族出版社，1989 年，第 80 页。

② [清]智观巴·贡却乎丹巴绕杰著，吴均等译：《安多政教史》，甘肃民族出版社，1989 年，第 178 页。

③ 青海省民委少数民族古籍整理办公室：《青海地方旧志五种》，青海人民出版社，1989 年，第 296 页。

日祭海会盟之所，是青海湖祭海时蒙藏贵族王公和清朝大臣的馆驿，清朝大臣会见蒙藏贵族王公，举行会盟仪式，宣布朝廷有关政令，处理日常事务，都在东科尔寺进行，备受朝廷重视。曾一度，民间与官方只知有东科尔，不见有湟源城，可见其名气之大。

1958 年前，东科寺当时占有土地 13000 公顷，包括现在湟源县西南大部分土地及海晏、共和、贵德等一部分土地。东科尔寺有寺僧 200 余人，活佛 5 人，寺院田产 300 多亩，园林 30 亩，马 14 匹，奶牛 300 头，羊 4000 余只，房舍 650 余间。主要建筑有释迦牟尼大佛殿 1 院 33 间，藏式各大昂欠（活佛住舍）10 院 200 余间，普通僧舍 24 院 379 间。东科寺于每年佛事活动是正月初三到十五举行祈愿法会，三月为观经会，四月十五为释迦牟尼圆寂日，六月二十七至二十九为六月法会，当地称之为“翻大经”，九月二十二为降凡节，十月二十五至二十七为宝贝佛宗喀巴大师圆寂日，全寺僧众念经以示纪念。东科寺原设有显宗、时轮经院，采用西藏色拉杰巴扎仓教程，还注重密宗修持，以修供胜乐、集密、大威法三大本尊的彩粉法场最为出名，寺内有五世、七世东科尔活佛的银制灵塔等，是省内颇有影响的蒙古族寺院。

湟源东科寺原有属寺六座，本县境内有金佛寺、下拉拉寺、贵德有曲乃亥寺，甘肃天祝县有天堂寺、肃南县有马蹄寺。东科尔寺在管理制度上由东科尔活佛指定寺院法台，负责经堂戒律等，又任命精明强干、擅长经营的喇嘛一人负责寺产，经营租粮债务，调解僧俗纠纷，称为“僧官老爷”。其办事处称衙门，下有若干人分别管理账目、钱柜、保管等，另有吉哇，负责招待过往僧俗客人等。

1958 年后，寺院被封，僧人被遣散，一些珍贵文物及经书档案基本失散，寺院建筑除剩留有活佛府邸 1 院 48 间外，寺院主要建筑被彻底拆毁。在 1983 年 3 月 30 日寺院重新恢复开放。1986 年重建琉璃瓦铺顶的经堂 1 座 5 间，重新维修了活佛府邸 1 院 48 间，还新建僧舍 6 院 24 间。琉璃瓦大经堂坐西朝东，堂内正上方，内自左向右依次供有释迦牟尼、无量佛、药师佛、迦叶等涂金泥塑像，两旁有八大金刚涂彩泥塑像，门旁塑有马首金刚和金刚手二护法神，还有宝贝佛宗喀巴佛、十三世东科佛塑像各一尊。这些涂金佛像个个精工细雕，精美绝伦，栩栩如生，充分体现了藏传佛教传统工艺绚丽多彩。东科寺现有僧人 17 人（其中僧徒 4 人）由 3 人组成管理委员会管理行政和宗教事务。

二

东科尔活佛一世东科佛香森达瓦坚赞 ，在第八绕迴火猴年（公元 1476 年），出生于康区甘孜地方的一户乞丐家中，父名叫隆务浪巴。父亲曾请求一位苯教徒为其子算命，回答道：“你的儿子对佛教犹如明亮的月亮，有消除我们苯教黑暗的预兆。”自幼出家，拜森巴・扎喜坚赞等为经师，去木雅热冈深造。修习大黑天、大威德等法，主要修习退敌母法。年纪稍长便随人去西藏拉萨学经，首先去色拉寺杰扎仓朱倭康村学经，不见长进，后改入色拉寺麦扎仓的隆务康村，拜谒隆务・噶尔德曲杰，从《摄类学》入门，逐步学习《般若》、《中观》、《释量论》、《戒律本论》、《俱舍论》等经法圆满后返回西康甘孜的家乡。当时该地居民崇信苯教，据称当地有四个苯教大寺院，八个小寺院，势力强盛，以至于信仰格鲁派的他当时“无立足之地”，便先到附近的奶龙神山闭关修行，度过这段艰难的时光。“当时康地除了苯教，主要是宁玛派的寺院。因为他学过宁玛教法，而且见通过宁玛教法可能比较容易转换当地崇信苯教的民心，他琢磨是弘扬格鲁教法还是宁玛教法对民众最有利益。正犹豫间，在神山神泉里掘到一尊莲花生大师像，因此决心弘扬格鲁派教法”。经过他的不懈努力，克服了教派之争遇到的诸多难以想象的困难挫折，始终念经修行弘扬佛法。后来他由于护法维护正法事业的威势，终于名声传布于远近，在当地居民间发挥影响力，渐渐地格鲁教法在当地兴盛起来了，苯教势力渐渐地弱化了。

大约在16世纪初，活佛募化了前苯教寺院苯康刚哇的地址始建东谷寺，称之为桑钦多杰林（大密金刚洲），亦称扎喜伦布寺（吉祥妙高）。修建经堂，新铸五尺高的弥勒像，以及其它佛像、佛塔等，迎请《甘珠尔》大藏经等众多佛经，建立了显密经论的讲习制度。该寺为康甘孜地区建立的第一座格鲁派寺院，完全建成寺院到了二世东科尔活佛。关于寺院选址，有传说称，有次活佛坐在一座山势形如大象的山脚下的河边修法，前面圆盘中放有一些法器。这时一只大鹏鸟飞来抓起法器，分别放到大象山的三面小山坡上。后来一世活佛就在这三面小山坡上选址建筑佛寺殿堂、藏经楼及僧舍等，这就成为东谷寺建筑比较分散的真正原因。活佛卒于第九绕迥火龙年（公元1556年，明嘉靖三十五年），享年81岁。

东科尔活佛二世永丹嘉措，他在藏历第九胜生的火蛇年（1557）出生于中部康区，8岁时在桑珠孜依堪钦贡乔坚赞出家。后去西藏拉萨色拉寺，随从很多大堪布等高僧，学了许多灌顶、教敕和随许等经法，很有名气。据说，当时拉萨有位官员想考验一下活佛是否真如外界所传闻的高强法力，便请活佛来家讲法。他预先在法座下暗藏经书，上盖以布幔，使得从外面无法看清法座下的异常。活佛来家入堂，依此入座、说法、下座、离去，表现与平常法会无异。官员看后心想，看来这活佛也不过如此，便去收拾暗藏的经书。当他翻开那部经书时，发现里面的经文全部消失了，一片空白。后来这部无字经书以二世东科寺活佛名字命名，存放于拉萨大昭寺。活佛20岁前后，巡礼今四川甘孜和甘南境内诸多大寺名刹讲授佛法，还撰写了《续部总论持明游戏喜宴》等佛学著作。明万历六年(1578)辗转来青海恰布恰仰华寺，拜见了俺答汗和三世达赖喇嘛索南嘉措，随俺答汗前往内蒙古土默特部传法数年。于明万历十年（1582）返回前藏，并向色拉寺、哲蚌寺、甘丹寺、宗摩园、叶尔巴寺等许多大小寺院奉献了布施，给第巴吉雪巴主仆等授金刚鬘灌顶，还担任色拉寺堪布数年。明万历十四年去康区时，途经止贡，与济仲喜饶旺波结成法缘，经昌都绛巴林寺等回到自己的本寺——东谷寺，并对寺院进行了一些扩建。二世东科尔活佛于火猪年（1587）31岁圆寂，法体被供奉在寺内。

东科寺三世活佛嘉瓦嘉措，藏历土鼠年(1588)出生于康区达桑，被认定永丹嘉措的为转世活佛，于东谷寺坐床。万历二十二年(1594)，他来到青海湖地区，被驻牧在该地的东蒙古汗王俺答汗部后裔火落赤部奉为上师供养。28岁前后，活佛主要在海南贵德、果洛阿柔、海北等安多地区蒙藏民族间传教弘法，期间曾闭关修法三年。出关后，继续在这些地方讲授与弘法传教。后在青海湖边，还调节了汉蒙纠纷，为之订立和约。活佛于第巴吉雪巴曲杰处受比丘戒，聆听了金刚鬘灌顶。赴西藏朝拜第四世达赖喇嘛云丹嘉措。在1615年前后，又邀请至新疆厄鲁特蒙古及漠南蒙古部落传播佛法。最后又返回青海湖地区，复又赴华锐地区、凉州四大寺院等处传播佛法。藏历土兔年（1639），52岁时圆寂在甘肃凉州。

关于活佛的转世有个离奇的故事。《安多政教史》载：当活佛 52 岁从山西五台山修行返寺路经凉州一个小村庄休息时，恰值这里一个 19 岁的汉族青年过世准备举行葬礼，当晚三世活佛也在这里圆寂了。次日，弟子们将启程运送活佛法体回归时，恰好与送往墓地的青年尸体在路途相遇，活佛灵魂即像传播佛法的刹那间，未经投胎而转生，使青年尸体从棺椁中突然复活，爬起来盘腿而坐，喊道“我是东科瓦”。后经宗教程序的确认和清朝政府的批准，将这位复活的青年与三世东科尔活佛的法体一同送往了康巴东谷寺坐床。《云裳秘笈》里说：“犹如卓弥传里所述那样，大成就自在者们虽说可以转趋自己的尸体，但是像这样容易地实现夺舍，则还没有呈现过。据说，在三世活佛幼年拉萨念书时，曾经有一次如常辩经，说了一句任何学僧、包括刚学过初级辩论的小孩都不可能说的话，令在场的僧人十分诧异，都笑话他。当时他上师在场，心想这种不可能的事发生了，恐怕预示着什么象征。到活佛圆寂时，以迁识法转入一个汉人身体内转世，拉萨的僧人朋友才知道有一句辩经时最不该说的话他说了，正如他也用了一种格鲁派建立以来（可能也以后）从来未见过的方法转世一样。这就是藏传佛教转世的“夺舍法”，就是让自己的灵魂直接进入别人的肉体，把别人肉体中的精神驱除掉，这是破瓦法的延伸。①

东科寺四世活佛多居嘉措（1557），通过夺舍大法转世。这位被确认为三世东科转世的汉族青年，从却藏·南嘉宦觉尊者(1578 — 1651)出家为僧，取名嘉样嘉措，并从该师聆听了许多灌顶、教敕和诀要。藏历火狗年（清顺治三年，公元 1646 年，）赴西藏，在第四世班禅·洛桑确坚座前受近圆戒，命名为多居嘉措。并在哲蚌寺朝拜了第五世达赖喇嘛，受到第悉索南群培和固实汗两者的极大崇敬，向达赖陈述想在多卡尔（又名丹噶尔）修建寺院，请赐地址。蒙赐予文书。清顺治四年(1647)，他先于天祝西部修建天堂寺，并成为该寺寺主。

约于公元 1648 年至 1651 年他来到青海多卡尔建成一座寺院，寺内修建了大经堂及怙主殿。寺内设立了法相学院和时论学院，主讲密宗教义，宣扬藏传佛教格鲁派教义，声誉日益见高。鉴于东科尔活佛在蒙古民众中享有的威望及其在清朝协助当地官府积极调解蒙古各部间的矛盾，密切蒙古部族与中央王朝间的关系方面所作出的贡献，顺治十六年（1659），多居嘉措奉旨进京供职，清朝颁给其“诺门汗”名号；康熙四年（1665），再次奉召入京，康熙皇帝颁给其“曼殊室利禅师”的名号及镀金狮纽禅师印一方。②此后，其往返于四川、青海之间进行弘法活动。1665 年被清廷召至北京，授给驻京“呼图克图”之一。

多居嘉措受封后，途经五台山返回东科尔寺。后又被康区的噶居·释迦嘉措等迎请到阿坝毛尔盖寺，在毛尔盖寺内修建了弥勒佛大殿、怙主殿、大经堂、僧舍等，供奉了许多佛像、佛塔和《甘珠尔》、《丹珠尔》大藏经。并且他还将康区的东谷寺建成一主四

---

① 珠荣噶译:《阿勒坦汗传》，呼和浩特:内蒙古人民出版社，1991 年，第 80 页。

② 妙舟:《蒙藏佛教史》，江苏古籍广陵刻印社，1994 年，第 139 页。

属的五座寺院规模，确定了管辖范围。之后他还去了隆务寺等一些寺院传法，并和释迦嘉措到华热地区，确认了药水泉和胜乐神湖，为方便民众发挥了医治疾病效能。

多居嘉措活佛一生建寺传法，广作利益众生之事，於藏历第十一绕迥之水猪年（1683年，清康熙二十二年）45 岁圆寂。

东科寺五世活佛索南嘉措，于藏历木鼠年（1684）出生在青海省尖扎昂拉的占巴昂村的一个贵族头人家中。父名邹多嘉，母名本摩。在兄弟姐妹八人中最年长。第三世拉茂夏茸尕布·洛桑丹贝坚赞处出家，后来受近圆戒。曾从师诸多藏传佛教的高僧大德广泛地聆听新旧灌顶、随许、教赦和诀要，成为一位不拘教派之见，精通各教派教法者。曾去康区的东谷寺和卓尼大寺等处学法传教。公元 1723 年青海发生罗卜藏丹津反清事变时，活佛居住在青海黄南的叶什姜寺院，躲过了战乱，但湟源的东科寺毁于战火。公元 1752 年五世活佛索南嘉措，在 69 岁高龄时，赴五台山朝拜修法。次年，于返回多伦诺尔途中圆寂。据传说，当五世东科寺活佛在五台山上修行，想长期留居下来。但他带来的几个年青僧人十分怀念家乡，活佛只好动身回去。路途中，他随身携带的碗从中间整齐自然断裂为两半，恍如用刀切开一个水果一般。五世活佛因而说这象征预示今后可能会出现两个活佛。特别是活佛在平时也常说康西与青海距离太远，兩边奔走确实很累，有兩个活佛分别带领僧众传法会更好一点这类的话。活佛看到这个奇异现象，因而十分高兴地说出以后会有两个活佛化身的预言。五世东科寺活佛圆寂后，东科活佛系统便自然地分为两支系统进行传承，分别是总管康区根本寺院的康东科夏仲活佛系统及管理青海的湟源东科寺活佛系统。彼此时有往来，各分担本地区佛教事务，需要时甚至两个活佛会一起上拉萨参加法会。

西宁东科寺的活佛系主要有：东科寺六世佛阿旺嘉样丹增嘉措（1754-1798），生于隆务乡来卡，7 岁于塔尔寺出家，后入拉卜楞寺学经。乾隆四十年(1775)入京朝觐，担任西黄寺札萨克达喇嘛。后去西藏朝拜．在色拉寺麦扎仓学习显宗五论，由六世班禅授给比丘戒。乾隆四十九年(1784)任色位寺麦扎仓堪布，后兼任药王山寺、夏鲁寺堪布。乾隆五十一年(1786)返回青海东科尔寺，翌年赴京供职。此后拜见过乾隆、嘉庆二帝。奉帝命于乾隆五十二年（公元 1787 年）封为“辅印喇嘛”。乾隆五十四年（公元 1789 年）封为“掌印喇嘛”。嘉庆三年(1798)圆寂，享年 45 岁。东科寺七世佛噶桑凯智嘉样嘉措（1799-1811），生于海北阿柔部落．由香萨活佛剃度出家，嘉庆十六年(1811)去西藏包拉寺麦扎仓学经。他曾到西藏拜见九世达赖喇嘛罗桑丹贝迥乃阿旺隆多嘉措、班禅丹贝尼玛，受到教诲。同年藏历十一月去世，时年 13 岁。东科寺八世佛图丹晋美噶桑或称罗桑丹增绕杰（1812—1819），他曾拜见过尚札班智达罗桑达吉华桑布，享年 8 岁。东科寺九世佛图丹晋美嘉措（1820-1883），生在中热盖地区，由四世却藏罗桑图登热吉(1797—1858)剃度出家，并授比丘戒，长期以赛康巴·罗桑丹增嘉措为师学经，学成后驻京供职，驻京三十六年。掌管多伦诺尔札萨克印务，代行章嘉活佛之职权，继掌京城喇嘛印务处正印事务。后清廷加赏“慧聪”封号。同治十一年(1872)，为朝廷献马七百匹后又因念经祈雨等，颇得清廷赞扬，在政教各方面都享有很高的声誉。光绪九年(1883)在雍和宫圆寂，龛座送回湟源东科尔寺。东科寺十世佛罗桑丹贝尼玛（1883-1890），他在尚札罗桑丹贝昂秀慈成彭措华桑的座前剃度，受《时轮大灌顶》，享年8岁，去世后遗体宛然如生时，肤色红润，生出舍利和新发，十分神奇。东科寺十一世佛罗桑晋美慈成嘉措（1890-1909），生在吉尔盖扎萨（察哈尔）地方。光绪十九年(1893)在雍和宫通过金瓶掣签认定，光绪二十五年(1899)奉召赴京供职，曾在霍尔青大师益西嘉措座前学习显密经典，在塔尔寺辩经学院攻读经学，以博学著称。曾拜见十三世达赖喇嘛阿旺罗桑图丹嘉措，并陪同达赖喇嘛入京朝觐光绪皇帝和慈禧太后、宣统皇帝等。宣统元年(1909)八月在口外(今内蒙古)圆寂，享年约15岁。东科寺十二世佛罗桑图丹隆多谢知布嘉措（1910-1919）生在东科城的藏族多仁瓦家中，在霍尔青益西嘉措大师座前剃度出家，曾晋封“明净慈祥”名号，享年11岁。东科寺十三世佛罗桑香曲丹增嘉措（1921-1983）生于华锐天堂寺附近的曲藏沟。从13岁起在塔尔寺，在却西佛罗桑香曲丹贝仲美华桑布座前剃度听经灌顶，公元1943年担任塔尔寺堪布。公元1944年元月十五日，在九世班禅大师的转世灵童罗桑陈列龙智布却吉坚赞华桑布坐床仪式上敬献最初曼陀罗时，陈达献词，并参加班禅剃度仪式。1956年去印度朝圣未归，1983年去世。东科寺十四世佛扎西才让1984年坐床。

三

元朝灭亡以后，藏传佛教萨迦派等势力在蒙古地区的影响迅速弱化。虽然仍有一部分蒙古上层信仰藏传佛教，僧人数量十分有限，但蒙古与西藏之间仍保持一定的联系，存在有僧侣的往来。自从藏传佛教宗喀巴大师经过宗教改革，格鲁派在西藏迅速崛起以来，对西藏佛教历史和蒙古佛教历史上产生了深刻的影响。漠南蒙古土默特部俺答汗西征青海，与三世达赖喇嘛索南嘉措建立关系，使得藏传佛教传入蒙古地区再度兴起，促进了蒙藏关系新的发展。

据《阿勒坦汗传》记载：1571年，阿勒坦汗受明朝“顺义王”封号的当年，有吐蕃高僧阿兴喇嘛到内蒙古传教，拜见阿勒坦汗，劝他“皈依佛教，敬奉三宝”（佛、法、僧）。阿兴喇嘛暗示阿勒坦汗，他就是元代“最初的大汗”忽必烈的转世。同时阿兴喇嘛跟阿勒坦汗讲“若于今生今世，净修佛教弘传佛经”，就能像“圣转轮王般遍地名扬”。阿兴喇嘛的这番佛教理论引起阿勒坦汗的注意，受到阿勒坦汗的重视，非常高兴地表示“以上所言我领悟在心”。[①]又据《蒙古源流》记载，1573年，从青海等地又迎请了阿哩克喇嘛等西藏高僧，“于是阿哩克喇嘛向合罕解说：三恶道中轮回之苦难，超升色究境天之善果，益取益舍之分界。时合罕心中略萌经义，始念六字心咒矣”。[②]于是他成为第一个劝导俺答汗皈依藏传佛教的重要人物，又是俺答汗和三世达赖喇嘛建立联系的非常关键的中介人之一。关于阿兴喇嘛有研究者称：阿哩克、阿兴、佐格阿升，乃为同一人。[③]在《锡勒图库伦喇嘛传汇典》记载：他“出生于青海阿木多地方的萨木鲁家族，少时出家前往西藏中部，求学于哲蚌寺等著名的大寺院诸扎仓，成了一位博学的喇嘛。他本名希日巴，因为他是达赖喇嘛母亲的同祖近支，故尊称阿升（阿兴）曼殊

① 朱荣嘎译注：《阿勒坦汗传》，呼和浩特，内蒙古人民出版社，1991年，第80页。

② 乌兰著：《蒙古源流》研究，辽宁民族出版社，2000年，第364页。

③ 博音湖：《关于喇嘛教传入内蒙古的几个问题》，《内蒙古社会科学》1982年第2期。

希礼（曼殊室礼），简称阿升喇嘛。他秉承达赖喇嘛的旨意，先到五台山朝佛，后转到长城以北的蒙古土默特部，驻在呼和浩特城北察罕哈达修行。之后，以博格多阿升喇嘛闻名于土默特部。阿勒坦汗得知后，派使者召到驻地会见。对阿勒坦汗就积德行善和佛教经学等方面的提问，他均作了详密而全面的回答。对此阿拉坦汗深感满意。尤其对于他缕述历代达赖喇嘛的学识与贤明及生平事迹产生极大兴趣”，值此深受阿勒坦汗的崇信。之前，在 1576 年，鄂尔多斯的库图克台彻臣洪台吉，也曾劝说他的叔父俺答汗信奉藏传佛教，并建议他邀请吐蕃地区名望甚高的格鲁派首领索南嘉措到青海来会见，以模仿昔日元世祖忽必烈和八思巴喇嘛之例，实行政教合一政策。以后，俺答汗派遣阿兴喇嘛去西藏迎请了三世达赖喇嘛。在藏文文献中没发现有关于阿兴喇嘛的记载，到是有许多东科寺二世活佛奔走蒙藏之间的记载，二者间的关系值得研究，但总的说明格鲁派创立不久就有其僧人在蒙古地区活动。特别在前期这位阿兴喇嘛对藏传佛教在蒙古地区的传播和发展起到了很重要的作用。

明万历六年(1578 年)，东科寺二世活佛云丹嘉措来到青海拜见了被俺答汗请到青海的三世达赖索南嘉措，并由三世达赖授比丘戒，请求了许多佛法。同年五月十五日，俺答汗与三世达赖索南嘉措在青海湖畔新落成的仰华寺举行盛大会晤时，俺答汗授予参加此次活动的二世东科尔活佛“满珠锡里呼图克图”之号，将他尊为文殊菩萨的化身，因而成为阿勒坦汗供养的喇嘛。[①]当明朝相张居正得知索南加措到青海与蒙古俺答汗会晤的消息后，也派人到青海，邀请索南加措到甘肃与他会面，并让索南加措劝说俺答汗返回土默特。三世达赖喇嘛同俺答汗商量，俺答汗同意接受返回要求，以得到明朝政府的承诺和支持。同年夏，俺答汗经三世达赖劝说东归蒙古时，也承诺要在蒙古地方发展藏传佛教，兴建寺庙，修造佛尊像等，于是二世东科尔云丹嘉措活佛作为三世达赖的代表随往内蒙古土默特部讲经说法。据传说，“到蒙地后，因当地人崇信原始萨满宗教，无人去听活佛传法，甚至笑话他。恰巧当年天气不好，收成很差。有人尝试请活佛施法祈雨，结果求雨成功，便渐渐对活佛产生信赖并接受其佛法教授了”。在《三世达赖喇嘛传》记载：当俺答汗从仰华寺返回土默特时，“福田与施主商议决定，为了发展汉藏金桥关系，将火落赤巴图尔及其部众留居青海驻牧，并把东科尔法王云丹嘉措派往蒙古地方，暂时作为达赖喇嘛的代表。”《安多政教史》记载：其间遵循阿勒坦汗的指示前往察哈尔，以其神通消除了祭祀翁公的传统。“大明皇帝也非常赞赏。迩时土默特等地来了邀请，未成行。此后三世达赖喇嘛在青海藏区和蒙古地区的成功开展传法活动，甚至格鲁派的发展壮大都得到西海蒙古的强有力支持和保护，并且促进了十七世纪乃至后来的蒙藏政治和宗教关系发展。二世东科尔活佛在内蒙古居住数年，进一步宣传格鲁派教义，建寺修庙扩大影响，为巩固格鲁派在蒙古地区的发展及其蒙藏关系的深化起过重要作用。

据《蒙古源流》记载：1581 年俺答汗病重，属下一些贵族及官员“私相议之曰：‘此经教之益安在哉?既无益于合罕之金命，岂能利后世之他人乎?此等喇嘛乃欺诳者也。今当弃绝此辈僧徒。’云”。看来，当时藏传佛教格鲁派在一些蒙古王公贵族人心目中并不

---

① 朱荣嘎译注：《阿勒坦汗传》，呼和浩特：内蒙古人民出版社，1991 年，第 80 页。

是坚信不疑，一遇波折，他们就会试图抛弃之。在这场危机中，正由于这位东科尔活佛沉着冷静，进行了耐心说服，才使这场危机风波得到平息，转危为安。“时满珠锡里呼图克图(即东科尔呼图克图)闻之，令图默特之大臣官员等齐集汗前，向伊等云：‘凡始事无终，如水中之月，一身无恒，如镜中之形。生死，世之转也。凡生灵，无不死者。无论何人，不能越过一死。若无生亦无死，惟金刚身佛则无死灭。似此获佛道者，除诚悫尊经外，别无他法。几见有未得佛道而能不死之人耶?即三世众佛今世之释迦牟尼佛，亦未将人之不死著于经。今我尊喇嘛圣识一切瓦齐尔达喇达赖喇嘛，明日若到，亦不过似此诵经。若时已至，死复谁能阻止；若时命未至，所有灾病，药与经之力皆可以治之。今汗之命数既到，不可治矣。然圣识一切曾谓：‘汗系观世音菩萨化身。如果佛法及承教之博第萨都与汗三人相会，则仗圣识一切利益之力以验圣汗之诚心，’唪诵经咒。又令额尔德尼额尔德木图、蕴丹林沁医士以药吹入汗之鼻内，祝云。‘大汗！其承教以来临乎！’满珠锡里呼图克图唪诵三遍，汗乃复生，大众称奇，倾心向化”。俺答汗苏醒过来后，他们把前面如何议论，东科尔呼图克图如何解释，如何急救及呼唤等情，统统如实反映，“直陈不讳。汗降旨曰。‘尔十二图默特之大臣官员等，为何欲毁我宣演之法，以加害于胡巴喇克(喇嘛)耶?从前无佛法时，我先祖并无经教，惟供奉本方土神，又见谁人常在耶?我以前似我之汗、似尔等之属众，又见谁人常在，谁人享寿百年耶?今我年将八十，时亦至矣。不独我也，即释迦牟尼佛曾以死之真实，晓谕众生，而亲身涅槃以示焉。昨我喇嘛未尝诵圣识一切之经乎?尔等俱未之闻乎?若鄂尔多斯彻辰洪台吉在此，彼则知之，”用佛法之生死轮回之道说服了土默特部领主们在取舍佛教方面的彷徨。十几天后，切尽黄台吉闻讯前来探视。俺答汗很高兴，笑着给切尽黄台吉把这件事的原委叙说了一遍，然后将十二土默特的贵族和官员们集合到跟前，展开东科尔活佛所念诵的经卷，“汗与彻辰洪台吉二人依次将经教功德反复开示。以日后勿毁法教，勿害及胡巴喇克之处(旨)，载入书内。合大众设誓，许以宣扬教法”[①]。俺答汗和切尽黄台吉二人对黄教的态度，坚定不移，支持到底。后来东科尔又奉三世达赖之命到蒙古察哈尔地区传播格鲁派教义，使那里的蒙古族从信仰萨满教转奉藏传佛教格鲁派，为格鲁派在察哈尔地区广泛传播打下坚实的基础。二世东科尔云丹嘉措还一度传教于喀尔喀蒙古，曾为额尔德尼召(光显寺)主持过开光仪式。从他开始，东科尔活佛成为达赖喇嘛与蒙古地区的主要联系者。以他所拥有特殊身份，负责与蒙古各部中的传法与王公贵族的联络活动，成为格鲁派在蒙古地区得以继续发展的关键人物，影响深远作用重大。[②]从此，藏传佛教格鲁派在蒙古地区开始广泛而迅速地传播，从而促进了蒙藏两大民族的相互了解和文化交流，并进一步凸显了蒙古民族的宗教信仰，加强了蒙古民族内部的凝聚力。

东科尔三世活佛嘉瓦嘉措，主要在青海湖地区的火落赤蒙古部落奉为上师供养，28岁前后，活佛主要在海南贵德、果洛阿柔、海北等安多地区蒙藏民族间传教弘法。公元1615 年他带领许多蒙古人的朝圣者赴前藏，谒见了四世达赖，并向祈愿法会奉献了种类繁多、极为丰盛的财物，令拉萨僧侣们惊喜，促进了蒙古上层与西藏宗教上层的联系。

① 珠荣嘎译：《阿勒坦汗传》，呼和浩特：内蒙古人民出版社，1991年，第80页。
② 乌兰：《蒙古源流研究》，辽宁民族出版社，2000年，第364页。

公元1606年，新疆厄鲁特蒙古与喀尔喀蒙古发生了一场战争，给双方人民带来极大灾难。这时厄鲁特蒙古和硕特部首领图鲁拜琥，不畏艰险，大胆地来到喀尔喀，通过巧妙而高超的调解活动，平息了战争，给两部人民带来了和平。代表西藏佛教格鲁派（即黄教）与蒙古诸部联系的东科尔呼图克图与喀尔喀首领们对图鲁拜琥的调停活动“极为推重”，活佛赠给他以“大国师”的称号，音转为“固实”，遂称“固实汗”。[①]公元1615年三世东科尔活佛嘉瓦嘉措（又称满珠习礼呼图克图或察纲诺们汗）曾以达赖喇嘛特使的身份，在厄鲁特蒙古部劝说当时担任厄鲁特四部联盟丘尔干（盟主）的和硕特部汗拜巴噶斯皈依黄教，拜巴噶斯多次听他说教之后，他“本人曾决心脱离尘世，出家当朵内（贵族喇嘛）”。但厄鲁特王公们针对拜巴噶斯所处丘尔干首领的地位，对他提出：我们若离开了你，我们的土地、牧场就难以维持”，没有同意拜巴噶斯出家。为此王公们求助察纲诺们汗，“请他说明，让拜巴噶斯一人当喇嘛好，还是让每个诺颜各出一子当喇嘛好，更有利于教务”。察纲诺们汗回答：“众人积德比一人积德好。”于是，准噶尔的哈喇忽喇、楚琥尔乌巴什，杜尔伯特的达赖台吉、土尔扈特的和鄂尔勒克、和硕特的昆都仑乌巴什等首领各献出一子当喇嘛。作为厄鲁特诸部最高首领的拜巴噶斯，由于他当时还没有亲生儿子，便把和硕特诺颜巴汗的儿子咱雅班第达认为义子，献出当喇嘛，这是由东科尔活佛给咱雅班第达剃度出家作喇嘛的缘起，也是黄教传入厄鲁特蒙古的滥觞。[②]咱雅班第达拜三世东科尔活佛嘉瓦嘉措为师受了沙弥戒，在拉萨学法新疆蒙古部传教，后来成为厄鲁特蒙古的一代名僧大德，这为以后固实汗率部入居青藏高原建立和硕特蒙古汗廷铺平了道路。

1643年固实汗率部入藏，消灭了格鲁派敌对势力，扶持了宗教领袖五世达赖扶，在西藏建立了和硕特蒙古汗王的统治。东科尔四世活佛在公元1646年入藏朝拜，在藏极受五世达赖和四世班禅以及固实汗的器重。由于活佛在青藏与西康的宗教界享有崇高的威望，特别是在顺从朝廷联系蒙藏民众建立和谐的社会关系方面发挥了重要作用。

东科寺五世活佛索南嘉措，这是一位发展和巩固蒙藏关系发挥了积极作用的人物，他常年奔波于蒙藏各地，为传播藏传佛教格鲁派的教义做出了许多贡献。活佛虽然没有去过拉萨学习佛法，但却十分通达藏传佛教格鲁派教法，而且对宁玛噶举的佛法十分精通。可能活佛大部分时间生活在蒙古地区，蒙文史料中记载比藏文史料更细一些：“他五岁到多伦诺尔汇宗寺在一世甘珠尔瓦·噶布楚活佛处学经。他天资聪颖，博闻强记，八岁就已经在汇宗寺的尼玛经会上出任领诵喇嘛了。二世章嘉阿旺罗藏却丹呼图克图和一世甘珠尔瓦·噶布楚活佛对他恩爱有加、关怀备至”。二世章嘉和一世甘珠尔瓦活佛时有来往，而五世洞阔尔·阿旺索南嘉措也总是跟随左右。有一次，甘珠尔瓦活佛随二世章嘉·阿旺罗藏却丹呼图克图到北京朝见垂垂老矣的康熙大帝，康熙十七子果毅亲王胤礼听说甘珠尔瓦活佛的高徒五世洞阔尔·阿旺索南嘉措天性率真，便要与其相见。两人一见如故，雅室品茗，清风淡月，出语惊人，临别时胤礼特意赠给阿旺索南嘉措一把火镰和一对绣花荷包。康熙五十二年（1713年），活佛返回藏区，拜见了七世达赖和

① 刘立千译：《续藏史鉴》，华西大学华西边疆研究所，1946年，第74页。
② 马汝珩、马大正：《厄鲁特蒙古史论集》，青海人民出版社，1984年。

五世班禅，赐法名“罗布桑扎拉僧·桑布”。雍正七年(1729年)，返回多伦诺尔汇宗寺，在多伦诺尔善因寺开设洞阔尔拉仓。同年，他受雍正皇帝委托，从汇宗寺赶到库伦为二世哲布尊丹巴·罗布藏丹彬多密受戒。公元1736年，返回青海重建了现在湟源的东科寺土丹夏珠林（圣教讲修洲）。后来，清朝理藩院组织将藏文《甘珠尔》(大藏经)翻译成蒙文时，五世东科尔索南嘉措是主要翻译者之一，从此五世东科尔活佛成为一代高僧、佛界名流。六世东科尔活佛，公元1775年入京朝觐，奉乾隆皇帝命担任西黄寺札萨克达喇嘛。公元1787年赐号“辅印喇嘛”，命驻锡雍和宫任札萨克达喇嘛。公元1789年，被封为“掌印喇嘛”，后派到多伦诺尔举办大法会讲经。还有九世东科尔活佛，公元1832年进京供职，被晋封为“辅印誉喇嘛”及“掌印喇嘛”等职。公元1851年，任多伦诺尔札萨克达喇嘛，因配合清政府平息地方战乱，于雍和宫念平安经，清廷加赏“慧聪”封号。四世章嘉圆寂后，东科尔九世活佛在多伦诺尔汇宗寺暂时代行章嘉活佛之职权。后又掌管京城喇嘛印务处。

总之，由于青海特殊的地理位置，为各种宗教的发展提供了生长环境，特别是藏传佛教格鲁派冲破其民族与地域的界限，揭开了格鲁派从青海起步，迅速传入蒙古社会的序幕，为后来蒙古族普遍信奉奠定了基础。历辈东科尔活佛一直代表格鲁派领袖活动于蒙古诸部与朝廷之间，以他们佛学造诣闻名于世威望，获得了民间的信仰基础和中央王朝的高度重视，他们以弘法传教为纽带，消灾除难、平息争端，为当时社会的和谐与安定发挥了不可替代的重要作用。

（韩官却加，男，1955年生，青海省委党校民族宗教学教研部教授。西宁：810001）

朝鲜肃宗即位初年清-朝关系之暗流

王桂东

内容提要：康熙十三年（1674）朝鲜显宗国王病逝，其子肃宗以冲龄继位。正逢主少国疑之时，清朝“三藩之乱”的影响又波及朝鲜。本文以“三藩之乱”期间朝鲜对清的秘密策略、清朝两度致祭显宗与朝鲜“君弱臣强”说的真伪为切入点，并结合其他相关史事，揭示肃宗即位初年清-朝宗藩关系远未达到和谐程度的史实。

前　言

清崇德元年（1636）十二月清太宗皇太极亲统大军往征朝鲜，一路势如破竹。朝鲜仁祖国王在困守南汉山城四十余日粮尽援绝的窘境下，于次年正月被迫降服于清朝，朝鲜从此正式成为清朝的属国。由于清朝方面对入关后至康熙朝关于清-朝关系的文献记载极为简略，且内容多为“朝鲜国王遣使朝贡”一类的套话，因此容易使人形成一种清-朝宗藩关系业已相当和谐的错觉。然而比勘朝鲜方面的文献史料，如《朝鲜王朝实录》、《承政院日记》、《备边司誊录》等，却完全是另外的一番景象：深受儒家华夷观念浸染且以“小中华”自居的朝鲜，对于向经济文化发展水平远比自己落后的女真“野人”称臣朝贡，其在心态上难以平衡。仁祖国王虽然力穷降清，但一直对前任宗主国明朝心怀愧疚；仁祖之后继位的孝宗国王甚至一度计划“北伐复明”，只是天不假年，英年早逝；孝宗之子显宗国王体弱多病且在位时间较短，但其时的“义理派”大臣依旧仇视清朝，不时上疏激励显宗继承其父的未竟之志。

康熙十三年（1674）朝鲜显宗国王病逝，其子肃宗以冲龄继位。正逢主少国疑之时，清朝“三藩之乱”的影响又波及到朝鲜，“义理派”大臣乘机再度发出“北伐”清朝的呼声，也由此奠定了朝鲜肃宗即位初年清-朝关系表面平静实则暗流涌动的基调。关于此一时段的清-朝关系，中外学者在其既往研究中均有一定的涉及，且对本文的撰写提供了诸多有益的启示。只是前辈学人多是就某个单一历史事件进行微观探析，而缺乏对彼此关联的若干个历史事件的宏观考察；或是仅以清朝方面对朝鲜的政策为研究视角，而对朝鲜的应对策略尤其是某些私下的“动作”则明显关注不够。[①]因此本文以“三藩

① 较有代表性的著作包括：[日]三浦国雄：《十七世紀朝鮮について正統と异端——宋時烈と尹鑴》，《朝鮮學報》（第102辑），1982年；樊延明：《论“三藩之乱”时期朝鲜与清朝关系》，北京大学韩国学研究中心主编：《韩国学论文集》（第八辑），1999年；刁书仁：《顺康时期李朝与清朝关系探析》，《吉林大学社会科学学报》2005年第2期；宋慧娟：《康熙帝对朝鲜政策透析》，《社会科学战线》2005年第6期；柳岳武、赵鉴军：《康熙朝清韩宗藩关系研究》，《兰州学刊》2006年第5期；魏舶：《“三藩之乱”期间朝鲜遣清使研究——以朝鲜使者归国汇报的偏见为中心》，吉林大学硕士学位论文，2008年；孙卫国：《清修<明史>与朝鲜之反应》，《学术月刊》2008年第4期。

之乱”期间朝鲜对清的秘密策略、清朝两度致祭显宗与朝鲜“君弱臣强”说的真伪为切入点，并结合其他相关史事，力求揭示出肃宗即位初年清-朝宗藩关系还远未达到和谐的程度，即表面上波澜不惊实则暗流涌动。

一、“三藩之乱”期间朝鲜对清的秘密策略

康熙十二年十一月，平西王“吴三桂素蓄异志，阳请撤兵，既报可……遂于是月二十一日勒兵反”，①“三藩之乱”爆发，一时“天下骚动，伪檄一传，四方响应”，②战火很快从云贵地区波及到南方及西北多省，甚至在地理上靠近都城北京和陪都盛京的蒙古察哈尔部亦乘机举兵反叛清朝。“清廷面临着入关以后最严重的危机，也引起了朝鲜（对此）的极大关注”。③“三藩之乱”爆发的次年三月，朝鲜谢恩使金寿恒派遣译官先行回国向显宗国王报告：“吴三桂镇守滇蜀，不欲北还，拘执使者，而举兵叛”。④消息传来，“朝鲜（反清复明）的希望又死灰复燃，且喊出北伐的口号”，⑤儒生如罗硕佐、赵显期等相继陈疏，大略以为：

> 吴三桂既据南方，蒙古亦不亲附，天下事变迫在目前。乘此机会，练兵峙粮，大可以复仇雪耻，小可以安国保民。⑥

显宗国王担忧儒生们的主张被清朝知晓，因此对其上疏不赐批答。而自称“布衣臣”的尹鑴其“北伐”主张则更为激烈，他向显宗所进的密疏行文慷慨激昂、纵横捭阖，很具有鼓动性。⑦只是显宗国王一向病弱，在尹鑴进密疏的次月便病逝了。从得知“三藩之乱”爆发到显宗病逝仅五月有余，故而朝鲜还尚未来得及做出有效的反应。

康熙十三年八月，恰值冲龄的王世子即位，是为肃宗。⑧其时朝鲜主少国疑，党争激烈，领议政（首相）许积乘机将“南人”党的权大运、许穆、尹鑴等人引荐入朝，而“西人”党则一度失势，左相金寿恒、领府事郑致和、判府事郑知和均被排挤出权力中枢。⑨但是在制定“三藩之乱”背景下的对清策略时，“南人”内部又分成两派，即以尹鑴为首的激进派和以许积为首的保守派。⑩朝鲜对清的秘密策略大体上有三种表现：A. 主张积极备战并响应吴三桂举兵攻辽；B. 主张立足防御观望待变；C. 表面忠顺清朝但不

---

① （清）勒德洪等编撰：《平定三逆方略》卷 1，康熙十二年十一月丙戌条，台北：大通书局，1997 年版，第 9 页。

② 《清圣祖实录》卷 99，康熙二十年十二月癸巳条，北京：中华书局，1985 年版，第四册，第 1246 页。

③ 樊延明：《论“三藩之乱”时期朝鲜与清朝关系》，北京大学韩国学研究中心主编：《韩国学论文集》（第八辑），1999 年，第 173 页。

④ 《朝鲜王朝显宗改修实录》卷 28，显宗十五年三月二日丙寅条。按：“三藩之乱”期间朝鲜格外注重对清朝情报的搜集，并在所获情报的基础上观望待变，进而制定应对策略。可参见王桂东、达力扎布：《清“三藩之乱”期间朝鲜对清朝情报的搜集》，《北华大学学报》（社会科学版）2013 年第 4 期。

⑤ [台湾]张存武：《清韩陆防政策及其实施——清季中韩界务纠纷的再解释》，载氏著：《清代中朝关系论文集》，台北：台湾商务印书馆股份有限公司，1987 年版，第 247—248 页。

⑥ 《朝鲜王朝显宗改修实录》卷 28，显宗十五年五月十六日己卯条。

⑦ 《朝鲜王朝显宗实录》卷 22，显宗十五年七月一日癸亥条。

⑧ 《承政院日记》원본 241 책，肃宗即位年八月二十三日甲寅条。

⑨ [韩]이성무：《조선시대당쟁사》（제 2 책），서울：아름다운날，2007 년 11 월 10 일，p15。

⑩ “南人”此时分化为“浊南”和“清南”两派，且在内政外交上均分歧较大。可参见[韩]이성무：《조선시대당쟁사》（제 2 책），pp. 16—20。

协助平叛。

尹鑴是朝鲜大臣中主张响应吴三桂举兵攻辽之最力者，其前度所进密疏因显宗病逝而未果，故而同年十二月他向新即位的肃宗国王再进密疏，“陈复仇雪耻之义”，肃宗却认为“尹鑴之疏，乃挑祸之言”，素与尹鑴不睦的权大运亦认为“不顾形势，好为大言者，甚不可也”。但是“自有尹鑴之论，如此之疏相继不绝”，肃宗欲依显宗朝例，不许政院转呈“北伐”之疏，领议政许积认为如此则义理晦涩，但许积是保守派的领袖，他对清朝的实力是清楚的，“彼虽势弱，足以制我”，①“不知其必胜，则奈何以三百年社稷，付之尹鑴之一战乎”？②可见，肃宗虽然年幼却头脑冷静，③并不赞成尹鑴的冒险举措；而其时朝鲜大臣中阿附领议政许积者甚多，故而由许积主导的备边司亦极力反对“北伐”，④因此主张“北伐”的尹鑴等人相对势孤。

尹鑴举兵攻辽的建议受阻，但他并不甘心，又向肃宗陈“造车”、“通郑”二策，为日后“北伐”积极准备。

所谓“造车”，是针对朝鲜步兵相对于清朝骑兵的劣势，尹鑴援引明朝名将戚继光抵御蒙古骑兵的经验，“极言武刚车制之可用”，即“不秣之马，有足之城，敌虏之策，诚莫如车战矣”。大将柳赫然认为武刚车制“实是行师御敌之美器”，但他曾“试造一车，八日始毕，所入物力颇多，且常时无用处，藏置为难”。对此，尹鑴反驳道：“一株之木，可造二辆，人可乘物可载，岂无用处？若如喂养战马，则藏置何难？苟利于国，何计物力”？柳赫然则讥讽尹鑴不懂军事，“故易言之耳”，肃宗亦担忧造车徒费物力。尹鑴见造车之策又将受阻，疾言曰：“若非此器，则南蛮北狄，无以御之，只将金帛屈膝而事之乎”？许积则认为“三代有车，而数被戎狄之祸；汉时无车，而凶（匈）奴款塞。尹鑴之言过矣，第其制亦非不美，先令两局，试造数三辆宜矣”。肃宗从之。⑤

所谓“通郑”，即派遣使臣联络在台湾的“残明”势力郑经，相约抗清。尹鑴于肃宗元年二月首建“通郑”之策，⑥随后儒生李启祥、黄功上疏自请出使台湾。尹鑴言于肃宗曰：

> 天下大乱，皆叛胡，而独我国服事。他日中原恢复，我国何面目可立？今送一介使，通问于郑锦⑦，则庶有辞于他日。发遣四五辈，分道以行，则虽或不达，无害；能达，则社稷之至计也。闻一二儒生，以此陈疏，褒奖可矣。⑧

领议政许积担忧“通郑”使臣会被清朝截获，且“郑锦若以我人夸示胡人，则大患

---

① 《朝鲜王朝肃宗实录》卷1，肃宗即位年十二月一日庚寅条；卷2，肃宗元年二月十二日庚子条；卷2，肃宗元年二月三日辛卯条。

② 《承政院日记》원본 250 책，肃宗二年正月五日戊子条。

③ 刁书仁：《从“北伐论”到“北学论”——试论李氏朝鲜对清朝态度的转变》，《中国边疆史地研究》2006年第4期，第115页。

④ 备边司，朝鲜王朝的国家中枢机构，兼管政治、经济、军事、外交等，权力很大。可参见[韩]潘允洪著：《朝鲜時代備邊司 研究》，서울특벽시：顯仁文化社，2003 년 5 월 26 일。

⑤ 《朝鲜王朝肃宗实录》卷2，肃宗元年正月十一日庚午条；肃宗元年正月二十四日癸未条。

⑥ 《朝鲜王朝肃宗实录》卷2，肃宗元年二月九日丁酉条。

⑦ 郑锦：即郑经。朝鲜多是通过日本对马藩获取台湾情报，因此便随同日本方面的习惯，称呼郑经为“郑锦舍”或“郑锦”。

⑧ 《朝鲜王朝肃宗实录》卷2，肃宗元年四月三日辛卯条。

生矣”。权大运则进一步假设，曰：“锦必执我人，示胡曰‘渠服事矣’”。[①]因此，“通郑”之事不果行。

相比于尹鑴的冒险策略，领相许积则认为“清国虽疲，制我则有余。（若）以数万兵侵轶我疆域，则将何以待之”？[②]因此他主张继续对清朝奉行“事大主义”[③]，立足防御进而观望待变，并得到了肃宗国王和多数大臣的支持。至于防御之策则主要体现在两个层面：修治西路城池和国王的应急驻跸之所、阻止清朝设镇驻师于朝鲜境内。

国王的应急驻跸之所有南汉山城、北汉山城、江华岛等多个地点可供选择，在此不做赘述。而修筑西路城池则颇为棘手，根据崇德二年清-朝“丁丑约条”之规定，不经过清朝的允许，朝鲜西路“新旧城垣，不许擅筑”，[④]因此许积建议以防御海寇为由“移咨（清朝）礼部，陈请修治”。[⑤]刑曹参判南九万认为这样会使清朝怀疑朝鲜图谋不轨，更担忧清朝会趁机要求朝鲜助兵平叛，故而他建议肃宗道：“今朝廷之所当为，不待请而可为者尚多，先举实事，而后此虚声”。三天后，进香正使闵点自北京归报：“概闻南北相持屡战，而清兵多败，尽发宁古塔、沈阳之兵，敌兵若近北京，则想有土崩之势矣”。[⑥]朝鲜君臣一向认为清若败亡，势必会扰害朝鲜，[⑦]因此许积建言“令诸道州郡邑，城好则仍筑之，山城好则增修之，脱有缓急，民兵各入其城”，肃宗从其所请。

康熙十五年三月，出使朝鲜的清朝通官（朝鲜籍翻译官）李一善向其族属“问身弥岛与椵岛相去几何，译官问其由，唯唯不答”。[⑧]椵岛，即皮岛，位于朝鲜西海岸铁山半岛之南，鸭绿江入海口之东，极具战略意义。明末为牵制后金南下进攻山海关，毛文龙曾开镇于此，号称“东江”，对朝鲜扰害颇深，因此朝鲜甚是担忧清朝一袭毛文龙之故套，以海防为由设镇驻师于椵岛。[⑨]为阻止清朝抢先设镇，武将柳赫然建议将宣沙浦佥使移送椵岛，大臣吴始寿、许积亦赞成于两岛设镇，“上（指肃宗）依为之”。[⑩]

按照古代东亚地区宗藩关系的传统，清朝发生了“三藩之乱”，那么宗主国清朝是有权利要求属国朝鲜协助平叛的，朝鲜也一度对此甚是担忧。据《朝鲜王朝实录》载曰：

> （清朝）通官金德之附耳密谓（朝鲜）译官张炫曰：“兵部以吴兵日盛，欲取用朝鲜鸟铳之意已达于皇帝，而以国王新薨，姑待请封嗣王后，可以取用”。译官

---

① 《朝鲜王朝肃宗实录》卷 2，肃宗元年四月三日辛卯条。

② 《朝鲜王朝肃宗实录》卷 1，肃宗即位年十一月十三日壬申条。

③ “事大主义”在韩国有着悠久的历史传统，是韩半岛古代诸政权对中国历代王朝长期奉行的外交策略。韩国学者李基白对“事大主义”有过较为详尽的探析，参见氏著：《民族과 歷史》，서울：一潮閣，1987 년 1 월，pp. 168—201。

④ 《清太宗实录》卷 33，崇德二年正月戊辰条，北京：中华书局，1985 年版，第 431 页。

⑤ 《朝鲜王朝肃宗实录》卷 1，肃宗即位年十一月十三日壬申条。按：张存武先生认为朝鲜自孝宗国王于顺治年间请修城池受阻后，直至康熙五十年之前似乎未再设法请修城池，笔者以为此说很是值得商榷。（参见《清韩陆防政策及其实施——清季中韩界务纠纷的再解释》，载氏著：《清代中朝关系论文集》，第 251 页）。

⑥ 《朝鲜王朝肃宗实录》卷 1，肃宗即位年十一月二十日己卯条；肃宗即位年十一月二十三日壬午条。

⑦ 《承政院日记》원본 263 책，肃宗四年正月二十六日戊戌条。

⑧ 《朝鲜王朝肃宗实录》卷 5，肃宗二年三月二十五日丁未条。

⑨ 关于明末毛文龙等主镇东江期间与朝鲜的交涉情况，可参见王桂东：《猜忌的同盟者：朝鲜王朝与明东江镇交涉史考论（1621—1637）》，硕士学位论文，中央民族大学历史文化学院，2014 年。

⑩ 《备边司誊录》，肃宗二年三月二十六日。按：五年后，即康熙二十年三月，康熙帝读史时因对明末毛文龙驻师朝鲜皮岛一事颇感兴趣，便命出使朝鲜的使臣登岛审视并回奏岛中形势，使臣登岛后画图描摹地形，留宿而去。朝鲜对此大加疑虑，认为清朝定要设镇于岛中。

> 问曰："只取鸟铳，而不并取放铳之兵乎"？则答以"此则未有闻"。故仍令译官探得兵部题奏，则果如所传。[①]

肃宗即位当年的十一月，赴北京的陈慰进香使臣将清朝要求协助平叛的情报传递回了朝鲜，肃宗君臣对此颇感棘手，领相许积分析道：

> 若只求军器，则无辞可防，固当从略给之，至于请兵，则事甚难处。椵岛、锦州之役皆送兵，此则出于万不获已，犹有可诿。今者吴三桂拥立崇祯之子，再造大明，我乃兴兵助罚，非但义理之所不忍为，虽以厉害言之，清国之势，似难久保。大明兴复之后，若有问罪之举，则无辞自解。[②]

其时，朝鲜尚以为吴三桂起兵的目的是拥立朱明后裔再造大明，并且将形势估计为吴强清弱，故而许积才会担忧助清攻吴不但愧对有厚恩于朝鲜的大明，而且日后大明光复将会问罪于朝鲜。但许积亦清楚若拒绝清朝的全部要求，可能立马招致清朝的"报复"。修撰官任相元建言曰："以我国人心兵力，不可遽尔绝和，而送兵助伐，义所不忍。不计数三辈使臣之杀死，姑以难从之意，恳辞哀乞。设令终不得已从之，奏文俱在，可以有辞于他日"。[③]

康熙十四年三月，清朝遣使致祭已故的朝鲜显宗国王，同来的通官张孝礼私谓朝鲜远接使吴始寿曰："朝鲜事可恨，自有吴三桂叛乱，诸藩皆有所助，而朝鲜独无一事。若于前头使行，送以数百柄鸟铳，则皇帝必大喜，永无疑阻之患。凡有所请，无不见从，朝鲜何惜而不为"？[④]朝鲜所造之鸟铳，"自壬辰倭乱之后，依倣体制，造作习熟，铳之微妙精锐，不下于倭物"，[⑤]因此张孝礼才会以允许朝鲜修治城池为条件诱使朝鲜向清朝贡献鸟铳。吴始寿、许积等大臣建议不妨送给清朝数百柄，但尹鑴表示反对，"国之利器，轻易与人，流毒中华，得罪天下，岂非慨然之甚乎"？但最终朝鲜还是向清朝贡献了五十柄，肃宗感慨曰："此乃我国长技，岂有出给之心？而终不得不给，可恨"。[⑥]

综观上述朝鲜对清秘密策略的三种表现，笔者试做论析：

以尹鑴为首的激进派主张乘"三藩之乱"的契机，朝鲜举兵攻入辽沈，与南方各路"叛军"遥相呼应，一举推翻清朝。该主张在朝鲜国内"思明仇清"的情绪下，占领着道义的制高点，很具有鼓动性。而且其时关外八旗军队大量被调发至南方平叛，辽沈空虚，南方战局又一度陷于焦灼，因而朝鲜若准备充分然后突袭辽沈，想必首战告捷并非不可能；但是亦应看到，清-朝双方的实力差距过于悬殊，一旦清朝抓住战机，朝鲜恐将招致灭顶之灾，蒙古察哈尔部的布尔尼亲王叛清即是生动的例子。[⑦]而且尹鑴等人儒生意气，往往空谈义理，并不懂军事，编撰《朝鲜王朝实录》的史官甚至批评尹鑴等人

---

① 《朝鲜王朝肃宗实录》卷1，肃宗即位年十一月七日丙寅条。

② 《朝鲜王朝肃宗实录》卷1，肃宗即位年十一月十三日壬申条。

③ 《朝鲜王朝肃宗实录》卷1，肃宗即位年十一月十三日壬申条。

④ 《朝鲜王朝肃宗实录》卷3，肃宗元年三月二日庚申条。

⑤ 《承政院日记》원본 251 책，肃宗二年二月二十日壬申条。

⑥ 《朝鲜王朝肃宗实录》卷3，肃宗元年三月十八日丙子条。

⑦ "三藩之乱"期间，蒙古察哈尔部的布尔尼亲王见清朝忙于平定南方叛乱，无暇北顾，遂乘乱起兵叛清，但康熙帝及时抽调兵力，联络其他蒙古部落，很快布尔尼就兵败被杀。可参见[日]森川哲雄：《察哈爾部布爾尼親王の亂》，载《东洋学报》第64卷第1-2号，1983年1月。

曰："使臣状启，盖得之传闻之言也。鑴之陈箚，寿庆密启，皆据此为说，而其实则外假虚名，内济其私，非有真心实意，必不得以之计，且其所讲画者，有同儿戏，只可供识者之一笑而已"。[①]诚然，其时朝鲜党争激烈，史官之言未必能真正做到客观。[②]但朝鲜所获取的清朝情报的确有不少传闻之言，信息真伪参半，甚至一度以为吴三桂叛清是拥立朱明后裔意欲再造大明，并认为清弱吴强，大明复兴有日。[③]因此凭借传闻之言，便妄兴干戈，显然不符谋国之道。朝鲜大臣权大运曾针对"北伐"说道："自我国，只自守而已，未闻有往伐之者，其势然也。况年凶如此，民疲如此，自守不足，往伐何能？且兵志曰，先为敌之，不可胜，以待敌之，可胜。尹鑴之言，出于慷慨，而弱国之事，实无可奈何矣"！[④]其言不无道理。

以许积为首的保守派主张先力足防御，随着形势的变化而相机抉择。此种主张虽然在道义上不敌激进派，但却更为实用也更符合朝鲜自身的国家利益，因此得到了肃宗国王和上层主流势力的支持。尽管该派鲜有作为，但是却成功地阻止了激进派的冒险主义策略，避免了清-朝关系的破裂，也避免了朝鲜再度遭到战火的摧残。

清朝要求朝鲜贡献鸟铳，朝鲜因而担忧清朝乘机要求其助兵平叛，但据笔者掌握的资料看，清朝方面并无此类计划。实际上，正如朝鲜大臣闵点（曾作为进香使出使清朝）所言："少征兵则无益于渠，多征兵则必不引他国之精锐入其腹心，绝不征兵矣"。[⑤]故而朝鲜君臣似乎有点杞人忧天了，但其不愿配合清朝平叛的态度于此可见一斑。

二、清朝两度致祭显宗与"君弱臣强"说的真伪

康熙十三年八月朝鲜显宗病逝，次年清朝"遣内大臣寿西特、侍卫桑厄、恩克谕祭朝鲜国王李棩"，[⑥]但令朝鲜君臣感到怪异的是，"清使行二次祭于孝敬殿"，[⑦]即于常例之外，又加祭一次。远接使吴始寿遂令译官向清朝通官张孝礼探问再度致祭之由，不料却因而引发了一场轩然大波。吴始寿向肃宗国王报告曰：

> 行到龙川，孝礼曰："皇帝以先王积年抱病之中，受制于强臣，每事不得自由，遽尔升遐，倍加恻然。今此再度致祭，特是别恩"。此非臣子所忍闻、所忍道之说，不敢及于状启中矣。到金川，闻黄海监司尹堦之言，则孝礼对堦亦及此说云。[⑧]

据此分析，清朝两度致祭是因为康熙帝怜悯显宗生前久病且受制于臣下，即问题的根源在于清朝方面认为朝鲜"君弱臣强"。那么清朝认为朝鲜"君弱臣强"一说是果有其事，还是吴始寿出于某种目的而有意虚构？笔者将着重给予梳理考辨。

"君弱臣强"一说是否是由吴始寿有意虚构，恐怕应是朝鲜王朝历史上的一桩悬案！

---

① 《朝鲜王朝肃宗实录》卷 2，肃宗元年正月十七日丙子条。

② 《承政院日记》원본 259 책，肃宗三年四月十三日己未条。

③ 关于朝鲜在"三藩之乱"期间所搜集的清朝情报真伪参半这一事实，可参见王桂东、达力扎布：《清"三藩之乱"期间朝鲜对清朝情报的搜集》，《北华大学学报》（社会科学版）2013 年第 4 期，第 62—63 页。

④ 《承政院日记》원본 245 책，肃宗元年二月三十日戊午条。

⑤ 《朝鲜王朝肃宗实录》卷 1，肃宗即位年十一月二十三日壬午条。

⑥ 《清圣祖实录》卷 52，康熙十四年正月乙亥条。

⑦ 《朝鲜王朝肃宗实录》卷 3，肃宗元年三月六日甲子条。

⑧ 《朝鲜王朝肃宗实录》卷 3，肃宗元年三月三日辛酉条。

吴始寿因此而丧命，其后虽被平反但不久又被撤销平反，极具戏剧性。

吴始寿将此爆炸性的消息带回朝廷，肃宗君臣认为此种议论严重侮辱了显宗国王之“英明”，尤其是王大妃（显宗之王妃）反应激烈，“慈殿愤怒，不进水剌”。[①]领议政许积建议“大臣先见孝礼问之，而彼若曰，吾妄发云，则置之可也；若果有此言云尔，则当辨诬云矣”。[②]许积自请往问于张孝礼，并归报肃宗张孝礼确有此言，但却又认为事在既往，不必辨诬。然而吴始寿所陈臣强之说的另一见证人黄海监司尹堦却极为不满吴始寿引其为证，上疏肃宗予以否认，其疏略曰：

> 臣之迎敕在黄州也，大通官张孝礼……直入臣之房中，虽欲避之，其势未及……（孝礼）曰：“皇帝闻先王之讣，极其惊悼，且悲先王之积年沈痼，不能有所施为，而遽尔薨殂，故今此吊问，特设两次祀典”。臣嫌其言语之渐蔓，言其久坐不可之意，则渠即起去，其间说话如斯而已……近日窃闻传说之言，则始寿以臣强之说传达于上，而又以臣亦与闻为证，臣诚惊怪……今番敕行下来时，逢着始寿……始寿言：“金川相对时，似有臣强之说，故果以黄海监司亦闻是说陈达矣。今闻令监之言，心甚未安”……（臣与）孝礼相见时，臣强二字，全不出于孝礼之口，臣有何意思，添加是说……第臣初无所闻，亦无所传……臣不幸见不当见之人，又证不当证之事，况始寿依希记不记间，勒臣为证，则轻臣易臣，不为有无臣者甚矣。为人口实闪弄，臣实耻之，岂可抗颜于一道风宪之任哉？[③]

尹堦之疏一出，便有人开始怀疑所谓臣强之说是吴始寿有意做出。[④]之后，尹堦又接连上疏指摘吴始寿所言不实，吴始寿亦向肃宗自请罢职以昭示其无辜。只是其时肃宗“方宠始寿而信（许）积，以始寿为愤恚，以堦为变幻”，[⑤]安慰吴始寿“不必为嫌，安心勿辞”，[⑥]反而将尹堦治罪发配至边地。[⑦]

康熙十九年，朝鲜发生了“庚申之狱”。领议政许积之子许坚和宗室福善君李柟因谋反未遂被杀，福昌君李桢、许积、尹鑴、柳赫然等均受其牵连，先后被赐死，权大运、吴始寿等其他“南人”党成员亦被发配边地，史称“庚申大黜陟”。“南人”空前失势，而“西人”则得以东山再起，[⑧]之前饱受“南人”打压的金寿恒、金寿兴、闵鼎重等人入朝当政，并开始向“南人”一党展开了清算。吴始寿阿附许积又与首犯李柟为姑表兄弟，因此“西人”自然要对他格外关注，而始寿前陈之“臣强说”则是置他于死地的一个绝佳的理由。

同年五月，修撰官朴泰逊首先上疏肃宗建议“辨凶言”，即彻底调查“臣强”说到底是由李柟、吴始寿私自做出，还是清廷果有是说。[⑨]肃宗“用其言，命陈奏使沈益显

① 《承政院日记》원본 245 책，肃宗元年三月七日乙丑条。

② 《承政院日记》원본 245 책，肃宗元年三月七日乙丑条。

③ 《朝鲜王朝肃宗实录》卷 3，肃宗元年三月二十八日丙戌条。

④ 参见《朝鲜王朝肃宗实录》卷 3，肃宗元年五月二十四日壬午条。

⑤ 《朝鲜王朝肃宗实录》卷 3，肃宗元年五月二十四日壬午条。

⑥ 《承政院日记》원본 247 책，肃宗元年闰五月一日戊子条。

⑦ 参见《承政院日记》원본 247 책，肃宗元年五月二十八日丙戌条。

⑧ [韩]邊太燮著：《韓國史通論》，서울特別市：三英社，1993 년 1 월，p362。

⑨ 参见《承政院日记》원본 276 책，肃宗六年五月六日甲午条。

等，使之探问言根于彼中”，[1]领议政金寿恒认为吴始寿有做出“臣强”说的重大嫌疑，应令使臣“赍金往探，则彼人（指张孝礼等）必不隐讳矣”。[2]而使臣之探问情况《朝鲜王朝实录》如是载曰：

（朝鲜使臣）问于孝礼曰：“乙卯春吊祭敕使出去时，远接使到龙川，使译官问其两度致祭之由于汝，则汝答以今番两度致祭之事，皇帝以为，朝鲜先国王有积年沈痼之疾，而事大之诚不替，且有受制强臣之事，有不得自由者。及其升遐之后，皇帝恻然赐祭二度，特用异典。汝之所言，果如是乎”？孝礼答曰：“两度致祭之事，礼部举行之际，固已知之，而祭文中所无之言，俺何可说道乎”？臣等又曰：“汝若无所言，则远接使从何得闻，而陈达于榻前乎”？孝礼自呼其名曰：“张孝礼虽甚无状，往来彼此之间，曾无一言虚妄。如此不干之言岂出于口乎？中间传说者，或托吾言而传之耶？此则吾所不知也”。臣等曰：“然则受制强臣之说，元不出诸口乎”？孝礼曰：“不记何年，皇帝招见使臣于乾清宫，有两班强，百姓怨之说云。此言其时虽或闻之，吾既不参，则亦何可知也？但朝鲜两班本来鼻强，吾辈出去之时，凡事辄与相抗，故鼻强之说，如饮冷水，到处言之矣。至于受制等说，曾所不出于吾口。吾若出去本国，则当更明说此言”。臣等又曰：“其时特遣许积于馆所，以远接使所达之言问之于汝，积之所言如何？而汝何以为答耶”？孝礼答曰：“积只言彼中以吾辈称强，百姓愁怨云，吾辈岂不冤痛云，而此外无他所言”。臣等更问：“远接使所达之言，则终不发问乎”？孝礼答曰：“终无发问之事。”[3]

张孝礼极力否认自己曾向吴始寿谈论过朝鲜“君弱臣强”一事，不但指摘吴始寿自做“臣强”之说，还揭露了许积当年刻意袒护包庇吴始寿的情况，这无疑是“西人”一党所乐于见到的。在探问张孝礼的同时，领相金寿恒还建议对当年跟同吴始寿接待清使的译官辈进行了讯问，其讯问情况如下：

乙卯年远接使差备译官朴廷荩以为：“两度致祭，事异常规，故远接使（吴始寿）使探问于张孝礼，孝礼答曰：‘一度则以先朝至诚事大，一度则以累年违豫，享寿不永之故’，以此回告而已。至于臣强之说，孝礼所不言，渠亦全无所闻”。敕使差备安日新、卞尔辅、金起门等以为：“到龙川，翌朝问安于远接使，则远接使曰：‘去夜张孝礼有怪恶之言，不胜痛愤，汝辈何以不告于我耶”？对以全然无闻云，则远接使怒责曰：“因致祭之事，至有臣强受制等不忍闻之说，吾之差备译官已为来传，汝辈敢欲讳之耶”？对以果有所闻，则此何等重事，而敢为隐讳乎？问诸译则可知其虚实矣。远接使即为叱退，退与诸译诘责廷荩之虚妄，则廷荩亦云：“臣强等说，非吾所言，亦无所闻”。又问许积往问孝礼于馆所时说话，则安日新等以为，积与孝礼相接之后，遥见积与孝礼聚首密语，未知其间有某样说话。[4]

如此，译官辈之证词大体上与张孝礼所述并无二致，因此肃宗认为：“吴始寿做出

① 《朝鲜王朝肃宗实录》卷9，肃宗六年五月六日甲午条。
② 《朝鲜王朝肃宗实录》卷9，肃宗六年六月六日癸亥条。
③ 《朝鲜王朝肃宗实录》卷10，肃宗六年闰八月二十日丙午条。
④ 《朝鲜王朝肃宗实录》卷9，肃宗六年六月七日甲子条。

（臣强）之事明白无疑，（许）积之当初不问于孝礼者，亦可知矣。以我国臣子，而做出不忍闻之言，诚不胜骇惋痛迫之心矣”，[①]下令对吴始寿严加讯问。吴始寿却始终“推诿于孝礼之浮诞及译辈之变辞”，[②]至死不服。肃宗本欲法外施恩减其死罪，但“西人”则必要置他于死地，吴始寿最终被赐死。八年后，“己巳换局”中“西人”再度被斥逐，“南人”得以复起，[③]吴始寿被平反，肃宗复其官爵并遣官赐祭。[④]然而随着之后“南人”的又一次失势，[⑤]吴始寿的平反又被撤消。而吴始寿是否冤枉，此后一直争论了百余年，难有定论，成为了一桩“悬案”。

笔者以为，吴始寿的确是有做出“臣强”之说的重大嫌疑。其时朝鲜党争激烈，“南人”与“西人”势同水火，吴始寿是“南人”党的重要成员，因此当其自译官朴廷苳处听闻张孝礼的“朝鲜两班不善”之言后，稍加变换，即将“两班”变换为“文武两班大臣”，“不善”变换为“强恶”，[⑥]如此一则可以打压显宗朝时“西人”党大臣宋时烈等，二则可以证实其表兄弟福善君李柟前度之“臣强”说。故而吴始寿具有做出“臣强”说的动机，而且没有任何有力证据可以为其洗脱嫌疑。

然而吴始寿临刑之前，尚且否认自做“臣强”之说，这又应该作何解释？须知吴始寿被拘期间正值“西人”当政，因此对他的审讯是否公正、证人提供的证词是否真实，这些因素也是必须给予考虑的。[⑦]台湾学者张存武先生曾指出，“清使，尤其是通官，每凭上国威势，装腔作势，刁难属国。而朝鲜为了息事……私下贿赂，密赠银两”。[⑧]张孝礼与大多数清朝通官本无二致，贪财狡诈，好为虚言，惯于在清、朝两国间作梗谋利，[⑨]如康熙二十四年朝鲜因请罢牛市贸易险些招致清朝罚银一万两，即是使臣轻信张孝礼之言所致。因此“臣强”之说是否曾出于张孝礼之口，恐怕也不能完全予以否定，而张孝礼作为该案的直接当事人之一，朝鲜使臣却“持金求证”于他，其证词的可信度也不能不令人有所怀疑。另外，译官辈为求自保而见风使舵，故作伪证也并非没有可能。

尽管吴始寿有刻意做出“臣强”说的重大嫌疑，但也不能完全排除这样一种可能性，即他的确从译官口中有所听闻。在此，我们假设此次“臣强”说真是由吴始寿私自做出而不出于清朝人之口，那么清朝方面是否同样也认为朝鲜“君弱臣强”呢？

康熙十四年正月，康熙皇帝谕礼部曰：“朝鲜国王李棩袭封以来，殚竭忠忱，克尽藩屏之职。今闻溘逝，朕心深为悯恻，可从优给与恤典。于常例外，加祭一次。”[⑩]可见，

---

① 《承政院日记》원본 278 책，肃宗六年闰八月二十一日丁未条。

② 《朝鲜王朝肃宗实录》卷 10，肃宗六年九月二十八日癸未条。

③ [韩]邊太燮著：《韓國史通論》，서울特別市：三英社，1993 년 1 월，p363。

④ 《承政院日记》원본 334 책，肃宗十五年三月三日庚午条。

⑤ 康熙三十三年，朝鲜发生“甲戌换局”，“南人”失势，“西人”再起。关于肃宗在位初期的党争和“换局”，可参见[韩]洪順敏：《肅宗初期의 政治構造와 “換局”》，《韓國史論》（제 15 집），서울대，1986 년。

⑥ 参见《承政院日记》원본 279 책，肃宗六年十月初二日丁亥条。

⑦ 康熙二十八年“南人”党为吴始寿翻案时，即提出始寿之死实“出于当时主张者之手段”，指责“西人”设计致使始寿冤死。（参见《承政院日记》원본 337 책，肃宗十五年十月二十三日丙戌条）。

⑧ [台湾]张存武著：《清韩宗藩贸易（1637-1894）》，台北：中央研究院近代史研究所，1985 年版，第 43 页。

⑨ 关于通官辈惯于在清、朝两国间作梗谋利这一问题，可参见杨海英：《朝鲜通事古尔马浑（郑命寿）考》，载《民族史研究》（第三辑），2002 年。

⑩ 《清圣祖实录》，卷 52，康熙十四年正月乙丑条，中华书局 1985 年版，第四册，第 676 页。

清朝两度致祭显宗，并未明言朝鲜君弱臣强。但是朝鲜幼主新立，必有大臣辅政，又值“三藩之乱”这一敏感时期，清朝方面难道就不担心属国幼主受制于“强臣”吗？据《朝鲜王朝实录》载曰：

远接使吴始寿请对启曰：“闻孝礼之言，三使中一人，受皇帝嘱付，专察主上贤否。且彼人以圣上春秋未壮，当有大臣赞助，而不能自断机务为疑。接待说话，自上宜亲自酬酢，如有意外言及之事，必以明敏之人，差御前通事，使之临机应对宜矣。[①]

此条信息虽同样是由吴始寿报告给肃宗，同样是从张孝礼处传出，但相比于前述之“臣强”说则更符合于当时的情境，因此较为可信。且《朝鲜王朝肃宗实录补阙正误》亦载道：“上接见清使于仁和门内，清使出语我国人曰：‘尔主上长必严明，尔国臣下当谨慎’”。[②]实际上早在清太宗崇德年间“由于部分被掳朝民的通风报信，清廷对朝鲜的形势十分了解，因此（就）有‘主弱臣强’的评价”，[③]并认为“强臣”往往能够左右朝鲜的对清政策；[④]而显宗一向病弱，故而其在位期间也不时有“君弱臣强”的传闻，就连必置吴始寿于死地的“西人”领袖金寿恒也认同“所谓臣强之说，自其前行于彼中（指清朝）已久”[⑤]；肃宗冲龄即位，朝鲜大臣中又不乏思明仇清者，清朝恰值“三藩之乱”爆发，南方半壁骚动，因此清朝担忧属国幼主不能自断机务，受制于强臣从而于己不利亦是情理之中的。[⑥]

笔者于《朝鲜王朝肃宗实录》和《清圣祖实录》中分别发现有力证据，可以论证肃宗在位期间清朝认为朝鲜“君弱臣强”实有其事。康熙二十四年朝鲜边民“韩得完等二十八人违禁越江采参，复擅放鸟枪，将钦差绘画舆图官役打伤”，清朝罚肃宗国王白银两万两，“以警疎纵”。[⑦]其时恰在清朝的朝鲜使臣右议政郑载嵩得知清朝罚银一事，不报国王，径直呈文礼部为肃宗辩解，此举被清朝认为是“臣行君职，国王不能在其位，谋其政”。[⑧]《朝鲜王朝肃宗实录》转载清朝礼部奏给康熙帝之文曰：

夫彼国虽小，君臣之分，繄岂独无？即使果有冤抑，该国王应上章自明，乞哀祈请，岂有幺麽卑贱，不告其君，轻弄笔端？皆由其国弱臣强，若非我朝护持。不知几经篡窃，鬼蜮面目，魑魅伎俩，其在彼国，既习为横逆，无所逃死，辄自露于光天化日之下，我皇上视薄海内外为一家，申大伦行大义，亦不容使外服，有此无君之臣，法在有司，必罪无赦，相应将郑载嵩等严拿，发与该国王从重治

① 《朝鲜王朝肃宗实录》卷 3，肃宗元年三月三日辛酉条。

② 《朝鲜王朝肃宗实录补阙正误》，肃宗即位年八月二十六日丁巳条。

③ 刘为：《清代中朝使者往来研究》，哈尔滨：黑龙江教育出版社，2002 年版，第 39 页。

④ 参见宋慧娟：《皇太极三次审理朝鲜“横议大臣”案述论》，《东北史地》2007 年第 6 期。

⑤ 《承政院日记》원본 316 책，肃宗十二年七月十三日乙未条。

⑥ 明清两代中国君主专制得到空前加强，但属国朝鲜的君主专制程度则要远逊于中国。尤其是肃宗即位初年，“南人”、“西人”结党营私，互相攻讦，大臣们对肃宗也多有放肆行为。如肃宗母妃不满“南人”专权，许积等便对大妃甚是无礼，尹鑴甚至建议“照管”大妃；又如尹鑴与柳赫然因“造车”一事政见不和，竟在肃宗面前喧争，场面极其不堪，左右骇然。

⑦ 《清圣祖实录》，卷 124，康熙二十五年二月丁亥条，中华书局 1985 年本，第五册，第 315 页。

⑧ [香港]黄枝连著：《天朝礼治体系研究（下卷）：朝鲜的儒化情境构造，朝鲜王朝与满清王朝的关系形态论》，北京：中国人民大学出版社，1995 年版，第 390 页。

罪，竝将此情节，一一传与该国王知悉。[①]

《清圣祖实录》对此则载之曰：

> 礼部题：顷朝鲜国陪臣郑载嵩等以察议奸民韩得完一案，为伊国王辨冤，具呈臣部。臣查朝鲜僻处东服，蕞尔一隅，当念累朝兴复殊恩……顾其君懦弱，其臣恣肆，积有重愆，应加严治……乃陪臣郑载嵩妄为其主求宽，无理已甚……果有冤抑，该王分属外臣，应上章自明，乞哀祈请，岂有幺麽卑贱不告其君而轻弄笔端，横开祸始，法在有司，必无可赦。相应将郑载嵩等严拿发与该国王，从重治罪。并将此情一一传与该国王知悉。[②]

郑载嵩为其主辨冤，不料却因“程序”问题而触怒了康熙帝，被冠以“强臣”之名，的确是有些冤枉。但清朝方面一贯认为朝鲜“君弱臣强”的说法，由此则显露无遗！

余 论

以上是对肃宗即位初年清-朝关系之主体框架的描摹，这一时期两国关系中另外一件比较重要的史事，即朝鲜得知清朝撰修《明史》（实际上是撰于明末的一些笔记、野史等）其中涉及“仁祖反正”一节时将其定性为“篡逆”。仁祖国王是为肃宗的曾祖父，因此向清朝“遣使辨诬，断不可已”。[③]朝鲜方面曾一度认为“辨诬”之举并不损害清朝利益，因此不难成功。大臣权大运言于肃宗曰：“（辨诬）于彼无利害，必可成矣，且彼中事，有赂则成”，[④]只要向清朝相关人员多行贿赂，就必能得到批准。于是，康熙十五年，肃宗以福善君李柟为辨诬正使赴北京，请求康熙帝“命修史诸臣细考明朝行查始末及小邦（指朝鲜）前后申奏，删除诖误”。[⑤]却不曾料到，“礼部议，不准行”，[⑥]“辨诬”不但未得到清朝的准许，反而因朝鲜使臣私买中国史籍违反清朝禁令遭到斥责，康熙帝令“（肃宗）国王将私买史书人犯，逐一严拿详审，确议具奏”。[⑦]至于清朝为何没有满足朝鲜的“辨诬”请求，笔者以为，这与清朝不满“三藩之乱”期间朝鲜的某些表现恐怕亦不无关联。[⑧]

朝鲜肃宗即位初年，恰值清朝爆发“三藩之乱”，因此，朝鲜出现了对清的秘密策略，以尹鑴为首的激进派甚至建议肃宗举兵进攻辽沈。清朝方面对此或多或少亦有所了解，[⑨]并采取了一些应对措施。如频繁派遣使臣至朝鲜，其频繁程度正如朝鲜大臣南九万所言，“三度敕行，五度使行，在于一年之内，前度吊祭、册封两敕，又将继来”，其

---

① 《朝鲜王朝肃宗实录》卷 17，肃宗十二年闰四月二十九日壬午条。

② 《清圣祖实录》，卷 125，康熙二十五年四月癸丑条，中华书局 1985 年本，第五册，第 334—335 页。

③ 《朝鲜王朝肃宗实录》卷 5，肃宗二年正月二十八日辛亥条。

④ 《承政院日记》원본 252 책，肃宗二年三月六日戊子条。

⑤ （朝鲜王朝）郑昌顺等编纂：《同文汇考》原编卷 33，《陈奏一》，台北：珪庭出版社有限公司，1978 年，第 2522 页。

⑥ （民国）赵尔巽等撰：《清史稿》卷 526《朝鲜传》，北京：中华书局，1977 年版，第 14584 页。

⑦ 《清圣祖实录》，卷 64，康熙十五年十一月己卯条，中华书局本，第四册，第 820 页。

⑧ 此后朝鲜又多次派遣使臣请求清朝删改《明史·朝鲜传》中“仁祖反正”一节的“篡逆”论调，且直至乾隆四年（1739）朝鲜英祖国王在位时期才最终达到目的。可参见孙卫国：《清修〈明史〉与朝鲜之反应》，《学术月刊》2008 年第 4 期。

⑨ 康熙十三年春“辽沈之人，虚传朝鲜人来袭，日夜恐惧，及使价（介）之入而后始定”，同年夏，北京亦有“朝鲜兴兵入来之说”。（参见《朝鲜王朝肃宗实录》卷 1，肃宗即位年十一月二十日己卯条、十一月二十三日壬午条）。

名为出使，实则有监视审查之意，使得朝鲜不敢有大的动作。另外，清朝鉴于关外八旗军队大量调往南方平叛致使辽沈空虚，则在辽东沿海及清-朝边境一带修筑城堡，名为防备海寇，实则兼防朝鲜。[①]可见，清朝并未向朝鲜施以更大的压力，“而是尽量用一种柔性的手段使得朝鲜不走极端”，[②]如康熙十六年为了表现对朝鲜使臣的优礼，特命工部修缮用于接待使臣的玉河馆。[③]如此则可以免生枝节，集中力量用来平定国内的叛乱。

清朝两度致祭显宗这一非常举动，间接引发了朝鲜国内有关“君弱臣强”的政治风波。尽管吴始寿有做出“臣强”说的重大嫌疑，但清朝方面一贯认为朝鲜“君弱臣强”也是实有其事。在清朝发生“三藩之乱”这一敏感时期，朝鲜肃宗以冲龄继位，朝鲜大臣中又不乏反清势力，因此清朝也甚是担忧属国幼主不能自断机务，受制于强臣从而做出叛清举动。

综上可见，朝鲜肃宗即位初年的清-朝宗藩关系还远未达到和谐的程度。两国彼此猜疑、防范，虽然表面上看似波澜不惊，但内里实则暗流涌动，并不平静！

直至肃宗国王即位二十年以后，两国的微妙关系才开始在一定程度上有所缓和，其两次标志性的事件即为康熙三十二年为协助清军剿灭蒙古准噶尔部的噶尔丹军队，朝鲜“捐进鸟枪三千杆”，[④]以及康熙三十七年清朝海运粮米赈济朝鲜全国性的大饥荒[⑤]。至于说清-朝宗藩关系真正实现融洽，那恐怕则要向后推到乾隆年间了，而其时朝鲜肃宗国王早已薨逝，在位的则是他的曾孙正祖国王了。

（王桂东，男，1985年生，中央民族大学历史文化学院博士研究生，北京：100081）

① 参见《承政院日记》원본 244 책，肃宗元年正月二十六日乙酉条。

② 柳岳武、赵鉴军：《康熙朝清韩宗藩关系研究》，《兰州学刊》2006年第5期，第36页。

③ 参见（朝鲜王朝）孙万雄：《燕行日录》，载[韩]林基中主编：《燕行录全集》（第二十八卷），首尔：东国大学出版部，2001年版，第354—355页。

④ 《清圣祖实录》，卷158，康熙三十二年正月甲子条，中华书局本，第五册，第736页；《同文汇考》原编卷36，《请求》，第2774—2777页。

⑤ 关于此次清朝赈济朝鲜事件只是在一定程度上缓和了清-朝关系，可参见王桂东：《清康熙朝赈济朝鲜事探微》，载达力扎布师主编：《中国边疆民族研究》（第六辑），北京：中央民族大学出版社，2012年11月版。

清代至民初新疆巴里坤的庙宇与社会生活*

王鹏辉

内容提要：清代以降，巴里坤的社会经济发生了从草原游牧到绿洲农业的转型，巴里坤的汉唐史迹与内地移民的民间信仰相互结合，形成多种类型的佛寺道观庙宇。巴里坤的庙宇与当地民人的社会生计密切相关，大部分庙宇属于民间信仰的社会空间，建构了巴里坤城乡社会的内在秩序。巴里坤庙宇在地域的社会空间中居于中心地位，呈现了土著化的社会生活图景。

巴里坤位于天山东端以北，与遥隔天山以南的哈密绿洲相通，水草丰美，属于大陆性冷凉干旱气候，自古以来即是畜牧生计为主流的社会区域。而清王朝在巴里坤的建政立制，奠定了农业经济的基础。雍正九年（1731），清王朝宁远大将军岳钟琪督率士兵修筑巴尔库尔城（巴里坤城），周长 4 公里，城高 2 丈，四方城门分别为东门承恩，西门得胜，南门沛泽，北门拱极。乾隆二十一年（1756），设巴里坤理事同知，乾隆二十五年改设巴里坤直隶厅，属甘肃安西道节制，并设办事大臣一员。巴里坤城东有乾隆三十七年（1772）筑造的会宁满城，四方城门分别为东门宣泽、西门导丰、南门光被、北门威畅，满兵驻会宁满城，设领队大臣。两城都为土筑，东西并列。巴里坤城中四面穿行分为东南西北四大街，南大街筑有左、右营兵住房，东、西、北三条大街均为民房。会宁满城为驻防满营官兵及家眷而建，城内同样有东南西北四条大街。乾隆三十八年（1773），巴里坤设置镇西府，同时设立宜禾县（巴里坤县），撤销巴里坤直隶厅。镇西府辖宜禾县、奇台县，隶属镇迪道。咸丰五年（1855），镇西府撤销改设直隶厅，宜禾县并入镇西直隶厅，奇台县归迪化州，均属镇迪道管辖。光绪初年镇西直隶厅划分为东西南北 4 乡，管辖村庄及满、汉营屯村庄 46 个。光绪三十一年（1905），镇西直隶厅划分东西北 3 乡、20 个区，区表示地段范围。1913 年，镇西厅改设为镇西县，归属及辖属乡村沿袭清制。学术界已经对巴里坤“庙宇冠全疆”的社会历史现象进行了专门的研究，[①]但巴里坤庙宇的历史面貌和社会历史机制仍有待考索，本文拟进一步探讨清代以降巴里坤以佛寺道观庙宇为中心的社会生活图景。

---

* 基金项目：国家社科基金重大委托项目《新疆通史》（05＆ZD060）基础研究项目《清末民初新疆镇迪道的佛寺道观研究》（XJTSB080）成果之一。

① 参见许学诚：《神化镇西——掀起新疆汉文化神秘盖头》，北京：光明日报出版，2006 年；黄达远：《清代镇西“庙宇冠全疆”的社会史考察》，《新疆社会科学》2008 年第 6 期。

一、巴里坤佛寺道观庙宇的缘起

乾隆年间清王朝在巴里坤的军政建置需要农业经济的支撑，广办屯田。其中的户屯主要是招募内地平民到天山北路地区,编为民户,供给籽种、牛具等,开垦荒地，移民社会逐渐形成。乾隆二十六年九月十三日（1761 年 10 月 10 日），陕甘总督杨应琚为报巴里坤莞豆收成并请听民广为劝垦事奏折得到朱批“甚好,应广为劝垦者”，实际上此前“近年仰赖圣主德化远敷,商民聚集渐众”。[①]巴里坤是新疆天山北路的总汇地区,人烟稀少，移民屯垦，广辟田土成为政府官员的首务。政府的劝农政策促进流寓贸迁之人安居乐业,渐成土著,意图推而广之,使新疆地方日臻繁庶。乾隆二十六年十二月二十六日（1762 年 1 月 20 日），杨应琚为报巴里坤商民初次认垦地亩数目事奏折汇报说“王玉美等六十七名认垦地三千七百余亩”。[②]乾隆二十九年七月二十四日（1764 年 8 月 21 日），杨应琚又汇报“今敦煌等县既前后共招有九十余户,皆愿于九月初旬携眷前往”。[③]乾隆三十年六月初四日（1765 年 7 月 21 日），杨应琚为报商民认垦地亩及废员陈文枢等协助巴里坤户民开渠事奏折说明“就近在安西府属招有一百八十二户,男妇大小六百五十七名口”，汇总近年“新旧认垦并拨给安西户民承垦地共二万五六千亩”。[④]乾隆三十四年十二月二十八日（1770 年 1 月 24 日），陕甘总督明山为奏报在巴里坤大墩地亩试种有收及开渠灌溉，[⑤]开辟了新的居民点。敦煌“自雍正三年设立沙洲卫，迁内地五十六州县户民至此屯田”，[⑥]甘肃安西府属各县尤其是敦煌县的内地民户又成为巴里坤最早的移民来源地。内地民户自然把佛教和道教因素的信仰实践带入巴里坤，塑造了新的巴里坤乡土认同，为巴里坤移民社会佛寺道观的兴盛提供了社会基础。

巴里坤城建设过程中，坛庙的标准配置有万寿宫、文庙和城隍庙，[⑦]城西南有龙王庙。会宁满城“为满洲兵弁驻防之所”，“亦建万寿宫、关帝庙，城西北三里，别建关帝庙。庙前有汉敦煌太守裴岑碑。”[⑧]万寿宫和关帝庙是满城中官方庙宇的标准配置，[⑨]官修志书中都有明确记载。万寿宫和文庙是比较纯粹的官府祭祀场所，而城隍庙、龙王庙、关帝庙在官府的支持之下都有浓厚的民间信仰色彩，并且显示出较多的佛教和道教因素。而佛教和道教的因素也往往互相渗透交融在一起，混融了佛教信仰和道家信仰的庙宇可以统称之为“佛寺道观”。

巴里坤城东一百五十里的山谷深崖峭壁，盘通纡回，松柏亭亭，被称为松树塘达坂。松树塘上行三十余里到达天山顶，天山顶有一通汉碑，巴里坤地方人称“镇海碑”，即《裴岑碑》。雍正七年（1729），“镇海碑”被川陕总督宁远大将军岳钟琪在石人子发现，

① 中国第一历史档案馆：《乾隆年间徙民屯垦新疆史料》，《历史档案》，2002 年第 3 期，第 10 页。
② 中国第一历史档案馆：《乾隆年间徙民屯垦新疆史料》，《历史档案》，2002 年第 3 期，第 12 页。
③ 中国第一历史档案馆：《乾隆年间徙民屯垦新疆史料》，《历史档案》，2002 年第 3 期，第 13 页。
④ 中国第一历史档案馆：《乾隆年间徙民屯垦新疆史料》，《历史档案》，2002 年第 3 期，第 14 页。
⑤ 中国第一历史档案馆：《乾隆年间徙民屯垦新疆史料》，《历史档案》，2002 年第 3 期，第 19 页。
⑥ [清]苏履吉修，曾诚纂：《敦煌县志》，台北：成文出版社据道光十一年刊本影印本，1970 年，第 36-37 页。
⑦ [清]和宁撰：《三州辑略》卷二《建置门》，台北：成文出版社据嘉庆十年修旧抄本影印本，1968 年，第 72 页上栏。
⑧ 钟兴麒等校注：《西域图志校注》，乌鲁木齐：新疆人民出版社，2002 年，第 182 页。
⑨ [清]和宁撰：《三州辑略》卷二《建置门》，台北：成文出版社据嘉庆十年修旧抄本影印本，1968 年，第 71 页下栏。

先是安置在幕府。雍正十三年（1735）移置会宁满城城北，在“关壮缪祠西阶下起小碑亭以复之”，[①]在巴里坤八景之一的“龙宫烟柳”消逝以后，后人就以“镇海碑”续为巴里坤八景。用东汉的虑虒铜尺度量，碑高4尺3寸，宽1尺8寸，碑文如下：

唯汉永和二年八月，敦煌太守云中裴岑将郡兵三千人诛呼衍王等，斩馘部众，克敌全师，除西域之灾，蠲四郡之害，边竟艾安，振威到此，立德（海）祠以表万世。[②]

碑文记载了敦煌太守裴岑打败北匈奴，重新统一西域，稳定东汉在西域统治的史事。永和二年（137）八月之前，游牧于蒲类海的北匈奴呼衍王部严重威胁着东汉的西域和河西四郡。碑文弥补了历史记载的空白，反映了东汉在巴里坤地区对北匈奴取得的一次重大胜利。[③]《裴岑碑》后来被移建会宁满城北门外关帝庙西侧，建造碑亭加以保护，成为护佑巴里坤地方平安的宗教资源，具有了增加关帝庙神威的宗教信仰效果。

松树塘天山顶还有一座建于乾隆五十一年（1786）的关帝庙，天山顶关帝庙向西数十步的小峰顶上，有碑亭一座，其中有《姜行本碑》一通，巴里坤地方人称“天山唐碑”。用东汉虑傂铜尺度量碑高7尺5寸，宽2尺7寸1分，即高1．8米，宽0．6米，字迹剥落不全，嘉庆元年（1796）成书的《乌鲁木齐事宜》收录了碑文，追述汉代在塞北、东南和西南的边疆一统盛事，烘托出唐代经营西域超越前代的辉煌历史：

□高昌国者，乃是两汉屯田之壁，遗兵之所居。麴文泰即其苗裔也。注因晋室多难，群雄竞驰，中原立主，边隅遂隔，间居戎放窃多□□王□□□□。自皇威远被，稽颡来庭，虽沐仁风，情怀首贡，杜远方之职责，阻重译之往来，□□□狼之心，起蜂趸之□□贼□□无已□□圣上愍彼苍生，申兹吊伐。乃诏使持节光禄大夫、吏部尚书、上柱国、陈国公候君集交河道行军大总管，左屯卫大将军上柱国、永安郡开国公薛万均，副总管左屯营将军、上柱国、通川县开国男姜行本等，爰整三军，张行开罚，但妖□□未殄，将军逞七纵之威；百雉作固，英奇申九攻之略。以通川公深谋间出，妙思纵横，命□□前军营造攻具。乃统沙州刺史、上柱国、望都县开国侯刘德敏，右监门中郎将、上柱国、淮安县开国公□□智□，□□右屯卫中郎将、上柱国、富阳县开国公伯屈昉，左武侯郎将李海□□，前开州刺史时德衡，右监门府长□□威等并率骁雄，鼓行而进。以贞观十四年五月十日，师次伊吾时罗漫山，北登黑绀所。未满旬月，剋成奇功。伐木则山林殚尽，叱咤则川谷荡薄。冲梯暂□□百□□冰销，机桧一发，千石云飞。墨翟之拒无施，公输之妙讵如。大总管运筹帷幄，继以中军铁骑亘原野，金鼓动天地，高旗蔽日□□长戟彗云自秦汉出师未有如斯之盛也。班定远之通西域，故□□罕存；郑都护之灭车师，空闻前史。雄图世著，彼独何人？勒石记功，传诸不朽。[④]

---

① [清]阎绪昌创修，高耀南、孙光祖编纂：《镇西厅乡土志》，中国社会科学院边疆史地研究中心主编：《新疆乡土志稿》，北京：全国图书馆文献缩微复制中心，1990年，第199页。

② [清]永保修：《乌鲁木齐事宜》，王希隆：《新疆文献四种辑注考述》，兰州：甘肃文化出版社，1995年，第97页。

③ 马雍：《新疆巴里坤、哈密汉唐石刻丛考》，《西域史地文物丛考》，北京：文物出版社，1990年，第20页。

④ [清]永保修：《乌鲁木齐事宜》，王希隆：《新疆文献四种辑注考述》，兰州：甘肃文化出版社，1995年，第94—97页。

《姜行本碑》诚然有极高的历史价值，备述唐代贞观十四年（640）左屯卫将军姜行本跟随交河道行军大总管侯君集攻灭西域土著政权麴氏高昌，为唐朝控制西域东部，并进一步统一西域奠定稳固的基地。上录碑文中讹误、缺字在各书收录中是最多的，然而我们所需注意的是清人建造碑亭是作为关帝庙的附属建筑，保护唐碑实际上是象征供奉，利用唐碑为关帝庙带来灵异的神圣空间和民间信仰的国家想象力。“天山唐碑”的灵异故事出自天山顶关帝庙的“寺人”，“常言碑至神异，相戒不得拓，拓即立致风雪断行人”。[①]乾隆三十四年（1769）至乾隆三十五年（1770）纪晓岚遣戍新疆期间已然听闻“读之风雪立至”的故事，[②]道光八年（1828）时围绕碑亭就流传着这样的传说“自来不许人看，看则风雪立至”，[③]咸丰二年（1852）时则专指“官员不准瞻视，有犯之者烈风大雪顷刻立至，数日不息”，而遇到天旱，土人可以“开门向碑祈雪，应愿而至，神物呵护其灵也”，[④]再到同治年间随军入疆的萧雄《天山碑》诗中的描写：“丰功又见大唐年，赑屃高攀峻岭巅，却怪登临刚剔藓，读来风雪忽漫天。”[⑤]大唐在西域的神功伟业成为清朝天山顶关帝庙灵异的民间信仰资源。

会宁满城城北关帝庙是最早关内云游僧落脚住寺传播佛教的场所，殿宇雄伟壮观，塑像威严肃穆，壁画绚丽生动。来往商旅，任卸官员、城乡庶民前往进香不绝，站在庙阶向西遥望，茫茫蒲类海尽收眼帘。农历五月十三日是明清官府法定祭祀关羽的日期，在民间则形成赛会谢神，香火鼎盛，民间通称关帝庙为“老爷庙”。关帝庙大殿前有一副楹联“汉封王宋封侯清封大帝，儒称圣僧称佛道称天尊”，[⑥]极为生动地揭示了关帝庙信仰儒家国家思想意识形态、佛教和道教的共享结构，而在城乡民人的精神世界中关帝庙则是民间信仰的舞台。

巴里坤南郊的天山南麓所在地因岳钟琪曾经驻军，被称为岳公台，成为巴里坤八景之一的“岳台留胜”。岳公台山麓有一座山神庙，有学者认为“此处的山神庙，应当就是关帝庙”，[⑦]其实不然，关帝庙在巴里坤城北，而山神庙在巴里坤城南。山神庙附近刻有山神庙碑，山神庙碑是利用天然卧石刻写，形如卧牛，面朝东南，石质粗砺。石碑傍山神庙遗址，由于长期风侵雨剥，字迹模糊。高四尺零，宽五尺余，共二十行，标题为山神庙记的碑文记述了时任靖逆将军吏部尚书兼管总督仓场事务的富宁安率领清军防御准噶尔策妄阿拉布坦的侵犯，驻防巴里坤的史实：

靖逆将军吏部尚书兼管总督仓场事务，富公宁安。恭奉圣天子命，讨贼寇，妄布坦侵犯哈密之罪。驻兵巴尔库尔，株马励兵，蓄锐以待进取，维时天地之气，清和咸理，水草丰美，材木赡用，商贾辐辏，士马饱腾。荒塞冱寒之区，气候顿

① [清]阎绪昌创修，高耀南、孙光祖编纂：《镇西厅乡土志》，中国社会科学院边疆史地研究中心主编：《新疆乡土志稿》，北京：全国图书馆文献缩微复制中心，1990年，第200页。

② [清]纪昀：《阅微草堂笔记》卷八，上海：上海古籍出版社，2010年，第113页。

③ [清]方士淦著，李正宇点校：《东归日记》，兰州：甘肃人民出版社，2002年，第34页。

④ [清]杨炳堃：《西行纪程》，国家图书馆分馆编：《古籍珍本游记丛刊》第12册，北京：线装书局，2003年，第6323-6324页。

⑤ [清]萧雄：《听园西疆杂述诗》，北京：中华书局，1985年，第126页。

⑥ 《哈密文物志》编纂组：《哈密文物志》，乌鲁木齐：新疆人民出版社，1993年，第194页。

⑦ 黄达远：《清代镇西“庙宇冠全疆”的社会史考察》，《新疆社会科学》，2008年第6期。

易，四时风景宛若春台化日，是皆圣天子仁德广被，百神为之效灵也。因于山麓葺庙崇祀、用答神庥，塞外诸夷瞻斯庙也，当必共懔然于天威之无远弗屈矣。庙侧有天然石一片，谨勒以志之。[①]

该碑立于康熙五十八年（1719）八月，富宁安在巴里坤的驻兵事务繁杂，军政民政兼而有之，围绕军队的社会需要促进了当地的商业繁荣，不忘"神道设教"，修葺山神庙，祭祀山川，希望以此确立清朝在西域统治秩序的合法性。果然，山神的崇祀在当地留下深远的历史记忆，至道光年间此地成为巴里坤八景之一，意味着山神庙及其附属山神庙碑已经成为当地社会生活的结构性因素。

二、佛寺道观庙宇与巴里坤地域生活的社会空间

编修于光绪三十四年（1908）七月的《镇西厅乡土志》记载了光绪年间巴里坤的各种佛寺道观庙宇。巴里坤的庙宇与当地民人的社会生计密切相关，"所以祈神庥崇祀典也。而士农工商，以及街市城镇，春秋报赛，联意气，和神人，莫不各有其所，祀之庙以期永远弗替"，[②]庙宇的祭祀活动与相应的社会群体和街市城镇的生活空间有直接的联系，并形成各自的社会生命周期。

巴里坤的庙宇自乾隆时期开始兴建，至道光年间形成兴盛的高峰。巴里坤"自道光间，道当冲衢，人民咸集"，庙宇在空间上"四营有四营之庙，三乡有三乡之庙"，来自山陕甘肃的商人"辐辏已极，除会馆而外，各县之人又重集捐资，分立各县之会，以亲桑梓"，[③]众多会馆同时也是神庙。巴里坤旧有的军政有镇标中、左、右和城守营四营，民政有东乡、西乡和北乡三乡，建修庙宇的主要社会力量就有兵丁及家眷、民人和流寓商人。这样，巴里坤地方"维时鸠工庀才，大兴土木，庙宇之多，巍巍然，诚一郡之壮观也"，[④]庙宇成为普遍的景观，也反映了日常生活的精神风貌。然而，同治三年（1864）新疆农民起义和此后浩罕阿古柏匪帮的入侵造成的战乱重创了巴里坤社会，庙宇自然遭到大规模的破坏。巴里坤佛寺道观庙宇随同社会的瓦解而衰落，又同社会的重建而复兴。巴里坤地方绅士和耆老联名呈报镇西抚民同知，镇西抚民同知上报镇迪道，镇迪道再上报刘锦棠，请求给予巴里坤城北门外关帝庙、南关蒲类海龙神祠、南关蒲类海杨泗将军祠、城隍庙诸神庙颁赏匾额和封号。光绪八年三月初一日（1882 年 4 月 18 日），刘锦棠根据层层的转报上奏朝廷，说明巴里坤诸神庙"户民因事祈祷，辄著灵应"，战乱之时"镇城因之而安"，并指出巴里坤城"为规复新疆驻军储粮根本"，"神灵默佑，护国保民，其功德未可泯也"。[⑤]朝廷匾额下发悬挂后，无疑起到了稳定巴里坤社会民心的作

① [清]阎绪昌创修，高耀南、孙光祖编纂：《镇西厅乡土志》，中国社会科学院边疆史地研究中心主编：《新疆乡土志稿》，北京：全国图书馆文献缩微复制中心，1990 年，第 199—202 页。

② [清]阎绪昌创修，高耀南、孙光祖编纂：《镇西厅乡土志》，中国社会科学院边疆史地研究中心主编：《新疆乡土志稿》，北京：全国图书馆文献缩微复制中心，1990 年，第 206 页。

③ [清]阎绪昌创修，高耀南、孙光祖编纂：《镇西厅乡土志》，中国社会科学院边疆史地研究中心主编：《新疆乡土志稿》，北京：全国图书馆文献缩微复制中心，1990 年，第 206 页。

④ [清]阎绪昌创修，高耀南、孙光祖编纂：《镇西厅乡土志》，中国社会科学院边疆史地研究中心主编：《新疆乡土志稿》，北京：全国图书馆文献缩微复制中心，1990 年，第 206 页。

⑤ [清]刘锦棠：《刘襄勋公（毅斋）奏稿》，台北：文海出版社，1966 年，第 344-346 页。

用。光绪八年十月二十日（1882 年 11 月 20 日）镇迪道传达了朝廷颁布的巴里坤城隍封号为“灵济”，[①]表彰其护佑孤城的神功。南关蒲类海杨泗将军祠未见前期记载，根据杨泗将军是缘于湖南的民间道教水神，很可能是湘籍士兵和民人战后所建。杨泗将军祠加入了巴里坤佛寺道观的神祇世界，也就意味着湘人社会力量于光绪初年在巴里坤的崛起。巴里坤社会在战乱平息以后，凭借国家的力量给地方神庙颁赐匾额、封号凝聚民心，抚慰社会的创伤，度过社会危机。直到光绪十年（1884）新疆建省以后，社会秩序恢复，庙宇渐渐重修，巴里坤又恢复了新的社会生机。但是由于交通道路的转移，从哈密通往吐鲁番前往天山南北路的道路畅通，巴里坤“此处复变为穷乡僻壤，商贾徙居，人民离散，游斯土者，不无兴故宫禾黍之叹，致梓泽丘墟之感也”，[②]巴里坤庙宇最终走向衰落。

巴里坤城内的空间布局是正向的东西南北四条大街，庙宇便分布在四条大街两侧，城关四城门各有土地祠，会宁满城也是东西南北四条大街庙宇分布格局。巴里坤城的东门、南门、北门外有街道和居民区，被称为东关、南关和北关，也遍建庙宇。乡村聚落中处处有庙宇，即便城外非居民点的山野戈壁但凡有人类集中活动的地点也有庙宇。巴里坤城内外及乡村的庙宇在《镇西厅乡土志》中有比较详细的记载，巴里坤县史志工作者张建国的《巴里坤寺庙知多少》根据档案和社会调查复原了大量庙宇的内部结构和信仰活动情况。由此我们可以理解晚清民初巴里坤城乡庙宇“庙宇冠全疆”民间俗语的历史底蕴。巴里坤地域的城乡居民移民而来，内地的民间信仰随之也迁徙而至，移民的土著化和信仰的土著化互相推动，规范了巴里坤居民的社会生活。

根据表 1 到表 6 所列庙宇修建年代的统计，巴里坤地域的庙宇和哈密一样属于在新疆地区是最早修建的庙宇，雍正年间即开始修建，历经乾隆时代的发展，道光年间达到兴盛的高峰，存续时间普遍较长，奠定了巴里坤庙宇在全疆冠首的历史地位。根据表 1 到表 6 所列庙宇的信仰类型，大部分庙宇属于民间信仰的社会空间。巴里坤普遍而多样的民间信仰，成为城乡社区居民日常生活的传统，建构了巴里坤城乡社会的内在秩序。根据表 1 到表 6 所列庙宇修建的主体力量有官员、衙役、士兵、士绅、农民、商人、手工业者、畜牧业者等社会群体，涵盖了官府所代表的国家力量和民间各种社群的社会力量，映射出巴里坤现实的社会结构。根据表 1 到表 6 所列庙宇修建的数量和规模，巴里坤庙宇修建的社会频率相当密集，包括存续期间的重修活动，庙宇的修建与重修本身都是社区的集体性信仰事件，社区居民共同参与建造仪式的过程成为社会身份的表达，把松散的社会成员凝聚成为庙宇所在地点的社会共同体。同样，巴里坤庙宇由此产生了社会财富的聚集效应，零星的社会财富通过庙宇修建的动员手段募集汇总，支撑了庙宇建筑的完成和维护，庙宇成为社会公共财产。根据表 1 到表 6 所列庙宇的祭祀日期及庙会日期，巴里坤社会对于宇宙、时间、生命及超自然力量的观念与巴里坤自然环境形成互动，刻画了巴里坤的地理空间，形成巴里坤社会空间的复合结构。显然，清代以降的巴里坤庙宇在巴里坤地域的社会空间中居于中心地位，改变了清代以前畜牧生计为主流的

① 中国边疆史地研究中心、新疆维吾尔自治区档案馆合编：《清代新疆档案选辑》（二八），桂林：广西师范大学出版社，2012 年，第 275 页下栏。

② [清]阎绪昌创修，高耀南、孙光祖编纂：《镇西厅乡土志》，中国社会科学院边疆史地研究中心主编：《新疆乡土志稿》，北京：全国图书馆文献缩微复制中心，1990 年，第 206 页。

社会面貌，呈现出以定居农业生计为主导的农、工、商、畜牧多层次的社会面貌。

表1　清末民初巴里坤城东街及东关的庙宇与庙会概览

名称	修建者	位置与庙宇建筑	庙会与祭祀	存续时间
关圣帝君庙（陕西会馆、大庙）	陕西商人	城东北面南向，山门壮观，两侧泥塑雄狮栅栏围护，庙院东西厢房各五间，重殿三间	农历五月十三日会期三天，诵经唱戏；农历十二月初八，和尚放扁豆粥一日	乾隆五十六年（1791）建，1958年拆毁
山西会馆（关帝庙）	山西商贾	街北侧南向紧靠陕西会馆，山门倒座戏楼，两侧栅木围护两尊石狮，戏楼仿八角冠形，东西厢房各三间，还有十数间平房，大殿三楹二进，前殿宇后楼阁，上悬“千古一人”横匾	农历五月十三日会期三天，唱戏谢神	道光十二年（1832）建，1972年改建
文昌宫	官修	街北侧南向，大殿三楹二进，东西各有厢房三间，道光十三年（1835）“兴文社”匾额，镇西府“松峰书院”设在其中	无庙会，农历六月义学、私塾教师和文人秀士聚会	1958年拆毁
凉州庙	甘肃凉州、永昌、镇番、古浪、平凉客民	街北南向，灯山楼子山门，庙院内三楹砖木牌坊，正北大殿，东西厢房，山门顶阁楼四周的阁门彩绘365位神像，前设塔形灯架，每个画像前一个小灯坐	元宵节三晚灯山楼会，阁楼点燃365盏小油灯形成灯山，四面小灯布局形成“上元一品”四字图案	乾隆年间建，1947年拆除山门，解放后拆除牌坊、大殿
马王庙	镇标五个马厂官弁及四乡养马人家	街东南隅，山门西向，正殿南向，东西厢房，南有戏楼，供奉三只眼的殷郊	数年一大祀，杀马献牲，唱戏酬神	嘉庆十一年（1806）建，1960年拆毁
秦州庙	秦州、巩昌客民			
鲁班庙	木匠行	街南北向，山门一间，三间正殿	每年夏季燃香祭祖师，举行隆重祭典，搭台唱戏谢神	道光年间建，1959年拆毁
三皇庙		街南北向，小庙门，正殿三间，燧人氏、伏羲氏、神农氏三尊腰围兽皮、身披树叶的泥像	无祀期，日常进香	解放初拆毁

三官庙	巴里坤镇标中营官弁	城东南隅教场上北向，山门厢房，大殿三楹二进，供奉天官、地官、水官，大殿匾额“莫坐先看”，大殿两侧曲通殿后“关煞洞”	农历七月十五日祀典三天，唱戏谢神，信仰天宫赐福、地官赦罪、水官解除厄运，钻关打煞	乾隆三十六年（1771）建，解放后拆毁
三公祠	镇西厅县城居民	马王庙院内东侧空地南向，正殿三楹，塑前巴里坤总兵徐占彪、陈恒升和镇西厅同知陈晋番三尊着红缨大帽，长袍褂的站像	纪念三公在同治末和光绪初保卫巴里坤城、收复新疆的功绩	光绪中期建，
关帝庙	巴里坤镇署兵弁	巴里坤镇总兵衙署内东侧，三间正殿	农历五月十三日，平常战事出征祭祀	乾隆晚期建，1944年拆毁
东关大庙	三乡农民	汉城与满城交接处南向	每年立春城郊农民抬着泥牛敬奉“春官老爷”，焚香诵经，喜庆迎春，打碎泥牛祀典结束，准备下田开犁	乾隆末年建，清末拆毁
昭忠祠	巴里坤镇总兵徐占彪	东门外半里许北向	昭彰平剿阿古柏收复新疆时牺牲的川军、湘军将士的亡灵，春秋二祀	光绪十一年（1885）建，1931年焚毁
左文襄公祠		东门外半里许路北侧南向，泥塑左宗棠站像一尊	纪念左宗棠收复新疆的功绩	光绪二十四年（1898）建
城隍庙	陕西武功县客民商绅	左公祠东侧西向，供奉武功城隍神像		嘉庆九年（1804）建，1931年焚毁

资料来源：阎绪昌创修，高耀南、孙光祖编纂：《镇西厅乡土志》，中国社会科学院边疆史地研究中心主编：《新疆乡土志稿》，全国图书馆文献缩微复制中心，1990年，第206—207页；张建国：《巴里坤寺庙知多少》，余骏升主编：《新疆文史资料》第28辑，新疆人民出版社，1995年，第383—387页。

表 2 清末民初巴里坤城西街的庙宇与庙会概览

名称	修建者	位置与庙宇建筑	庙会与祭祀	存续时间
文庙	官修	城西南隅北向，殿堂门厅共22间，前为大成门，正中为大殿，供奉孔子与孟子牌位，东西两侧列72贤牌位，外设文武宫厅	农历二、八月春秋二祀，文武官员、学生、文人	乾隆三十七年（1772）初建，同治十一年（1872）重建，1946年改建
关圣帝君庙（关岳庙、武庙）	巴里坤镇标城守营官弁	城西南隅北向，大殿三间，东西厢房各三间，东西两座，山门中间修倒坐戏楼，戏楼为三楹砖木牌坊，供奉关羽和岳飞	农历五月十三日会期	道光二十八年（1848），解放后拆除
城隍庙	官督商建（全城商约大会）	城西北隅南向，尊奉镇西府宜禾县城隍，山门巍峨，庙院广阔，大殿雄伟	清明节和农历十月初一日出府巡游，出北关西一里处行宫，三日后回府，商铺、街民设案焚香迎送	乾隆四十年（1775）建
风雨神庙		城隍庙西侧西向		光绪二年（1876）建，解放初拆除
娘娘庙	镇标右营弁兵	城西北隅南向，供奉观音菩萨、送子娘娘、偷生娘娘、眼光菩萨等十余尊女神像，三间重殿，东西厢房都是女神的世界，并设有“关煞洞”	农历四月十九日，城乡妇女结伴祭祀，害眼疾的给眼光菩萨敬献布作的双眼，求子的向送子娘娘求子，唱戏三天，诵经谢神，形成妇女参加的庙会	嘉庆五年（1800）建，1951年春毁于火灾
钟馗庙		城隍庙西侧南向，一殿三间，正中塑一环眼虬须执剑执鬼的钟馗坐像	无祀期，每年城隍两次出府巡视时享受香火	同治初年建
乾州城隍庙	陕西乾州商贾客民	城西北隅东向		嘉庆八年（1804）建，解放后拆除

定湘王方神庙	巴里坤总兵易盛富	街北南向，山门殿宇考究，庙院宽广，供奉湖南城隍木雕神像	农历五月十八日祭典，唱戏谢神三日	光绪三十四年（1908），1958年拆除
苏武庙（羊会）	城乡养羊户	苏武泥像	每年夏季有庙会，养羊户和毡匠行祭祀	嘉庆五年（1800）建
雷祖庙		城西北隅西向		光绪二年（1876）建，解放初拆除
牛王宫	养牛户、城郊农民		每年夏秋季一祀	道光年间建，解放初拆除
廒神庙	镇西厅衙署房班人役	粮仓东侧，供奉管理粮仓的神		乾隆晚期建，解放后拆除
土地祠	镇西厅衙署房班人役	敖神庙西侧		
萧曹庙（案牍庙）	镇西厅衙署房班人役	街南隅，供奉萧何、曹参		咸丰年间建
赞化帝君庙	镇西厅衙署文牍人役	萧曹庙之侧		

资料来源：阎绪昌创修，高耀南、孙光祖编纂：《镇西厅乡土志》，中国社会科学院边疆史地研究中心主编：《新疆乡土志稿》，全国图书馆文献缩微复制中心，1990年，第207页；张建国：《巴里坤寺庙知多少》，余骏升主编：《新疆文史资料》第28辑，新疆人民出版社，1995年，第387—389页。

表3　清末民初巴里坤城南街及南关的庙宇与庙会概览

名称	修建者	位置与庙宇建筑	庙会与祭祀	存续时间
无量庙	镇西镇标左营弁兵	南街东侧西向，山门前有跨街砖木牌坊，山门南北两侧为钟楼、鼓楼，鼓面铜皮制，大殿两进重宇，塑像顶梁，大殿两侧关煞洞，有厢房	农历正月十五日祭期三天，牌坊上装饰松树枝，晚上打花（红色铁水用木棒弹撒在墨绿的松枝上的土法烟火）	乾隆四十八年（1783）建
三官庙	镇标中营弁兵			
魁星阁（钟鼓楼）	官修	汉城十字街中心，通东西南北四街的城门洞的城门上楼阁供奉“魁星点斗”或“独占鳌头”的魁星，鬼形泥塑神像，左脚蹬鳌头，右脚后	农历七月七日的会期，在南街口搭台唱戏三日，四季香火，孩童入学祭祀	雍正十年（1730）建，1944年拆除

		曲蹬斗，左手展书，右手高擎朱笔，楼阁廊下南架一顶巨钟，北架一面大鼓		
三清庙（南山庙）		距城三里的岳公台山脚下北向，山门前半里许戏楼一座，倒坐楼阁山门，塑玉皇大帝神像（玉皇阁），大殿供奉道教玉清元始天尊、上清灵宝道君、太清太上老君，东西厢房	农历六月六日诵经唱戏三天，县城居民和三乡农民广泛参加的庙会	道光十八年（1838），解放后拆除
地藏寺（民勤会馆）	民勤县客民	距城半里北向，亭台殿宇、戏楼厢房计38间，山门坐南向北，里为戏楼，台阶上一亭，左右厢房各3间，再上台阶为地藏王大雄宝殿，宽5楹，进深6进，正中地藏王塑像，两边东岳泰山天齐仁圣大帝等，东西两侧十殿阎王殿，殿台下幽冥地府一十八重地狱，古树林荫，吊桥流水	农历五月十六过会，进香唱戏三天，日常多游人	嘉庆二年（1797）建
观音阁		地藏寺大殿后，南向正殿三间，供奉观音菩萨、送子娘娘、偷生娘娘，座下为关煞洞		1952年拆除
孙宾（膑）庙	鞋匠行	观音阁对面，三楹二进重殿，供孙宾（膑）像		1958年拆除
仙姑庙（甘州庙）	张掖客民、商人	地藏寺两侧并列北向，供奉仙姑娘娘，戏楼、前殿、厢房、中殿、后殿计30间，戏楼北砖雕影壁，高5米、厚1米、长10米，前殿东西砖木楼阁一对，名“日光楼”和“月光楼”	农历五月二十五日为祀日，唱戏三天，有时与地藏寺同会	嘉庆五年（1800）建，1952年改建，残存庙宇
龙王庙	镇西镇标左营兵弁	城西南里许，庙开东西两山门，顶为阁楼，名“喜雨楼”、“风雷楼”，为龙王呼风唤雨的岗位，大殿南向，戏楼北向，旗杆斗子凌空，大殿西侧为杨四（泗）将军和康五将军的塑像龛神，四周巨树古柳	农历九月九日庙会，秋收酬谢龙王降雨，旱年五六月祈雨，唱戏三日，盛夏多游“龙宫烟柳”	嘉庆年间建，1962年拆除

资料来源：阎绪昌创修，高耀南、孙光祖编纂：《镇西厅乡土志》，中国社会科学院边疆史地研究中心主编：《新疆乡土志稿》，全国图书馆文献缩微复制中心，1990年，第208页；张建国：《巴里坤寺庙知多少》，余骏升主编：《新疆文史资料》第28辑，新疆人民出版社，1995年，第389—392页。

表4 清末民初巴里坤城北街及北关的庙宇与庙会概览

名称	修建者	位置与庙宇建筑	庙会与祭祀	存续时间
老君庙	铁匠行和冶铸炉院行	街西侧东向，山门前有跨街砖木牌坊和南街无量庙牌坊相对，戏倭踞街东侧，供奉太上老君	农历二月十五日祭祀，正月十五元宵节要唱戏三天	解放后拆除
财神庙	北街商贾铺户	老君商南侧东向，供赵公明武财神	与老君庙会同期	
秦州庙	秦州、巩昌客民	街东北隅南向，重赡正殿三间，东西厢房，供奉秦州城隍		道光年间建，1958年拆除
关圣帝君庙（老爷庙）	富宁安	北关四里许南向，山门、厢房、大殿共16间，塑像壁画，逐渐增修成为巴里坤地方一大壮观之所	春秋二祀，农历五月十三日诵经谢神，香火鼎盛	康熙五十八年（1719）建，1931年焚毁
海神祠		关圣帝君庙东侧西向，为蒲类海神庙，道光二十七年（1847年）匾额“海神祠”		毁于1931年兵燹
药王庙	中医和中药铺户	距城里许关帝庙东侧南向，供奉唐代大医学家孙思邈塑像		道光二十六年（1864）建，毁于1931年兵燹
苏武庙（驼会）	驼商驼户	与药王庙毗连，供奉苏武塑像	养驼之家聚议公所，每年春季祀典隆重，香火盛极	道光年间建，毁于1931年
刘猛将军祠	镇西厅同知陈晋藩	关帝庙东侧	免除蝗虫灾害的祭祀	光绪八年（1882）建，毁于1931年
城隍行宫		关帝庙东侧路南北向	清明节和农历十月初一日城隍住行宫三日，演戏敬神	乾隆四十年（1775）建，毁于1931年
北关关帝庙		距城半里许西向		咸丰四年（1854）建，1931年焚毁

资料来源：阎绪昌创修，高耀南、孙光祖编纂：《镇西厅乡土志》，中国社会科学院边疆史地研究中心主编：《新疆乡土志稿》，全国图书馆文献缩微复制中心，1990年，第208页；张建国：《巴里坤寺庙知多少》，余骏升主编：《新疆文史资料》第28辑，新疆人民出版社，1995年，第392—393页。

表5 清末民初会宁满城的庙宇与庙会概览

名称	修建者	位置与庙宇建筑	修建年代
镶蓝旗庙（玉皇阁）	满营镶蓝旗官弁	城北隅，庙宇建筑为巴里坤众庙之冠，山门上筑倒坐六角楼阁，飞檐画栋，琉璃盖顶，正神为外贴金彩的百神之首玉皇大帝；玉皇阁的壁画，东墙绘一幅“雨过天晴图”，西墙画一幅“十八学生登瀛州图”，“雨过天晴图”有题“风景都似人才笔，想见晴湖雨后天”，“十八学生登瀛州图”有题“若无春意胸满怀，丹青怎敢近蓬莱”；正殿绿瓦红柱，供奉张天师、无量祖师、文昌帝君三尊塑像；后殿亭盖如翼，金塑三尊：元始天尊、灵宝道君、太上老君	嘉庆初年建
关帝庙（关帝大庙）	满城八旗官员、千总马步兵丁，巴里坤商贾众性弟子、玛纳斯商贾众弟子	城北隅南向，规模宏观，同治末乌鲁木齐都统景廉为其题额“万世人杰”，钟鼎俱在	乾隆晚期建
观音阁		城东南隅北向	道光年间建
镶红旗庙	满营镶红旗官弁	城西南隅北向	嘉庆年间建
七星庙		城西北隅南向	嘉庆年间建
药王庙		城北隅南向	道光年间建

资料来源：张建国：《巴里坤寺庙知多少》，余骏升主编：《新疆文史资料》第28辑，新疆人民出版社，1995年，第393—394页。

表6 清末民初巴里坤乡村和山野的庙宇概况

地域	名称	总计
东乡庙宇	石人子庙、大黑沟庙、三县户庙、奎苏庙、李家沟庙、沙山子庙、柳沟庙、庙儿沟庙	8座
北乡庙宇	旧户庙（威武庙、牛王宫、娘娘庙）、二道河庙、玉门户庙、东敦煌庙、西敦煌户庙、头渠庙、二渠庙、三渠庙、渊泉庙、海城庙、三塘湖庙、石佛爷庙	12座
南乡庙宇	南园子庙、花庄子庙、大红柳峡庙、芨芨台庙、白山庙	5座
山野庙宇	老爷庙、马王庙、西马王庙（小夹山马王庙）、黑沟龙王庙、黑沟山神庙（土山庙）	5座

资料来源：阎绪昌创修，高耀南、孙光祖编纂：《镇西厅乡土志》，中国社会科学院边疆史地研究中心主编：《新疆乡土志稿》，全国图书馆文献缩微复制中心，1990年，第209-210页；张建国：《巴里坤寺庙知多少》，余骏升主编：《新疆文史资料》第28辑，新疆人民出版社，1995年，第394—395页。

三、巴里坤移民土著化的社会生活图景

清末镇西厅的宗教人士政府登记在册的有"僧十一，道士十九"，[①]可以说明巴里坤佛教和道教的并存格局，而道教色彩更为浓厚。清末民初巴里坤汉、满两城及城关仅10余平方公里面积就有庙宇57座，三乡和山野戈壁共有庙宇3 2座，合计约百座，种类繁多，供奉的佛、道、神、仙、圣、贤、鬼、灵无所不有。[②]马达汉1907年10月17日在巴里坤用3天时间考察其战略意义，注意到巴里坤市井一片寂静，"有几座古老的雕梁画栋、飞檐翘壁的庙宇，在某种程度上消弭了城市的抑郁景象"，[③]庙宇是马达汉在巴里坤感受到的突出景观。马达汉发现城南墙边有一座庙宇，庙旁边有两块当地人传说是汉城和满城奠基石的巨石，并具有保佑城市安全的神圣功能，这座庙宇当为地藏寺。马达汉说南山坡上有一座具有百年历史的庙宇，庙里有装饰性的壁画，应当就是三清庙（南山庙）。马达汉还到巴里坤城北关帝庙的一米半高、半米宽的石碑拓片，该碑即为《裴岑碑》，此座庙宇即是海神祠。马达汉考察了荒废的满城，庙宇犹存，其中一座庙宇有一位老年庙祝主持。满城所有庙宇都有大幅引人入胜的真实性壁画，马达汉在乌鲁木齐等别的城市里没有见过，因此留下深刻印象。

清末民初巴里坤城东街的陕西会馆和关圣帝君庙是会馆和神庙的双重建筑，巴里坤大会馆也附属于内，成为八大商总聚议公所，丰厚的庙产构成会馆社会活动的基础。同治和光绪年间，心月和尚住内传扬佛教，后又加入两班"火居道士"为民人提供日常道教民俗的服务，佛道两教同居一庙相互混融，表明佛道两教趋于合流的民间信仰化。巴里坤众多会馆及庙宇在地域社会中发挥着群体纽带的组织功能，从私领域的家庭福祉到公领域的社会秩序，建构了巴里坤的社会结构。

周期性的庙会充满了巴里坤社会的一年四季，充分体现了会馆及庙宇中的民间信仰供给人们多种多样的社会需要。农历正月十五成为巴里坤庙会的开端，老君庙的庙戏昼夜演出，巴里坤城中晚上的垒旺火和耍社火都是城乡民人广泛参与的活动。凉州庙的灯山楼会在元宵节三个晚上，成为三乡农民和两城游人的一大景观，在巴里坤可谓盛极一时。巴里坤城内西街的娘娘庙是女神的世界，城乡妇女的祭祀圣地，布施丰盛奠定了娘娘庙雄厚的经济实力，举办的庙会成为巴里坤重大庙会之一。巴里坤城内南街的无量庙在每年正月十五日三天庙会期间，晚上施放打花烟火，山门前广场上焚烧泥塑的秦桧夫妇，城乡游人众多，是巴里坤庙会中别具一格的庙会。三月立春时节，牛王宫举行"春官老爷"打春牛庙会，四月十九日，娘娘庙的生殖崇拜会庙会，二月和八月，文庙的孔

① [清]袁大化修，王树楠等纂：《新疆图志》卷四十三《民政四》，天津：天津博爱印刷局东方学会据通志局本重校增补铅印本，1923年，叶七正。

② 郑加成主编：《哈密地区志》，乌鲁木齐：新疆大学出版社，1997年，第1236页。

③ 马达汉，王家骥译：《马达汉西域考察日记（1906——1908）》，北京：中国民族摄影艺术出版社，2004年，第316页。

子祭祀，五月十三日，关帝庙和武庙（关岳庙）大刀会庙会，五月十六日和二十五日，地藏寺、仙姑庙会期，六月初六，三清庙会期，六月十五日和七月初七，文昌宫和魁星阁的祭祀，义学、私塾师生进香，文人学士聚会，九月九，龙王庙会谢龙君庙会，九月十五日，马王庙献牲酬神，苏武庙羊户、驼户行业祭祀，清明节和十月初一日，城隍庙城隍城内外往来巡游。演戏是庙会的主要活动之一，也是清末民初巴里坤社会文化活动的基本方式。中原戏曲的西渐在新的历史条件下创制了新疆曲子戏，为西域乐舞增添了新的历史篇章。巴里坤各庙会中形成较为固定的出名剧目有老君庙的“大上吊”、“打碗”、“抢饭”，无量庙的“烙碗计”，地藏寺的“贼打鬼”、“阎王乐”，鲁班庙的“群英会”等。巴里坤的庙会从正月开始到十月循环往复，形成连续性的谱系。巴里坤城南门外的南关庙宇三清庙每年农历六月六日庙会演戏三天，县城居民倾城而至，商贩拥挤，三乡农民车载马驮合家赶来进香朝拜，庙殿四周车布阵、棚排行、人山人海，形成经久的周期性商贸中心，经济辐射的空间涵盖至哈密、奇台、木垒的商贾，是最热闹的一个庙会。

南关地藏寺和仙姑庙形成庙宇群，距离城池不远，花草树木环境优美，成为巴里坤的游览胜地。正如仙姑庙山门一副楹联所说“花木四时新，飘红缀绿不是人间景色；溪山千古秀，钟灵毓瑞长流世外烟霞”，[①]世外烟霞已经成为巴里坤的人间景色。南关还有龙王庙也是巴里坤盛夏游览胜地，称为巴里坤八景之一的“龙宫烟柳”。会宁满城中同样有大量的庙宇，满营兵丁携家眷居住，兵营中也是以家庭为基本的社会生活单位，但基本社会组织原则则是旗藉，庙宇的兴建受到旗藉的强烈影响。镶蓝旗庙，又称玉皇阁，庙宇建筑是巴里坤众庙之冠。满城关帝庙，俗称关帝大庙，获得驻满城八旗官员，千总马步兵丁，巴里坤商贾众姓弟子、玛纳斯商贾众弟子官员和商民的捐资支持，建筑宏观。会宁满城的满营在清代由于携家带口，满城军城出现社会生计的需要，日渐广泛参与地域社会生活，与城乡民人走向一体。

巴里坤城周边的三乡乡村庙宇全部为户民组织兴修，一般规模较小，大都为清代中晚期所建，有定期或不定期的庙会。巴里坤地面在一些路口、山口、马场等戈壁山野处分布着一些庙宇，老爷庙位于新疆和蒙古草原驼运通道的交界处，马王庙在与马政相关的地点，[②]龙王庙在西黑沟口北侧山脊，山神庙在西黑沟南侧山腰，反映了县域民人交通、儆尤自警、水利、封山禁伐等特定的社会需要。清末民初巴里坤交通支路中有马王庙和风神庙的地名，[③]意味着巴里坤戈壁山野的一些庙宇是显著的路标，并演变成交通路线上的小地名。

巴里坤在清末民初几乎就是一个庙宇的社会，不仅仅体现了国家与民间力量的结合和对当地社会秩序的维持与加强社会控制。[④]巴里坤地域庙宇类型及相关社会活动复杂多样，沉淀为极具人类学意义的文化资源。许学诚从汉文化的视角出发把巴里坤的庙宇

① 《巴里坤哈萨克自治县志》编纂委员会编：《巴里坤哈萨克自治县志》，乌鲁木齐：新疆大学出版社，1993年，第508页。

② 清道光年间发生巴里坤镇总兵张拱辰因马匹亏空舞弊案自杀，此后马场官弁在牧场修建马王庙，见《巴里坤哈萨克自治县志》编纂委员会编：《巴里坤哈萨克自治县志》，乌鲁木齐：新疆大学出版社，1993年，第630页。

③ 吴廷燮纂：《新疆大记补编》卷四上，北京：中央民族学院印刷厂影印，1983年，叶九背、叶十正。

④ 黄达远：《清代镇西“庙宇冠全疆”的社会史考察》，《新疆社会科学》2008年第6期。

划分为原始宗教、上古宗教、儒教、佛教、道教和偶像祠堂各种类型，把巴里坤的庙宇及其风俗作为珍贵的文化遗产进行了田野调查和民俗学的整理，认为巴里坤宗教民俗文化遗产是屯地军民精神生活需要和国家统一需要的契合，并且在潜移默化中实现了其社会文化功能的发挥。[①]巴里坤的庙宇修建始自官修庙宇，属于清王朝政权建设的一部分。随着军营驻扎的定居化和民人商贾的移居，逐渐形成各种不同族裔的移民社会，社会生产和生活的需要提供了庙宇兴建的基本动力，巴里坤庙宇本质上是披着各种宗教外衣色彩的民间信仰活动。正是各种族裔居民对庙宇修建和参加庙会的热情，酝酿出巴里坤民间信仰文化的历史形态。巴里坤的庙宇更是边疆多种族裔移民社会生存需求的象征，通过庙宇及庙会建构必要的社会联系纽带促进了客籍居民土著化的社会历史进程。巴里坤草原地理环境特征对于生长其上流动性的游牧文化生态具有长久的内在影响，清代以降直至民国初年，官员、兵丁、农民、畜牧业者、手工业者、商人、僧人、道士等各色人等持续定居巴里坤地域，他们带来的农工商生计习惯、儒佛道的文化观念及民间信仰系统在巴里坤土著化，深刻地改变了巴里坤草原地域的社会历史面貌。

（王鹏辉，男，1971 年生，历史学博士，四川大学中国西部边疆安全与发展协同创新中心副教授。成都：610065）

① 许学诚：《神化镇西——掀起新疆汉文化神秘盖头》，北京：光明日报出版社，2006 年，第 291-302 页。

中国近代政治重建与国家转型中的危机与挑战

——以1911—1921年的外蒙古问题为中心

赵逸妍　彭武麟

内容提要：辛亥革命之后的外蒙古问题几乎贯穿整个民国时期，从1911年到1921年的十年间外蒙古问题经历了形式上的独立—自治—撤治—独立这四个阶段，其中夹杂着近代中国构建民族国家中存在的如何实现政治独立、民族独立、国家认同、民族认同等一系列问题，本文以这十年间的外蒙古问题为讨论中心，着重考察外蒙古问题演变的成因。

一、绪　论

1911 年的辛亥革命是中国近现代史上具有里程碑意义的事件，它不仅结束了中国延续数千年的传统帝制，更是近代中国政治重建与国家转型真正意义上的开端，是中国近代民族关系建构和国家认同的新起点。但当人们正在享受辛亥革命带来曙光的时候，特殊时代背景下的中国边疆地区，伴随辛亥革命的兴起却出现严重危机，国内民族关系也面临空前的困难和窘境，其中具有代表性的事件就是外蒙古问题。它不仅涉及近现代外交史、国际关系史，而且涉及民族史及民族关系史，内容相当丰富且头绪繁杂，是中国近现代史上十分重要而又相当敏感的课题之一。长期以来，学术界对此或是避而不谈，或是各自从单一视角出发就事论事，结果是既显得玄乎神秘又显得观点简单突兀，总好象是一头雾水捉摸不透。近年来海内外学术界逐渐关注该问题，但有说服力的成果较少。特别是一些媒体非学理的渲染，不仅无益于学术研究讨论，而且有害于民族关系和国际交往，甚至会造成严重的民族政治事件。因此，如何审视辛亥革命之后的外蒙古问题，不仅具有重要的学术价值，而且具有一定的现实意义。

如果从历史时间跨度而言，辛亥革命之后的外蒙古问题几乎贯穿整个民国时期。1911 年沙俄乘中国爆发辛亥革命之机策动外蒙古宣布“独立”，到 1946 年外蒙古真正意义上成为独立国家，其中分分合合，夹杂着近代中国构建民族国家中存在的如何实现政治独立、民族独立、国家认同、民族认同等一系列问题，纷繁复杂。由于学识及问题之重心关系，本文选择以 1911—1921 年间外蒙古问题为讨论中心，着重考察这十年间外蒙古问题演变的成因。

实际上，学术界关于这一问题已经有不少的资料及论著面世，但看法却显偏颇，如认为是蒙古民族近代独立革命[①]、喀尔喀蒙古人政治选择的行动过程[②]、内外蒙古民族分裂事件[③]、沙俄等列强的侵略分裂阴谋[④]、前苏联的强权政治[⑤]等。甚至有论者断言外蒙古问题是新旧俄国一手造成的，是“中国人民心中永远的痛”[⑥]。笔者认为，基于全面综合考察，1911—1921 的十年间外蒙古问题经历了形式上的独立—自治—撤治—独立这样四个阶段，实际上是中国近代政治重建与国家转型中的危机与挑战的必然反映。主要有以下几个方面：一、西方列强的殖民侵略扩张造成的民族危机；二、中国近代以来的政治衰败；三、近代民族主义思潮之影响；四、近代社会主义运动的冲击。

二、从独立到自治：沙俄的殖民扩张与远东政治

辛亥革命胜利的凯歌，是中国近代政治重建与近代国家转型中的里程碑。但是，外蒙古独立事件好像是一个不和谐的音符，但仔细分析起来，它又是情理之中的事情。

首先，从近代民族危机的大背景下看，外蒙古独立是列强自鸦片战争以来对中国进行殖民侵略扩张的一个历史写照。

1840 年，资本主义的英国用坚船利炮打开中国的东南大门，其他列强纷至沓来，国门既开，边疆民族地区首当其冲，成为各国蚕食、分裂的对象。清末民初，边疆危机一直是近代中国构建民族国家过程中面临的严峻挑战，北方的蒙古地区，西部的新疆、西藏，东北地区除被割让大片领土之外，西方列强通过经济、宗教、文化等软渗透，以及利用中央政权的衰落，在边疆鼓动制造国家认同危机，以达分裂目的。如在新疆，从 19 世纪下半叶开始，英、俄殖民者分别以印度、西伯利亚为基地，向新疆扩张。20 世纪，英国趁新疆动乱之际，以宗教旗帜为号召，在南疆建立了新疆历史上第一个分离政权“东突厥斯坦伊斯兰共和国”，对之后的新疆问题产生恶劣的影响。在西藏，20 世纪初，英国利用给予西藏商业的大奴隶主在藏印贸易中的各种便利和实惠，以及撤退在亚

---

① 相关论点参阅陈崇祖：《外蒙近世史》，北京：商务印书馆，1922 年。他在文中提出蒙古独立，民族自觉主义为其主要原因。黄丽生：《蒙古意识与中国认同的纠葛——民初外蒙古独立运动与内蒙古的反应》，台北：“蒙藏委员会” 2002 年 6 月。在文中提出蒙古独立的诉求，即是欲以民族文化的认同强化独立建国运动的正当性，此正符合当时国际民族自觉的思潮。冯建勇：《“政治博弈”与“国家建构”：辛亥革命场域的外蒙问题》，《青海民族研究》2014 年第 2 期，文中以王宗洛思想为例，指出辛亥革命前后，知识分子被煽动起民族主义思想热情，推动外蒙古民族独立的活动。

② 相关论点参阅周竞红：《蒙古民族问题述论》，北京：社会科学文献出版社，2011 年 10 月。

③ 相关论点参阅刘华明、赤真：《1911-1921 年的外蒙古问题》，《民国档案》1994 年第 1 期；熊建军、陈少牧：《关于民国时期外蒙古独立事件的回顾与思考》，《党史研究与教学》2007 年第 2 期；樊明方：《海山与 1911 年外蒙古“独立”》，《中国边疆史地研究》2005 年第 4 期。

④ 相关论点参阅吴福环、苗健：《辛亥革命前后中国的边疆危机》，《新疆大学学报》2001 年第 4 期；刘存宽：《中俄关系与外蒙古自中国的分离（1911-1915）》，《历史研究》2004 年第 4 期；应俊：《试论 1917-1921 年外蒙古问题》，《鞍山师范学院学报》2007 年第 1 期；朱昭华：《袁世凯政府时期中俄有关外蒙古问题的交涉》，《西伯利亚研究》2009 年第 2 期；穆畅：《中俄针对外蒙古独立问题的交涉》，《宜宾学院学报》2010 年第 7 期。

⑤ 相关论点参阅卢纪雨：《雅尔塔会议与外蒙古问题》，《内蒙古大学学报》（人文社会科学版）1998 年第 6 期；孙顺才：《外蒙古独立过程述评》，《滨州教育学院学报》1999 年第 4 期；杜君：《20 年代初期苏俄扶植外蒙古独立评析》，《内蒙古民族大学学报》2005 年第 1 期；樊明芳：《苏俄军队进占库伦与外蒙古人民党政权的建立》，《新疆社会科学》2010 年第 3 期。

⑥《外蒙古独立——中国人心中永远的痛》，《领导科学》2001 年第 12 期。

东的教堂，极力拉拢达赖集团，使达赖最终由排英投俄转变为亲英抗清，为其之后制造西藏“独立”埋下伏笔。在外蒙古，俄国也极力拉拢第八世哲布尊丹巴呼图克图等蒙古僧俗上层，向其灌输亲俄疏汉的思想，俄驻库伦领事希什马廖夫就蛊惑一些反对俄人开采金矿的外蒙王公，说俄国此举目的在于“蒙古国土、人民和王公的繁荣，舍此别无他求”，而汉人在此地发放高利贷，使“整个蒙古族及其所有财物，已成汉人的抵押物，这在政治上和经济上都是蒙古的末日”，“与此相反，沙皇希望为王公们寻找一条出路，摆脱这种不堪忍受的困境。”[①]可见在辛亥革命爆发之前，列强便通过各种手段制造近代中国边疆危机，以期达到侵略扩张的目的。

1911 年辛亥革命爆发，推翻中国长达两千年的传统帝制，建立具有近代民族国家意义的中华民国，开始了现代民族国家新纪元，但遗憾的是，它没有完成近代中国的历史任务，一方面，作为传统多民族国家，在西方列强的进逼及世界现代化潮流的冲击下，中国面临政治重建与国家转型的历史课题，也就是建构现代民族国家，争取民族独立。于是，以孙中山为首的革命党人在辛亥革命前夕提出“驱除鞑虏，恢复中华”的口号，希望借以对“中华”的民族认同，达到推翻清朝统治的目的。这一具有浓厚民族主义色彩的口号，对当时边疆地区的国家认同、民族认同的冲击性显而易见，东北、新疆、内外蒙古、西藏等民族地区并没有纳入武昌起义时打出的“十八星旗”之下，“恢复中华”仅仅是恢复内陆十八行省，有学者提出“在此情景下，如果说，内地的独立是脱离清政府，则边疆的‘独立’意味着脱离中国。”[②]蒙古社会在面对大汉民族主义大行其道，自身近代化过程中社会危机的加深时，“驱除鞑虏”的口号使更多的蒙古王公选择求援沙俄，于是在辛亥革命取得胜利的同时，反而出现“外蒙独立”这一与统一民族国家构建相冲突的事件也非偶然。

另一方面，在这一过程中外蒙古地区作为中原王朝北部的屏藩，最早最直接面临西方的威胁和挑战。外蒙古独立事件就是这一历史过程的反映。沙俄自《尼布楚条约》订立和喀尔喀三部臣服清朝开始，就千方百计拉拢喀尔喀诸王公，企图以外蒙古为跳板，侵吞中国，但介于蒙古与清王朝的同盟关系，沙俄的阴谋并没有成功，及至清末，沙俄一直通过各种政治军事活动不断渗透，无论是东清铁路的建设和运营，还是旅顺大连的租借，都强化了俄国在东北的势力，也不断加强对蒙古王公的影响，它还通过笼络蒙古社会的最高宗教领袖哲布尊丹巴，离间蒙古和中央王朝的关系，使自身的势力在蒙古站稳脚跟，也使蒙古王公逐渐产生亲俄意愿。早在辛亥革命前，以杭达多尔济亲王为首的外蒙古代表团就前往俄国寻求“独立”的支持和帮助，俄代理外交大臣尼拉托夫亲自接见，并召开“远东问题特别会议”，会议认为俄国应以“调停人”的身份“通过外交途径支持蒙古人捍卫独立之愿望”，“支持他们为捍卫喀尔喀之独特制度，同中国人进行斗争”，“特别会议认为：应立即派遣两连哥萨克带着机枪加强我国驻库伦领署卫队”[③]。武昌起义的消息传来，中央政治混乱，沙俄认为这是分裂多民族国家最好的机遇，于是

① 中国社会科学院近代史研究所编：《沙俄侵华史》第四卷下册，北京：人民出版社，1990 年，第 645 页。
② 冯建勇：《“政治博弈”与“国家建构”：辛亥革命场域的外蒙问题》，《青海民族研究》2014 年第 2 期，第 132 页。
③ 陈春华译：“远东问题特别议事录（1911 年 8 月 4 日[17 日]）”，《俄国外交文书选译——关于蒙古问题》，哈尔滨：黑龙江教育出版社，1991 年，第 3-7 页。

一方面积极开展外交活动，向北京政府施压，要求外蒙“自治”并由俄国控制，与日本进一步建立分割满蒙共识；另一方面提前向蒙人提供武器，“并由俄国聘来教习十一人”“专任教练，陆续交替”[①]，训练蒙兵，俄国驻华公使廓索维慈则“经由使署私下劝告他们，切莫放过中国发生革命这一非常有利之时机，以保证喀尔喀之独立发展”[②]。11月中旬，杭达多尔济一行回到库伦，11月30日，在沙俄驻库伦总领事馆的策划和指挥下，杭达多尔济等向清朝驻库伦办事大臣三多提出最后通牒，宣布“将蒙古全土自行保护，定为大蒙古独立帝国，公推哲布尊丹巴为大皇帝”，代表中央政府的三多则需立刻出境。12月1日，哲布尊丹巴集团在得到俄国的军事和外交支持后，正式宣布“独立”，28日，举行登基典礼，八世哲布尊丹巴称“大蒙古国日光皇帝”，以“共戴”为年号，组成所谓“独立政府”。为求国际社会的承认，哲布尊丹巴政权还于1912年向日本、法、英、美等国政府发出照会，通报外蒙古已脱离中国“独立”，要求建立通商友好关系[③]。据当时驻北京公使库朋斯齐的报告，当时俄国在外蒙的行为“不必担心列强反对”“五等文官世清在3月30日[4月12日]函中层荣幸地报告阁下，美国公使嘉乐恒向他断然表示：在他所接历次训令中，没有一点能促使他反对我国在蒙古及满洲的活动，或者甚至不怀好意地对我国之活动进行监视。……当时朱尔典爵士向我表示，他坚信任何其他大国均不打算阻止我国在中国边境地区我国天然势力范围内采取我们认为必须采取之措施。英国公使还告诉我：‘现在贵国在中国西部地区及外蒙完全可以自由行动，不过，在满洲，贵国必须考虑日本之利益和要求。’”[④]可见西方列强从各自利益出发，在近代中国瓜分问题上达成一致，尤其是在中国边疆问题上，各分一杯羹，从而直接造成中国近代严重的边疆危机。在外蒙古独立事件问题上，无论是清政府还是袁世凯的北京政府，也极力想通过派遣驻京蒙古王公赴库伦斡旋、颁布优待蒙古的政令和法律等手段，取消独立，但面对西方列强的干预，尤其是俄国的怂恿和支持，“独立”局面难以扭转。

其次，就“独立”事件本身考察，它是沙俄长期进行殖民侵略扩张的历史写照。

19世纪之后，俄国资本主义经济因素迅速发展，但面对欧洲先进国家的竞争压力，其西进实力有限，于是将目光转向中亚及中国，觊觎着从西北到东北的清代中国边疆地区。鸦片战争之后，俄国通过《伊塔通商章程》取得当地的领事裁判权，伊犁、塔尔巴哈台地区几百年来为蒙古卫拉特部的世居地，清朝建立统治之后，这一带仍主要是旧土尔扈特北、西两路各旗的游牧地域，沙俄在这一地区取得领事裁判权，首先从蒙古地区打开侵略中国的大门。1854年，正值清政府忙于应付太平天国运动，穆拉维约夫向沙俄政府提出企图借中国内乱吞并整个蒙古地区的“条陈”，鼓动沙俄政府，如果中国“一旦发生政变，也不应容许中国新政府把权力扩张到蒙古，在这种情况下，蒙古应受到我

① 唐在礼、唐在章撰，黄藻音点校《蒙古风云录》，转引自《北洋政府时期的蒙古地区历史资料》，哈尔滨：黑龙江教育出版社，1999年9月，第29页。

② 陈春华译：“驻库伦代理领事致远东司司长科扎科夫报告（第1166号 1911年11月28日[12月11日]”，《俄国外交文书选译——关于蒙古问题》，哈尔滨：黑龙江教育出版社，1991年，第16页。

③ 参阅《蒙古人民共和国历史》第二卷下册第1619-1620页，中见立夫《博格多汗政权的对外交涉努力与帝国主义列强》。转引自《蒙古民族通史》第五卷（上），呼和浩特：内蒙古大学出版社，2003年，第204页。

④ 陈春华译：“驻北京公使致外交大臣紧急报告（第32号 1912年5月1日[14日]）”，《俄国外交文书选译——关于蒙古问题》，哈尔滨，黑龙江教育出版社，1991年，第28-29页。

国保护。但假如蒙古希望加入俄国国籍的意愿表白得更明显，就没有理由不让同我国毗邻地区的百姓实现这一正当要求。”[①]显然，沙俄对蒙古地区的居心已不止满足于既得利益，而是希望将蒙古地区成为其“边陲”。之后的《瑷珲条约》、《天津条约》、《北京条约》使沙俄割占大片中国领土，也从西北、东北、蒙古全线打开侵略中国的大门。19世纪末，沙俄加紧侵略中国的步伐，以“铁路+银行”的侵略策略，利用近代中国边疆民族地区出现的认同危机，以实现其占领东北、西北的野心，所谓的“巴德玛耶夫计划”就是这一侵略策略的具体表现。其实质是通过向南延伸西伯利亚铁路，穿过蒙古草原，直达兰州，在铁路沿线开拓商业贸易之外，进行政治渗透，在中国的后院“秘密地促使西藏人、蒙古人和中国伊斯兰教徒普遍起来叛离清廷”[②]，从而将“蒙、藏、汉之全部东方”并入俄国。[③]

日俄战争后，俄国失去了包括哲里木盟大部在内的大部分内蒙古东部地区，日本则承认俄国在外蒙古的特殊利益，于是，外蒙古地区成为俄国经营的重点。并利用通商、开矿、设立领事等，笼络当地上层王公，企图取代中国在当地占绝对优势地位。19世纪末至20世纪初，深入蒙古各旗的俄商不断增加，“当时驻在库伦的俄国商人，约有三千六百余人；定期往来的队商，每年亦在七、八千人左右；其余各地俄商及游历探险队等，每年平均总数恒五、六万人；俄国在外蒙势力早已超过中国。”[④]俄国将大量的日用五金制品、纺织品和粮食卖往蒙古地区，蒙古则每年向俄国提供大量的皮毛，几十万只羊和大牧畜，据 1910 年俄国报纸报道，俄国市场上出售的皮革，由蒙古输入者已占50-75%[⑤]，俄国基本控制外蒙古地区的商业贸易。此外，俄国还利用“一入俄籍，则悉免一切负担”，与清廷在外蒙的各种杂项差徭形成鲜明对比，故清末蒙人入俄籍者日多，对中国的感情则日益疏远[⑥]，加上俄国不断笼络收买蒙古僧俗上层，如俄驻库领事希什马廖夫自哲布尊丹巴活佛 12 岁起，就不断赠送其许多欧洲新式玩具、绘画，并专门建立动物园，还找来俄式美女服务，向其灌输亲俄思想；[⑦]并任布里亚特蒙古裔的俄人，越境至活佛面前瞻拜祈福，俄商来货首献活佛[⑧]；通过种种拉拢优待行为，赢得蒙古各阶层的信赖，尤其是培养诸如杭达多尔济亲王等亲俄派，坚持仇中亲俄立场，日后成为怂恿活佛“独立”的核心人物，“诚然，在蒙古问题上发生之危机，并不出我们所料，因自很久以来我国一直支持和庇护蒙人；我国一些驻蒙代表在颇大程度上促使蒙人产生一种信念，若想与中国脱离关系，他们可以指望得到俄国之援助”[⑨]。

---

① 巴尔苏科夫：《穆拉维约夫——阿穆尔斯基伯爵》，第 2 卷，北京：商务印书馆，1974 年，第 110-111 页。

② [美]马洛泽莫夫著：《俄国的远东政策：1881-1904 年》，北京：商务印书馆，1977 年，第 48 页。

③ [俄]罗曼诺夫著，民耿译：《帝俄侵略满洲史》，北京：商务印书馆，1937 年，第 79 页。

④ 黄丽生著：《蒙古意识与中国认同的纠葛——民初外蒙古独立运动与内蒙古的反应》，台北：“蒙藏委员会”2002 年 6 月，第 20 页。

⑤ 石楠：《辛亥革命前沙俄对蒙古地区的经济扩张》，《西北史地》1988 年第 3 期。

⑥黄丽生著：《蒙古意识与中国认同的纠葛——民初外蒙古独立运动与内蒙古的反应》，台北：“蒙藏委员会”2002 年 6 月，第 21 页。

⑦ 陈崇祖：《外蒙近世史》第一篇，北京：商务印书馆 1922 年，第 18 页。

⑧ 黄丽生著：《蒙古意识与中国认同的纠葛——民初外蒙古独立运动与内蒙古的反应》，台北：“蒙藏委员会”2002 年 6 月，第 22 页。

⑨ 陈春华译：“远东问题特别议事录”，《俄国外交文书选译——关于蒙古问题》，黑龙江教育出版社，1991 年，第 5 页。

再次，从1911年的“独立”到1915年的自治，实际上是沙俄企图独占外蒙古及其远东政治战略的需要。一方面既要将外蒙“独立”作为与中国政府交涉的筹码，另一方面也考虑俄国现有的实力以及在国际竞争中的利益。

早在1911年8月以杭达多尔济带领的外蒙古代表团赴俄寻求“独立”保护之时，在俄国针对外蒙古独立问题召开的远东问题特别会议上，认为最符合其政治宗旨和现实政局的做法是“帝国政府在蒙古问题上不主动发表意见，不承担以武力支持喀尔喀蒙人脱离中国之义务，而是居间调停，通过外交途径支持蒙人捍卫独立之愿望，但勿使其与宗主国君主清朝大皇帝脱离关系。”[①]可见，俄国煽动支持外蒙古独立，并不愿主动或直接出兵参与外蒙古独立，仅愿意在外交途径及私下鼓励外蒙，并明确指出不愿其脱离清廷，俄国所希望的是制造外蒙自治，变成其保护国，营造俄国在外蒙的最大利益以及优势。武昌起义之后，俄国与哲布尊丹巴政府签订《俄蒙协约》及其附约《俄蒙商务专条》，以期迫使中国政府承认既定事实，俄国将签订《俄蒙协约》及其内容通报袁世凯政府之后，中国外长及驻俄公使均发表声明：中国不承认俄蒙协约。[②]俄代理外交大臣沙查诺夫狡辩说：“我们并不打算让蒙古完全脱离中国，倘中国政府加入俄蒙协约，则我们愿意承认中国在蒙古之宗主权。这样解决问题，是出于中国自愿，并非我国强制，这并不伤害中国人之自尊心，且可以事实证明公使要我确信俄中两国之传统友谊。……但因中国人不愿意就蒙古问题与我们订约，我们将不得不拒绝承认蒙古对中国之从属关系。”[③]此时，中国国内抗俄讨蒙的呼声遍及政坛和报刊；上海、香港、烟台等地的工人拒不搬运俄国货物；汉口俄人开设的工厂，工人自发罢工；[④]在国内舆论以及其他列强的压力下，俄国权衡时势，不顾哲布尊丹巴政权的反对，于1913年11月4日与中国政府签订《中俄声明文件》，承认中国在外蒙古的宗主权，承认外蒙古为中国领土之一部分；中国承认外蒙古之“自治权”，保证不在外蒙古驻军、派官、移民，并在事实上承认《俄蒙条约》及其附约《俄蒙商务专条》。[⑤]哲布尊丹巴政权虽然对俄国在《声明文件》中承认中国对外蒙古的宗主权极为不满，据俄驻蒙古外交代表密勒尔称，“尽管我多方论证中国之宗主权不过是名义而已”，但外蒙外交大臣杭达多尔济还是气愤表示“此种从属关系甚至可能使中国人再次把外蒙古变成自己之行省”，并认为“蒙人没有必要参加三方谈判”[⑥]。但迫于俄方压力，外蒙古代表还是参加恰克图三方谈判，至1915年6月，签订《中俄蒙协约》，外蒙古承认中俄声明文件及其附件、承认中国宗主权，中国、俄国承认外蒙古自治。至此，外蒙古由形式上的“独立”改称为“自治”。

《俄蒙协约》及其《商务专条》的签订，中俄谈判及《中俄声明另件》以及中俄蒙

① 陈春华译：“远东问题特别议事录（1911年8月4日[17日]”，《俄国外交文书选译——关于蒙古问题》，哈尔滨：黑龙江教育出版社，1991年，第5页。

② 刘华明、赤真：《1911-1921年的外蒙古问题》，《民国档案》1994年第1期，第83页。

③ 陈春华译：“外交大臣致驻华公使电（1912年10月27日[11月9日]于圣彼得堡）”《俄国外交文书选译——关于蒙古问题》，哈尔滨：黑龙江教育出版社，1991年，第123页。

④刘华明、赤真：《1911-1921年的外蒙古问题》，《民国档案》1994年第1期，第83页。

⑤ 王铁崖：《中外旧约章汇编》（第2册），北京：三联书店1982年版，第87页。

⑥ 陈春华译：“驻蒙古外交代表密电（第304号 1913年11月3日[16日]”，《俄国外交文书选译——关于蒙古问题》，哈尔滨：黑龙江教育出版社，1991年，第198页。

三方的恰克图谈判，实际上均是在沙俄操纵下进行的，一方面沙俄不希望再次看见一个强大的蒙古帝国出现在自己面前，另一方面，让外蒙古最大限度的为其远东战略利益服务。哲布尊丹巴政权则完全依靠、听从于俄国政府，不管独立还是自治，始终与俄国远东政策及利益相一致，俄治是这一阶段外蒙古问题的最终表现，中国在外蒙古仅保留形式上的宗主权。

三、政治衰败之下的分离

这一时期外蒙古问题与近代政治重建与国家转型中的政治衰败的内部危机与挑战密切相关。在近代国家重建过程中，晚清政府及袁世凯北洋政府的政治权威不断丧失，其政治行为或是企图恢复王权政治，或是沦为庸俗政治，是造成外蒙古问题的重要原因。

众所周知，外蒙古是传统中国的一部分，在清代政治格局中具有重要的地位和影响。近代以前的清朝在中国多民族国家发展史上的具有重大的贡献，尤其是其民族政策与管理制度集历史之大成，即“因俗而治”、“和而不同”。在外蒙古地区，当时清朝推行一整套行政和军事合一性质的盟旗制度，既保证朝廷任命各旗扎萨克和授予领地的权利，加强对蒙古各部的统治，同时也保障蒙古上层王公贵族的利益，使其有权继续管属民和封地，有一定的自主权。蒙旗制度下，严格禁止和限制汉民移居、进入蒙地的“蒙禁”政策，维护蒙古传统自主自治体制。此外，清政府还通过“封王联姻”的手段笼络蒙古王公，给予优厚的地位和待遇。这些对蒙政策，使外蒙古对清朝的统治保持高度认可，成为清廷作为少数民族统治中原的有力支持者，保证清朝北方疆域的稳固和后方的安全，但是在另外意义上，也使蒙古诸部在分享中原文化和资源的同时，能够维持蒙古原有的封建传统，保留蒙古社会经济、政治和文化。这使得蒙古在清朝统治 200 年后，仍保持鲜明的民族认同。但是，近代以来，面对新的局势清王朝先是抱残守缺，后是张皇失措，尤其是在民族区域治理上不仅没有制度创新，反而是形新实旧，伤害了民族感情，同时也丧失了政治重建与国家转型中的民族整合功能。辛亥革命虽然建构了“五族共和”的民族国家，但政权落入了袁世凯为首的北洋军阀集团，在民族政策上，北洋政府也是“新瓶装旧酒”。这成为近代外蒙古独立的主要原因之一。

外蒙古独立的直接动因，是反对“新政”，潜在的因素是外蒙古各阶层对清政府对蒙政策的不满和抵制。鸦片战争之后，全国形势发生巨大变化，外蒙古地区亦如此，一方面蒙古贵族的腐朽和蒙古骑兵的落后，使其在抵御外部侵略和镇压农民起义过程中已不能发挥昔日作用，清廷开始依靠不断崛起的汉族地主官僚的武装力量，原先以满蒙贵族联盟为基础的政权逐渐转变为满汉地主阶级联盟为主的政权，蒙古贵族的地位不断下降；另一方面，西方列强势力的介入，使一些被收买拉拢的蒙古王公，离心倾向加强，边疆处于危机状态，原先的边疆保卫者已无法发挥作用。清廷基于对外蒙古边疆防御作用的担忧，改变对蒙态度以及治蒙政策，以加强中央政府对边疆地区的控制，应对西力的冲击。主要体现在以下几个方面：

首先，改变对蒙古王公上层的传统礼遇、优待态度，彰显清廷的绝对权威。如乾隆二十七年（1762 年），诺木浑为驻库伦办事大臣时，曾规定晋见哲布尊丹巴呼图克图当行跪拜礼；但驻藏大臣会见达赖喇嘛时，则平起平坐。[①]足可见外蒙地区的政教权威哲布尊丹巴当时在清廷的地位。然而，自道光20年代（1840年）以后，清帝即未再褒赏或召见一个哲布尊丹巴，就连驻库伦官员也不再礼遇哲布尊丹巴，“1878年一个名叫志刚的人出任满籍库伦办事大臣，他第一次想改变办事大臣会见哲布尊丹巴呼图克图的礼仪。依据以往的成例，大臣谒见呼图克图时，向来都要行三叩首之礼，然后彼此互赠哈达。……最后决定志刚来谒见时，胡图克图将坐着不起立，志刚也不行三叩之礼，他们只是互赠哈达而已。”“从此以后，清廷长官不再向呼图克图行跪拜之礼。”事后得到清廷的默许，以后成为惯例。[②]这一举动自然招致哲布尊丹巴的不满，加深其对清廷的背离之心。对于一直受到清廷优待的蒙古王公，清末的地位也不断下滑，不仅不能得到清廷的财政支持，而且还被迫办理清政府发行的国债即“昭信股票”，为清政府筹措资金，如图什图汗、车臣汗两盟封建王公，哲布尊丹巴等上层喇嘛，就被劝办20万两，其中哲布尊丹巴一人承担报效银6万两。[③]清廷的转变，使得原本在近代就受到俄国拉拢和收买的外蒙古僧俗上层，不满情绪越来越强烈，背离之心不断加深。

其次，清廷“新政”的种种变革，包括放垦、推行“郡县制”、设新机构等等，一定程度上有改革的进步意义，能够加强对边疆地区的统治，但对于边疆民族而言，尤其是外蒙古王公贵族看来，新政的实施以及给蒙地带来的治理方式的改变，是直接威胁他们的既得利益。放垦是以牺牲蒙古民族传统畜牧业为代价的，开禁则是清廷推行的民族同化政策，而“新政”兴办的种种机构，所费浩繁，给蒙古民众增加了沉重的经济负担，“蒙官取之于蒙民，蒙民不堪其扰，相率逃避，近城各旗，为之一空。”[④]另外，用人不当，弊政丛生，激起急变。1910年三多出任库伦大臣，在处理两起蒙汉矛盾时，方法不当，一是库伦喇嘛借购买木料带头抢夺汉商，三多惩办为首的喇嘛，并责令沙毕衙门如数摊还所抢商银，使蒙人以为三多仇视黄教，对之切齿痛恨；其二，三多惩办陶克陶胡抢掠车臣汗部的汉商案，要求地方蒙古王公罚银五千两以为新政之用，引起各旗蒙官的反感。[⑤]加上他并未体察蒙情，急进办理新政，在一年多时间里，骤然增加20余处新机构，“所有各机关之开办经费，及经常应需之柴炭、器具、铺垫、马匹、杂用等费，悉数责令蒙古一律供给。”[⑥]

总言之，“新政”对外蒙古而言，并非希望和利益，而是破坏蒙古既有的传统和威胁，对于蒙古僧俗上层而言，无疑象征过去受清廷礼遇恩荣的日子，已经一去不返。面对俄国种种诱惑，外蒙古疏离中央的政治倾向越加明显。

中华民国政府成立之后，在与沙俄的交涉中，袁世凯政府虽然具有一定的民族立场，但在实际的民族政策措施上仍然沿用羁縻笼络的老办法，结果是空得其名，权利尽失。

---

① 冯建勇《“政治博弈”与“国家建构”：辛亥革命场域的外蒙问题》，《青海民族研究》2004年第2期，第131页。

② [俄]阿·马·波兹德涅耶夫著，刘汉民、张梦玲、卢龙译：《蒙古及蒙古人》（第一卷），呼和浩特：内蒙古人民出版社，1989年，第603-604页。

③ 《德宗景皇帝实录》，北京：中华书局，1987年，卷419，第9页，卷438，第14页。

④ 陈崇祖：《外蒙近世史》第一篇，北京：商务印书馆1922年，第5页。

⑤ 陈崇祖：《外蒙近世史》第一篇，北京：商务印书馆1922年，第3-4页。

⑥ 陈崇祖：《外蒙近世史》第一篇，北京：商务印书馆1922年，第5页。

武昌起义后，外蒙古宣布独立，激起国内各界的强烈抗议，袁世凯政府迫于舆论的压力，多次致电哲布尊丹巴，提出“外蒙同为中华民族”、“各蒙与汉境，唇齿相依，犹堂奥之于庭户，合则两利，分则两伤”，[①]劝其取消独立，并派专员前往库伦，商洽一切。[②]同时，为了挽救外蒙古僧俗上层被清廷以及南方革命党人伤害的民族情感，增强对中央政府的政治认同，袁世凯政府沿用中国封建王朝传统的少数民族羁縻政策，通过颁布蒙古待遇条例、对蒙古族王公贵族加爵之令、给予喇嘛教僧侣称号之令，来笼络、安抚蒙古王公，通过保证蒙古王公的封建特权，使其在政治上受制于袁世凯的北京政府。但这些政策和措施仅停留表面，实际上背后隐藏的仍是其大民族主义的本性，如袁世凯在大总统府内专门为蒙古王公设立的翊卫处，也“都是吃干俸不办事的”，“每月给他们几块钱，省得他们搞别的事，出乱子。”[③]尤其在外蒙古取消独立，承认中国宗主国地位之后，袁世凯政府重拾清末新政中的对蒙政策，一方面在蒙古地区部署军政设施，企图取消蒙古原有自主自治体制，加强对民族地区的直接控制，另一方面，通过颁布《禁止私放蒙荒通则》和《垦辟蒙荒奖励办法》，重新放垦蒙地，其主要目的是在“为保全各旗公众土地”的旗号下，把蒙古族土地的所有权完全归袁世凯政府所有，禁止蒙汉各族人民之间的土地自由买卖，以增加中央财政收入。[④]在袁世凯政府“新瓶装旧酒”的民族政策下，外蒙古问题不可能得到根本解决。

1915 年 6 月外蒙古宣布取消独立，进入自治，中央政府在外蒙古“自辛亥逐三多独立，不复有代表中国之官吏，只是已四年矣”[⑤]的情况下，于16日任命陈箓为第一任都护使，“代表中国驻扎库伦行施中国在外蒙之宗主权”[⑥]。向外蒙古地区派遣官吏，一方面强调中国宗主国的地位，办事大臣“监视外蒙自治官府，及其属吏之行为，不违反中国之宗主权，及中国暨其人民在外蒙古之各种利益”[⑦]；另一方面实现中央政府对外蒙古地区的行政管理。但在外蒙古自治的几年中，中央派遣的官吏，无论是陈箓还是陈毅及撤治时的皖系军阀徐树铮，或者是不谙边情的职业官僚，或者是刚愎自用的军阀政客，好大喜功，在制度上像在其他民族地区一样推行加强统治的行省化，而不是旨在有利于民族地方建设和管理的制度创新。结果是形式上没有了独立，但实质上是关系更加疏远乃至敌对。

同时，内地省区也忙于争权夺利，中央政府政令难出京门。在外蒙古自治及撤治问题上，也是与内地政治分裂及直皖两派军阀的争斗联系在一起。当时北京政府的大总统徐世昌之所以任命徐树铮为西北筹边使兼西北边防总司令，一方面迫于皖系的压力，另一方面也想乘机巩固自己在北京的势力。而徐树铮的打算，其一是把西北作为基地，进

① 唐在礼、唐在章撰，黄藻音点校《蒙古风云录》，转引自《北洋政府时期的蒙古地区历史资料》，哈尔滨：黑龙江教育出版社，1999 年 9 月，第 24-25 页。

② 梁鹤年：《蒙古独立记》，载荣孟源等编：中国近代史资料丛刊《辛亥革命》（七），上海：上海人民出版社，1981 年，第 290 页。

③ 唐在礼：《辛亥前后的袁世凯》，选自吴长翼编《八十三天皇帝梦》，北京：文史资料出版社，1983 年，第 149 页。

④ 杨策、彭武麟：《中国近代民族关系史》，北京：中央民族大学出版社，1999 年，第 255 页。

⑤ 李毓树：《外蒙古撤治问题》，台北：“中央研究院”近代史研究所，1962 年，第 32 页。

⑥ 李毓树：《外蒙古撤治问题》，台北：“中央研究院”近代史研究所，1962 年，第 31 页。

⑦ 李毓树：《外蒙古撤治问题》，台北：“中央研究院”近代史研究所，1962 年，第 31 页。

一步扩充边防军的势力，“假边防之名，以避免国际之诘问及国人之诟病”[1]；其二，掠夺政治资本，通过完成外蒙古“撤治”，立功边疆。因此，“徐氏本人亦不愿远离政治中心，专心于筹边工作。”[2]于是其在撤治过程中，急于求成，手段粗糙，为了达到撤治目的，提出“由佛率众具请撤治，一切办法统待另商，或派人随树铮入京详定。”[3]并以兵力威胁蒙人，[4]使得原本波折丛生的撤治问题，草草解决。

由此可见，外蒙古撤治并非在时机、条件成熟之下完成的，反而与皖系军阀的命运联系在一起，加上中央政府在边疆民族问题上如同它在解决权威危机一样缺乏基本的理论创新力，或者是空喊“五族共和”；作为掌管外蒙古事务的历届中央大员仅把“保全领土”当成政治目标，并未真正从近代民族认同的角度实施“五族共和”的基本理念；一般社会舆论也大多停留在汉唐英雄故事的中世纪。于是当1920年直奉战争后，皖系的失势，徐树铮被免职、流亡，以及中央在应对白俄军问题上即无力也无能，使得北洋军阀在外蒙古的脆弱统治遂告终结。

四、“谁要独立”：近代民族主义之迷雾

对于多民族的传统中国而言，近代政治重建与国家转型，面临危机与挑战的又一课题是如何应对民族主义的问题。就纯粹理论而言，民族主义的最终政治诉求就是建立民族国家。将民族与国家主权挂钩，是近代民族主义之幽灵所在。就政治实际而言，19世纪至20世纪的世界，是民族主义的时代，它改变了世界也改变了中国。从外蒙古问题演变过程，其间同样起作用的是民族主义的迷雾。

近代以来，在西方列强的冲击下，中国近代民族主义不但生发、滋长，也经历了思想文化观念、国家观念、种族观念、民族观念的激烈冲突和剧烈变革。辛亥革命的成功与失败，同样彰显了这一过程的复杂性，而外蒙古问题更是尖锐突出。

在民族主义之政治话语中，独立是民族国家的主权表达，也是辛亥革命中使用频率较高的政治词汇。但是谁要独立，又是一个民族与政治关系的悖论命题。辛亥革命所建构的是传统政治与民族版图重新整合，即在清王朝基础上的五族共和，就如孙中山在临时大总统宣言中所说的“所谓独立，对于清廷为脱离，对于各省为联合，蒙古、西藏，意亦同此”[5]。显然，孙中山的回答是对于现代世界政治的中华民族的独立及现代民主共和国家形式。但是在传统多民族国家内部族际认知上出现了危机和裂痕，一方面，无论是辛亥革命中革命党还是袁世凯北洋军阀集团都陷入了族国政治的民族主义之迷雾。另一方面，外蒙古集团也在民族主义的旗号下进行独立、自治、撤治再到独立的政治活动。

首先，1911年的外蒙古独立是蒙古近代民族主义族国政治的自然诉求。众所周知，蒙古民族在历史上是传统民族的一部分，曾经建立过地跨欧亚的蒙古帝国，创造过辉煌

① 李毓树：《外蒙古撤治问题》，台北：“中央研究院”近代史研究所，1962年，第233页。
② 李毓树：《外蒙古撤治问题》，台北：“中央研究院”近代史研究所，1962年，第233页。
③ 李毓树：《外蒙古撤治问题》，台北：“中央研究院”近代史研究所，1962年，第257页。
④ 李毓树：《外蒙古撤治问题》，台北：“中央研究院”近代史研究所，1962年，第258页。
⑤《孙中山全集》第2卷，北京：中华书局，1982年，第2页，。

的历史业绩。在清代中前期，蒙古各部先后臣服清廷，成为清朝多民族统一国家的重要组成部分，但是与内地行省体制不同，蒙古各部与清廷的政治关系特殊且十分重要，其历史、民族、宗教等区域特点鲜明，充分体现了传统中国大一统之下的多样性特征。近代以来，随着中国民族危机的不断加深，蒙古地区也出现的全面的危机与衰败。与各族人民痛恨清王朝的腐朽统治一样，蒙古各部尤其是外蒙古与清廷的矛盾也逐渐加深。同时，随着西方民族主义思想与理论的传播，蒙古民族开始近代意义上的觉醒。近代民族主义是辛亥革命的理论武器，有力地推动了中国近代政治重建与国家转型，同时也是外蒙古问题的政治合法性的思想理论资源。

一方面，1911 年的独立，其目标是蒙古帝国政治的规复，而不是辛亥革命的一部分，即脱离与清王朝的传统藩属政治，另建蒙古民族国家。1911 年 12 月 1 日，外蒙古宣布独立，建立“大蒙古国”，并以正式文书通告库伦办事大臣，要求其限期离境，在通告中提到“今内地各省，既皆相继独立，脱离满洲。我蒙古为保护土地宗教起见，亦应宣布独立，以明万全。”[①]稍后，向内蒙古王公发出蒙古各盟“自立为国”的通告：“……我蒙古亦宜联合各盟，自立为国，以便保我黄教，而免受人权力压制之苦。……自立为国一事……一面特派专使额林沁前赴俄国通好，并请保护一切……一面共推哲布尊丹巴为蒙古君主，建立蒙古国家。”[②]由此可见，外蒙古独立虽借辛亥革命之机，但此独立与内地各省的独立有本质区别，内地各省独立是脱离清政府进而联合各省于统一的中华民族近代国家之下，而外蒙古独立则是独立于中华民族近代国家，重新建立新的蒙古民族国家。外蒙古独立运动的领导者达喇嘛曾言：“蒙古领土自古属于蒙古人民，未曾一属中国。蒙人从前只与满洲大清皇室联合，固未曾一与中华帝国联合。现在满清皇室既倒，则蒙古的臣属关系，当然亦随之消减。”[③]可见，蒙古僧俗上层，受西方近代民族国家理论的影响，从蒙古民族认同方面，为蒙古民族发展成为政治上的独立自主的“国族”寻找正当性；并且将“满清”和中国切割开来，以便在意识上断绝蒙古和中国的联系，通过外蒙古对“满清”的认同，在清亡后不会转移对中国的认同，从国家意识上凸现其脱离中国，独立建国的合理性。

而从外蒙古独立的动力群体看，主要是外蒙古上层僧俗统治集团，面对日益衰败的中央政权，他们重新选择依靠沙俄的支持和联络内蒙古各部和武装暴力。中俄谈判及改为自治，并非外蒙古集团之初衷。后来撤治，也有黄黑两派的矛盾因素，再到白俄势力威胁下的独立，无不包含着近代民族主义族国政治的正当性。

另一方面，中央政府对外蒙古问题处理，也受到变形的封建民族主义的影响。从外蒙古宣布独立到自治再到撤治，无论是清政府还是之后的民国政府在面对此种危机时，基本沿用对边疆民族上层册封、厚给利益等封建王朝的怀柔方针，同时也反映出中央王朝在边疆问题上的妥协与退让，其中不乏大民族主义的政策措施，加剧了外蒙古问题的

① 陈崇祖：《外蒙近世史》第一篇，北京：商务印书馆 1922 年，第 10 页。

② 阙名，《西盟会议始末记》，《民国经世文编》（内政三・边事，第 18 卷），转引自黄丽生著：《蒙古意识与中国认同的纠葛——民初外蒙古独立运动与内蒙古的反应》，台北：“蒙藏委员会”2002 年 6 月，第 33-34 页。

③［俄］廓索维慈著，王光祈译，《库伦条约之始末》，台北：台湾学生书局，1973 年，第 76 页。转引自黄丽生著：《蒙古意识与中国认同的纠葛——民初外蒙古独立运动与内蒙古的反应》，台北：“蒙藏委员会”2002 年 6 月，第 36 页。

形成。除了上述政治衰败因素外，北洋军阀政府打着爱国主义、民族主义旗号，实际上实行的卖国主义、大汉族主义，尤其是军阀徐树铮进入外蒙古之后，将外蒙古的命运与皖系军阀的兴衰联系在一起，采用军事等高压手段草草完成外蒙古撤治，并“在武力震慑下专横跋扈，肆行欺凌、贬辱，恣意侵夺外蒙古原有自主权益，施行明显的民族歧视和压迫政策。”[①]不仅没有使已经撤治的外蒙古对中央政府产生归属感，反而激起外蒙古各阶层对中央政府更强烈的疏离倾向，外蒙古很快陷入动荡，并最终走上独立。而外蒙古的独立、自治只是以上层统治集团利益为转移，是民族主义政治想象的表现而已。

五、独立的政治颜色之转变：世界社会主义运动的影响

1920 年元旦，徐树铮在库伦举行册封活佛大典，外蒙古“自治”撤销，重新纳入中央政府之下，但在近代中国军阀混战的背景下，中央政府已无力应对外蒙古复杂的局势，1920 年 10 月，谢米诺夫旧部恩琴袭击库伦，中国军队根本无力抵抗，北京政府应对国内局势尚无能力，对于库伦问题更是一筹莫展，蒙古人民革命党再次向苏俄伸出求助之手，苏联军队的介入，使外蒙古问题在 1921 年，很快由白色独立变为红色独立，当时，俄共（布）西伯利亚局负责人斯米诺夫在致舒米亚茨基和苏俄外交人民委员齐切林的通报中称：“恩琴军队向蒙古进发，我们恰克图买卖城一线的边界受到威胁，帮助蒙古人民革命党的游击队，供应其武器和军事设备，使之占领与我们接壤的边境地区，并在那里宣布蒙古的真正独立，以此来吸引蒙古最贫困的人和中间分子，以及倾向于苏俄的小王公，去与外来入侵者恩琴白匪帮作斗争将出现可能性。这样保卫俄蒙边界问题将得到解决，而且使我们通过在蒙古建立依靠苏俄的蒙古人民革命党政权的方式向蒙古渗透成为可能。”[②]

外蒙古的红色独立，同样也是中国近代政治重建与国家转型危机与挑战的表征。辛亥革命后，近代中国政治倒退与新趋向，表明了政治重建路径选择的变动。在民族问题上，孙中山对五族共和的政治批评是一种变动，而早期李大钊等人的民族思想也是一个信号。更重要的是世界社会主义运动为中国的政治选择提供了西方以外的模式。外蒙古作为受苏俄影响最大的地区，很早就受到苏联十月革命的影响，出现新生的人民革命力量，开展反对封建地主的斗争，反对中国封建军阀的统治，并且开始向往建立为人民谋取利益的苏维埃政权。1919 年，在库伦成立了由苏赫巴托和乔巴山领导的两个革命小组，1920 年 3 月 1 日，在俄共的帮助下，建立蒙古人民党（即蒙古人民革命党的前身），苏军当局决定交给蒙军 3000 支日本造步枪、10000 枚手榴弹、5 挺机枪和 150 支左轮手枪[③]。1921 年 3 月 13 日，在苏俄境内的特罗伊茨克萨夫斯克市，举行了蒙古边境劳动人民代表和党组织代表参加的会议，选举产生了临时人民政府。7 月，苏、蒙革命军联合进占库伦，宣布建立独立的蒙古国，成立了“君主立宪”即以哲布尊丹巴呼图克图为君主的人民革命政府。1924 年 5 月，哲布尊丹巴呼图克图去世，同年 11 月，宣布正式

---

① 《蒙古民族通史》第五卷（上），呼和浩特：内蒙古大学出版社，2003 年，第 289 页。

② 薛衔天、金东吉：《民国时期中苏关系史：1917-1949》，北京：中共党史出版社 2009 年版，第 54 页。

③ 薛衔天、金东吉：《民国时期中苏关系史：1917-1949》，北京：中共党史出版社 2009 年版，第 56 页。

成立蒙古人民共和国。这个共和国是一个打破蒙古传统社会治理结构的新型政府，但为了获得物资、武器等支援，又不得不依附苏俄，从而外蒙古问题进入了另一个时期。

但从中国近代政治重建与国家转型的过程看，外蒙古与现代中国政治关系越来越远了。当时的北洋政府虽然形式上坚持民族立场，但实际上不仅腐败无能，而且敌视社会主义，国内政治陷入混乱分裂之中。在对待外蒙古问题上，只能依靠外交交涉手段，对于苏联强行出兵外蒙古，除无力地表示强烈反对外，别无他法。尤其是 1924 年 2 月，苏联先后得到英、意等国的承认，打破在国际格局中孤立无援的局面，于是在外蒙古问题上与中国的谈判处于更有利的地位，而当时北京政府担心落在其他国家与苏联建交之后，更加被动，加之国内问题的困扰，于 1924 年 5 月 31 日与苏联签订《中俄解决悬案大纲协定》，苏联表面上承认中国对外蒙古的主权，实际仍为苏联控制，通过“在所安排的一切谈话中泰然自若，一如既往地保持着最友好、最镇静的基调，那么，中国人准备完全同意我们蒙古问题计划的时刻就会到来。”[①]这也是近代中国面对政治转型和国家重建的危机和挑战之际的无奈之举。

纵观 1911—1921 年外蒙古从形式上的独立到自治，随后撤治到独立，是近代中国国家转型中的危机与挑战的集中反映，这一过程既复杂而又充满政治灰色，不能单纯将当时民族边疆地区出现的独立和分离倾向与辛亥革命简单联系在一起。就外蒙古问题而言，它恰逢辛亥革命到民初中央政府政治重建，是中国民族国家构建的转型期。然而，中国近代民族国家构建有其特殊性，即在一个多民族国家中进行，加之几千年浓厚的封建王朝烙印，如何重构民族认同和国家认同被放于各民族面前，而西方民族主义理论的冲击，则又可能导致民族意识的另类觉醒，在构建统一近代民族国家过程中出现以独立和主权为目的的民族分离运动，辛亥革命之后的外蒙古问题即是这种景象的表现。因此，自外蒙古宣布独立以来，从清政府、南京临时政府、北京政府，以至后来的北洋政府，都试图以各种方式重建中央—外蒙古之间的政治关系，以达认同目的，如通过立法、册封、建银行、发展教育等，在一定程度上加强外蒙古与中央的联系，实现对该地区的整合，但是近代以来中国政治重建和国家转型过程中面临的危机和挑战，又使实践过程当中受到各种因素的影响和干扰，如：外蒙古上层出于自身利益考虑的离心倾向、俄国以至苏联远东战略的需要对外蒙古独立的支持等等，其中的变量必然使中央政府在边疆问题处理上显得无奈而又苍白，使得近代民族区域整合的过程中问题重重，步履维艰。

总之，外蒙古问题作为中国近代民族国家建构过程中的不和谐音符，有历史的必然性也包含若干历史的偶然，是对辛亥革命基本确立的统一多民族现代国家的民族政治合法性与正当性的挑战，这是近代国家转型与民族区域整合过程中历史矛盾的表现，也是辛亥革命在理论和实践中的局限与不足的必然反映。

（赵逸妍，女，1984 年生，中央民族大学历史文化学院博士研究生，专职辅导员，北京，100081；彭武麟，男，1962 年生，中央民族大学历史文化学院教授，北京，100081）

① 林军：《初期苏联对华政策的内部分歧》，《世界历史》1995 年第 2 期，第 56 页。

“十七条协议”签订前后美国政府对达赖避居地选择的诱导*

高翠莲　冯月然

内容提要：出于遏制共产主义和实施冷战政策的目的，“十七条协议”签订前后，美国采取了种种措施阻挠西藏的和平解放，如鼓动达赖喇嘛发表反对“十七条协议”的声明；策动达赖喇嘛出逃；争取印度、英国政府合作支持达赖喇嘛等。本文利用美国已解密的档案文献和相关的研究成果，对1951年5月到1951年10月期间，美国政府和西藏当局针对达赖喇嘛流亡及其避居地选择问题做一个较为详细的论述，从而揭示美国在20世纪50年代初的西藏政策和中美关系，以及美国在“西藏问题”国际化过程中所起的作用。

新中国成立初期美国对西藏的政策既是中美关系史的重要组成部分，也是冷战格局中英、印与中国关系演变的产物。随着相关档案文献的解密，美国涉藏问题的研究更是成为学术界关注的热点[①]。本文试图利用近年来新近解密的外交文献和相关研究成果，关注从1951年5月底到10月底，即“十七条协议”(《中央人民政府关于和平解放西藏办法的协议》的简称）签订到达赖喇嘛同意此协议的5个月期间，美国对藏政策的微妙变化及其外交表现，说明美国在“西藏问题”上所起的作用。

一

新中国成立前夕，美国制定了对中国采取干涉西藏、制造动乱、从内部瓦解新中国的政策，后来通过发动朝鲜战争和越南战争，针对中国崛起进行自北向南的军事围堵，美国拼凑的从东、南、西三面封锁中国的各式条约组织则是对中国崛起的经济政治双重遏制。而干涉西藏作为“第三条战线”，配合东亚战场从西面侧翼牵制中国[②]。美国驻印

* 本文为教育部科研项目“我国对美涉藏斗争宣传效果评估”研究成果。

① 相关研究成果参见美国学者戈尔斯坦（Melvyn C. Goldstein）的一系列专著或文章，[美]梅·C·戈尔斯坦：《喇嘛王国的覆灭》，杜永彬译，北京：中国藏学出版社，2005年；Melvyn C. Goldstein，"The United States, Tibet, and the Cold War." Journal of Cold War Studies. 8：3 (2006)：145-164. Print；Melvyn C. Goldstein. A History of Modern Tibet：Volume 2. Berkeley：University of California Press，2007. 国内相关论述主要有程早霞的《“十七条协议”签订前后美国秘密策动达赖出逃历史探析》，《中共党史研究》，2007年第2期；胡岩的《美国是怎样阻挠西藏和平解放的》，《西藏民族学院学报》（哲学社会科学版），2007年第5期；张文木：《20世纪美国“西藏计划”及其失败》，收入张文木《全球视野中的中国国家安全战略》，山东人民出版社，2012年。

② 张文木：《20世纪美国“西藏计划”及其失败》，收入张文木《全球视野中的中国国家安全战略》。山东人民出版社2012年。

大使韩德逊(Henderson)[①]和即将离任的美国驻华大使司徒雷登都向国务卿艾奇逊表达了在国民党失去对西藏的控制、共产党尚未接管西藏之际，采取干涉西藏，将西藏作为“独立实体”的想法，得到艾奇逊的积极回应。1950 年 10 月昌都战役之后，美国政府经过一段犹豫，公开指责人民解放军进驻西藏是“侵略”行为，宣称美国将会认真看待共产党向西藏发动进攻的任何一种新证据[②]。同时美国政府授意噶厦政府一边与新中国中央政府谈判，以作缓兵之计；一边向联合国发出“呼吁书”，企图把西藏问题国际化，阻止中国政府对西藏的解放。但此时的英国、印度[③]等关键国家对西藏“独立”持消极态度，“呼吁书”也被联合国暂时搁置。鉴于此，西藏噶厦不得不放弃了对外求援的企图，1951 年 2 月份派出以阿沛·阿旺晋美为首席代表的 5 人谈判代表团赴北京谈判。美国对达赖喇嘛避难地的最初策划，也是从这个时候开始的。其细节的商议主要在美国政府、美国的驻印官员、滞留在印度的夏格巴[④]和转移到亚东地区的达赖喇嘛[⑤]之间展开。

1951 年 3 月 29 日，美国《生活》和《时代》杂志的詹姆斯·波克(James Burke)向韩德逊引荐了达赖的私人教师哈里尔(Heinrich Harrer)。哈里尔刚从亚东和印度回来，接触了达赖及其家人[⑥]，这使得美国人第一次得到可靠的资讯来了解西藏当局的观点，尤其是达赖喇嘛本人的想法。哈里尔向韩德逊汇报了西藏的情况：提到达赖并没有授予谈判代表团全权，一直对西藏没有能够同美国建立更为亲密的关系感到失望，对是否应回到拉萨心怀疑虑，同时也担心印度拒绝让他避难。在哈里尔看来，此时的达赖极其需要他“信任的某个人给他提供建议，否则，他将会落入中国共产党的圈套，或者在印度陷

① 美国驻印度大使（1948-1951），Brands, H W. Inside the Cold War: Loy Henderson and the Rise of the American Empire, 1918-1961. New York: Oxford University Press, 1991. Print.

② 美国国家档案 794A.00/11-1150, “The Secretary of State to the Secretary of Defense (Marshall)”, November 11, 1950. Foreign relations of the United States（以下简称 FRUS），1950. East Asia and the Pacific, Volume VI, U.S Government Printing Office, 1950, p.555.

③ 印度独立后，英国逐渐从英印时代的对藏政策抽身，将重心转向欧洲。英国外交部 1950 年 6 月 15 日曾至电英国驻美国大使，“我们过去之所以对西藏感兴趣，是由于它毗邻印度。”现在“我们在该地区没有任何利益，把我们同中国人搅在一起是很冒险的。”而昌都战役后，西藏向联合国求助，将《致联合国秘书长的呼吁书》交给联合国，英国外交部认为向联合国“请求或者呼吁”必须是一个国家，从而怀疑西藏发出呼吁书的“资格”。而独立后的印度于 1950 年 4 月即与新中国建立外交关系，重新调整自己在东亚的地位，对藏政策采取谨慎的态度。

④ 又译作乃乌夏土登塘巴，“1947 年成为外事局的僧职长官”。参见[意]毕达克：《西藏的贵族和政府（1728-1959）》，沈卫荣、宋黎明译，北京：中国藏学出版社，2008 年，第 182 页。1949 年新中国成立之后，西藏当局认为中国政府的“解放西藏”计划威胁到西藏的安全，所以积极联系美国、英国、印度等国，请求援助。同时也决定委派以夏格巴为首的代表同中国共产党在新德里进行协商谈判，1950 年 10 月昌都战役打响之后，谈判进程受阻，夏格巴等人滞留印度，随时等待西藏当局新的指令。具体论述参见[美]梅·C·戈尔斯坦：《喇嘛王国的覆灭》，杜永彬译，北京：中国藏学出版社，2005 年，第 534-612 页。

⑤ 十四世达赖喇嘛于 1950 年 11 月 17 日亲政。昌都战役之后拉萨当局认为达赖喇嘛继续留在拉萨非常危险，建议他转移到距印度（锡金）边境大约 15 英里的小镇亚东，1951 年 1 月 7 日到达那里。具体论述参见[美]梅·C·戈尔斯坦：《喇嘛王国的覆灭》，杜永彬译，北京：中国藏学出版社，2005 年，第 615、643-645、662 页。

⑥ 参见陶文钊主编，《美国对华政策文件集》（1949—1972年）·第一卷（上册），北京：世界知识出版社，2003年，第353页；骆威：《世界屋脊上的秘密战争》，北京：中国藏学出版社，2004年，第149页；程早霞：《“十七条协议”签订前后美国秘密策动达赖出逃历史探析》，《中共党史研究》2007年第2期。

入极端尴尬的处境"[①]。韩德逊本来就希望美国政府应该对西藏采取积极政策，他立即建议给达赖发去一封非官方、不署名的密信，假设性地提供7条建议，其中4条涉及达赖出走拉萨、避居他地的问题：

……

3. 在国际形势的变化使得中国共产党难以占领西藏之前，阁下任何情况下都不能返回拉萨，或者将阁下自己的财产或者西藏的财产送回拉萨……任何被送回拉萨的财产最终都将被中国共产党接管。

4. 在中国共产党可能通过阴谋或者武力占领西藏的危险仍然存在的时候，阁下不应返回拉萨。如果中国共产党试图阻止阁下出走，阁下应该离开亚东前往某个外国。

5. 建议阁下立即派代表前往锡兰。这些代表应当努力同锡兰政府安排立即将阁下的财产运往锡兰。他们还应努力获得锡兰许可，当阁下不得不离开西藏时，阁下及阁下的家属可到锡兰避难。在锡兰政府给予避难许可之后，阁下应该要求印度政府保证，如果阁下及阁下的家属必须离开西藏，他们可以经由印度前往锡兰。

6. 如果阁下及阁下的家属不能在锡兰找到安全的避难处所，阁下可以确信能够在包括美国在内的西半球的友好国家中找到避难的地方。

……[②]

鉴于印度政府对西藏问题的冷淡态度，韩德逊提议可以把锡兰甚至美国作为达赖将来的避居地。经过慎重考虑，国务院同意了韩德逊的这几条关于"避居地"的建议。

5月26日，在没有收到北京谈判任何消息的情况下，美国驻印度使馆的一等秘书威尔金斯（Fraser Wilkins）和夏格巴进行了一次重要的会晤，显然双方都了解到韩德逊七条建议的具体内容。夏格巴询问在当前或者北京谈判破裂的情况下，美国对西藏有什么样的建议和援助，同时提到中共希望完全掌控西藏的国防与外交，达赖喇嘛相当坚定地拒绝了中国的要求。如果中共对西藏强制施压或者军队扩大其占领区的话，那么达赖喇嘛将会离开西藏[③]。最后夏格巴表示，他已经了解到韩德逊建议的内容，有几个问题需要替达赖喇嘛询问。尤其在避居地问题上，西藏当局做了进一步的考虑：第一，选择韩德逊提议的锡兰，但是因为西藏和锡兰没什么官方关系，所以询问美国"是否愿意就达赖喇嘛和其随行人员的避难问题同锡兰政府交涉？"第二，"美国是否愿意让达赖喇嘛和随行的近100名人员到美国避难？"如果可以，"他们将会受到什么样的待遇？是

① New Delhi Post Files: Lot 58 F 95, The Ambassador in India (Henderson) to the Director of the Office of South Asian Affairs (Mathews), New Delhi, March 29, 1951, FRUS, 1951. Korea and China (in two parts) Volume VII, Part 2, U.S Government Printing Office, 1951, p.1610-1611.

② New Delhi Post Files: Lot 58 F 95, "The Ambassador in India (Henderson) to the Director of the Office of South Asian Affairs (Mathews)", New Delhi, March 29, 1951, FRUS, 1951. Korea and China (in two parts), Volume VII, Part 2, U.S Government Printing Office, 1951, p.1612-1613. 译文转引自陶文钊主编，《美国对华政策文件集》（1949—1972年）·第一卷（上册），北京：世界知识出版社，2003年，第355页。

③ 793B.00/5-2951:Telegram, "The Charge in India (Steere) to the Secretary of State", May 29, 1951-noon. FRUS, 1951, Korea and China (in two parts), Volume VII, Part 2, U.S Government Printing Office, 1951, p.1688.

按国家元首来接待吗？美国是否愿意为他们提供经费？”[①]

就在美国和西藏当局对“援助”事宜讨价还价的时候，26 日中国中央人民广播电台公布了中央人民政府和西藏代表团于 5 月 23 日签订《中央人民政府与西藏地方政府关于和平解放西藏办法的协议》（即“十七条协议”）的消息。对此，西藏官员的关注焦点随即转移到了“十七条协议”上，讨论达赖喇嘛是否应当接受协议，是返回拉萨还是撕毁协议流亡国外，如果流亡国外哪个国家比较合适。对美国来讲，“十七条协议”的签订为他们进一步介入西藏提供了一个契机，正如戈尔斯坦（Melvyn C. Goldstein）分析的，“当时是冷战的全盛时期，美国政府的对华政策是尽可能骚扰和阻碍新的共产党政权。中国在西藏的扩张为其提供了新的机会，对此，华盛顿欣然接受。当然，从美国的角度看，如果达赖喇嘛返回拉萨，并且批准协议，控诉中国共产党的扩张则属无的放矢；因此美国的主要努力，是劝说达赖喇嘛否认‘十七条协议’，选择流亡。”[②]

于是 6 月 2 日美国国务卿艾奇逊以合作的态度，对达赖喇嘛的问询做了积极回复，他指示韩德逊：完全同意就达赖喇嘛前往锡兰避难的问题与锡兰政府交涉；而对达赖喇嘛及其 100 名随行人员（和他们家属）的避难与经费问题，美国不能因向达赖喇嘛及其随员提供经费而连累自身……应向达赖喇嘛建议，如果他留在如印度或锡兰这样的靠近西藏的国家，将会对西藏的自由事业发挥最大的作用[③]。最后艾奇逊还表示“美国同情西藏的处境，只要可行就将帮助西藏，但是只有西藏自身做出真正努力，采取坚定立场，帮助才能起作用”[④]。针对美国政府的这种态度，后来的研究者明确认识到，“美国为达赖喇嘛流亡提供经济援助的承诺并不那么慷慨，他们建议达赖用自己的资金”[⑤]。虽然艾奇逊的答复没有更为具体、实际的措施，却首次提出了达赖喇嘛及其主要官员可以到美国避难可能性。这对陷入困境中的西藏当局有极大的吸引力，成为美国鼓动达赖喇嘛流亡的重要筹码。

6 月 10 日威尔金斯带着艾奇逊的答复与夏格巴会晤，并尝试弄清“十七条协议”的具体情况。夏格巴在了解到美国的态度后，意识到要想得到美国政府的支持和援助，西藏政府肯定不能接受“十七条协议”。为稳住威尔金斯，获得美国的援助，夏格声称他已经收到了达赖喇嘛的来电，表示达赖喇嘛和西藏当局官员不承认“十七条协议”，已命令西藏代表离开北京之后发表反对声明，否则他们的生命就会受到威胁。[⑥]

---

① 793B. 00/5-2951: Telegram, “The Charge in India (Steere) to the Secretary of State”, May 29, 1951-noon. FRUS, 1951, Korea and China (in two parts), Volume VII, Part 2, U.S Government Printing Office, 1951, p. 1688-1689.

② Melvyn C. Goldstein. The Snow Lion and the Dragon: China, Tibet, and the Dalai Lama. Berkeley, Univ. of California Press, 1997. Print, p. 49.

③ 793B. 00/5-291: Telegram, “The Secretary of State of the Embassy in India”, June 2, 1951-8 p. m. FRUS, 1951, Korea and China (in two parts), Volume VII, Part 2, U.S Government Printing Office, 1951, p. 1694.

④ 793B. 00/5-291: Telegram, “The Secretary of State of the Embassy in India”, June 2, 1951-8 p. m. FRUS, 1951, Korea and China (in two parts), Volume VII, Part 2, U.S Government Printing Office, 1951, p. 1695.

⑤ Knaus, John K, Orphans of the Cold War: America and the Tibetan Struggle for Survival. New York: PublicAffairs, 1999. Print. p. 87.

⑥ 793B. 00/6-1151: Telegram, “The Ambassador in India (Henderson) to the Secretary of State”, June 11, 1951-4 p. m. FRUS, 1951, Korea and China (in two parts), Volume VII, Part 2, U.S Government Printing Office, 1951, p. 1707-1708.

在第二天的会晤中，夏格巴告诉威尔金斯，他收到了达赖喇嘛发来的一封加急信，信中说“如果能得到美国的援助，他将会发表反对‘十七条协议’的声明，并坚持控制西藏的防卫，准备离开西藏。但如果美国不帮助西藏，他们成功抵抗的希望就会非常渺茫”①。之后夏格巴再次请求美国就达赖喇嘛避难一事与锡兰政府进行非正式的会晤。“因为西藏和锡兰没有建立交往，在没有征得印度政府的直接同意的情况下，很难和锡兰协商”，威尔金斯告诉夏格巴，如果达赖喇嘛和西藏政府有这样的要求，美国会和锡兰交涉。②接着，夏格巴重申虽然他明白达赖喇嘛到印度或者锡兰避难的重要性，同意这是更明智的选择，但是达赖喇嘛和100-200名随行人员包括家属更愿意到美国避难，希望美国考虑这个提议。之后，美国还应夏格巴的要求，派加尔各答领事馆副领事达切尔（N.G.Thacher），以带妻儿度假的名义，同西藏人打交道③。

夏格巴得到了期待已久的答复，很乐观地认为藏人会反对“十七条协议”之后，他们会得到美国政府的援助；而美国方面也从夏格巴那里了解到西藏代表团签订“十七条协议”的确是受到了“胁迫”，达赖喇嘛和西藏政府不会承认这个协议，不久之后的将来他们就会听到反对声明。鉴于此，美国驻印度使馆甚至提前草拟了一份“谴责红色中国军队入侵西藏”，“同情西藏政府和人民”的声明④。

同时，美国也在为达赖避难地的选择做认真的协商。虽然之前韩德逊建议，把锡兰作为选择，但美国政府的初衷还是认为印度是达赖喇嘛最理想的避居地。6月11日，印度外交部秘书长巴杰帕伊（Bajpai）非正式地表明了印度的立场——“避免发生可能证明是有损于印中关系的任何军事和外交冲突。如果达赖喇嘛决定离开西藏并请求到印度避难，他的这种请求将会得到准许。可是这种避难不是‘政治避难’，达赖喇嘛不能作为流亡政府的领袖发挥作用，而只能是个人的‘人道主义’式的避难，不允许他在印度从事政治活动”。⑤美国不得不重新考虑达赖喇嘛避居地的问题。

6月20日，艾奇逊给驻印官员斯蒂瑞等人提出一些新的建议，其中最重要的一点就是把泰国纳入到达赖避未来居地的考虑中，因为泰国是一个佛教国家，而且与西藏的历史比较接近。除此之外艾奇逊也“善意”地指出避难于美国并不是最好的选择，建议达赖等人到西藏附近的地区，以“很好地促进达赖喇嘛和西藏当局在西藏人民心目中的道义和精神地位”，但也承诺作为安全措施，一旦达赖需要从整个西藏地区撤出，进入美国的要求也会给予同情的考虑。⑥收到电报之后，斯蒂瑞把艾奇逊的具体指示传达给

① 793B. 00/6-1151:Telegram, “The Ambassador in India(Henderson) to the Secretary of State”, June 11, 1951-4 p.m. FRUS, 1951, Korea and China (in two parts), Volume VII, Part 2, U.S Government Printing Office, 1951, p.1708.

② 793B. 00/6-1151:Telegram, “The Ambassador in India(Henderson) to the Secretary of State”, June 11, 1951-4 p.m. FRUS, 1951, Korea and China (in two parts), Volume VII, Part 2, U.S Government Printing Office, 1951, p.1709.

③ 转引自[美]梅·C·戈尔斯坦：《喇嘛王国的覆灭》，杜永彬译，北京：中国藏学出版社，2005年，第685页。

④ 793B. 00/6-1551:Telegram, “The Charge in India (Steere) to the Secretary of State”, June 11, 1951-4 p.m. FRUS, 1951, Korea and China (in two parts), Volume VII, Part 2, U.S Government Printing Office, 1951, p.1710-1711.

⑤ [美]梅·C·戈尔斯坦：《喇嘛王国的覆灭》，杜永彬译，北京：中国藏学出版社，2005年，第690-691页。

⑥ 793B. 00/5-2951:Telegram, “The Secretary of State to the Embassy in India”, June 20, 1951-8 p.m. FRUS, 1951, Korea and China (in two parts), Volume VII, Part 2, U.S Government Printing Office, 1951, p.1712.

了夏格巴，“达赖喇嘛及其随从努力留在西藏附近的国家中，以便维持西藏对中国共产党的抵抗。这样的国家先后顺序是印度和锡兰。然而，一旦事情发展到达赖喇嘛及其随从不能留在印度和锡兰，美国愿意接受达赖喇嘛作为杰出的宗教领袖和自治国家①西藏的首脑，并接受100—200名随从……（但）不能资助达赖喇嘛及其随从的个人花费……也将讨论在泰国避难事宜”②，对此夏格巴表示同意。

随后，国务院积极与泰国联系，以印度国大党自由亚洲委员会的名义告知泰国驻美大使，请泰国政府考虑达赖喇嘛避难一事，电报内容如下：

> 本委员会对达赖喇嘛的出走表示同情，对他面对中国政府的要求和威胁，勇敢却没有援助的抵抗亦表示同情。自5月23日北京发布中央政府与西藏地方政府签订的协议以来，达赖就一直保持沉默，这表明他不接受这个协议。我们相信达赖喇嘛是亚洲抵抗共产主义的一个象征和潜在的领袖，如果没有合适的避难地，他就会成为宗教与政治的难民。
>
> 对自由亚洲委员会来说，我们希望给达赖提供避难的帮助，但仅限于道义支持与财务资助。避难于美国远非一个理想的选择，因为这会使达赖远离自由亚洲人民和佛教追随者们。在诸佛教国家中，达赖喇嘛如果可以去泰国避难，就会把他对佛教徒的无私奉献、独立的光荣记录、领导亚洲国家抵抗共产主义结合起来。而且，几个世纪以来，泰国人民和西藏人民一直是邻居和盟友，在这种共同的宗教氛围下，达赖喇嘛会感到像在家一样。
>
> 如果泰国政府接受达赖喇嘛及其随从避难，就请给他发一个合适的邀请，自由亚洲委员会愿意承担他们在那里的任何费用。③

这时的西藏当局也在为自身的前途去向做艰难的抉择，与美国进行进一步谈判，提出了五个他们关心的议题④。主要是避居地选择和美国援助的细节问题。26日美国驻加尔各答副领事达切尔同夏格巴针对这些疑问进行了详细的会谈，达切尔整理为一份详细的报告：

西藏方面所提出的第一个问题是，询问是否认为印度政府不会让达赖喇嘛在前往美国途中从印度中转……我不能够说印度政府是否会允许达赖喇嘛住在印度。我趁机指出，我们认为达赖喇嘛应当把印度，其次是泰国和锡兰作为最合意的避居地来考虑。我强调说，我们的这种看法并不意味着我们不愿意或不喜欢接待达赖喇嘛，而只是觉得倘

---

① 原文为“autonomous state Tibet”，793B/6-2251:Telegram，“The Charge in India (Steere) to the Secretary of State”，June 22, 1951-10a.m. FRUS,1951, Korea and China (in two parts), Volume VII，Part 2, U.S Government Printing Office, 1951, p.1713.

② 793B/6-2251:Telegram，“The Charge in India (Steere) to the Secretary of State”，June 22, 1951-10a.p, FRUS,1951, Korea and China (in two parts), Volume VII，Part 2, U.S Government Printing Office, 1951, p.1713.

③ 793B/6-2251:Telegram，“The Secretary of State to the Embassy in Thailand”，June 22, 1951-5p.m, FRUS,1951, Korea and China (in two parts), Volume VII，Part 2, U.S Government Printing Office, 1951, p.1713-1714. 译文转引自陶文钊主编《美国对华政策文件集》（1949—1972年）第一卷（上册），北京：世界知识出版社，2003年，第362页。

④ 793B.00/7-251: Telegram, “The Consul General at Calcutta (Wilson) to the Secretary of State”，July 2, 1951-8.a.m, FRUS,1951, Korea and China (in two parts), Volume VII，Part 2, U.S Government Printing Office, 1951, p.1726.

若他住在把他作为宗教领袖来尊崇的人群当中，他的影响和作用将会更大，并且他与自己的民族相距也较近。……如果达赖喇嘛决定前往美国，他会受到何种规格的接待？我再次强调了我们关于达赖喇嘛应当去泰国和锡兰等国的主张，可是又说，达赖喇嘛将被作为自治国家的政治领袖和宗教领袖来接待，但是并没有解决中国对西藏的宗主权的问题。在这方面，在西藏决定宣布其完全独立于中国之前，我们不采取任何行动。"[①]

在"避居地问题"的数次协商中，我们可以看出，美国政府极力鼓动达赖喇嘛出逃，但为了避免与中国政府的正面冲突，自愿做中间协商人向印度、泰国、锡兰等国寻求帮助，而让达赖到美国避难只是他们的最后选择，或者准确来说是美国政府对西藏当局发表"反对声明"的引诱条件；对西藏当局来讲，到印度避难可能是最好的选择，但是"考虑到印度和中国的紧密关系，达赖喇嘛感到在印度很不方便，他更倾向于到美国寻求避难"[②]，所以在与美国官员的会晤中，能否"避难于美国"成为西藏官员最为关心的问题之一。

26日，中共中央和西藏的代表团抵达香港[③]，但是美国方面依然没有收到达赖喇嘛的任何答复，在美国官员的要求下，让身在加尔各答的达赖的大哥当采向达赖喇嘛传达了美国的主张，又通过其他方式，六月底给达赖发去一封没有署名、没有标明日期的密信[④]，信中美国再次表述了对西藏当局的建议和要求，督促达赖喇嘛发表反对"十七条协议"的声明，到印度、泰国或锡兰寻求避难：

"因为这样你就离西藏更近，也就更有能力组织起对中国共产党的反抗。虽然我们还没有与印度协商，但是我们认为印度会让你前去的，因为它在去年就说你可以前去。我们也未与泰国或锡兰协商，但是我们将会与他们协商，如果你能过来，并且希望我们与他们联系。如果无法在这些国家中的任何一个落脚，你可以与你的随从一起前来我们的国家。[⑤]

除此之外，美国政府又加上提供一笔贷款的表示，要求达赖派心腹与美国商谈[⑥]，但这样诱人的条件依然没有改变西藏当局的决策。之后美国非但没有听到达赖喇嘛关于谴责"十七条协议"的任何消息，反而收到了更使他们难以接受的消息：达赖喇嘛计划

---

① 转引自[美]梅·C·戈尔斯坦：《喇嘛王国的覆灭》，杜永彬译，北京：中国藏学出版社，2005年，第688-689页。

② 793B.00/6-2651:Telegram, "The Consul General at Calcutta (Wilson) to the secretary of state", June 26, 1951-3p.m, FRUS, 1951, Korea and China (in two parts), Volume VII, Part 2, U.S Government Printing Office, 1951, p.1718.

③ 793B.00/6-2951:Telegram, "The Ambassador in the United Kingdom (Gifford) to the Secretary of State", June 29, 1951-1p.m, FRUS, 1951, Korea and China (in two parts), Volume VII, Part 2, U.S Government Printing Office, 1951, p.1722.

④ 793B.00/7-851:Telegram, "The Charge in India (Steere) to the Secretary of State", July 8, 1951-8 p.m. FRUS, 1951, Korea and China (in two parts), Volume VII, Part 2, U.S Government Printing Office, 1951, p.1733;793B.00/7-1151 "The Charge in India (Steere) to the Department of State", July 11, 1951, FRUS, 1951, Korea and China (in two parts), Volume VII, Part 2, U.S Government Printing Office, 1951, p.1743.

⑤ 793B.00/7-1151 "The Charge in India (Steere) to the Department of State", Enclosure, undated, FRUS, 1951, Korea and China (in two parts), Volume VII, Part 2, U.S Government Printing Office, 1951, p.1745.

⑥ 793B.00/7-1151 "The Charge in India (Steere) to the Department of State", Enclosure, undated, FRUS, 1951, Korea and China (in two parts), Volume VII, Part 2, U.S Government Printing Office, 1951, p.1745.

在发表声明或去印度之前和中国代表在亚东进行商谈，中国代表将会受到友好的接待[①]。对此，美国驻加尔各答总领事威尔金斯颇为失望说“看来达赖喇嘛仍然有可能在亚东追随中共代表团，这当然是一次沉重的打击”[②]。

二

达赖喇嘛态度的“转变”，美国对未来局势十分担忧，他们于7月6日和夏格巴进行了一次会晤。双方一致认为“达赖喇嘛已经领会了美国政府立场的主旨，并且他的态度不会有真的改变”[③]，之所以会出现现在这种变化可能是达赖喇嘛的一种拖延政策，也可能是达赖喇嘛受到了胁迫。在会上夏格巴拒绝了美国将泰国作为避居地的提议，原因是：“1. 泰国政府处于明显不稳定的局势之中；2. 在泰国有大量的中国少数民族；3. 地理上，泰国靠近中国。”[④]因此，根据新的形势，美国驻印度官员的建议是：第一，等待达赖喇嘛的态度。据加尔各答领事馆的人员报告，之前24号发给达赖的密信，很可能在7月6日就会到达达赖那里；第二，和英国方面进行会谈，至少希望英国能推动印度政府，让他们为达赖提供一个避难的场所。[⑤]

这些提议，在7月11日国务院南亚司代理司长肯尼迪（Kennedy）和负责近东、南亚和非洲事务的副国务卿麦吉（McGhee）的会晤中，得到了部分的肯定，建议美国政府根据如下方针立即采取积极行动：

（1）建议达赖喇嘛指派一个使者探知印度政府对在印度避难和或经由印度前往其他国家避难的态度。（新德里7月10日第129号文件）

（2）通知达赖喇嘛，美国将为达赖喇嘛及其随从安排并资助私人空中交通工具。（新德里7月10日第131号文件）[⑥]

（3）通知达赖喇嘛，如果做出上述交涉，美国将与印度政府讨论做出安排，包括空中交通。

（4）在我们获知西藏已经同印度进行了初步交涉后，我们将与印度政府交涉以获

---

① 793B. 00/7-351:Telegram, “ The Consul General at Calcutta (Wilson) to the Secretary of State”, July 3, 1951-1 p.m. FRUS, 1951, Korea and China (in two parts), Volume VII, Part 2, U.S Government Printing Office, 1951, p. 1728.

② [美]梅·C·戈尔斯坦：《喇嘛王国的覆灭》，杜永彬译，北京：中国藏学出版社，2005 年，第 692 页。

③ 793B. 00/7-851:Telegram, “The Charge in India (Steere) to the Secretary of State”, July 8, 1951-8 p.m. FRUS, 1951, Korea and China (in two parts), Volume VII, Part 2, U.S Government Printing Office, 1951, p. 1733.

④ 793B. 00/7-1051:Telegram, “The Consul General at Calcutta(Wilson) to the Secretary of State”, July 10, 1951-3 p.m. FRUS, 1951, Korea and China (in two parts), Volume VII, Part 2, U.S Government Printing Office, 1951, p. 1736.

⑤ 793B. 00/7-851;Telegram, “ The Charge in India (Steere) to the Secretary of State”, July 8, 1951-8 p.m. FRUS, 1951, Korea and China (in two parts), Volume VII, Part 2, U.S Government Printing Office, 1951, p. 1733-1734.

⑥ McGhee Files:Lot 53 D468, “The Acting Director of the Office of South Asian Affairs (Kennedy) to the Assistant Secretary of State for Near Eastern, South Asian, and African Affairs(McGhee)”, July 11, 1951. FRUS, 1951, Korea and China (in two parts), Volume VII, Part 2, U.S Government Printing Office, 1951, p. 1747. 译文转引自陶文钊主编《美国对华政策文件集》（1949—1972 年）第一卷（上册），北京：世界知识出版社，2003 年，第 368 页。

得必要的合作性态度，并与英国和印度政府就下一步措施达成一致。①

同时在美国华盛顿，国务院的官员与到达美国的当采进行了会晤，口头陈述了他们对西藏的建议，继续鼓动达赖出走西藏，甚至提出了提供交通费用，允许增加随从人员数量：

美国将支持西藏人到锡兰避难的要求:美国相信，美国公民能够支付达赖喇嘛及其随从包租飞机从印度前往锡兰的费用，他们对西藏有着强烈而友好的兴趣；如果达赖喇嘛提出要求，美国将尽最大努力说服印度政府保证达赖喇嘛及其随从的交通（美国官员在这里指出，出于现实的考虑，达赖喇嘛的代表首先应与锡兰政府和印度政府进行交涉；提供此种保证是基于锡兰接受避难的假设；如果印度接受避难，将不得不重新考虑财政担保）。②

会晤结束之后，当采将准备给达赖喇嘛送去藏文信函。同时艾奇逊以书面形式给印度大使馆和驻加尔各答领事馆发去电报，重申了国务院的建议③。

通过与西藏官员夏格巴、当采等的会晤，美国方面相信达赖喇嘛是不会承认“十七条协议”，所以满怀信心地等待达赖喇嘛的答复。但是他们给达赖的密信和种种的引诱条件始终让达赖和西藏当局的上层官员感到美国并无实质性的明确的援助。

7 月 13 日，美国驻加尔各答领事馆官员林(R.H.Linn)从噶伦堡发回两封电报，主要内容为：达赖喇嘛打算回印度，他的智囊高参们却希望他回拉萨。达赖喇嘛还想进一步了解有关美国大使馆和印度政府就印度是否愿意接待达赖喇嘛、提供便利的详细信息④。同时在另一封电报中，林说有人告诉他西藏政府对印度政府没有信心，达赖喇嘛的智囊高参们现在倾向于和中共合作。林推测达赖喇嘛之所以迟迟不决定去印度，主要有两个原因：（1）认为印度政府不愿意接待他（2）因为担心中共的报复，所以他不愿意接受美国的援助，否认十七条协议。林建议，美国应当设法说服印度政府向夏格巴担保他们愿意接待达赖喇嘛⑤。之后美国国务院接受了林的建议，把争取达赖喇嘛的希望寄托到印度政府上，要求美国驻印度大使督促印度政府邀请达赖喇嘛到印度。同时也给美国驻

① McGhee Files:Lot 53 D468, “The Acting Director of the Office of South Asian Affairs (Kennedy) to the Assistant Secretary of State for Near Eastern, South Asian, and African Affairs(McGhee)”, July 11, 1951. FRUS, 1951, Korea and China (in two parts), Volume VII, Part 2, U.S Government Printing Office, 1951, p.1746-1747, 译文转引自陶文钊主编，《美国对华政策文件集》（1949—1972 年）第一卷（上册），北京：世界知识出版社，2003 年，第 368 页。

② 793B.00/7-1251:Telegram, “The Secretary of State of the Embassy in India”, July 12, 1951-8 p.m. FRUS, 1951, Korea and China (in two parts), Volume VII, Part 2, U.S Government Printing Office, 1951, p.1748-1749, 译文转引自陶文钊主编，《美国对华政策文件集》（1949—1972 年）第一卷（上册），北京：世界知识出版社，2003 年，第 369-370 页。

③ 793B.00/7-1251: Telegram, ″The Secretary of State of the Embassy in India”, July 13, 1951-8 p.m. FRUS, 1951, Korea and China (in two parts), Volume VII, Part 2, U.S Government Printing Office, 1951, p.1749.

④ 793B.00/7-1451:Telegram, “The Consul General at Calcutta (Wilson) to the Secretary of State”, July 14, 1951- 3p.m. FRUS, 1951, Korea and China (in two parts), Volume VII, Part 2, U.S Government Printing Office, 1951, p.1751.

⑤ 793B.00/7-1451:Telegram, “The Consul General at Calcutta (Wilson) to the Secretary of State”, July 14, 1951- 3p.m. FRUS, 1951, Korea and China (in two parts), Volume VII, Part 2, U.S Government Printing Office, 1951, p.1751.

英国大使发去电报，让他们也督促印度政府发出这一邀请函[1]。“艾奇逊的用意很明显，就是利用达赖还没有返回拉萨的时机，促成印度政府出面邀请达赖‘访印’，等达赖到了印度后再寻求避难，以阻止其返回拉萨”[2]。在接下来的几天时间里，美国政府与英国、印度官方代表，就印度是否接受达赖喇嘛到那避难一事再次展开协商。“在此关键阶段，印度与西藏的关系降到冰点。藏人相信印度对西藏已经失去兴趣了，只想努力跟中共维持好良好关系。印度则觉得藏人不理会印度的顾虑，直接向美国求助，也没有先咨询过印度政府”[3]，因此印度政府几次通知美国驻印使馆，任何关于达赖访问印度的事情都应该是西藏方面先与印度联系，印度绝对不愿意采取任何被认为是试图去影响西藏与中国之间关系的行动；同时印度允许达赖喇嘛到印度避难，但前提条件是达赖喇嘛不得在印度从事任何政治活动[4]，对此美国甚为无奈。

在对外求援无望的情况下，美国只能靠自己的力量帮助达赖出逃。美国认为达赖喇嘛被众多的亲汉势力所包围，无力做出到印度避难的决定，所以美国政府为达赖喇嘛拟定了三个出逃计划：

(1)达赖要挑选一小批忠实的追随者在夜晚悄悄离开，这是为了尽量避免已到亚东的来自各大寺院及拉萨政府的代表劝说达赖回拉萨。

(2) 命令×××(文中删去名字,下同)秘密将达赖带到印度。

(3)如果前两项都不可行,达赖给×××送信,请求×××秘密派出哈里尔(Harrer)与帕特森(Patterson)到亚东附近,按事先的安排与达赖会面,并将达赖带出。这个行动的详细计划已经由×××传达过去,他要向达赖阐明这是最后选择的方式[5]。

然而，这个英印不愿配合、美国单方炮制的出逃计划还未送到达赖喇嘛手中，美国驻加尔各答领事馆22日就收到了亚东方面发来的电报，得知达赖喇嘛准备返回拉萨[6]，美国炮制的“无避居地接收国”的冒险出逃方案胎死腹中。

三

达赖喇嘛返回拉萨的决定非但没有使美国放弃西藏，反而引发了政府内部新的行动：第一，美国政府认为，他们之前只想到设法送信给达赖喇嘛，而忽略了其他有影响的西藏官员，其结果可能是这些官员不了解美国政府的立场[7]。于是他们设法接近西藏

① 793B.00/7-1951:Telegram, “The Secretary of State of the Embassy in India”, July 19, 1951-8 p.m. FRUS,1951, Korea and China (in two parts), Volume VII, Part 2, U.S Government Printing Office, 1951, p.1758.

② 骆威：《世界屋脊上的秘密战争》，北京：中国藏学出版社，2004年，第182页。

③ 次仁夏加：《龙在雪域：一九四七年后的西藏》，谢惟敏译，新北：左岸文化出版社，2011年，第123页。

④ 793B.00/7-1951:Telegram, “The charge in India (Steere) to the Secretary of State”, July 19,1951- 8 p.m. FRUS,1951, Korea and China (in two parts), Volume VII, Part 2, U.S Government Printing Office, 1951, p.1757-1758.

⑤ 793B.00/7-1751:Telegram, “The Consul General at Calcutta (Wilson) to the Secretary of State”, July 17,1951- 3 p.m. FRUS,1951, Korea and China (in two parts), Volume VII, Part 2, U.S Government Printing Office, 1951, p.1754.

⑥ 793B.00/7-2251:Telegram, “The Consul General at Calcutta (Wilson) to the Secretary of State”, July 22,1951-11 a.m. FRUS,1951, Korea and China (in two parts), Volume VII, Part 2, U.S Government Printing Office, 1951, p.1760.

⑦ 793B.00/8-1851:Telegram, “The Consul General at Calcutta (Wilson) to the Secretary of State”, August 13,1951-2 p.m. FRUS, 1951, Korea and China (in two parts), Volume VII, Part 2, U.S Government Printing Office, 1951, p.1776.

当局的主要官员，同时又让饶噶厦给达赖喇嘛捎去一封信：没有署名、没有提及美国政府，只是口头上被告知“这是来自美国政府的”。①

第二，美国政府重新与达赖喇嘛联系。8 月 4 日美国国务卿艾奇逊指示驻印度大使馆给达赖稍口信，建议达赖：“尽早抓住机会摆脱中共统治，在您安全到达避难地后否认与中共签署的协议，这样才能最好地服务于您的国家和人民。当采在美国很好也很安全，希望您认真考虑美国政府之前作出的帮助您和一定数量的随从避难的承诺。”②随后，美国驻印度大使馆的官员又请求把这封信翻译成藏文，删去所有有关美国政府的信息，由信使带过去，并且在信的末尾加上“在印度或锡兰”的语句③。

经过考虑，威尔逊发电报给美国国务院，指出达赖喇嘛仍然希望到印度，西藏当局仍有否认“十七条协议”的可能，“十七条协议”的最后商谈将在本周达赖喇嘛一到拉萨就开始进行，因此，“在这种形势下，发表一项表明我们态度的正式声明可能会成为决定性的因素”④。但是美国驻印度大使馆的官员霍尔姆斯（Horace Holmes）就认为冒险寄送这样一封表明自己观点的信，可能成为美国干涉西藏内部事务、瓦解汉藏友好关系的罪证⑤。国务院左右权衡之后，暂时采取了霍尔姆斯的主张。

但这一系列动作不仅没有引起噶厦政府的注意，还有一些官员反对达赖出走。于是以美国政府的名义给达赖喇嘛签发署名信的提议再次被提出。⑥美国政府考虑到这是策动达赖喇嘛出走的最后机会，为了增强西藏当局对美国的信任感，9月14日批准了这个方案。规定“给XX[名字删去]看由大使官员展示签名的信，这封信不要离开美国官员。并且只能在美国官员在场的情况下，才可以展示给XX[名字删去]看。”⑦之后，由他带口信给达赖喇嘛。

经过紧张的筹划，9月30日晚上，在加尔各答领事馆召开了一次秘密会议，在会上，

---

① 793B. 00/8-1851:Telegram, “The Consul General at Calcutta (Wilson) to the Secretary of State”, August 13, 1951-2 p.m. FRUS, 1951, Korea and China (in two parts), Volume VII, Part 2, U.S Government Printing Office, 1951, p.1776.

② 793B. 00/8-151:Telegram, “ The Secretary of State to the Embassy in India”, August 4, 1951-2 p.m. FRUS, 1951, Korea and China (in two parts), Volume VII, Part 2, U.S Government Printing Office, 1951, p.1769.

③ 793B. 00/8-1851:Telegram, “ The Consul General at Calcutta (Wilson) to the Secretary of State”, August 13, 1951- 2 p.m. FRUS, 1951, Korea and China (in two parts), Volume VII, Part 2, U.S Government Printing Office, 1951, p.1776.

④ 793B. 00/8-1851:Telegram, “ The Consul General at Calcutta (Wilson) to the Secretary of State”, August 13, 1951- 2 p.m. FRUS, 1951, Korea and China (in two parts), Volume VII, Part 2, U.S Government Printing Office, 1951, p.1778.

⑤ 798B. 00/8-1451:Telegram, “ The Charge in India (Holmes) to the Secretary of State”, August 14, 1951-8 p.m. FRUS, 1951, Korea and China (in two parts), Volume VII, Part 2, U.S Government Printing Office, 1951, p.1786.

⑥ 793B. 00/9-1251:Telegram, “The Ambassador in India (Henderson) to the Secretary of State”, September 12, 1951-4 p.m. FRUS, 1951, Korea and China (in two parts), Volume VII, Part 2, U.S Government Printing Office, 1951, p.1803-1804.

⑦ 793B. 09/9-1251:Telegram, “The Secretary of State to the Consulate General at Calcutta”, September 14, 1951-8 p.m. FRUS, 1951, Korea and China (in two parts), Volume VII, Part 2, U.S Government Printing Office, 1951, p.1807.

美国官员把一封韩德逊大使签名的信给那位不知名的西藏官员看，信件如下：

至尊达赖喇嘛：

美国政府带着非常同情的心情注意到了长期以来您为阻止中国共产党进军西藏、消除西藏的自治所付出的努力。对至尊留在西藏，以便能够有助于防止西藏人民被征服的愿望，本政府也非常理解。然而，应当承认，假如您留在西藏，或者将会被××（删去），或者将会被迫充当中共的奴仆。可以相信，如果你留在西藏，将无助于你的民族。

美国政府认为，倘若您能够为离开西藏作好安排，并且到锡兰这样的国家去寻求避难，您就能继续为维护西藏自治和西藏民族的自由而斗争。既然本国政府认为西藏不应当被迫接受有损于其自治地位的言行，它就希望尽最大的努力有效地防止有损于西藏自治的事件发生。因此，如果至尊愿意到锡兰或其他某个国家寻求避难，美国政府将做好准备，一旦您提出要求，就将尽力协助作好外出避难的安排，并帮助您获准通过所要涉及的国家中转。而且，本国政府打算为至尊及您的家人和随从人员支付旅行所需经费。并且，只要双方的目的都能圆满地达到，根据需要，美国政府打算为至尊、至尊的家人及大约 100 名随从人员提供资金援助作好安排。

本国政府冒昧地表达自己的愿望，即万一您决定离开西藏，至尊应当在选择陪伴人员时考虑到政治效力和影响等因素。本国政府还将做好准备，万一在其他国家寻求避难不能实现，将为您及您的部分随从人员到美国寻求避难作出安排。

本国政府认为，必须把抵抗中共对西藏的入侵当作长期性的问题来看待，解决问题的办法必然会受到西藏及邻近地区的政治条件和自然环境的限制。当然，美国并不能支配这些条件，可是它准备对现在和将来抵抗共产党入侵西藏的行动给予支持，并且将提供切实可行的物资援助。

至尊当然会理解，美国向您提供上述援助和支持的打算的前提是您离开西藏、公开否认西藏代表和中共代表所缔结的《协议》，并且依然愿意在反对共产党的方面予以合作。

我们双方合作的基点将由美国发表一项公开声明予以宣布，即美国支持达赖喇嘛拥有自治的西藏的领袖地位。美国还会支持您作为一个非共产党国家的自治领袖在适当的时候尽早返回西藏。这就是美国在这个问题上的基本立场，它不会因为朝鲜事态的发展或中共卷入那个地区而受到影响。

我们建议，至尊可以考虑同印度政府进行秘密接触，以弄清印度政府对您离开西藏及其他相关问题的态度。本国政府认为，印度政府打算允许至尊从印度过境或定居印度。一旦您提出这种要求，美国政府打算就此问题同印度政府进行磋商。

美国驻新德里大使韩德逊（签名）

1951 年 9 月 17 日[①]

---

① [美]梅·C·戈尔斯坦：《喇嘛王国的覆灭》，杜永彬译，北京：中国藏学出版社，2005 年，第 707-708 页。

那位西藏官员“从头到尾仔细阅读了这封信，并用藏文做了记录，之后便被放回领事馆的保险箱中”[①]。针对美国的签名信，这位西藏官员提出了两个问题：“一是，美国是否给达赖喇嘛的150至300名随从人员提供财务帮助，以便使这些官员能带上家属；二是，如果达赖留在西藏，但派出一组可信官员组织抵抗，美国的态度如何？”[②]对此，美国国务卿艾奇逊做出了明确的答复：美国政府对达赖喇嘛及其随从人员的财政资助的基本原则是，达赖喇嘛所选的随从要基于政治的需要；同时美国承诺援助的条件是：达赖离开西藏，公开谴责与中共签署的协议。[③]很明显，达赖喇嘛想留在西藏的想法不会得到美国任何形式的支持。

在艾奇逊看来，“接下来的几周是西藏人考虑汉藏协议和达赖出逃的重要时期。最好加紧催促达赖喇嘛离开西藏并且拒绝协议”[④]。因此建议大使馆推心置腹地告诉印度方面，“大使馆很关心西藏人即将失去自主权的报道。据称一些有影响的西藏人认为达赖喇嘛的目前的困境是由于缺乏印度政府的同情和支持……或许在这个时刻讯问是否印度政府有信息表明达赖收到印度政府的援助，是比较可取的”。当然艾奇逊也认识到，美国不能指望印度主动会见达赖[⑤]。

但是，对比美国虚无缥缈的提供援助的承诺，西藏的上层僧俗官员上层中有相当多的官员认为中共的政策对西藏更为有利，于是他们希望和要求达赖喇嘛承认西藏是中国领土的一部分，接受《十七条协议》，返回拉萨。这种观点在西藏社会产生了很大的影响，也是美国所无法左右的。1951年9月28日西藏召开了民众大会，经过长时间的讨论，与会的大多数人员都认为“十七条协议”作出了西藏可以维持其建立在庄园制度基础之上的政教合一制度的承诺，并且建议达赖喇嘛认可这项协议[⑥]。经过激烈的讨论，10月24日，达赖喇嘛正式致电毛泽东主席，表示拥护“十七条协议”。电文如下：

中央人民政府毛主席：

今年西藏地方政府，特派全权代表噶伦阿沛等五人，于一九五一年四月底抵

① 793B.00/10-151:Telegram, “The Consul General at Calcutta (Wilson) to the Secretary of State”, October 1, 1951-11 a.m. FRUS, 1951, Korea and China (in two parts), Volume VII, Part 2, U.S Government Printing Office, 1951, p.1815.

② 793B.00/10-651:Telegram, “The Secretary of State to the Consulate General at Calcutta”, October 12, 1951-7:09 p.m. FRUS, 1951, Korea and China (in two parts), Volume VII, Part 2, U.S Government Printing Office, 1951, p.1831.

③ 793B.00/10-651:Telegram, “The Secretary of State to the Consulate General at Calcutta”, October 12, 1951-7:09 p.m. FRUS, 1951, Korea and China (in two parts), Volume VII, Part 2, U.S Government Printing Office, 1951, p.1831-1832.

④ 793B.00/7-2251:Telegram, “The Secretary of State of the Embassy in India”, October 19, 1951-7:17 p.m. FRUS, 1951, Korea and China (in two parts), Volume VII, Part 2, U.S Government Printing Office, 1951, p.1836.

⑤ 793B.00/7-2251:Telegram, “The Secretary of State of the Embassy in India”, October 19, 1951-7:17 p.m. FRUS, 1951, Korea and China (in two parts), Volume VII, Part 2, U.S Government Printing Office, 1951, p.1836.

⑥ 图登丹达：《回忆十七条协议的签订》，转印自[美]梅·C·戈尔斯坦：《喇嘛王国的覆灭》，杜永彬译，北京：中国藏学出版社，2005年，第711页。

达北京，与中央人民政府指定的全权代表进行和谈。双方代表在友好基础上，已于一九五一年五月二十三日签订了关于和平解放西藏办法的协议。西藏地方政府及藏族僧、俗人民一致拥护，并在毛主席及中央人民政府领导下，积极协助人民解放军进藏部队，巩固国防，驱逐帝国主义势力出西藏，保护祖国领土主权的统一，谨电奉闻。

西藏地方政府达赖喇嘛

公历一九五一年十月二十四日

藏历铁兔年八月二十四日呈[1]

至此，西藏正式承认了“十七条协议”，美国图谋鼓动达赖喇嘛反对“十七条协议”，出逃西藏的计划也以失败而落幕。

四

上述文字对“十七条协议”签订前后，美国政府对达赖喇嘛避居地的问题做了一个较为系统的考察，从中可以得到以下几点认识：

（一）鼓动达赖出逃，为其选择避居地，是“十七条协议”签前后的美国对藏政策的重要组成部分。从 1951 年 3 月份，美国就开始把这一议题提上日程，先后把印度、锡兰、泰国，甚至美国做为达赖避居地，鼓动达赖出逃。

出于传统关系和地理位置的考虑，美国政府始终认为印度是达赖避难的最佳选择。从 1951 年 5 月底到 10 月底，美国政府就达赖喇嘛到印度避难或印度提供中转等主要问题一直试图与印度协商，并且建议英国劝告印度同意他的主张，但是印度考虑到当时中印军力及国际环境影响，决定采取现实主义态度，即承认中国和平解放西藏的现实，并在外交上推行对华友好政策[2]；而英国外交部也继续奉行其一切让印度采取主动的政策，对美国西藏政策的主张缺乏热情。于是，美国置印度和英国的态度于不顾，派出官员直接与西藏官员接触，协商相关问题，甚至认为“如果有必要的话，甘愿忍受同那个国家（印度）的关系恶化之苦”[3]。但是由于两地相隔万里，环境恶劣，交通闭塞；再加上美国插手西藏问题没有任何国际法可依[4]，所以这就限制了美国西藏政策的实施，很多计划只能秘密执行。

关于避居锡兰的考虑，贯穿商议始终，西藏当局对此的态度极为模糊，屡次强调自己和锡兰政府没有官方交往，希望美国方面代为商谈。而美国政府每次都给予肯定答复，声称一旦达赖决定到锡兰，他们一定会协助做好外出避难的安排，最后甚至承诺提供达赖及其家属、随从的旅行经费。但是从所能查询到的资料来看，西藏当局对避居锡兰的提议从来没有给予肯定的答复，看起来更像是美国的一厢情愿的一个想法。

① 本文来源于人民数据库，网址：http://data.people.com.cn

② 张植荣：《中国边疆与民族问题—当代中国的挑战及其历史由来》，北京：北京大学出版社，2005 年，第 88 页。

③ [美]梅·C·戈尔斯坦：《喇嘛王国的覆灭》，杜永彬译，北京：中国藏学出版社，2005 年，第 687 页。

④ 程早霞的《“十七条协议”签订前后美国秘密策动达赖出逃历史探析》，《中共党史研究》2007 年第 2 期；胡岩：《美国是怎样阻挠西藏和平解放的》，《西藏民族学院学报》（哲学社会科学版）2007 年第 5 期。

稍后美国政府又推荐达赖到泰国避难，甚至以印度国大党自由亚洲委员会的名义和泰国商议，但是西藏当局出于安全考虑，直接否定了这个提议。

至于避难美国，是韩德逊在3月份首次提出的，稍后立刻得到了美国国务院的认可。从某种意义上讲，这个提议更像是美国政府拉拢达赖喇嘛的一个虚拟筹码，正如他们所料，西藏当局非常感兴趣，但当达赖等人想进一步讨论这一建议的时候，才发现美国政府对这个承诺也不那么慷慨：第一，他们称从地理因素和宗教领袖影响方面考虑，达赖应首先选择印度、锡兰作为避居地，这样更有利于西藏“独立”事业的发展，如果上述几个避居地协商不成功，美国可以提供避难场所，接受达赖喇嘛为“自治国家”的宗教领袖和政治领袖；第二，避居美国的前提是西藏当局发表反对“十七条协议”的声明。在避居地的后期商议中，西藏当局也渐渐认识到这个提议的意图所在，渐渐失去了兴趣。而美国依然坚信这个筹码的影响力，直到达赖喇嘛发表同意“十七条协议”声明之前，还在信中重申这一提议。

（二）这一时期的美国对藏政策是冷战时期美国亚洲政策的重要组成部分。二战之后，世界形势急剧变化，形成了以美苏为首的两大阵营的对峙局面。美国以维护“国家安全利益”为挡箭牌，把“遏制共产主义扩张”提上日程。具体到西藏，美国把它看做是遏制共产主义在亚洲“扩张”的“政治堡垒”和“反共基地”①。内战后期，在中国国内局势比较明朗的情况下，美国国务院进一步认识到“如果共产党控制了中国本部，西藏将是亚洲大陆仅存的为数不多的非共产主义堡垒之一。外蒙古已经独立，共产主义在缅甸的影响很大，而且正向新疆和内蒙古渗透。西藏因此将具有意识形态和战略上的双重重要性”②，考虑到当时苏联的实力、与中国的关系现状，美国暂时采取了观望的态度。随后，新中国的成立和朝鲜战争的爆发打破了这种观望，为了争夺对东亚、南亚的控制权，利用西藏遏制中国共产主义的“扩张”成为美国对华政策的重要组成部分。在他们看来，中国中央政府对西藏的和平解放，使得“中国共产党武装力量移动到印度东北边界”，对亚洲安全造成一定的危险③，因此，美国极力拉拢印度政府，尤其是“十七条协议”签订之后，美国更是把印度看作实施西藏政策成功与否的重要环节，正如珀金斯在致麦钱特的备忘录中所说的“从外交上，美国应努力以西藏为武器，提醒印度政府注意试图绥靖共产党政府的危险，尤其是设法使印度政府采取这样的立场，它将自觉地采取强硬的政策对抗中国共产党在南亚和东亚的压力”④，即利用西藏问题，争取可以争取的力量，与美国一起共同抗共产主义在东亚和南亚的扩张。

---

① 711.93 Tibet/1-1347 “The Charge in India (Merrell) to the Secretary of state”, FRUS, 1947, The Far East: China, p.589-592.

② 培根致石博思备忘录，1949年4月12日。转引自陶文钊主编《美国对华政策文件集》(1949—1972)第一卷(上册)，北京：世界知识出版社，2003年，第308-309页。

③ 793B/6-351:Telegram, “The Ambassador in India (Henderson) to the Secretary of State”, June 3,1951-4 p.m. FRUS, 1951, Korea and China (in two parts), Volume VII, Part 2, U.S Government Printing Office, 1951, p.1696.

④ 693.93B/9-651, “Memorandum by the Deputy Director of the Office of Chinese Affairs(Perkins) to the Deputy Assistant Secretary of State for Far Eastern Affairs (Merchant)”, September 6, 1951. FRUS,1951, Korea and China (in two parts), Volume VII, Part 2, U.S Government Printing Office, 1951, p.1801.

（三）虽然达赖喇嘛选择留在西藏，发表拥护“十七条协议”声明的做法，打击了美国实施西藏政策的积极性，但美国及西藏一些上层却没有就此死心。10月25日得知达赖喇嘛签署了拥护《十七条协议》的文件后，美国还在利用印度愿意提供避难场所或提供中转来鼓动达赖喇嘛出逃[①]；利用“羊毛出口”拉近与西藏的关系[②]。而西藏的某些官员听到这些消息后，自告奋勇地要带信给达赖喇嘛，试图劝说达赖离开西藏。考虑到没有美国的帮助，成功出逃的希望很渺茫，所以他们询问美国驻新德里的领事馆官员“能否提供一架或更多的飞机接近拉萨”帮助达赖喇嘛离开西藏[③]。领事馆的人员希望国务院和大使馆认真考虑西藏的请求，因为他们认为这是达赖出走的最后一次机会[④]。但是大使馆的官员却认为“美国公开的援助会被中共认为是美国干涉西藏事务的罪证；将会给中共进一步扩大对西藏的控制提供现成的理由……而且，由于西藏的地理位置，过去美国的援助需要印度的全面配合。但是现在印度害怕影响到他们与中共的关系，极不可能允许美国通过印度或者印度自己给西藏提供援助。”

美国出于自身利益的考虑，还是没有给西藏任何实质性的援助，暂时失去“这一机会”。不过也正是因为美国的“锲而不舍”，使西藏上层始终没有放弃“分离出去”的幻想，最终促成了1959年达赖喇嘛出逃的事件。

（高翠莲，女，1963年生，历史学博士，中央民族大学历史文化学院教授，北京：100081；冯月然，女，1984年生，历史学博士，加拿大约克大学访问学者。）

① 411.93B6/10-3051:Telegram, The Charge in India (Steere) to the Secretary of State″, October 30, 1951-2 p.m, FRUS,1951, Korea and China (in two parts), Volume VII, Part 2, U.S Government Printing Office, 1951, p.1840; 793B.00/11-1451:Telegram, “The Consul General at Calcutta (Wilson) to the Secretary of State”, November 14,1951-4 p.m. FRUS,1951, Korea and China (in two parts), Volume VII, Part 2, U.S Government Printing Office, 1951, p.1847.

② 411.93B6/10-3051:Telegram,“ The Charge in India (Steere) to the Secretary of State″, October 30, 1951-2 p.m, FRUS,1951, Korea and China (in two parts), Volume VII, Part 2, U.S Government Printing Office, 1951, p.1840.

③ 793B.00/11-1451:Telegram,“ The Consul General at Calcutta (Wilson) to the Secretary of State”, November 14,1951- 4 p.m. FRUS, 1951, Korea and China (in two parts), Volume VII, Part 2, U.S Government Printing Office, 1951, p.1847.

④ 793B.00/11-1451:Telegram,“ The Consul General at Calcutta (Wilson) to the Secretary of State”, November 14,1951- 4 p.m. FRUS, 1951, Korea and China (in two parts), Volume VII, Part 2, U.S Government Printing Office, 1951, p.1847.

论西南少数民族节日中的集市贸易

万　红

内容提要：本文探讨了中国西南少数民族节日中存在的集市贸易现象，认为少数民族节日与集市贸易之间存在着十分密切的关系。由于西南少数民族的节日大都联系着当地民众的消费生活，从而为进行大规模的物品交易提供了可能，也为区域间的经贸交流创造了极为有利的条件。

一、中国西南丰富多彩的民族节日

节日是人类文明孕育出的重要的人文景观之一，其时间和地点的选择是由历史、地理、文化、经济等诸多因素决定的。民众的休闲、娱乐、消费大量集中在各种节日期间。中国西南少数民族地区的节日众多，形式丰富多彩，有祭祀类、农事类、男女交游类、岁时类、纪庆类和综合类等各种不同类型的节日。这些节日在不同程度上联系着当地民众的消费生活，其中还有不少发展为集贸节日，形成了较大、较为集中的文化集市与其他商品集市。

祭天、祭祖是西南少数民族普遍存在的文化现象。在中国西南许多民族的意识中，天神、祖先为现今的世界奠定了基础，造就了本民族的文化，理当被尊为至上，并要以本民族最为隆重盛大的祭典来祭祀。祭祀活动的时间往往与各民族的年节相重合，从而形成了最为盛大的民族节日。[①]例如，永宁摩梭人的“转山节”、西盟佤族的“拉木鼓”等，都属于这类祭祀性节日。这一类型的节日反映了人们求神保佑、除旧布新、生命轮回等综合的文化意识。

农事节日，主要是围绕农事而举行的各项生产性祝祭及由此发展而来的节日，这类节日也都有其丰富的文化内涵。西南地区农耕民族较为普遍的农事节日有春祈“开秧门”和秋报“尝新节”（俗称吃新节）等，前者的文化内涵是随着春耕节令的到来，大地转绿，田水回暖，春意盎然，以此仪式寓意一年中万物滋生、成长繁茂的农事之始，并伴以祈求丰产、降雨的习俗活动，甚至还有以人类两性交往、集会、生殖及狂欢来比喻、祈求大地丰产、五谷丰登的习俗。后者则有庆贺丰收、感谢天神、土地神、谷神赐给粮食，或感谢带来谷种的文化英雄，祈望来年再获丰收等文化内涵。

男女交游节日，有些民族将此内容归入年节等其他节日当中。例如，贵州苗族流行最广、参加人数最多的娱乐庆典“跳场”，又名跳厂、跳布、跳月、跳花场、芦笙会等等，是年轻的苗族小伙子向苗族姑娘求爱的好机会，所以，也可以说是苗族的“情人节”。

① 黄泽：《西南民族节日文化》，昆明：云南教育出版社，1995年，第82页。

由于跳场是苗族过汉式农历春节时在正月间举行的一项主要活动，既可以把它当作春节习俗来看，也可以单列出来作为主题明确的民俗节日。当然，在西南地区的不少民族中也存在着以两性社交为主的交游节日，例如，壮族的“歌圩”、壮侗苗等民族盛行的“三月三”、傣族的开门节、哈尼族的“仰阿纳”、傈僳族的“汤泉歌会”、纳西族的“白水台歌会”、彝族的“三月会”、“赛歇会”和“插花会”、白族的“石宝山歌会”和“绕三灵”等。这类节日往往在春季举行，其间伴以歌舞，表现着人类种族繁衍的主题，也是人类性爱文明化的反映。各民族创造的交游节日也规范了婚恋习俗，使人类生殖、种族繁衍、性心理等处于有序的状态，其间蕴藏着一定的性道德观念、伦理价值观念、审美习尚等文化内涵。

综合性节日则具有多重主题，兼有年节、祭天、祭祖、祭祀本民族英雄，以及男女交游、庆贺、歌舞、集市贸易等多项内容，它是由前几类节日综合演化而成，其文化内涵也是多重的。[①]

此外，还有岁时节日与纪庆节日。岁时节日是指在一年之中，随着季节、时序的变化而形成的民俗节日。中国西南地区有些民族因受到汉族农历的影响，也过农历的岁时节日，例如纳西族、瑶族等民族就过春节、清明节、端午节和中秋节等。另外，西南的少数民族也创造了自己特有的历法，如藏历、傣历、彝族的十月太阳历、苗历、佤族的星月历、哈尼族及独龙族等民族的物候历。虽然这些历法发育程度不一，但都因之形成了本民族的岁时节日。藏历新年、傣历年（泼水节）、彝历年、彝历小年（火把节）、哈尼族的六月年（苦扎扎）和十月年、基诺族的“特毛且”、独龙族的“卡雀哇”等就属于这一类的岁时节日。

西南少数民族的纪庆节日，是具有一定纪念和庆典内容的节日，以纪念历史事件、历史人物而约定俗成，有着明确的纪念对象、庆贺方式，主题较为单一明确。傈僳族的“刀杆节”、瑶族的“盘王节”就属于这一类型。

二、节日集会中的集市交易

前文提到的西南少数民族的各类节日，只是就其文化内涵进行的粗略划分。实际上，各种类型的节日在内容上往往互相渗透、交错融通，并没有特别严格的界线，只不过有其最突出的主题而已。例如，白族著名的节日“三月街”，最初起源于男女交游性的集会，佛教传入之后则演变为以宗教祭祀为主的节日，并加进了商品交换的内容，以后逐渐发展成以集市贸易为主的集贸节日。

由于西南少数民族社会生产力发展水平相对低下，基本上属于自给自足的自然经济，大多数民族对产品交换的要求不高。虽然在一些生产力较为发达，农副产品剩余较多，手工业比较发达的民族如傣族、白族等地区，形成了日日为市的集市、集镇，但多数处于山区、半山区的民族，在其固有的经济生活形态不能满足生产和生活的各样需求的情况下，通常表现为在一定时期借助本民族举行的节日集会进行物品的交换。即便是傣族、白族等经济较为发达的民族，至今仍然保留有在民族传统节日中互相交换产品，

---

① 参见黄泽：《西南民族节日文化》，昆明：云南教育出版社，1995年，第84页。

购买各地客商产品的习惯，只是其节日的交易规模和影响面都要大得多。

历史上，西南少数民族地区由节日集会而形成的集市有不少，特别是源于氏族外婚制的定期的男女交游性节日集会，是不同氏族、部落间通过大规模接触而从事商品交换的良好时机。峨山彝族的“花街”就是一例。

居住在云南省峨山县的彝族，自称“纳苏”、“聂苏”、“勒苏”和“赊苏”。彝族赊苏人主要聚居在绿汁江畔大西山。20世纪50年代以前，赊苏人还沿袭“刀耕火种”的原始生产方式，与外界接触较少，他们的婚姻多为自由交往。作为婚姻习俗中不可缺少的一个组成部分，就是男女青年的集会。

“花街”是赊苏人主要的传统集会之一。“花街”位于海拔二千多公尺的大西山顶。所谓“花街”，并无市民邑聚、商贾铺面，唯有高山草坪。每逢集期，赊苏男女青年身着民族盛装，怀抱月琴，汇聚于“花街”，围成一个个大圆圈，伴着短笛和月琴的节奏，跳起“扎拉卓”舞蹈。钟情者用一块洁白手绢为定情信物，相互抛掷，以订婚约。然后，约定一个地点，确定一个日期，由男青年邀约其伙伴发动“拖婚”仪式，把姑娘拖回家完婚。

“花街”原是与赊苏人的传统婚俗相适应的男女集会节日，青年男女在集会之际，也逐渐加入了集市交易的内容。每逢集期，远近几十里六诏山和哀牢山的彝族，也赶来参加集会和集市。他们带来各自生产的物品，在草坪一端摆设地摊，以牲口、竹篾用具、木制生产工具、土特产品、药材、水果、小吃等买卖为主。牲口交易有黄牛和水牛；竹制品有箩筐、簸箕、竹筛等；木制品有木犁、锄把等；土特产品有棕片、木耳、竹笋、香菇、鸡棕等；药材有三七、佛手、茯苓等；小吃有羊肉汤锅、糖果、荞糕等。在进行大牲畜交易之前，往往还要举行以山寨为单位的斗牛竞技。

峨山县在20世纪50年代以前，只有城关、甸中、小街等几个集场，广大彝族山区没有集场，通常采取物物交换的方式进行余缺调剂，基本上借助各种传统的节日集会进行。因而“花街”成为较大规模的节日型集市也就在所难免了。①

云南省楚雄彝族自治州禄丰县高峰区的节日集会也具有节日型集市的性质。这一地区属乌蒙山缓丘陵地带，当地的彝族“纳苏颇”人居住较为分散，以产玉米为主，基本上自给自足。全区境内没有集场，纳苏颇人之间的余缺调剂主要是以物易物。除了汉商货郎担着物品走村串寨与他们进行交换外，他们内部相互间的交换也多借传统集会之时进行。

全区一年之内主要有四个传统节日集会：1.夏历二月初八庙会，是在老王坡村青峰寺举行的宗教集会，并在青峰寺外侧的草坪进行集市交易。2.三月十三日“赶花会”，在搓琪山举行盛大的歌舞集会和集市交易。3.六月二十四日“火把会”，在现区公所西侧山坡举行。一年一小集，历时一天，三年一大集，历时三天，白天集市，夜晚集会。最后还举行刀舞仪式送祖。4.八月十五日集会，在李家村西侧山坡举行歌舞集会与集市。

少数民族的节日通常会有盛大的歌舞庆祝活动，因此，集会歌舞与集市交易并行，是上述四个传统节日的共同特征。由于纳苏颇人自给自足的自然经济和居住的分散性，

① 龙建民：《市场起源论》，昆明：云南人民出版社，1988年，第87、88页。

使传统节日集会不仅具有民族文化生活的社会性质，而且也具有定期的余缺调剂的经济职能。其中尤以三月十三日“赶花会”最为典型。

三月十三“赶花会”，习称“花山节”，地址固定在搓琪山半坡。这里方圆数里无人居住，每逢三月十三日，不仅高峰区纳苏颇人云聚于此，而且远至楚雄、元谋、武定、牟定、双柏等县的彝族群众也赶来参加集会。会期虽只一天，却非常的热闹。远道赶来的彝族纳苏颇人多半还要在土主庙和马樱花树下烧香献礼。彝族男女青年在半坡两侧举行盛大的歌舞集会。顺半坡梁子，人们用树杈搭起百余间树棚，买卖羊肉汤锅，百货小吃等。另外还有大量地摊，进行竹木农具和生活用具的买卖，其中有木犁耙、木犁头、木牛担、木水桶、木柜、木勺、篾箩、背篓、竹筛、粪箕、山草蓑衣、山草背绳、八角月琴、鸡、小猪等等土特产品和家畜产品。[①]

在贵州的少数民族聚居地域，也有类似的节日集会型集市。例如，位于黔东南苗族侗族自治州天柱县城北 8 公里处的邦洞集贸市场，大约形成于清代康熙年间。每年农历四月初八，当地群众在此聚会，青年男女对唱山歌，遂成为歌场。后来人们在赶歌场的同时，还带些物品进行交易，于是逐渐形成了集市。随着物品交换的频繁，人们后来就将农历每月的四日、八日定为场期，至今未变。该集市主要上市的物资有大牲畜、桐油、土布、盐巴、蓝靛、大米、黄豆、生猪、禽蛋等。20 世纪 50 年代以来，该市除上市工业品、农副产品外，主要以交易大牲畜为主，淡季上市大牲畜 500 头左右，旺季每场上市大牲畜达 1200 多头。除天柱邻近地区的客商进行大牲畜交易外，还有安顺、关岭等地的大牲畜客商运牛马进场交易。该场的大牲畜还远销四川、湖北、安徽、湖南、江西、江苏、河南等省，成为黔东南地区有名的大牲畜市场。这是一则典型的由歌场发展为集场的例子。[②]

其他例子，如贵州苗族至今依然盛行的“跳花场”，作为青年男女择偶交往的歌舞集会节日，也逐渐加进了物资交流的项目；再如壮、侗等民族的“三月三”、歌圩等，也都具有集市交易的性质。

在传统的自给自足经济模式下，市场在西南少数民族社会中较多地依附于节日的规律，不仅表现在男女交游节日上，很多其他年节、祭天祭祖等节日，也都不同程度地接纳了众多的集市贸易的成分，例如火把节、泼水节、目脑纵歌等都具有集贸内容。但有一种现象不容忽视，即集市贸易有时候只是作为一种外加的成分，或只能依附于已产生了有集市贸易需求的民族节日中，而符合这一条件的，往往是那些较具开放性的节日。例如彝族的火把节，就是属于自然地理与人文历史造成的开放性节日，这些节日的参加者已不限于单一的民族。在具有民族内部交流属性的同时，还要具备同一地域环境内有不同的民族杂居的条件，才有可能提供不同的经济模式，在相互对比中，互补所需，从而形成节日集会型的集市贸易。

---

① 龙建民：《市场起源论》，昆明：云南人民出版社，1988 年，第 91、92 页。

② 黔东南州地方志编纂委员会：《黔东南苗族侗族自治州志・工商行政管理志》，贵阳：贵州人民出版社，1994 年，第 33 页。

三、西南民族地区的集贸性节日

在西南少数民族地区的各类节日中，我们特别值得注意的一类节日，与集市交易的关系尤为密切，这就是所谓的集贸性节日。集贸性节日往往具有区域性，为一个地区内的一个或几个民族所共同创造，它存在于经济生活较为发达的少数民族社会或多民族聚居的地区中。由于这些地区的生产分工较为明确，因而各种生产生活用品必须通过交换才能够得到。在西南地区的各民族中，较多的情况是，处于同一地理单元呈立体分布的民族，因其单一的经济模式而必须与其他民族相互交换产品，补充所缺，由此容易形成集市。现今彝族的火把节、傣族的泼水节，以及许多民族重新恢复的节日中都逐渐加重了集市贸易的色彩。再有，西南各民族依据农事生产、节令的需要创造了一些单纯主题的集贸性节日或物资交流大会，例如“丽江骡马会”、“鹤庆骡马会”、“白沙农具会”等。这类节日的文化内涵是促进产品流通，方便人们的生产和生活，保证家庭收入以及日常开支，使当地的社会经济生活处于活跃的有序运转的状态。

借助于定期举行的民族节日，尤其是男女交游集会节日，便形成了西南少数民族最初的集市贸易，但集贸的成分在这类节日中有时候并不占有主导地位。在尚未形成日日为市，或已初步形成但还不能完全取代节日的集贸功能的阶段上，西南各民族依据其农事生产、节令的需要还创造了一些单纯主题的集贸节日，形成了西南民族地区颇具特色的另一类型的节日集市。这与依附于男女交游歌舞集会、年节、祭天祭祖等节日的集市，同时构成了西南民族表现于节日中的集市贸易的内容和形式。

例如，云南丽江的骡马会便是西南民族地区集贸性节日的一个典型代表。据天启《滇志》称：么西族（纳西族）“好畜牛羊，产麝香、名马。”边疆民族的生活离不了马，自古畜牧业发达的丽江便提供了远近闻名的优质马。丽江马驮着纳西人的历史，走遍了滇、川、藏边区的高山峡谷。一首纳西祖先留传下来的《赶马》叙事长诗，囊括了丽江人对马的赞美：

骏马生四蹄，足迹遍四方。
处处留脚印，赶马来聚欢。
上有拉萨城，拉萨产氆氇。
下有昆明城，昆明出丝绸。
赶马去北方，去驮红氆氇。
赶马去南方，去驮白丝绸。
氆氇裁坎肩，妹也更漂亮。
丝绸缝小褂，哥也更荣光。
……

叙事诗中还有关于马的来历，如何选马、买马，制作鞍具等的描绘。[①]

丽江的骡马会一般是一年二度，即“三月会”与“七月会”。“三月会”原为黑龙潭会，为清代以来纳西族群众进行祭祀龙王、祈求丰收及物资交流的节日集会活动。时间

① 欧之德：《世界瑰宝——丽江四方街》，北京：解放军文艺出版社，2000年，第49页。

定在农历三月中旬，会期5—7天。会场原在丽江黑龙潭边广场中。

“七月会”始于民国元年，以大牲畜交易为主，时间在农历七月中下旬，会期十天左右。会址原在丽江狮子山后坡。七月骡马会有着悠久的历史，始创于清朝末年，至今已有近百年的历史。过去以骡马等大牲畜交易为主，故称骡马会，上市骡马多时达万头。买主多系外地人，因为丽江马早已名声在外，深深吸引着远道而来的大理人、中甸人、拉萨人等。20世纪70年代初，两会会址改在大研镇东北郊的红星会场。安徽、河南、河北、山东及东北等省区客商云集丽江，1982年仅牲口交易额即达70余万元。[①] 1998年起，为加强丽江古城卫生管理，骡马会场又迁至拉市乡恩宗。

随着时代的发展，丽江骡马会也不再是骡马独霸的交易市场。由于节日中举行的赛马、歌舞等活动吸引了大批当地的群众和外地的游人，以致于茶馆酒铺饭店、以及贩卖烟酒糖茶和各种土特产品的生意也逐渐兴隆起来。其中的骡马市场则多成为农村男人们经营的生意。

“骡马交易会”这一集贸性节日为丽江带来了更大的知名度和经济效益。现在，每年上市的骡马已逾万头。

四、结语

综上所述，我们可以看到，节日集会所具有的广泛的群众性，为进行大规模的物品交易提供了可能，也为区域间的经贸交流创造了极为有利的条件。在发展民族市场的时候，我们应注意到西南少数民族社会经济发展的特殊性，例如，在市场问题上，其特殊性之一就表现为节日集会由于民族传统文化心理和行为惯性，即便在已产生了日日为市的市镇、城市，还依然充当着“市场”的角色，集会兼集市的双重功能在现代化商品经济的冲击下不仅不曾减弱，相反却达到了奇妙的融合。如今，西南各民族的大型节日，同时也大都是大型的物资交易会、经贸洽谈会、订货会，在吸引国内外客商和加强交易规模、交易品种方面都为一般集市所不及。这完全得益于各民族深厚的传统文化底蕴所形成的魅力，以及民族节日的集会兼集市传统功能的铺垫作用。我们可以充分利用这一点来充实当地少数民族群众的精神生活，同时刺激当地民众的消费欲望，改变其传统的消费观念，从而带动西南地区民族文化与民族经济的进一步发展。

（万红，女，博士，中国社会科学院民族学与人类学研究所副研究员，北京：100081）

---

① 牛鸿斌主编：《云南集镇》，昆明：云南民族出版社，2001年，第261页。

云南武定县“小石桥现象”探析

——关于正确处理民族地区宗教问题的思考

张雍德

内容提要：马克思主义关于社会存在与社会意识关系的基本原理，为宗教与社会主义社会相适应提供了理论支撑。“小石桥”事件所引发的所谓“小众教”现象之所以一度成为梗阻地方政令通达的因素，即是社会意识对社会存在反作用力的具体表现；反之，当存在的社会物质基础发生改变，由之决定的社会意识也或迟或早发生相应变化。小石桥现象的发生，再次证明了马克思主义基本原理的不可颠覆性，对我们今后的工作具有极强的指导性意义。

云南省武定县小石桥村系基督教传播地区。“文革”期间，该村信徒以圣经义理观照现实进而采取行动，引发与世俗社会的冲突，被称之为“小石桥事件”；继之再以自身经历对圣经义理进行具有神学意味的“阐释”并再用于观照现实，进一步强化了与世俗社会的某些“不合拍”行为。此种宗教上的阐释和由之导致的与世俗社会的“不合拍”行为，曾在一个时期内向周边具有相同宗教信仰的其他各民族地区辐射发酵并形成连锁反应，最终其信众形成有悖中国基督教传统的一种非正常信仰，即所谓“小众教”。①

本文以“小石桥事件”的发生和“小众教”的形成为切入点，阐明其内在的逻辑关系，进而以具有转化意义的“小石桥现象”为例证，探究基督教与世俗社会冲突消解的契机。

一、宗教与世俗：两种力量的角力

小石桥村是武定县发窝乡境内的纯苗族聚居村，全村现有 33 户人家 189 人，全部属操滇东北次方言自称“阿卯”的苗族支系。自 20 世纪初澳大利亚传教士郭秀峰以县内洒普山为据点布道始，依赖民族认同这根天然便捷的传播纽带，基督教很快向小石桥一带苗区传播，当地苗族群众在信仰上迅即成为“上帝的子民”。现除极少数非信徒外，其余全部为基督徒或慕道友。

“小众教”由“文革”期间县内的小石桥村发端。此前，小石桥生产队仅有 6 户苗族人家，居民虽全部为基督教徒，但部分人已停做礼拜，宗教感情逐渐淡漠；生产活动也正常有序，年年提前或超额完成国家公余粮和各项定购任务，被评为先进生产队，多次受大队表扬。

---

① 关于“小众教”这一称谓是否严谨，笔者将另文专论，为叙述方便本文沿用习称。

1969 年“三忠于”活动推及小石桥村，该村基督教信徒认为有违“摩西十诫”而对之产生抵触情绪，因而拒绝履行某些程式性行为。上级就此派出工作队进村，在“到底是信毛主席还是信耶稣”且只能择其一的逼问下，小石桥群众坚持宗教信仰、拒绝开展“三忠于”被认为是“反革命行为”，当时的生产队长杨光荣因此被捆缚手脚，用木杠横穿而过抬着四处游斗，最后被逮捕投监——此即所谓的“小石桥事件”。

面对现实的苦难，小石桥群众只能从精神世界寻求解脱。他们视己为走“窄门”的“小群”，“你们要进窄门。因为引到灭亡，那门是宽的，路是大的，进去的人也多；引到永生，那门是窄的，路是小的，找着的人也少。”①他们为自身的遭遇寻找依据，“为义受逼迫的人有福了，因为天国是他们的。人若因我辱骂你们、逼迫你们、捏造各样坏话毁谤你们，你们就有福了。应当欢喜快乐。因为你们在天上的赏赐是大的。在你们以前的先知，人也是这样逼迫他们。”②从圣经寻找到的答案，使小石桥群众的精神创痛得到抚慰，进而增强了他们的宗教感情，坚定了他们的宗教信仰，最终衍化成系列过激的世俗行为。

小石桥事件发生后，其他几户信教群众也被集中到大队和公社批斗，被呵斥“去找上帝要粮吃”，生产队的集体土地也因此被没收。被剥夺了最基本的生产资料，村民只能靠放牧牛羊和挖野菜维持基本生活，生产力严重倒退。人们无地可种，也就认为不应交纳公余粮和各种提留，由此又拒绝享受公民权利，拒绝领取配发的各种票证，拒绝各种救济，进而发展到不赶街不买日用品不购买化肥，甚至有人宁可淡食也不购买食盐。最后发展到宁走崎岖山路也不走公路，宁蹚水过河也不通过政府架设的桥梁，以此表示与世俗“权柄”决裂。

以“文革”期间的极端做法为直接原因，由小石桥村发端的“小群”认知以及不享受公民权利、不履行公民义务的行为，以教徒走村串寨的方式在不同地区和不同民族间散播开来并形成效应。1978 年宗教活动逐步恢复正常，有关部门又对形势做出错误估计，展开“彻底摧毁宗教复辟势力”为中心的“第六战役”。在各个公社举办的信教群众学习班上，所有参加学习的教徒被分成“大众”、“中间”、“小众”三类。“小群”信教群众被纳入第三类，从此有了“小众教”的称呼。

分布在不同地区的“小众教”信徒在宗教观点上虽不尽相同，但在行为上一般具有七个方面的特征。一是拒绝三自爱国会和基督教协会的领导甚至诋毁三自爱国会；二是不要牧师长老，进行秘密串联和家庭聚会；三是不要国家救济；四是不执行计划生育政策和当时执行的农业税收政策，拒绝申报户口，不参加普选；五是不愿让未成年人上学接受教育；六是不参加政府组织的公益活动；七是提出不切实际的要求，以解决问题为名反复上访。

“‘世俗的’这个概念，其内容通常是通过同神圣化的宗教相对而言，因此，‘世俗的’即不是‘宗教的’。”③“小众教”与世俗社会或明或暗的较量，成为后期困扰地方

---

①《圣经》太 7:13-14。

②《圣经》太 5:10-12。

③［罗］亚·泰纳谢：《文化与宗教》，北京：中国社会科学出版社，1984 年，第 26 页。

各项工作展开的难点和社会关注的热点。

二、智慧之花：“小石桥现象”的呈现

从前所述可以得出结论，即“小众教”形成的直接原因就是小石桥事件，两者之间存在明确而显豁的因果联系。从发生学意义的角度分析，一旦某种理念形成并积淀成“集体意识”，就会在一个较长时段内对特定的群体发生作用，证诸“小众教”亦然。其形成之初，既有其宗教义理的依据，也有随之而来的以义理为支撑的外在表现即世俗的行为，且两者又互为因果。当行为与客观要求的现实相冲突时，人们会从宗教义理方面寻求解释，反之又以宗教义理强调其世俗行为的合理性。此种宗教的观念与和由此种观念所形成的世俗行为，从其发生和发展过程看，似乎显示出宗教与世俗社会的关系是一个连续的博弈过程；从其客观效果看，越往后越成为世俗社会正常建构的动摇性因素。这也正是“小众教”自形成以来长期成为阻碍政令通达，阻滞和谐社会建设的问题所在。那么，宗教与世俗社会的对抗是否就意味着无解？

事实上，自“小众教”形成漫延之势的20世纪80年代中后期以来，各级政府部门即开展了系列缓和矛盾的举措。诸如政治上积极稳妥解决处理历史遗留问题，在调查核实基础上为“文革”中被迫害者平反，给予被打伤致残者以经济补偿；政策上减免当时仍执行的粮食征购任务；经济扶持上加大扶贫力度，为相关村寨修公路、建水利工程、通电源、入户自来水；生产发展上制定综合项目规划，调整种植结构，派出科技人员入村推广良种指导种植；文化卫生上建盖学校、创建图书室、建立卫生室；促转化问题上组织“小众教”骨干和部分传教群众到外出参观学习，邀请全国两会和省两会基督教牧师与“小众教”有影响力人员座谈；方法上落实干部与群众结对子帮致富，一对一促转变的工作责任制。此外，地方政府部门也十分注重春雨润物式的工作方法，经常到村看望慰问贫困户，帮助他们解决生产、生活中的实际困难。2006年小石桥村6户群众率先建盖新房，地方职能部门送去慰问金加以鼓励。每届春节来临，地方各级政府几乎都要对小石桥贫困户进行慰问。村民王圣富之子是全村唯一的初中生，因贫困且家庭遭遇不幸而生辍学之念，其家庭获地方政府数次补助。

小石桥村是“小众教”宗教义理认识和与之相关的世俗行为的发源地，其地的宗教意识和行为都具有“风向标”作用。曾外出参观学习过的村民王友吉是“小众教”主要人物之一，面对环境层面的改变多次宣讲信徒应秉持的立场：“过去讲因信称义，现在还要讲因爱称义。政府这样关心我们，我们还是要听党的话！”经态度转化后的王的宣讲和提倡，小石桥过去的过激言论和行为渐趋消失。

2003年9月底笔者曾往小石桥实地调查，但见入户的自来水管无人使用，新建的小学仅有4名学生入学，对世俗社会的对立情绪仍然存在，生活中与外界鲜少交往，对进入村子的外人也投警觉目光。笔者2006、2013年再次两度实地调查，所见一次比一次乐观。全村33户人家已有20户建盖新房，在校学生也增至20多名。具有代表性的变化是前面提及的杨光荣之子杨胜林入党并成为村里的致富模范户，王友吉两个儿子也成为党员，其中大儿子当了小石桥村长。条件和环境的变化使小石桥信教群众的宗教意识和宗教行为产生变化。就其前者，以圣经“律法”观照世俗社会以寻求自身行为依据

的现象基本消失；就其后者，信众的宗教行为与世俗社会的客观要求亦不相抵牾。此外还值得提及的是，除个别信众仍游离于“因信称义”边缘地带外，其他信徒都已转向接受三自爱国会领导，进入正规堂点满足宗教生活。此种从观念性质的宗教信仰到现实的宗教行为均复归于中国基督教传统规范的现象，我们称之为“小石桥现象”。

小石桥现象的出现后渐次产生了无形的辐射效应，这对社会主义条件下宗教有序存在的客观要求具有正面意义。特别是随着党的系列惠农政策落实，“小众教”传播区的群众切切实实享受到改革发展的物质成果，生活水平明显改善。物质层面的改变随之带来认识层面的变化，而后者又促成几近固化的对立情绪的消解。目前面上的情况表现为主要成员分化、普通信众大幅消减、秉持的“义理”基本消声、与世俗社会的抗衡行为基本消失。

三、多维视角透视：“小石桥现象”发生探析

以成功转化为标志的小石桥现象产生后，“小众教”与世俗社会的抗衡势头明显弱化。因此，我们有必要从其发生的各个节点入手对此现象进行探讨，以掌握其发生规律。

首先，让我们从阿卯支系宗教信仰的发生条件入手考察。辩证唯物主义认为，一切精神现象的原因都应该从产生精神的物质基础里去寻找。“物质生活的生产方式制约着整个社会生活、政治生活和精神生活的过程”，①观念形态的东西是从“直接的物质的生活资料的生产”这个基础上发生的，也必须由这个基础来解释。②

作为社会群体的阿卯支系之所以皈依基督教，也应该从这个基础来寻找答案。从时间纵向考察，苗族是一个迁徙的民族，其中有史可稽迁徙最频繁的尤数阿卯支系。迁徙的原因在此不述，仅就其结果而论，新中国成立前该支系大多散居山巅深沟壑居无定所，社会地位十分低下、生产力非常落后，乃至“绝望已成了这一种族的特性，他们把贫穷与悲痛、疾病与死亡视为自己所无法避免的世袭命运。”③从这一基本事实出发，物质的贫困所导致的思想绝望，才是阿卯支系之所以选择基督教信仰的决定因素。当然，这一决定因素并不能给出信仰选择的特定性，亦即在多种宗教信仰选项面前，为何阿卯支系在选择了基督教而非它种宗教？这就涉及选择的实现应具备的其他社会条件。一如马克斯·韦伯所指出的那样，就其作为一个阶层而言，农民只有在受到奴役或剥夺的威胁时才会成为宗教的积极接受者，“遭受着剥夺或失范之苦的人们特别容易对宗教发生共鸣”，而基督教“不但把世界描绘成一个艰辛痛苦的所在，而且还为人们提供了某些从中解脱出来的途径。”④也正因为如此，“彼穷无所归之苗族，较之汉人，尤易接受福音。”⑤终于，当郭秀峰在武定洒普山建立传教据点后，彼岸的“福音”即随着苗族的迁徙落户小石桥。如果这一基本历史线索不谬，那么不仅小石桥阿卯支系接受“福音”传播有

①《马克思恩格斯选集》第2卷，北京：人民出版社，1995年，第32页。

②《马克思恩格斯选集》第3卷，北京：人民出版社，1995，第776页。

③ 柏格理：《柏格理在中国》。转引自张坦《窄门前的石门坎》，昆明：云南教育出版社，1992年，第137页。

④［美］托马斯·F·奥戴、珍妮特·奥戴·阿维德：《宗教社会学》，北京：中国社会科学出版社，1990年，第112页。

⑤《中华归主》，上海商务印书馆，1922年，第148页。

其社会基础的原因，就连小石桥现象的出现也与“直接的物质的生活资料的生产”状况相关联。这一点，从小石桥现象的成型是一个渐进性过程也可以得出佐证。

第二，从基督教神学思想的禁锢与突破禁锢方面探究。苗族地区的基督教传播，在云南甚至中国农村基督教传播史中都占有显著地位。阿卯支系接受基督教不仅时间早、程度深、范围广、地域跨度大，而且几乎一个族群整体接受更是少见。传播于苗族地区的基督教为循道宗。该宗继承“因信称义”教义，重视个人内心的宗教体验，强调人之得救仅凭信仰，并获得上帝的恩典才能完成；主张基督普遍之爱，强调人的自由意志，个人可凭对上帝纯洁的爱而战胜罪的诱惑，蒙恩典而实现成圣。在社会观点上重视下层社会，主张社会改良，等等。随着基督教的传入苗区，循道宗的这些宗教理念和主张贯穿于宣道过程中，经过讲经台的反复渲染和教堂特定氛围的烘托，最终达成心理层面的固化，成为每位信徒恪守的行为标准。在具体的传道过程中，该宗具有较多的基要派色彩，因为这一色彩的点染，直接导致“小石桥事件”发生时认识方面的交锋与撞击；另一方面，由于该宗重视信仰对人的外在行为的指导及由此而产生的社会影响，又为小石桥现象能挣脱神学禁锢而打开一扇天窗——王友吉所秉持且被其他信众所接受的观点即说明了这一点。

第三，从信徒感恩思想产生移位上分析。自“小众教”出现并渐成气候之时，地方各级政府部门即充分意识到其潜在和现实的危害性，把遏制其发展势头并使之逐渐萎缩作为维护安定团结、维护社会稳定、建设和谐社会的重要任务。鉴于“文革”期间违背客观规律采取极端手段消灭宗教，以致形成“小众教”的历史教训，政府部门除如前述采取了系列缓和矛盾的措施外，也对“小众教”的存在保持了实事求是的宽容态度，具体做法就是遵循“是什么问题就按什么问题处理”的原则。经济上的扶持、生存质量包括物质生活的改善提高、政治上的宽容、润物无声式的感化，这些有别于神灵世界的世俗性质事物，都给“属灵”者心理上造成冲击，使信徒“感恩”的对象从上帝的位置上产生位移。“我们还是要听党的话”就是这种位移的表现。位移的结果是小石桥现象产生的又一原因。

第四，对重要人物的作用透视。除现代派外，循道宗与其他宗派在神学观点上无根本区别，“因信称义”是其神学基础。有鉴于此，丁光训曾对占主导地位的“保守落后”的神学思想进行过质疑，主张建设“积极、开放、包容、能动”的神学思想，提出淡化因信称义的教义和“信者与不信者”的对立，倡导将“因信称义”的神学“淡化”为“因爱称义”。王友吉随团参观出访中曾在南京面聆丁光训教诲，对丁提出的神学思想有所了解和接受，通过自身的消化后又将之贯穿于宣道过程中，在信徒中形成一定影响，为催生小石桥现象提供了神学依据。宗教组织中内有影响力人物的出现后，“从团结社团成员的宗教崇拜的一致性后面，可以清楚地观察到外化为崇拜的教义的一致性。”①

第五，从基层组织发挥的作用方面认识。小石桥村所在的自期村委会是最基层的群众自治组织，党支部重视党员的发展和入党积极分子的培养工作，按照把农村党员培养成致富能手、把农村致富能手培养成党员、把农村致富能手中的优秀党员培养成村组干

① [苏]德·莫·乌格里诺维奇：《宗教心理学》，北京：社会科学文献出版社，1989 年，第 178 页。

部的“三培养”目标，着力加强党组织建设，增强党支部的凝聚力。在“小众教”治理转化工作中，基层党组织发挥了不可替代的作用。杨光荣的儿子杨胜林和王友吉的儿子王胜忠、王胜福均加入共产党，其中王胜忠被选为村长，杨胜林被评为村致富模范户，过去的基督教徒不仅成了无神论者，而且被群众拥为村里的带头雁。3人的出现，为小石桥现象效应的扩散提供了的动力。

四、余绪：小石桥现象后面的隐忧

我们之所以把小石桥现象与“小众教”联系起来探讨，是因为两者有着内在的逻辑联系。一是小石桥现象本身最初就是从属于“小众教”的一种表现，当其无论观念还是行为经矛盾运动从“小众教”中脱离出来后，又复归传统本体。二是一旦复归传统本体，其观念和行为又反过来对原从属的本体产生影响。因此，小石桥现象与“小众教”有着不可分割的联系。现在的问题是，小石桥现象出现后是否就意味着“小众教”的必然消亡呢？除非我们继续坚持认识矛盾运动的基本规律并尊重这一规律，否则回答是否定的。事实上，小石桥现象后面仍呈现很多隐忧。具体表现在以下两个方面。

一是与小石桥现象并存的“天国派”的影响。武定县境内的“小众教”出现后，其信众呈散在分布状态，内部人员宗教观念不同，采取的神学态度有别，与世俗社会对抗的方式和烈度有异。其中表现突出的是自称的“天国派”或“得国派”，他们在神学观点上坚持圣经的权威性和律法性；言论上宣称世俗世界的国已灭，要建上帝的“国”，要另立“天国中央”；行动上抵制党的方针政策，不时变换手法或聚众或串联或轮番上访；政治上向政府递交所谓“人权白皮书”，要求政府返还“权柄”承认“天国”，等等。“天国派”信徒虽然不多，但具有出现时间长、言论极端、行为乖谬、骨干不易转化等特点，对和谐社会的建设造成很大的负面影响。

二是家庭聚会的存在对小石桥现象的扩散效应形成阻滞。在此值得述及的一件事是苗族牧师王志明被错杀冤案。王于20世纪60年代曾任楚雄州政协常委，是一名宗教界爱国人士，“文革”期间因从事传教和不赞成信徒搞“三忠于”活动，被罗织罪名于1973年被处以死刑。王志明牧师之死给县内和邻县基督徒造成很大震动，同时也株连许多教牧人员和信教群众。在此后揭发王志明所谓罪行的“划线站队”过程中，信教群众因观点不同分化成两部分，其直接结果是部分信徒与三自爱国会对立，造成基督教内部分裂。分裂出来的这部分信徒虽失去“小众教”的行为特点被称为“中间派”，但以不参加三自爱国会、自建聚会点进行家庭聚会为表现。家庭聚会的存在对小石桥现象效应的扩大形成一定阻滞，明显的例证就是小石桥村10户人家聚会点，至今仍带着较强的“王志明情结”，与本村的“三自教会”并立存在。

五、结语

上面从不同角度对小石桥现象的呈现、发生的机理进行了探讨，从中可以得出一个基本结论：“直接的物质的生活资料的生产”状况改变是小石桥现象产生的基础，是事物变化的依据和事物发展的源泉、动力。诸如“要求抛弃关于自己处境的幻想，也就是要求抛弃那需要幻想的处境”①、诸如“不要妄想去研究上帝，人类研究的恰当对象就是人”②，无一不把问题的实质归结于物质世界。如果我们的分析结果触及了问题的实质，那么就为今后的工作提供了基本思路和着力点，也就是把发展生产力、不断提高人民的物质生活水平作为最大目标实现。诚然，这是一个长远任务。

其次，就“小众教”的存在而言。“小众教”问题已积40多年，现虽仅存余脉，但其影响力不容忽视。如果仅凭某种“现象”的自在影响或某种“经验”对之治理，恐难毕其功。从这个意义上讲，必须在综合治理的基础上依靠法律手段加以规范，这与基督教所遵循的“上帝的归上帝，恺撒的归恺撒”义理不悖。

（张雍德，男，1956年生，云南省社会科学院宗教研究所研究员。昆明：600051）

① 《马克思恩格斯选集》第1卷，北京：人民出版社，1972年，第2页。

② ［美］托马斯·F·奥戴、珍妮特·奥戴·阿维德：《宗教社会学》，北京：中国社会科学出版社，1990年，第214页。

从哈黎到美孚黎的转化和融合

——基于海南省东方市西方村田野调查

孟凡云

内容提要：民族内部不同族群间的转化融合自古至今一直都持续着。哈黎向美孚黎的转化融合也是如此。对西方村哈黎向美孚黎转化融合的过程进行观察，可以发现，在内外多重力量共同作用下，这种转化融合十分迅速，成效显著，转化融合后双方关系融洽，原“哈黎”心悦诚服。这是民族融合的重要成果，可供今日借鉴。

海南岛自宋代出现“黎”这个称呼以后，历代典籍都将岛上的土著居民分为“生黎”和“熟黎”，并且不断有“生黎”转化为“熟黎”。①经过 20 世纪 50 年代民族地区田野调查和民族识别后，根据族称、方言等特征，学者将黎族内部分为五个支系，哈黎、杞黎、本地黎（润黎）、美孚黎和加茂黎。同历史上“生黎”转化为“熟黎”一样，现实中黎族内部不同支系的融合转化仍在进行，更重要的是，因为黎族内部分支的明确，这种融合转化显得更为清晰。海南省东方市西方村全村都是黎族的美孚黎，都姓符。全村三千多人口，分为六大宗族。西方村人用普通话称宗族为“派”，黎语称为“裉”。西方村的美孚黎是由哈黎转化而来，其中的大部分是以整体宗族形式转化，小部分是以个体形式实现转化。而宗族形式整体转化又分为三种形式。本文就以海南省东方市西方村为例，将这种融合转化直观地呈现给读者，并分析其转化的内外因素。

一

西方村六大宗族的概况以及他们来到西方村的先后顺序。

第一个宗族，其自称汉语音译为“俄朋”裉。他们“原住地在东方、乐东两县交界的曚瞳山（nong-plom，海拔 1225 米）附近，后来迁至白沙县第一区的南溪峒，生下三个儿子，大哥迁至现今第一区旧村乡旧村，经过 3 代的时间才续迁至西方村，至今已有 10 代。二哥迁至霸王峒，三弟仍留在南溪。据说他们祖先在曚瞳山南溪峒，初到旧村的时候都是‘哈’黎，后来在旧村住久，才变为‘美孚’，现在成为‘美孚’已有 11 代了。”② 也就是说，“俄朋”裉是在旧村由哈黎变成美孚黎的，这说明，当时的旧村已经是美孚黎居住地区。另据我们 2011-2012 年的调查，这个宗派现在是西方村人口、户数最多的宗派。“俄朋”是黎语音译后的汉字，原意是“黑墨树”。这个宗派的名字应该是

---

① 王献军《黎族历史上的“生黎”和“熟黎”》，《海南大学学报》2010 年第 1 期，第 1-6 页。

② 中南民族学院本书编辑组：《海南岛黎族社会调查》，广西民族出版社 1992 年，下册第 401 页。

"俄朋"衵由旧村迁往西方村时居住在一棵"黑墨树"下而命名的。也有族人说，当初迁徙过来时，黑墨树的果实帮助"俄朋"的祖先度过了最困难的日子。这一派的户数最多，大约有 150 户，750 人左右。①

第二个宗族"俄痕"派，其自称汉语音译为"俄汉"。这一派的"祖先原来是住在乐东县第二区头塘乡的邢姓'哈'黎（他们称头塘的地方为 hug[峒]t 'um[53][中]，与我们在头塘调查所得完全相同），最初迁到东方县第一区的旧村乡，在旧村时生下两个儿子，哥哥迁到东方村后续迁西方村，弟弟则返回原籍头塘乡。从旧村开始便改变为'美孚'，邢姓改为符姓，至今已有 11 代。据说他们现在与头塘乡的邢姓'哈'黎还有经常的联系，亲戚之间互相往来，与从前没有什么分别。"②十分难得的是，"俄汉"衵祖先的迁徙材料，竟然与头塘乡的资料两者是吻合的。"邢姓在头塘村定居之后，子孙日渐繁衍，于是一部分人外迁到别处去了。"③只不过，迁徙出来的时间上有差距。同"俄朋"一样，"俄汉"也是在旧村变成美孚黎的。据我们 2011-2012 年的调查，黎语"俄痕"原意是"红籽树"，这一宗族中有人称"不知道这一名称命名的由来"，也有人闪烁其词。但村寨其他宗派有人称，这个命名还有一个故事，即"俄痕"派的人为生活所迫，去别的村子偷牛，被失主追赶，逃到了一棵红籽树上躲藏，后被打死在树下。比较有意思的是，20 世纪 70 年代时，"俄痕"派长房长支的几个兄弟主动选择了村子西北较为偏僻的地方作为房址建房，那里恰好生长着一棵"包拗"树，即榕树的一种。这个宗派的胞族是因为居住在榕树下而被命名为"包拗"的。这一派约有 130 户，650 人左右。

第三个宗族，其自称的汉语音译为"崩亚"衵。"祖先是姓文的'哈'黎，原居乐东县抱由峒的抱隆村（据说与抱由乡的番斗村相近）。最初迁到东方的旧村，在旧村时有 3 兄弟。大哥从旧村迁到西方村，二弟三弟则返回乐东县抱隆村原籍。从旧村开始改为符姓的'美孚'黎，至今已有 10 代。"④这一宗派也是在旧村由哈黎变成美孚黎的。黎语"崩亚"的含义是"茅草房"，就是在其他宗派都已经采用瓦房做祠堂的时候，这一派祠堂使用的还是茅草房，宗派因此而命名。同样，这一宗派到来之时的宗派名称是什么，何时改称"崩亚"的，已经不清楚了。"崩亚"衵还称"公盖"，是特别分散的意思。这一名称得来是因为这一宗族居住特别分散。这说明，"崩亚"衵来到西方村的时候，已经没有较好的连成一片的居住区域提供给"崩亚"了。尤其是新中国成立后，海南地区实行社会主义改造，建立生产队的时候，"崩亚"衵更被完全打乱，分散编入全村的 8 个生产队中。这一派约有 110 户，550 人左右。

第四个宗族，其自称的汉语音译为"滷得"衵。"祖籍东方县嚎瞳山附近，原是姓吉的'哈'黎，先到旧村，再到西方，变为符姓'美孚'黎已有 9 代。我们访问符志攀老人时，看到一张白纸墨写的符姓宗支图，上写：'始祖世贤公、世得公、世朝公'及世贤公后代宗支，符志攀就是世朝公的六世孙，他的孙辈的名字也登记在宗支图上，可

---

① 本文所使用材料，凡未加注释者，均来自于田野调查材料。

②《海南岛黎族社会调查》，下册第 402 页。

③《海南岛黎族社会调查》，下册第 3 页。

④《海南岛黎族社会调查》，下册第 402 页。

见这张宗支图还有现实的作用。”[①]这一派也是先到旧村，在旧村变为美孚黎后，才迁到西方村的。而且，他们到达西方村有六代，变成美孚黎则已经九代了。我们调查得知，黎语“滴得”含义是“脏水”的意思，所谓的“脏水”是黎族在遇到有人去世后，要拿了死者的衣物被褥等到村外进行浆洗的水坑。这说明，“滴得”裓到达西方村的时候，好一点的居住地域被其他宗派占据，他们被迫选择村外比较差的地方居住下来。这一派约有 100 户,500 人左右。

第五个宗派，“崩涅”裓。“据说祖先原是住在乐东县‘西堡’（sai-pou）地方的刘姓哈黎，男子是穿包卵布的，后来夫妇两人带着 4 个儿子迁至现今昌感县八所附近的山居龙（汉村）居住，住下之后因常常生病，水土不合，3 个儿子分别迁至外地，1 个仍留居在山居龙。大哥迁至现今的西方村，二哥留在山居龙，三弟迁至东方县第一区玉道乡，四弟返回原籍‘西堡村’。来到西方村后才改变为‘美孚’黎，姓刘亦改为姓符，至今已有 11 代。据说现在山居龙的子孙已变为汉人，‘西堡’的子孙仍是‘哈’黎。”[②]这个宗派是直接到达西方村，然后变成美孚黎的，这说明，“崩涅”裓到达西方村之前，西方村已经居住了美孚黎。我们调查得知，黎语“崩涅”原意是“瓦房”的意思，并不是说这一宗派来到这里就居住瓦房，而是当人们居住在茅草屋的时候，这一派最早将宗派祠堂建成瓦房。至于其宗派初始名称是什么，以及何时改称“崩涅”的，都不得而知了。这一派有 120 户,600 人左右。

第六派“讷夫”裓。“与以上 5 个祖公比较，符其生的祖公来到西方村的历史最短，只有 9 代。祖先原是乐东第二区保定乡的‘哈’黎，兄弟 3 人初到东方第四区的峨乐乡开荒，后来大哥迁至东方乡东方村，续迁西方村，二弟三弟则返回乐东县原籍。迁到东方村的后来变为‘美孚’黎，留居原籍的就是现有的‘罗活’黎。据符其生乡长谈，他们祖先在远古时候定居于现今昌感县的北黎附近（北黎这个地方也是因有黎族居住而得名），后来汉人逐渐把地方侵占，才被迫沿江上溯至现今乐东盆地一带，从定居乐东开始，才逐渐分成‘罗活’、‘哈炎’、‘吊前’等等。”[③]这一派是迁到东方村变成美孚黎后续迁到西方村的。至于宗派名称“讷夫”的含义，他们自己也不清楚，只说是在乐东的时候就已经定下了的。这一派人数最少，约有 70 户，300 人左右。调查中，我们还得知，“讷夫”初到西方村，是附属于“俄朋”宗派的，后来因为村内的五大宗派通婚障碍，两派决议分开，“俄朋”裓的“振”字辈、“讷夫”派的“学”字辈以后，两派族人之间就可以通婚了。但截至 2012 年，两派之间尚未出现通婚实例。

六个宗派均是由哈黎变成美孚黎的，且都由外地迁来西方村，而西方村原来并无居民。那么谁是第一个到达西方村的？

我们的实地调查解决了这一问题，他们共同承认是“俄朋”裓第一到达西方村的。“俄朋”裓有几位老人都十分确定地说，“我们派是第一个到达西方村的”。其他宗族的人也承认这一点。“崩涅”裓 64 岁的符 JC 老人（高中毕业，曾经当过民办教师）说，

---

① 《海南岛黎族社会调查》，下册第 403 页。
② 《海南岛黎族社会调查》，下册第 402 页。
③ 《海南岛黎族社会调查》，下册第 403 页。

“俄朋”最先到达西方村的，并且最早改姓符的，他们在来西方村之前就已经姓符了。“俄痕”袛76岁的符SQ老人（初等师范学校毕业，当过东方市多所中小学校长）也说，“俄朋”是最早到达西方村的，是个大户，过来的时候就是姓符的。不仅如此，我们在调查中还了解到的西方村村寨围栅及村寨大门的历史也证实，“俄朋”袛是最早到达西方村的。为了防御其他部落的侵袭，西方村建村以后，在村寨四周一直都有围栅，用木头栅栏将村落围起，在栅栏内外两侧种植各种高高低低的带刺的灌木，这些灌木常年生长，绿荫浓郁，形成了厚达1-2米、密不透风的“围墙”。在这样的“围墙”中，为了方便本村人的出入，开设有五个大门，一个小门。大门以青梅阁木制作，本村人懂得大门的具体开关方法。其中正北的大门是整个村落的正门，称“崩斋隆”，“崩斋”是“门”的意思，而“隆”是老大的意思，合起来就是“老大的门”或“最大的门”。这个正门就建在“俄朋”袛住地附近，由“俄朋”袛来进行管理。而且这个大门所在是西方村地势最高，风水最好的地方。这些追忆都是由“俄痕”袛、“崩亚”袛的老人（非“俄朋”袛人）提供给我们的。作为“他者”，他们的叙述更令人信服。

稍后的其他几个宗族到达的顺序怎样？

按照西方村传统居住地域，应该“俄痕”袛第二到达，“崩涅”袛第三，“崩亚”袛第四，“滴得”袛第五，“讷夫”袛最后到达。“俄痕”袛76岁的符SQ老人就是如此介绍的。另外，上述西方村村寨围栅及村寨大门的历史也可以证实。西方村正北的大门“崩斋隆”的两侧分别居住着“俄朋”袛和“俄痕”袛，这两个宗派居住的地方是西方村地势较高也最好的地方。村落正南的大门称“崩斋崩涅”，就是“崩涅门”的意思，这个地区较之“俄朋”袛和“俄痕”袛居住地区虽然地势略低（村民们不愿在地势低的地方居住，最近几年，随着新农村建设的开展，政府在地势低的地区搞移民新区，村民都很不愿意搬迁，说是搬迁到地势低的地方后“憋闷”），但面对着大片平地水田，也是发展的较好区域。在“崩斋崩涅”的西边是另一个大门“崩斋公盖”，“公盖”是“崩亚”袛的另一名称。他们居住在整个村落西南的地方，这个方向水田不多，发展略受限制。再向西的西南角是“崩斋滴得”，即“滴得门”。上文已经解释过，黎语“滴得”含义是“脏水”的意思，是黎族在有人去世后，拿了死者衣物被褥等用品到村外进行盥洗的水坑。这样的地方肯定不是好地方（笔者曾亲见今日西方村用来浆洗死者衣物的地方是一片芦苇地，有一些积水），黎族素有鬼神崇拜习俗，对死者存在诸多忌讳。所以，“滴得”袛居住地区较差。正西方向的大门叫“崩斋壅塞”，即短裙黎的大门。[①]当地人听到这个名字，就明白其含义。用他们的话解释说，“把短裙黎安排在最西边，面对大山，就是不想让他们发展起来”。

西方村的六大宗族都是从外地迁来的，均由哈黎转化为美孚黎的。他们迁来西方村的顺序也十分清楚，“俄朋”袛最先到达，且在迁来西方村之前，在旧村就已经转化为美孚黎了。

① 当地汉族人习惯称美孚黎为“长裙黎”，把哈黎、杞黎称为“短裙黎”。

二

西方村以宗族形式整体转化融合为美孚黎的第一种方式——在其他村庄转化为美孚黎后，然后迁来西方村。“俄朋”、“俄痕”、“崩亚”和“滴得”四个宗派的情况大致相同，都是这样的类型。

四个宗族都是迁到旧村或东方村变成美孚黎的，变成美孚黎的人口代数大致相同，时间相差不大。“俄朋”裉、“俄痕”裉和“崩亚”裉大致相同，都是十一或十代。“俄朋”裉的大哥迁至现今第一区旧村乡旧村，经过3代的时间才续迁至西方村，至今已有10代。因为在旧村住久，才变为“美孚”，现在成为“美孚”已有11代了。[①]“俄痕”派的祖先最初迁到东方县第一区的旧村乡，在旧村时生下两个儿子，哥哥迁到东方村后续迁西方村，从旧村开始便改变为“美孚”，邢姓改为符姓，至今已有11代。[②]“崩亚”裉的祖先是姓文的，最初迁到东方的旧村，在旧村时有3兄弟。大哥从旧村迁到西方村，从旧村开始改为符姓的“美孚”黎，至今已有10代。[③]“滴得”裉的转化稍晚一些。“滴得”裉原是姓吉的“哈”黎，先到旧村，再到西方，变为符姓“美孚”黎已有9代。[④]

“俄朋”裉在到达西方村之前，只在旧村经过了2代就变成美孚黎；而“俄痕”裉、“崩亚”裉和“滴得”裉也是在旧村或东方村，经历了1代或者是2代变成美孚黎的。

他们是通过什么方式变成美孚黎的？何以变化速度如此之快？符兴恩的《黎族·美孚方言》一书揭开了这个谜底。

“（旧村）人们便把村子搬到了‘珀我骂（地名，下同）’，在继续耕种‘靠闹’坡、‘百革谓’田的同时，又在‘我耙冯’（西方岭）下开垦‘百我巩’田，在‘我单’（中方岭）下开垦‘百么懂’田以及零星田园。开垦的田园逐渐增多，峒场也越来越宽阔……据说当时的‘珀我骂’村，已经住有许多氏族，比较大的就有上坊（房）符瑶愧、二坊（房）符智学、三坊（房）符庭朝、四坊（房）符现文等氏族组织，形成了具有一定规模的氏族部落组织。”[⑤]这是旧村人口向外扩张到达西方岭、中方岭的活动记录，说明这时所有人员都改姓符了。

随后人口越来越多，耕地面积的扩大以及他们对东方盆地地形、河网有了更多的认识，出于生计和生产发展的需要以及调节诸多矛盾，如村子离田地太远、村子大难于协调人与人之间、氏族与氏族之间的矛盾等，有人便提出分开居住有利于发展生产、安定生活的意见。最大氏族的首领符瑶愧到了中方村，符智学到了西方村，符庭朝到了东方村，最后一个符现文提出搬回北边旧址附近定居，他的村子被众人称之为“盎芒”，用汉语意译为旧村。[⑥]“远近闻名的东方盆地‘四大村’就这样形成了……他们分村时考虑的首先是生产、生活以及营造人多势众的环境和有事能够及时地互相帮助和相互照应

① 《海南岛黎族社会调查》，下册第401页。

② 《海南岛黎族社会调查》，下册第402页。

③ 《海南岛黎族社会调查》，下册第402页。

④ 《海南岛黎族社会调查》，下册第402页。

⑤ 符兴恩《黎族·美孚方言》，香港银河出版社，2007年，第25页。

⑥ 符兴恩《黎族·美孚方言》，第25-27页。

等生存的大问题。”[①]在分村之际，符瑶愧就提出，“分村以后，有什么困难，希望大家还要像以前一样互相关照和帮助，不要见外。”[②]此后，四大村继续联合作战，不断对周围地区部落进行侵吞田地，扩展疆域。在此过程中，他们的凝聚力进一步加强。

分村之后，四大村之间还有一些共同的宗教活动。“‘谬’[③]是……护佑美孚方言黎族世代平安的鬼神……‘谬’有‘耙谬’和‘百谬’，村子分立后，按照美孚方言黎族的习俗，‘百谬’由辈分最小的旧村常年供奉，‘耙谬’则由东方村、中方村、西方村轮流供奉。每年农历正月十五把‘耙谬’和‘百谬’汇集一起，举行供奉祭祀仪式，祈求‘百谬’和‘耙谬’共同保佑村寨的平安。为了保证有足够的物资供奉祭祀‘谬’，分村时，特意把……位于西方村的一块约 12 亩的‘百崩筒’田留下来，四个村子轮流耕种，落实到户。”[④]

作为西方村的第一任开拓者，尽管符智学的名字在“俄朋”祼的家谱中无法对应吻合，[⑤]但四大村分立的故事在四大村及其附近区域广为传颂，[⑥]当是无可争辩的事实。从这些事实中，我们可以看到，“俄朋”祼、“俄痕”祼、“崩亚”祼和“滴得”祼在旧村或东方村的生活以及到达西方村后，与其他的三个村有着几代人的密切联系过程，他们共同的姓氏、共同的奋斗抗争经历、共同的宗教信仰和宗教活动等等，将他们紧密地连接在一起。在上述故事中没有提到“俄朋”祼在旧村的宗族组织结构和宗族活动情况，但，美孚黎最主要的文化特色就是建祠堂，修族谱，排班辈，[⑦]既然他们被改姓符，又变成了美孚黎，这样的组织和活动恐怕也是不可避免的。正是经过了这样长期的、共同的生活和奋斗，哈黎人口以宗族组织的形式完成了向美孚黎转化融合。

西方村以宗族形式整体转化的第二种模式——宗族整体编入前已到此的旧宗族，一切衣食住行婚丧嫁娶节日礼俗完全和旧宗族同步进行，在具体日常生活和节日活动中先与旧宗族逐渐转化融合为一体，随后还有共同居住、共同劳动、通婚等其他方式与其他宗族密切交往，最终实现转化融合。“讷夫”祼就是这样的类型。

第六派“讷夫”祼最晚到达西方村，这是西方村都认可的事实。尽管这一派自叙是迁到东方村变成美孚黎后才续迁到西方村的，“与以上 5 个祖公比较，符其生的祖公来到西方村的历史最短，只有 9 代。”[⑧]但“讷夫”祼的始祖带着四个儿子一个女儿（“讷夫”祼人口又分属于四个公）来到西方村后，并没有获得独立的地位，大概因为“讷夫”祼来到之时，其他宗族势力已经很大了吧。

第一步照常是改姓符。然后是比其他宗族更严苛的待遇——编入其他宗族。“讷夫”

---

① 符兴恩《黎族·美孚方言》，第 27 页。

② 符兴恩《黎族·美孚方言》，第 26 页。

③ 我们调查了解到，“谬”就是土地神。

④ 符兴恩《黎族·美孚方言》，第 30 页。

⑤《海南岛黎族社会调查》下册第 401 页：“俄朋“祼的家谱中，到达西方村的第一代人，字辈为“平”，第二代字辈为“有”，并无符智学的“智”字。倒是“崩涅”祼的家谱第一辈的字为“志”字。可惜，“崩涅”祼是来到西方村后才变成美孚黎的。

⑥ 关于四大村分立的故事，笔者在调查中，西方村和旧村都有类似的说法。

⑦ 《海南岛黎族社会调查》，上册，第 18 页。

⑧ 《海南岛黎族社会调查》，下册第 403 页。

祖首先被编入了“俄痕”祖，不久，“俄痕”祖首领的儿子看上了“讷夫”祖那个漂亮的女孩，根据同宗族成员不能通婚的习惯，作为“同”一个宗族成员的“俄痕”祖男孩，是不能娶“讷夫”祖女孩的。“俄痕”祖首领遂同“俄朋”祖首领商议，将“讷夫”宗族成员转手编入“俄朋”，然后再迎娶“讷夫”祖女孩。这样，“讷夫”祖接着成了“俄朋”祖成员，“讷夫”祖与“俄朋”祖两个宗族的首领共同约为兄弟，是有“血缘”的亲属关系，相互之间是不能通婚的。“讷夫”的转宗也说明了西方村内部宗族势力之争不是很激烈，现实社会也的确如此。

两个宗族合并后，双方取名的字辈完全相同，有共同的祠堂，共同的丧葬礼仪活动，大到诸多重要节日活动，如春节、三月三、重阳等节日祭祖拜公、祭祀土地庙、打猎、村里的奥雅（宗族首领）、甲首（类似于宗族事物中的执行官）等首领的选举等等都是一同承担的，权利也是相似的，义务更是等同的。小到小家庭的祭祖、拜公活动，如婴儿穿衣、孩子起名、醉酒闹事的祈禳、婚姻达成等活动都是宗族成员共同参加，在人力物力上共同鼎力相助。在以上有意识的强制转化或者是无意识的环境压力转化过程中，“讷夫”祖成员迅速地完成了由哈黎到美孚黎的转换。何况，来到西方村之前，“讷夫”已经在东方村美孚黎化了。更何况，“讷夫”居住在美孚黎村庄中，与其他美孚黎宗族要共同居住，共同生活，共同生产，互通婚姻，这使得“讷夫”与其他美孚黎宗族建立了密切联系，也进一步使得“讷夫”融合于美孚黎文化中。

西方村以宗族形式整体转化为美孚黎的第三种模式——以独立自主的宗族地位，进入西方村后通过共居、通婚等方式逐渐转化。

第四派“崩涅”祖是在迁到西方村后变成美孚黎的。“大哥迁至现今的西方村……来到西方村以后才改变为‘美孚’黎，姓刘亦改为姓符，至今已有 11 代。”[①]这说明，“崩涅”祖是来到西方村后才变成美孚黎的。

前述，“崩涅”祖是来到西方村的第三个宗族组织。当初，已经来到西方村的“俄朋”祖、“俄痕”祖之所以愿意“崩涅”祖留下来，应该主要考虑增加西方村人口，壮大村寨力量。因为“俄朋”和“俄痕”到达西方村时间都不长，随后“崩涅”祖始祖也来到此地了。三个宗族之间只有一代人的时间差，大约 20 年左右。当时西方村的人口肯定不多，环境生存压力很小。除此之外，还有一个重要原因，就是为了通婚的需要（直至现代，通婚也是他们每个宗派都十分重视的问题。比如，第六个宗族“讷夫”祖原隶属于“俄朋”祖，后来为了通婚的需要，而分出来）。“俄朋”祖始祖到达西方村后，第二代是 3 个兄弟，现在“俄朋”称之为大公、二公、三公；“俄痕”祖的第二代有 5 个兄弟，他们的称呼也是大公……五公。村落里只有这两个宗族，相互间的通婚，范围过于狭窄了。在这种情况下，“崩涅”祖得以在西方村以独立自主地位的宗族留居下来，和“俄朋”祖、“俄痕”祖两个美孚黎宗族生产、生活在一起，从此开始了“崩涅”祖的美孚黎化过程。与上述的“讷夫”祖美孚黎化经历相同的是，“崩涅”祖与其他两个宗族，大到诸多重要节日活动都是几个宗族一同承担的，权利也是相似的，义务更是等同的。小到小家庭的小规模宗族活动都是宗族成员共同参加，在人力物力上共同鼎力相

---

① 《海南岛黎族社会调查》，下册第 402 页。

助的。尤其是与其他两个美孚黎宗族经过几代人持续的通婚后，“崩涅”祁的美孚黎化就是一个必然的结果了。

“崩涅”祁由哈黎转化为美孚黎，应该还有一个来自于其宗族自身的动力因素。“崩涅”祁的先祖“夫妇两人带着 4 个儿子迁至现今昌感县八所附近的山居龙（汉村）居住，住下之后因常常生病，水土不合……大哥迁至现今的西方村，二哥留在山居龙，三弟迁至东方县第一区玉道乡……来到西方村以后才改变为‘美孚’黎，姓刘亦改为姓符，至今已有 11 代。据说现在山居龙的子孙已经变为汉人”。[①]这一宗族迁到玉道乡的三弟及其后裔，也变成了美孚黎。[②]在距离西方村不远的地方，有“崩涅”祁先祖的两个兄弟，其一变成了汉人，其一变成了美孚黎，长相来往的兄弟间影响也不可忽视。另外，我们在调查中还了解到，“崩涅”的先祖两次来到西方村，然后才定居下来的。“崩涅”祁的红袍道公符 YG 说，我们家从乐东迁到汉族居住的山居龙后，不习惯，兄弟四人中的大哥迁来西方村，但当时这里还没有人居住，没有办法只好返回山居龙。又过了好些年后，再来的时候，发现这里已经有人居住了，于是就留了下来。据此我们可以断定，“崩涅”祁的先祖在山居龙地区居住生活的时间不少于二十多年，在这个阶段，“崩涅”祁已经受到汉文化的影响，随后到了西方村后，其继续美孚黎化是一个顺理成章的趋势了。因为美孚黎最主要的文化特色就是建祠堂，修族谱，排班辈，[③]这些都是来自于汉族文化的影响。美孚黎的汉道公学道时很多人是从山居龙那里学来的。而且“崩涅”祁最早将祠堂建成瓦房，所以才被称为“崩涅”祁。这也是他们深受汉文化影响的一个重要证明。所以，由哈黎汉化，而逐渐美孚黎化，这是西方村宗族由哈黎转化为美孚黎的另一个重要途径。

三

零散哈黎人口向美孚黎转化融合的途径。1954 年，西方村有符姓哈黎十七户，两户“哈炎”，从东方第一区赤好乡搬来，来了只有七八年时间；十四户“哈罗活”，来到西方村大约七八代；一户“吊前黎”，定居于本村只有一两代的时间。还有一户文姓的，是“哈抱由”，最近五六年才从东方村迁来。[④]这些零散的哈黎，现在也深受美孚黎文化影响。我们在调查中了解到，他们的文化融入是这样的。

因为种种原因，哈黎人口在原居地无法生存下去，开始流亡生活后，都在努力寻找下一个能够保护他们自身安全的落脚点——人口较多、势力较大的村落。西方村人口多，战斗力强，是周围村落羡慕的、远近闻名的大村，这一点很符合哈黎寻找保护伞的标准。当哈黎流亡人口到达西方村，并且愿意留下来后，他们便开始在西方村周围驻扎下来，在西方村村民的接济中开始在当地的生活。初始只是帮助西方村村民种地、开山栏、砍柴、建茅草屋、打猎等，逐渐和当地村民熟悉起来。之后，由熟悉的村民向村内本宗派首领提出收留的要求，然后再由这个宗派首领向其他宗派首领提出商议。若得到同意，

① 《海南岛黎族社会调查》，下册第 402 页。

② 符兴恩《黎族·美孚方言》，第 36 页。

③ 《海南岛黎族社会调查》，上册，第 18 页。

④ 《海南岛黎族社会调查》，下册第 403 页。

在答应了西方村人的要求和条件后，他们就可以留居在西方村，开始了他们融入当地人的历程。“刚来初到的哈方言黎族在没有田地、耕牛和农具的情况下，只好给大村的美孚方言黎族打工看牛，然后在取得同意的基础上居住下来，又从原籍娶来媳妇，繁衍后代，人口逐渐增加，久而久之便形成了美孚方言黎族与哈方言黎族杂居的状况。这种状况最初只在东方、西方、旧村存在。”①

进入西方村的流亡人口，必须改姓符姓。这在西方村是有严格规定，不得违背的。前述，1954 年调查时有一户姓文，我们去调查时，他们也改姓符了。除此之外，我们还了解到，西方村是绝对不接受外来的异姓男性公民做村民的（本村男性可以迎娶外来的女性异姓人口，外地异姓男子娶了本村女子的若想在西方村定居，必须拜认本村另一宗派的老者为干爹，才可以居住在本村，并且不能住在女子娘家的房子里）。所以，改姓符姓是外人定居西方村必须答应的条件。调查中，我们曾谈到西方村人的生育观时，提到没有生儿子的家庭，可以让女儿招婿入赘。这被全体访谈者众口一词地严厉否决。而且我们在调查中也确实碰到了一户，男子是广西籍，娶了西方村的姑娘，最后改姓符，并在村中认了干爹，女儿已经 14 岁了，他们在村中开了一个小卖部，吃住就在小卖部里。就是他的女儿告诉我们这些事实，然后我们又在家长和村中老人那里得到证实的。

接着就是编入西方村的某一宗派，人口较少的流亡者家庭就直接被收编进入熟悉村民的宗派，人口较多的流亡群体则或者分散编入各宗派；或者整体编入某一个宗派，指定其相应的辈分，男性成员完全按照这个辈分起名。我们在西方村调查过程中，这样的例子很多。如大田乡的二甲村村民原来就是进入西方村的流亡哈黎，后被西方村收留，并被安置在二甲地方（这部分人因为在西方村生活的时间很短，他们现在还是哈黎）；还有“讷夫”裉来到西方村也是如此。零散的哈黎被编入“讷夫”裉的最多，也有被编入“滴得”裉的，“滴得”裉的道公符 ZM 说，他们祖辈有符万长的，比较有能力，曾收编过三户哈黎。符 ZM 也说，哈黎在“讷夫”裉里比较多。

在共同生产、生活及通婚中逐渐融入。经过以上安插后，哈黎人口在西方村获得了一个融入其中的最初身份。随后根据这个身份参与本宗派的一切婚丧嫁娶、祭祀礼仪、节日庆典、家族谱系排列等活动，并在活动中，承担相应责任，享受相应权利，进而获得群体对自己的认同。其中比较重要的如通婚、丧葬、祭祠堂、过年时拜公收米②等活动都是确定自己的宗派地位、加强宗派成员间联系的重要活动。活动过程中，遇到困难，会得到同宗派成员和亲戚朋友的帮助；有了喜事，会得到同宗派成员和亲戚朋友的祝贺和分享。西方村人参加同宗或者亲戚的婚丧大事，他们不说随礼多少，而是说“帮了××钱”，或者是“帮××米”。实际上的钱米不一定很多，但这种帮助带来的心理归属感是不可低估的。在西方村，尽管气候影响，已经几年没有下雨，没有种稻子了。但除了公职人员外，很少有村民把家搬到城里打工谋生。笔者问过很多村民：“想没想过搬家去城里，夫妻在城里打工挣钱过日子？”村民一般都回答说，“没想过。城里人生地不

① 符兴恩《黎族·美孚方言》，第 90 页。

② 美孚黎过春节时，从大年初二就开始了一年数次祭拜祖先活动，为了筹集这些祭拜的费用，每个宗族要挨门挨户地收集祭拜时使用的米、酒、肉等。宗族成员也乐于奉献这样的贡品，在祭祀中贡献出去，以获得祖先的保佑。

熟的，遇到事情，谁帮忙啊”！尤其是20世纪70代，全村进行农田改造时，将全村向山脚的高地搬迁，21世纪后又进行了新农村改造，宗族集中居住的格局完全被打散后，生活中的接触更多，相互认同日渐深入。在西方村生活时间较长的哈黎融入更深一些。我们在随意走访中，曾碰到了三位老太太在一起聊天，他们中的一位就是哈黎。他们居住较近，年龄相当，经常在一起边织黎锦，边闲聊家长里短。村里大榕树下有一家哈黎人开的小卖部，店主是一个三十多岁的女性（本人为美孚黎，家庭是哈黎和美孚黎通婚的家庭），那里成了村中适龄女性成员聚会的场所，经常有一堆人聚集在那里闲聊。我们在路过的时候，也经常去坐坐，能听到不少村内村外的消息。哈黎家庭中老人去世，同宗族的人也多去相助，我们见到了几位“滳得”裉的老人参与了哈黎老人的葬礼。为我们做向导的“滳得”裉妇女符ZL说，过去因为哈黎婚俗中女方的家庭多要彩礼，美孚黎十分不齿，不愿与之通婚。现在融入后，哈黎与美孚黎家庭间的通婚也逐渐增多了。我们还参加了“讷夫”裉正月初四的祭祠堂仪式，有很多哈黎人口参与其中，并认真履行打鼓敲锣、运送贡品等职责。

在融入这个群体后，一旦遇有重大事件，他们常常是全宗派，甚至是全村各宗派联合起来共同应对。比如，民国时期，西方村与附近的天安乡、图满村发生了两次争地纠纷，两村还都请附近同一群体的人口帮忙，西方村最后都以少胜多，转败为胜。[①]类似的事件在符兴恩的《黎族·美孚方言》中记载更多。即便是现代历史上也还经常发生这样的事件。1983年左右，在西方村和广坝农场争地事件中，大队书记、“滳得”裉的成员符WJ为了全村利益进行抗争，县里公安局派人抓捕他，全村人出面对其进行保护，并且获得成功。现在，西方村与二甲村间的顿风地之争，西方村的老少男人们动辄就说，看判决公正不公正吧，不公正的话，打也要打回来的。

在年复一年、日复一日的生活和频繁的宗派活动中，哈黎既获得了外在的认同和心理上的归属，也习染了美孚黎的文化礼仪和群体心理，一点一滴地实现着群体文化属性的转化融合。值得注意的是，随着我们社会环境的文化多元性因素发展，社会发展速度加快，尤其是改革开放后，农村联产承包责任制的推广，人们在生产上包产到户，各个家庭的独立性更强，哈黎仍有很多自我特性被保留下来。比如，哈黎妇女的服装一般都是短裙，现在他们仍然会穿自己服装，我们在调查中走访农户的时候，哈黎和美孚黎拿出的裙子是不一样的，我们也基本按照他们拿出裙子的长短来确定他们是哈黎还是美孚黎；他们在丧葬活动中虽然也请同宗族美孚黎的道公去进行祈禳活动，但也有些家庭不搞美孚黎那样时间很长的仪式活动就将死者下葬了。对这一点，美孚黎群众还是略有微词的。比如，我们曾遇到了一户哈黎人家的丧事，美孚黎群众议论说，他们家里不到一年的时间，接连去世四个人了，都是青壮年。不知道是哪出了毛病？他们去世时不搞法事，什么都不搞，没钱，太穷，什么都搞不起。能不出事么？言下之意，就是他们的不同于美孚黎的行为方式导致了如今的后果。这些应该都是黎族不同支系间的文化差异和转化融合未尽时期的文化观念冲突的表现。但无论如何，哈黎人口濡染了很多美孚黎文化，越来越美孚黎化，还是不可改变的事实。

---

① 《海南岛黎族社会调查》，下册第404页。

四

从以上内容看，黎族内部分支的融合转化似乎相对比较容易。我们注意到，哈黎的北上迁徙是他们转化融合为美孚黎的重要前提条件。为什么哈黎会不停迁徙，从而北上进入美孚黎的腹地呢？笔者推断，除了明清时期因为海南移民增加导致的哈黎被迫北上的大时代背景外，零星哈黎的北上应该和哈黎的禁忌习俗有关。黎族比较重要的禁忌习俗有，瘟疫疾病流行时禁村封户[①]；有非正常死亡时，哈黎也会禁村封户，死者亲属禁止同他人说话。有一个事例能证明禁忌在哈黎迁徙事件中所起的作用。如 1986 年 2 月江边地区马眉村（哈黎）有村民吉亚荣被新街区采伐队打伤，死在县人民医院。陪来的六位亲属（四男二女）在伤者气绝人亡后，放弃尸体连夜逃到二十多公里远的新宁坡车站才敢上车逃回。此时，该村也闻知吉某已死，即刻用树叶封存门户。他们不敢进村而逃至山里的山栏地[②]，晚上才偷偷回家取米和锅上山。村里群众对死者亲属避而远之，禁止他们与任何村人说话。此时，县公安局去了五六个人调查破案，也大吃闭门羹，没有人帮助他们做饭和说话，说他们接触了死人。他们只好请供销社代做饭，供销社也成了群众的禁地。此事闹了两个多月，几次祭鬼，才解除禁忌，村民之间恢复正常交往。但死者家属仍不能与他人说话，要等作完最后一次祭祀，方能全部解除。这事前后花了一千多元，杀三只白鸡，三条狗，三只猪和二条牛。闹得鸡飞狗跳。[③]做这些祭祀，必然花费大量人力物力，而大部分哈黎群众根本没有这样的财力。在不具备财力的情况下，或者是不想做这样耗费的时候，逃亡就是唯一的途径了。直至现在，哈黎地区还有这样的习俗，即家族中有人非正常死亡后，兄弟子侄弃尸逃亡。这些尸体只好靠政府部门出资，找人将其埋葬。这应是造成哈黎人口流亡的主要原因。

在哈黎向美孚黎的融合转化过程中，重要的内外因素有哪些？

第一，哈黎和美孚黎属于黎族内部的不同分支，双方之间有一定差异，但文化的同质性因素较多。历史上哈黎和美孚黎都被称作是“熟黎”。“哈黎（狭义的）在崖县被称为‘官黎’……历史上则被称为‘熟黎’。”[④]清代“感恩县：有熟黎三个峒：古镇州峒，有黎村 18 个；楼峒，有黎村 15 个；王峒，有黎村 6 个。该县黎地广袤 90 余里。”[⑤]感恩县就是今天东方市辖境内。同为“熟黎”，文化差异不大，共同性较多，这是哈黎向美孚黎转化融合比较迅速的根本原因。两者之间语言大致可以相通。西方村的哈黎和美孚黎之间不论男女老少完全可以正常交流，有些词或发音不同，或使用不同词汇，但放在固定语境下，大致上也是能够明了的。我们也访问过一些学者和官员，他们也称，语言上交流不成问题。此外，共同的居住地域、共同的自然环境、大同小异的民间信仰等，

① 发生非正常的死亡事件时，哈黎村庄就要用树枝和树叶拦在进村的道路上或者房屋门口的墙上，禁止外村人进入，以防外人将亡灵带回来。

② 黎族山区被临时开垦出来的用来种植水稻的山地，种植的是山栏稻。

③ 符镇南《黎族部分地区禁忌种种》，中国人民政治协商会议海南东方县委员会文史组编：《东方文史》第三辑，1987 年，第 77 页。

④ 《海南岛黎族社会调查》，上册，第 14 页。

⑤ 王献军《黎族历史上的“生黎”和“熟黎”》，《海南大学学报》2010 年第 1 期，第 5 页。

使得他们有着转化融合的深厚基础。这一切使得衣食住行等风俗习惯方面的差异，已经构不成转化融合的障碍。

第二，哈黎向美孚黎转化融合外在动力比较强大。首先，向美孚黎转化的哈黎，一般都是与美孚黎杂居在一个村子，或者是与美孚黎村落比邻而居的。美孚黎一般占有较宽广的平地与肥沃的水田，人口相当集中，有百户以上的大村子，这是其他支系所少见的。在东方盆地腹地，美孚黎的村庄里杂居着少数的哈方言黎族或杞方言黎族，两种不同方言黎族杂居同一个村子的现象在其他方言黎族地区里是很少见的。或者是在美孚方言黎族的传统聚居地，杂居着许多哈、杞方言黎族的小村子。这些哈、杞方言黎族小村子都是经过美孚方言黎族同意后才得以在当地建立起来的，而且其历史都不长。[①]在共同居住环境下，作为在当地人数较少的哈黎，很容易从众从俗，不知不觉中实现转变融合。其次，美孚黎经常对定居后的哈黎采用强制手段，强制其转化融合。如更改姓氏，编入宗族，参与各种祭祀礼仪活动，逐渐获得认同。最后，美孚黎的生产方式是农耕文明，而且是精耕细作类型的农耕文明。这种生产方式能够最大限度地利用自然，改造自然，人们生活地点固定，日常生活比较稳定，和汉族的小农经济一致，他们既能生产自己所需要的农产品，又能生产自己所需要的简单手工业品，过着安居乐业的生活。美孚黎以从事水、旱田耕作为主，种植“山栏稻”较少，耕作技术亦较其他支系进步。[②]这样的农耕文明对游耕的、非定居的其他方言黎族的征服力是显而易见的。历史上，汉族广泛融合了诸多游牧、游耕的少数民族，所凭借的就是这种农耕文化的征服力。

第三，美孚黎文化的丰富多样性和宗族文化的团结有力，对哈黎形成了强劲的凝聚力和吸引力，能够满足哈黎寻求保护伞的特殊要求，推动着哈黎主动的转化融合。“美孚”自称为“赛[ai^{53}]”但又被“哈”称为“美孚[mo:i^{53} fau^{53}]”，他们也接受了“美孚”这一称呼，故而得名。[③]美孚黎的“美孚”是汉语译音，意思是“住在下路的客人（汉人）”，[④]他们在文化上受汉族影响较大，比如他们仿效汉人建筑祠堂，修族谱，排班辈。[⑤]正是因为美孚黎这些活动，呈现了美孚黎文化的多元性和吸引力，增强了美孚黎内部的凝聚力，美孚黎整体内部的团结性更强，战斗力也更高。这一点是能够符合哈黎寻求保护伞的要求。另外，哈黎对于凶死的亲属有着特殊的恐惧，一旦亲属中有人凶死，甚至是村子里有凶死的人，没有人敢去埋葬，而是全村逃亡。而美孚黎对凶死的亲属或者死者有着自己的祈禳方式，通过这样的方式超度死者灵魂，使死者入土为安，不再回来故意伤害在世的亲人，使生者安居乐业。有了这样的处理方式后，哈黎在美孚黎聚居地得以长久生活下来。笔者在调查中，曾经多次询问过一些老人，“对于你们被强迫改姓的事，你们愿意么？”答：“不愿意也没办法，不改姓，人家不让你在这住。”问：“可是改姓后，逐渐就变成美孚（黎）了。是不是不舒服？”答：“还是美孚（黎）好。美孚（黎）比哈（黎）更有人情味。”这应该是哈黎转化融合为美孚黎后心悦诚服的真

① 符兴恩《黎族·美孚方言》，第 3 页。

②《海南岛黎族社会调查》，上册，第 18 页。

③ 高泽强《黎族族源族称探讨综述》，《琼州学院学报》2008 年第 1 期，第 21 页。

④《海南岛黎族社会调查》，上册，第 18 页。

⑤《海南岛黎族社会调查》，上册，第 18 页。

实感受了。

纵观中外历史，民族内部不同族群间的转化融合自古至今一直都持续着。对西方村哈黎向美孚黎的转化融合过程做一考察，可以发现，在内外多重力量共同作用下，哈黎向美孚黎的转化融合十分迅速，成效显著，转化融合后双方关系融洽，原“哈黎”心悦诚服。这似乎可以证明，要想让其他民族或者族群主动转化融合，增强自己文化的多样性，增加自身的吸引力和包容力，才是根本途径。

（孟凡云，女，1965年生，中南民族大学民族学与社会学学院教授，武汉：430074）

读《宋濂全集》札记（六则）

尚衍斌

内容提要：本文主要讨论宋濂的年寿和姻亲、江浙行省丞相达识帖穆尔的事迹、危素的姻娅及其入明以后的命运、北方医学南传及浙东名医朱震亨的从医之路、明初入华日僧和出使日本华僧情况等诸方面的问题，旨在将《宋濂全集》中相关史事的记载与同时期其他历史文献相互比勘，以彰显《宋濂全集》的史料价值。

宋濂的年寿与姻戚

据宋濂门人郑楷所撰《翰林学士承旨宋公墓志》载，景濂（宋濂字）公生于至大庚戌（1310）十月十三日，卒于洪武十四年（1381）五月二十四日，享年七十有二。[①]郑楷字叔度，郑源之子，他与两个弟弟郑棠、郑柏皆受业于宋濂。如此看来，郑楷以上关于业师年寿的记载不应有误。明儒黄宗羲著《宋元学案》乃至《明史·宋濂传》均沿袭郑楷的说法，认定宋濂亡故时七十二岁。[②]然而，王崇炳的《金华献征录》、徐象梅著《两浙名贤录》以及雍正时期编撰的《浙江通志》皆持宋濂七十三岁去世的观点。[③]若依文献记载和时贤的研究成果而论，宋濂七十二岁离世的观点在学术界似乎拥有更多的认同者。尽管事关细微，不足以影响学人对宋濂事功、文学成就的评判，但笔者认为仍有必要对这一问题做些考述，避免以讹传讹。

首先，我们有必要弄清楚宋濂离世的具体时间，这是判断其年寿几何的前提条件。据明儒方孝孺记载，因宋濂的长孙宋慎身涉胡惟庸案，于洪武十三年（1380）庚申十一月二十八日以某官被刑于京师（今南京），年仅二十七岁。[④]宋慎是宋仲珪之子，其案几乎株连全家，后来朱元璋及其家人念及与宋濂的旧交，免死配流茂州。“十四年（1381）五月二十日，先生以疾卒于夔府”。[⑤]如前所述，郑楷是宋濂的及门弟子，师生关系亲密，他为老师撰著的行状写于同年（即洪武十四年）十二月一日，上距宋濂辞世约半年时间，基于两人深厚的师生情谊以及宋濂去世与行状书写的时间间隔半年诸因素，我们有理由相信郑楷对宋濂卒年的记载是可以信从的。此外，宋濂亡于洪武十四年五、六月

①罗月霞主编：《宋濂全集》第4册，杭州：浙江古籍出版社，1999年，第2398—2399页。

② 同上，第2349页；[清]张廷玉等：《明史》卷128《宋濂传》，北京：中华书局，1974年，第3788页。

③《宋濂全集》，第4册，第2346、2335、2309页。

④ [明]方孝孺：《宋子畏圹志》，载《逊志斋集》，收入《宋濂全集》第4册，第2653页。

⑤ [明]郑楷：《翰林学士承旨嘉议大夫知制诰兼修国史兼太子赞善大夫致仕潜溪先生宋公行状》，载《宋濂全集》第4册，杭州：浙江古籍出版社，1999年，第2359页。

的说法，还得到明代士人方孝孺《吁天文》的佐证[①]，不应存在问题。

那么，宋濂生于何年？这无疑是判定其年寿的又一重要环节。检视宋濂本人的记载，我们似能寻觅到些许有价值的资讯，现列举三条材料分别予以说明。

其一，王桯（1310-1344）字德润，济宁金乡人，为衢、处二府吏，寻补书吏、浙东廉访使者，后出任浙西道肃政廉访司照磨兼承发架阁。因王桯自幼寓居金华，又以爱女妻同县人江演。王氏与宋濂多所交往，至正甲申（1344）九月十二日，王桯因故拔刃自刭而亡。宋濂得此凶讯，遂撰《哭王架阁辞》，内称："初，余入郡城从闻人先生学，适君（即指王桯—笔者注）同日至，与之语，又知同庚戌生人，相欢也。"[②]据此而知，王桯与宋濂皆生于至大庚戌（1310）年。

其二，浙东名医郑深（1314—1361）字仲几，一字浚常，婺州浦江人。曾任奉训大夫，江东建康道肃政廉访司佥事。至正辛丑（1361）夏五月十六日，郑深卒于杭州寓舍，年甫四十有八。江浙行省左丞帖穆尔达识，命左右司都事钱用壬暨佥事八都前来治丧事。宋濂与郑深结交最洽，情如手足，他在《故江东佥宪郑君墓志铭》中记述说："濂长君（即郑深—笔者注）仅四岁，负笈游立夫吴先生之门，始获与君交，昼同食，夜则共衾裯而寝，穆穆然，衎衎然，其姓虽殊，情实兄弟也"。[③]依据以上材料我们发现两个问题，一是宋濂师从吴莱（1275—1356）问学时已开始同郑深交往；二是宋濂年长郑深四岁，后者卒于至正辛丑（1361）年五月，年齿四十有八，由此上推，郑深应出生于延祐元年（1314），的确比宋濂小四岁，这条材料亦能证明宋濂生于1310年。

其三，楼世宝（1314—1365）字彦珍，世居婺州义乌，至正乙巳（1365）春亡故，享年五十二岁。宋濂为其撰述《玉龙千户所管民官楼君墓志铭》，他在述及与楼氏相识交往的情况时说："初，余年十九，负笈入婺城之南，受经说于闻人先生，会彦珍亦从乌伤来卒业。余家抵彦珍所居仅半舍，不能一识。至是始及见之，欢如平生，彦珍少余四岁。"[④]这条材料所提供的信息也能印证宋濂生于1310年。但需要指出的是，宋濂关于楼世宝享年五十六岁的记载有误，应为五十二岁。

从以上援引的史料可以证实，宋濂生于至大庚戌年（1310），卒于洪武十四年（1381），享年七十二岁。《金华献征录》、《两浙名贤录》以及《（雍正）浙江通志》诸书关于宋濂享年七十三岁的记载皆缺乏史料依据，是难以令人置信的。

明儒李濂有曰："窃闻伯温（指刘基—笔者注）序景濂之文亦曰：'开国词臣，当推为文章之首'。"[⑤]此乃儒林时贤的普遍共识，既然如此，宋濂子孙后代的婚姻关系足以反映出元末明初社会的价值取向和伦理纲常，笔者想就这一问题再做些考述。据宋濂门人郑楷所撰述的《翰林学士承旨宋公墓志》（以下简称《墓志》）和《行状》来看，宋濂与其妻贾氏（？—1380）共育有两男两女，长子名瓒，次子讳璲。宋璲字仲珩，以

①方孝孺在《吁天文》有云："维洪武十四年，岁在辛酉，六月乙卯朔，下土臣某谨稽首昧死言：维天生人，厥质非恒。君之惟后，淑之为师"。参见《宋濂全集》第4册，第2386页。

② [明]宋濂：《哭王架阁辞有序》，载《宋濂全集》第3册，第1915页。

③ 宋濂：《故江东佥宪郑君墓志铭》，载《宋濂全集》第4册，第2108—2113页。

④ 宋濂：《玉龙千户所管民官楼君墓志铭》，载《宋濂全集》第4册，第2106—2107页。

⑤ [明]李濂：《书龙门子凝道记后》，载《宋濂全集》第4册，第2471页。

书法名满当世。方孝孺誉其草书“如天骥行中原，一日千里，超涧渡险，不动气力，虽若不可踪迹，而驰聚必合程度。”其声名与宋克、宋广相颉颃，时人号称国初“三宋”。既然如此，这位出身名门且才华横溢的青年才俊将迎娶何方千金为妻？其家庭背景如何？这些问题不能不引起时人和今人的关注。笔者披阅资料发现，宋璲的妻子是方天瑞与其少房马氏所生爱女、名丑姬者。方天瑞（1298—1376）字景云，义乌稠岩人。他出身名门，平生嗜吟，有诗集二卷藏于家。方天瑞上有两个哥哥，即方天与（字景贤）和方天锡（字景范），前者博通书传，尤精《黄帝内经》之学；后者诗文俱佳。宋濂在谈及两家结为姻戚的经过时说：“初，予与府君二兄交甚洽，结识府君于白麟溪上。府君方为女择配，予儿璲始九岁，操觚作蝇头细字，誉于所造文辞，府君心悦，遂成婚姻家。”①由此不难看出，方家最看重的是宋璲的书学才华，而宋濂相中的无非是方家的诗学门第。

另据郑楷的《墓志》，宋濂的两个女儿分别嫁与金华贾林和义门郑杕。②郑氏的记载是否可信，值得探究。笔者翻检资料发现，宋濂的次女的确嫁与郑源之子郑棣为妻。“杕”与“棣”两字形异音同，郑楷笔下的郑杕与郑棣应是同一个人。郑源字仲本，号飞霞先生，浦阳白麟溪人。平生“刚介有立，好施与，且通神仙家言”③。郑源的父亲郑銮（1293—1320）字景和，以“义”名闻乡里。他“平生不以恶言加人，人有干之，示以一默”④。郑源的母亲名黄淑，字延祐，夫亡时年始三十，以节自守，洁白如冰雪，至六十一而卒。⑤郑銮与黄淑育有两子，郑溱早夭无后，因此宋濂的次女只能嫁与郑棣。正如宋濂所说：“予少与仲本为金石交，遂以女珥归其子，既朋且有连。”⑥宋濂选择郑棣为女婿，除了他出身于“义门”的家庭背景，更看重郑棣本人“善属文”的自身素养，这或许是宋濂为子、女择偶最看重的条件。

至于宋濂孙辈的婚姻关系同样值得我们关注，现列举两例予以说明。

宋恂乃宋濂之孙，宋璲之长子。据《故王母何夫人墓铭》，王祎（1322—1374）的“长女孙宜许适宋濂孙宋恂”。⑦王祎将长孙女嫁与宋濂的孙子绝非偶然，他们两人皆师事黄溍，故有同门之谊。后又官为同朝，两人一起参与编修《元史》，相知甚深。而王祎之子王绶则是宋濂的学生。这种同门加师生的双重关系，为双方缔结姻亲奠定了良好的基础。此外，宋濂之兄宋渊（字景渊）的孙女宋媛嫁与柳贯（1270—1342）的孙子柳樾为妻。⑧柳樾是刘卤（1289—1359）的侄儿。十分有意思的是，笔者在翻检《故翰林待制承务郎兼国史院编修官柳先生行状》⑨和《元故翰林待制柳公墓表》⑩时发现，柳

① 宋濂：《义乌方君墓志铭》，载《宋濂全集》第2册，第1245—1247页。

② 郑楷：《翰林学士承旨宋公墓志》，载《宋濂全集》第4册，第2398-2399页。

③ 宋濂：《郑府君墓志铭》，载《宋濂全集》第1册，第83页。

④ 同上。

⑤ 同上。

⑥ 同上；宋濂在《飞霞先生传》记载道：“余与先生（指称郑源）友，且连姻，因为著小传一通”。参见《宋濂全集》第4册，第2227页。

⑦ 宋濂：《故王母何夫人墓铭》，载《宋濂全集》第2册，第1233—1234页。

⑧ 宋濂：《故绍庆路儒学正柳府君墓志铭》，载《宋濂全集》第2册，第1192-1193页。

⑨ 宋濂：《故翰林待制承务郎兼国史院编修官柳先生行状》，载《宋濂全集》第1册，第117—120页。

⑩［元］柳贯：《元故翰林待制柳公墓表》，载柳遵杰点校《柳贯诗文集》附录，杭州：浙江古籍出版社，2004年，第486—487页。

贯的三个孙子分别是柳秬、柳颖、柳穆，他们中并没有名柳穟者。由于柳秬早夭，宋渊的孙女只能嫁与柳颖或柳穆其中的一人。基于“穆”和“穟”两字的书写结构相似、极易混淆的可能性，笔者认为，她嫁与柳穆的可能性更大一些。柳贯年长宋濂四十一岁，又是宋濂的老师，两家交往密切，相互结为姻戚自是情理中的事情。

此外，宋濂还与东阳蒋仕宣、浦阳关叔美两个家庭结为姻亲。诚然，宋濂在为子女乃至孙辈择偶方面自有其独到的标准，这一点他在《东阳蒋氏佳瓜记》中表露无遗：“今蒋氏之家，其行谊诗礼之修非一世矣，仕宣之伯父与叔父尤以善事亲教子，推重于乡邦；仕宣又能上承家训，下率诸弟以礼义，可谓孝友之门者矣！”又曰：“余喜仕宣为蒋氏良子弟，又以嗣承其美，又嘉叔美之乐于道扬人善也。”[①]通过以上材料我们似能感悟到宋濂与蒋家结为姻亲的内在原因。仅从宋濂家族与方、郑、王、柳、蒋五门结为姻缘的史事可以看出，宋濂最看重对方家庭并非一世修成的“礼义”、“孝友”以及“文辞鸣扬海内”的家风和门第，这无疑表明宋濂作为“一代开国文臣”的价值观念以及对中华传统美德的崇尚。

宋濂笔下的王季楚是何许人?

宋濂著《王季楚哀辞》有云：“王仲淮季楚，越人也。其父艮，尝检校江浙行中书省，政成，谒选京师。时季楚年方二十余，请从行。既至，有多季楚才者，荐其名辽阳行中书，授季楚大宁路儒学正。未几，以病卒。”[②]那么，宋濂笔下这位年轻有为、前途未可限量的王季楚是何许人？笔者认为殊有必要做些考论。元代名儒陈旅撰《王季楚墓志铭》记曰：“王仲淮，字季楚，越之诸暨人。浙江省检校止善翁，季楚父也，母刘氏。延祐甲寅（1314）生扬州，至正元年（1341）九月廿一日竟卒于京城东之寓舍，季楚王氏佳子弟也”。[③]据上引资料可知，这位英年早逝的王季楚，乃王艮（字止善）之子。再检黄溍撰《中宪大夫淮东道宣慰副使致仕王公墓志铭》（以下简称《墓志铭》），王艮（1278—1348）与其妻刘氏共育三子、三女，三子分别是仲扬、仲庐、仲淮，而三女分别嫁与方泗、陈嘉绩、虞尚忠[④]。至此我们可以断定，宋濂笔下的王季楚是王艮的第三个儿子。但方泗究竟是王艮的女婿还是外甥仍值得讨论。前引黄溍《墓志铭》明确指出，王艮的长女嫁给方泗为妻。然宋濂《王季楚哀辞》称：“检校君（此指王艮）哭之甚哀，既请国子监丞陈公旅撰铭揭墓上，复谓其甥方泗曰：‘予深哀仲淮既不能寿，而又客死。其二子，基始八岁，塾始一岁，傫然也’。……闻汝交友多能文，盍求辞以哀仲淮且慰我。”[⑤]黄溍亦言，他与王艮“结交逾四十年，知公为深”[⑥]。如此看来，黄

① 宋濂：《东阳蒋氏嘉瓜记》，载《宋濂全集》第4册，第2228—2229页。

② 宋濂：《王季楚哀辞》，载《宋濂全集》第1册，第100页。

③ [元]陈旅：《王季楚墓志铭》，《安雅堂集》卷11，《元代珍本文集汇刊》本，台北：国立中央图书馆编印，1970年，第488—489页。

④ [元]黄溍：《中宪大夫淮东道宣慰副使致仕王公墓志铭》，载王颋点校《黄溍全集》，天津：天津古籍出版社，2008年，下册，第499页。

⑤宋濂：《王季楚哀辞》，载《宋濂全集》第1册，第100页。

⑥黄溍：《中宪大夫淮东道宣慰副使致仕王公墓志铭》，载王颋点校《黄溍全集》，天津：天津古籍出版社，2008年，下册，第499页。

溍和宋濂的记载不应有误。既然如此，只存在两种可能性。一是宋濂将“其婿”误作“其甥”，一是方泗既是王艮的外甥，又是女婿。笔者认为，后一种可能性很大。因为在中国古代社会，将女儿嫁与外甥的事例并非鲜见。至于王季楚的外形与才学，宋濂记载说：“初，濂见季楚于泗家，眉目秀整，每言辄牵引史传，几若贯通者。”[①]如此看来，宋濂、王季楚、方泗三人彼此十分熟悉，作为“开国文臣之首”的宋濂对于年方二十多岁的王季楚有如此评骘，无怪乎他的去世令王艮哭之甚哀！八年后，王艮也撒手人寰，足见王季楚的沦丧对其父的打击是沉重的。

关于江浙行省丞相康里氏达识帖穆尔的纪事

江浙行省丞相达识帖穆尔的名讳和事功在宋濂笔下出现的频率较高，这不能不引起笔者的关注。兹举两例予以叙述：

其一，元季张士诚据姑苏（今江苏苏州），兵陷湖州城。达识帖木儿以行省右丞相承制行事，命陈嗣乃（字仲贞）持谕湖州伪帅，以离其党与，诚遂来归。[②]

其二，至正十五年（1355），平章政事达世帖木儿举荐孔子第五十五代孙孔克坚（1316-1370，字璟夫）明习礼学，征为同知太常礼仪院事，以子希学袭公爵。[③]此外，他还与周伯琦（1298—1369，字伯温）多所交往。至正十八年（1358），达识帖穆尔以漕粟事委付周伯琦，周作为其僚属治理姑苏。十九年（1359），江浙选拔进士，周伯琦作为考官参与其事，“北士避兵江南者，亦权宜取之。”[④]上述举措的出台似与达识帖木儿不无关系。

根据以上材料我们觉察到，这位身仕江浙行省丞相的达识帖穆尔在履职初期，对于稳定当地的社会秩序、振兴传统文化以及与江南士人交往等诸多方面的作用不容小觑。既然如此，他的家庭出身及族属问题就非常值得探讨。

笔者查阅资料发现，达识帖穆尔出身康里名门，其父脱脱（又称亦纳脱脱）及仲兄铁木儿塔识皆为元朝名臣[⑤]。有关该家族的史料主要有黄溍的《敕赐康里氏先茔碑》[⑥]，张沛之教授利用该材料对这一家族的史事进行了比较全面的研究，足资参考。[⑦]据《元史·达识帖睦尔传》和《嘉靖浙江通志·官师志·达识贴睦尔传》，达识帖睦尔字九成，和宁王康里脱脱之子，尝入国学为诸生。元仁宗延祐元年（1314），康里脱脱拜江浙行省左丞相[⑧]，至则疏凿便河以通于江，百姓无不称颂。不久，脱脱转任江西行中书省左丞相，后薨，追封和宁王，谥忠献。达识帖睦尔最初抵达江浙一带的时间史无明文。据《元史》记载，至正七年（1347），达识帖穆尔出任江浙行省平章政事，后拜该行省丞

①宋濂：《王季楚哀辞》，载《宋濂全集》第1册，第100页。

②宋濂：《元故湖州路德清县尹陈府君墓铭》，载《宋濂全集》第2册，第1339-1341页。

③宋濂：《元故国子祭酒孔公神道碑》，载《宋濂全集》第3册，第1588—1590页。

④宋濂：《周府君墓铭》，载《宋濂全集》第3册，第1539—1543页。

⑤ 参见拙文：《说沙剌班——兼论<山居新语>的史料价值》，载达力扎布主编《中国边疆民族研究》第5辑，北京：中央民族大学出版社，2011年，第22—61页。

⑥黄溍：《敕赐康里氏先茔碑》，《金华黄先生文集》卷28。

⑦张沛之：《元代色目人家族及其文化倾向研究》，天津：天津古籍出版社，2009年，第35—87页。

⑧《嘉靖浙江通志》卷33《官师志第五之十三》，《天一阁藏明代方志选刊》续编本。

相。终因贪墨败政，遂为张士信所抑。此间尽管他一度在中央和湖广、河南、淮南等地掌管军政事务，但历时都比较短暂。在十数年的任职中，他的绝大部分时间应是在江浙一带度过的。

笔者在研读《宋濂全集》时发现一个十分有趣的现象，达识帖穆尔与不少禅僧交往密切，缘契甚深。

屈必才（1292—1359）字大用，号“佛鉴圆照”，台州临海人。至正三年（1343），道师升住演福寺，达识帖木儿“屡芗币，咨决心法，一时贵人畯士，罔不望风作礼，施金帛者，由是充扨。”[①]

至正十六年（1356），东溟慧日禅僧（1284—1372）隐于会稽山水间，“飘飘然如野鹤孤立，人不知其为师。江浙行省丞相达识帖穆尔公方领宣政院事，遣使者以物色访之，力请还山，躬帅僚属，奉币以上。师知其诚，复再正法席，前后所住凡二十五年。”[②]

天龙禅师甄守贵（1306—1361？）字无用，号水庵，世居婺州之浦江。“至正辛丑（1361）八月二十日，禅师作偈一首，副以高丽净瓶，寄别江浙行省丞相达识帖穆尔公。随后掷笔弗归道山，丞相闻之，大加叹异，遣官僚为具后事”[③]。

以上列举三例仅见于《宋濂全集》，想必散见于其他元人文集的材料还有不少。一个康里地方官员与多位江浙禅师过从密切，或向寺院施金帛，或力邀归隐山水的禅师重返道山，或为高僧大德操持身后事。这些善行似与其在宣政院任职的经历不无关联。有资料显示，至正年间，康里脱脱之子达识帖穆尔任职江浙行省左丞相的同时，还“提调行宣政院事”（从二品）。至元二十八年（1291）九月丙午，立行宣政院，治杭州。行宣政院“领东南浮屠之教”，“凡大刹，非名德不轻授”，其任命也多选“世勋名德”之后并有能力者。[④]追至元顺帝元统二年（1334），又“罢广教总管府，立行宣政院”，直至元亡。院使一般由江浙行省丞相兼任，主要负责管理江浙、江西等江南地区的佛教事务。[⑤]由于职务的关系，达识帖穆尔与江南佛教人士接触频繁自是情理中的事。至于他本人是否崇信佛道，史无明文。笔者认为，若让一个教外人士管理教内事务无论在古代、还是当今社会都是一件不可思议的事，更不必说其时佛教在江南广为流行的社会环境对人们普遍的影响了。随着佛教在民间的传播，江南地区的葬俗也随之发生很大的变化。元儒柳贯（1270-1342）在描述杭州的葬俗时说：“家有丧，用浮屠老氏之法，建坛场，设斋祠，歌呗作乐，越月逾时。举柩畀之炎火，拾烬骨投之深。”[⑥]无独有偶，宋濂笔下就有一位林姓男子按照上述习俗安葬了母亲张妙清（1293—1346），事后悔恨不已。他说：“苏（即姑苏—引者注）之俗，嗜浮屠法，丧亲以烬骨水瘗为贵。吾昔无闻知而徇于俗。卒后六日，奉柩化于吴江之东门外，遂之垂虹亭观音阁下归骨焉。……

---

① 宋濂：《佛鉴圆照论师大用才公行业碑》，载《宋濂全集》第3册，第1439—1441页。

② 宋濂：《上天竺慈光妙应普济大师东溟日公碑铭》，载《宋濂全集》第3册，第1468—1471页。

③ 宋濂：《天龙禅师无用贵公塔铭》，载《宋濂全集》第3册，第1486—1488页。

④ [元]虞集：《大元广智全悟大禅师太中大夫住大龙翔集庆寺释教宗主兼领五山寺笑隐訢公行道碑》，载王颋点校《虞集全集》，天津：天津古籍出版社，2007年，下册，第1047页。

⑤ 邓锐龄：《元代杭州行宣政院》，《中国史研究》1995年第2期。

⑥ 柳贯：《卢氏母碣铭》，《柳贯诗文集》卷11，杭州：浙江古籍出版社，2004年，第230页。

每念及于兹，心腑摧裂，而不知天地之广，吾身遑遑乎，若无所容也”。[①]很显然，张夫人和他的儿子并非佛教徒，然其子却依照当地广为流行的浮屠习俗，“以烬骨水瘗”的方式处理了母亲的遗体，留下了无法弥补的遗憾。此类事情在当地恐非个案，显示了佛教葬俗对江南地区的深度影响。达识帖穆尔置身于这样的社会环境若完全与佛、禅无任何瓜葛恐怕是难以令人置信的。宋濂专注于江南佛、禅人事的记述绝非偶然，有学者研究认为，他是当地著名的“辅教居士”[②]。

危素的姻娅及其入明后的命运

危素（1303—1372）字太朴，江西临川人，治经术，有文名。关于其家世与生平，宋濂撰写的《危公新墓碑铭》（以下简称《碑铭》）述之甚详。危素的祖父名龙友，祖妣刘氏。父讳永吉（1272—1328）字德祥，好读书，尤精于《易》学，擅长诗文。学问之余，兼善医术，有《医说》一卷，传于学者。[③]危素的生母乃奉训大夫、瑞州路总管府判官黄顺翁（字济川，建昌南城人）之女[④]。由此不难看出，危素自幼受到良好的家庭教育。

危素生于元成宗时代，卒于明洪武朝，可谓经历了元明鼎革的时代变迁。元顺帝至正二年（1342），他应荐授经筵检讨，至正二十一年（1361）至二十四年（1364），任元中书省参知政事。二十五年（1365），出为岭北等处行中书省左丞，不久弃官居房山，三年未仕。二十八年（即洪武元年，1368）闰七月，元顺帝北奔，淮王帖木儿不花监国，用危素为翰林学士承旨。危素在元顺帝朝供职二十三年。因其在元末文化建设方面出力甚多，深受元顺帝赏识。他“请修宋辽金三史，乘传行宋两都访摭，书成，公之力居多。顺帝知公问学渊深，持命注《尔雅》，校《君臣政要》，公悉心而为之，不数月而成。”[⑤]另据《碑铭》，危素先娶舒氏，后娶赵氏，皆先卒。危素有两男六女，长子危方人，至正庚子（1360）科进士，[⑥]六女中有一人嫁与“同邑曾佚，坚之子，其余皆早夭”[⑦]。那么，这位声望名世的元末文人为何将唯一幸存的女儿嫁与曾家，危素与曾坚又有怎样的交情？这是一个非常值得探讨的问题。

据宋濂《曾学士文集序》记载，曾坚字子白，抚州金溪人。其父名尹卿（1276—1328），字务光，门人私谥“恭贞先生”，平素授业乡里，著有《南明斋稿》三十卷传于学者。曾坚的母亲何永年（1288—1344）亦是金溪人，年二十四，始归曾务光。何氏资性明慧，力课子孙研读经史，业有所成。由此不难看出，曾坚出身书香世家，师事名儒吴澄问学，登至正甲午（1354）科进士，曾坚的同年陈高（1315—1367）记载说：“至正十四年，左右榜进士及国子生之中选者，凡六十有八人。是科最号为得士，其散于四方赫然有声

① 宋濂：《姑苏林君母墓铭》，载《宋濂全集》第3册，第1675—1676页。

② 任宜敏：《中国佛教史·明代卷》，北京：人民出版社，2009年，第571—587页。

③ 黄溍：《赠太常博士危府君墓志铭》，载王颋点校《黄溍全集》，下册，第467—468页。

④ 黄溍：《奉训大夫瑞州路总管府判官致仕黄公墓志铭》，载王颋点校《黄溍全集》，下册，第465—466页。

⑤ 宋濂：《危公新墓碑铭》，载《宋濂全集》第3册，第1458—1465页。

⑥ 萧启庆：《元代进士辑录》，台北：“中央研究院”历史语言研究所专刊，2012年，第365页。

⑦ 宋濂：《危公新墓碑铭》，载《宋濂全集》第3册，第1465页。

誉者，盖班班可数也。而求其学问之精深，文章之富丽，秉心之方正，持己之端恪，未有若曾君子白者焉。”[①]由陈高以上评价不难看出，曾坚的才德与学识即便在同年进士中也是出类拔萃的，“足以成就勋业”。后来，他出任贞文书院山长。至正十八年（1358），曾坚以江西省左右司员外郎为从事官，出佐省台重臣，经略江南，转国子监臣，升司业，进详定副使，拜监察御史，改翰林直学士。曾坚平生著有《望周山》、《金石斋》、《青华》、《闽海》、《昭回》、《从政》、《丙午》、《居贤》前、后编凡九稿，及《逾海》、《逾辽》二志，通类为若干卷，后经同年进士雷燧介绍，宋濂为《曾学士文集》作序。

又据宋濂《碑铭》，危素先后师从吴澄、范梈问学，“二公折行辈，与之为礼，吴公至恨相见之晚，凡所著书，多与公参订之”。[②]如此看来，危素亦是吴澄的学生，故危素与曾坚两人有同门之缘契。因危公深通五经旨要，博学善文辞，深受名儒虞集、孙辙的礼遇。江南名进士陈高自称张翥的门生，为获得危素和业师张翥的诗文，特撰《与张仲举祭酒书》，内称：“参政危公不敢以书请，愿假阁下之重，并求一文”。又云：“今若得二先生（即指张翥和危素——引者注）之述作，夫岂不可与埒者比数乎”[③]。如此看来，在当时要得到危素的诗文并非易事，即便像陈子上这样颇具文名的进士亦只能通过自己的老师代为索讨，危素名重士林于此可见一斑。或许正是基于双方意趣相投、门第和学识相埒的家庭背景，危素才答应将爱女许配给曾坚之子曾侁为妻。作为学侣和姻娅，危素还为曾坚的母亲撰述《曾夫人何氏墓碣铭》，足以说明他们两人交往密切，情深意厚。

行笔至此，我认为仍有必要对曾坚和危素两人入明后的命运做些考述。洪武元年（1368）八月，大都（今北京）沦陷，“元翰林学士危素、张以宁、曾坚等谒见大将军徐达于军门，（徐）达以其儒者礼遇之”[④]。次年（1369）春，曾坚等以元故官征至金陵（今南京），被授予礼部员外郎[⑤]，以疾辞。会感符玺事而作《义象歌》，被处死。[⑥]元代读书人很看重进士科名，与一般官员相比，进士出身者更重视名节，曾坚也不例外。清人赵翼已经注意到“元末殉难多进士”的现象，他在《廿二史札记》中列举了十六人，称赞他们“可谓不负科名者哉”[⑦]。其中就有余阙等人，后来朱元璋派免职的危素专门为余阙守墓，以此羞辱元代遗臣。

无独有偶，危素的命运与曾坚有惊人的相似之处。洪武元年（1368）八月，明兵入大都，危素出降；二年（1369）正月，同曾坚、张以宁、王时、胡益等故元旧臣自北平

---

① [元]陈高：《送曾子白员外序》，《不系舟渔集》卷11，《元人文集珍本丛刊》第8册，台北：新文丰出版公司，1985年，第379页下。

② 宋濂：《危公新墓碑铭》，载《宋濂全集》第3册，第1460页。

③ 陈高：《与张仲举祭酒书》，《不系舟渔集》卷15，《元人文集珍本丛刊》第8册，台北：新文丰出版公司，1985年，第423页下—424页上。

④《明太祖实录》卷34，洪武元年八月戌子条，台湾1962年影印本，第621页。

⑤《明太祖实录》卷38，洪武二年正月己未条，第776—777页。

⑥ [清]许应鑅：《光绪抚州府志》卷59《人物志》，第21页上-下；桂栖鹏：《元代进士在元末明初的动向》，载氏著《元代进士研究》，兰州：兰州大学出版社，2001年，第95页；萧启庆：《元代进士辑录》，台北：“中央研究院”历史语言研究所专刊，2012年，第350页。

⑦[清]赵翼：《廿二史札记》卷30《元末殉难者多进士》，北京：中国书店，1987年，第445页。

召至应天（今南京），并“以新制衣冠赐之”，危素被授以翰林侍读学士。[①]三年（1370）四月庚辰，“置弘文馆，以胡铉为学士，命刘基、危素、王本中、睢稼皆兼学士。”[②]“弘文馆学士”一职，虽无实权，却有荣誉，也算是个褒奖；论文学，论勋旧，危素均当之无愧。此外，朱元璋还命危素撰著《皇陵碑》文，可说是相当礼遇。这里必须说明一点，其实从危素投附明朝那一刻起，朱元璋就对他们这批元代遗臣充满戒心和不信任感。据明儒廖道南撰《殿阁词林记》记载，洪武二年（1369）冬十月甲戌，甘露降于钟山，群臣称贺。“宋濂为颂，上问素：‘此何征也？’素曰：‘王爱耆老，则甘露降而松柏受之；尊贤容众，则竹苇受之。今甘露降于松所致也，宜以制币策、高宗庙，颁于史馆，以永休闻’”[③]危素的这段话还见于《明太祖实录》卷四十六和宋濂的《天降甘露颂》，为了便于比较分析，现将《明太祖实录》的记载引录如下：“翰林侍读学士危素曰：‘王者敬养耆老，则甘露降，而松柏受之。今甘露降于松柏，乃陛下尊贤养老之所致也，宜告于宗庙，颁示史馆，以永万亿年无疆之休。’”闻此这番话，朱元璋接着说：“卿等援引载籍，言非无征，然朕心存警惕，惟恐不至，乌敢当此，一或忘鉴戒而生骄逸，安知嘉祥不为灾异之兆乎？告诸宗庙，颁之史馆，非所以垂示于天下后世也”[④]。据《实录》记载，当时在场发表言论的大臣有翰林应奉睢稼、起居注魏观以及翰林侍读学士危素，上引朱元璋最后一句话明显是针对危素而讲的。细心的宋濂记载了其时朱元璋情绪的微妙变化以及群臣的不欢而散，“上情存损挹，皆推而不居。言既已，丞相率其班已退”[⑤]。很显然，危素的一番话未能使朱元璋的好心情持续发酵。此事对危素的影响是可想而知的。雷礼在《国朝列卿记》卷五《弘文馆学士行实》记载说：危素“寻坐失朝免”，“坐免”的原因，相关载藉并未言明，笔者推测，似与危素“因言失当”，而遭朱元璋猜忌遂被罢官多少有些联系。在洪武三年四月癸酉又“起原官”[⑥]，即“复以危素为翰林侍讲学士”[⑦]。翻检《明实录》、《明史》诸史文，对上述事情的始末皆有相同的记载。[⑧]毫无疑问，这次免官经历是朱元璋对危素的一次惩戒，危素内心的郁闷自然是不言而喻的。可是，从洪武三年六月十五日起，危素、曾坚等一批投附朱元璋的元代遗臣陡然陷入困境，这是他们所始料未及的，自此从根本上动摇了他们在明朝的地位。同年四月末，元顺帝妥欢贴睦尔病死于应昌（今内蒙古克什克腾旗西北）。五月十六日，李文忠率明兵攻克应昌，逐走元嗣主爱猷识里达腊，六月捷报传至应天，《明太祖实录》卷五十三记载说：

（三年六月）壬申（十五日），左副将军李文忠捷奏至，时百官奏事奉天门，闻元主殂，遂相率拜贺。上曰：“元主守位三十余年，荒淫自恣，遂至于此。”因

① 《明太祖实录》卷38，洪武二年正月己未条，第776—777页。

② 《明太祖实录》卷51，洪武三年四月庚辰条，第1008页。

③ [明]廖道南：《殿阁词林记》卷6《弘文馆学士危素》，《景印文渊阁四库全书》第452册，第226页。

④ 《明太祖实录》卷46，洪武二年十月甲戌纪事，第922—923页。

⑤ 宋濂：《天降甘露颂》，载《宋濂全集》第1册，第329页。

⑥ [明]雷礼：《国朝列卿记》卷5《弘文馆学士行实》，《续修四库全书》第522册，第70页。

⑦ 《明太祖实录》卷51，洪武三年四月癸酉条，第1007页。

⑧ 关于“甘露降于乾清宫后苑苍松之上事”，另见《明太祖实录》卷46，洪武二年十月甲戌纪事，第922-923页；“坐失朝免”事，另见《明史》卷285《文苑一》，第7315页。

谓治书侍御史刘炳曰："尔本元臣，今日之捷，尔不当贺也。"因命礼部榜示：凡北方捷至，尝仕元者不许称贺。

这样就把曾经仕元的朝臣置于非常尴尬的境地，其中自然包括刘炳、危素、曾坚这批在明兵攻克元都以后过来的降臣。谈迁已经注意到这件事对于他们的影响，他在《国榷》中指出："命故元臣毋贺，于以砥节至严也，诸君子合彼介鳞，依光明、方濯磨自效，而竟以首阳风之，不扪心自愧乎？"①

就在当年(1370)冬天，危素遭监察御史王著等弹劾，理由是"亡国之臣，不宜用"。朱元璋羞辱危素，把他免职谪贬和州（今安徽和县）为余阙守墓，"阅再岁（1372年）而卒"。②危素在元末文坛被尊奉为领袖人物，官位又高，人称"危大参"。在当时像危素这样的儒士并不多见，他能认识到元末社会的根本矛盾是"富者愈富，贫者愈贫"。按理说，像他这样极具历史眼光的儒士对朱元璋应该是有用的，朱元璋也曾向他"访以元兴亡之故"③，然而转眼之间，为了向臣下不能忠君到底者示警，就让危素蒙羞而死，足以使曾经仕元的朝臣心寒。很明显，朱元璋压根就没看上"变节"的前朝降臣，反倒对尽忠元朝的义士充满敬意，《明太祖实录》卷二六记载，吴元年十月辛亥，朱元璋敕礼官曰："自古忠臣义士舍生取义，身殁而名存，有以垂训于天下后世。若元右丞余阙守安庆，屹然当南北之冲，援绝力穷，举家皆死，节义凛然。又如，江州总管李黼，身守孤城，力抗强敌，临难死义，与阙同辙。自昔忠臣义士必见褒崇于后代，盖以励风教也，宜令有司建祠肖像，岁时祠之。"在朱元璋看来，褒崇忠臣与指摘不能尽忠的臣子是同一问题的两个不同方面，所以他才把危素贬流和州为余阙守墓，以此来羞辱他。

值得一提的是，尽管宋濂在《碑铭》中并未言及危素的死因以及贬居和州以后的生活情形，但曾坚遭遇处死一事对危素的影响和打击无疑是巨大的。就在曾坚被处死的同一年（即洪武三年），危素被劾罢并谪居和州，两年之后驾鹤西归。借此我们似能隐约地觉察到，朱元璋对元代旧臣的防范心理和严重的不信任感，以及元臣入明后备受冷落或打压的无奈与愤懑。同时也能看出，宋濂在洪武十年（1377）为危素撰《碑铭》，对危素的人品、政绩、才情与命运深表惋惜和同情。其实，同情危素者又何止宋濂一人，苏州大才子高启（1336—1374）有《哭临川公》诗曰："身用已时危，衰残况病欺。竟成黄犬叹，莫遂白鸥期。东阁图书散，西园草露垂。无因奠江上，应负十年知。"④洪武八年（1375），徐一夔（1319—1399）撰《跋危内翰所撰炬法师塔铭后》，亦盛赞危素以"文章翰墨名世"，"当时号称辞翰两绝"。⑤

从明初的状况来看，最适合编修《元史》的人选是危素。危素在元朝末期长期任职，曾参与辽、金、宋三史的史料征集与修撰以及《后妃·功臣传》的编纂。他了解元代的典章制度和政治、经济、文化状况，对顺帝一朝的史事尤为熟悉。明兵入大都时，危素欲自杀，但旁人劝他说："国史非公莫知，公死是死国之史也"，他才打消了自杀的念

① [明]谈迁：《国榷》卷4。
② 宋濂：《危公新墓碑铭》，载《宋濂全集》第3册，第1459—1460页。
③ 同上。
④ [明]高启著，徐澄宇、沈北宗点校：《高青丘集》卷12，上海：上海古籍出版社，2013年，第469页。
⑤ [明]徐一夔著，徐永思校注：《始丰稿校注》卷6，杭州：浙江古籍出版社，2008年，第138—139页。

头。这也许是危素或他的友人为其没有“殉节”所编造的辩解之词，但也足以说明在当时人们心目中他是修纂《元史》的最合适人选。正因为以修史自命，所以在明军入大都后，危素便主动报告十三朝实录的收藏情况，使这些珍贵的文献得以保存下来。

宋濂与危素“相知特深”，元末农民战争爆发前，危素曾推荐宋濂入史馆，虽未成功，但宋濂对他一直抱有好感。可以想见，宋濂是不会反对与危素合作修撰《元史》的。但是，在朱元璋即位后的次年（1369），就对执政大臣颁布诏令说：“元氏有国一百六十三年，虽亳社已屋，历数有归，国可灭，史不可灭。卿选江南知名之士不仕元者纂修成书，而命翰林学士宋濂为之总裁，庶几得笔削之公，以副朕意”[①]。据此看来，朱元璋上述规定完全排除了危素参与修史的可能性。显然，朱元璋对危素以及其他元朝“遗臣”是心怀疑忌的，他不会不知道危素的专长和声望。修撰人员“不仕于元”和“选江南知名之士”的规定，很可能就是针对危素而制定的。[②]同危素相比，宋濂既未曾仕元，也没有抗拒过朱军，甚至也没有同朱元璋最忌恨的张士诚有什么瓜葛。至正九年（1349），虽有翰林国史院编修之命，宋濂实际上并没有赴任。洪武十年（1377）二月十二日，他在《致政谢恩表》中称：“臣本一介书生，粗读经史，在前朝时虽屡入科场，曾不能沾分寸之禄，甘终老于山林。”[③]宋濂门人郑楷在为宋濂写的《行状》中说：“至正己丑，用大臣荐，擢先生将仕佐郎，翰林国史院编修官。自布衣入史馆为太史氏，儒者之特选。先生以亲老，不敢远违，固辞。”[④]刘基（1311—1375）也说过：“至正中，词林群公奏[宋濂]为国史编修，力辞不起。”[⑤]因此，宋濂不属于“食元禄者”，朱元璋大概也持这种态度，否则就不会让他主持编修《元史》了。

这里需要指出的是，还有一些元代“遗臣”的命运若与危素和曾坚相较似乎要幸运得多，至少没有遭遇杀戮和流远。他们中的一些人或托病辞职，远离政治漩涡；或归隐民间，放情山水，以此避世，欲觅云霞泉石之趣；或终日以酒相伴，抑郁寡欢。

杨维桢（1296—1370）字廉夫，泰定丁卯（1327）科进士。曾任天台县尹，阶承事郎，参与编修辽、宋、金三史。“及入国朝，天下大定，诏遗逸之士修纂礼、乐书，颁示郡国。君被命至京师，仅百日而肺疾作，乃还云间九山行窝。……大明洪武庚戌（1370）夏五月癸丑卒，年七十五”[⑥]。为什么杨维桢被诏至京师才百日就肺疾发作，个中缘由，宋濂未及言明，或不便说明。但透过字里行间，我们似乎能感受到杨维桢遭遇的不公正待遇。或因绝望、愤懑而身染肺疾，并最终导致他走上不归之路。

同前述杨维桢相比，许汝霖遭受的委屈似乎要小得多。许汝霖字时用，江浙行省绍兴路嵊县（今浙江嵊县）人，以《礼经》登至正十一年（1351）进士第，[⑦]十五年（1355）

① 宋濂：《元故翰林待制黄殷士墓碑》，载《宋濂全集》第3册，第1894页。

② 宋濂：《危公新墓碑铭》，载《宋濂全集》第3册，第1459—1460页；陈高华：《〈元史〉纂修考》，原载《历史研究》1990年第4期，后收入氏著：《元史研究新论》，上海：上海社会科学院出版社，2005年，第444—445页。

③ 宋濂：《致政谢恩表》，载《宋濂全集》第2册，第1154页。

④ 郑楷：《翰林学士承旨、嘉议大夫知制诰、兼修国史、兼太子赞善大夫致仕潜溪先生宋公行状》，载《宋濂全集》第4册“附录”，第2352页。

⑤ [明]刘基：《宋景濂学士文集序》，载林家骊点校《刘伯温集》卷2，杭州：浙江古籍出版社，2012年，第124页。

⑥ 宋濂：《元故奉训大夫江西等处儒学提举杨君墓志铭有序》，载《宋濂全集》第2册，第679—682页。

⑦ 萧启庆：《元代进士辑录》，台北：“中央研究院”历史语言研究所专刊，2012年，第115-116页。

出任诸暨州判官，刘基《诸暨州重修州学记》提到许汝霖并指出他同张守正、吕诚“俱以进士受命来佐是州”。[①]后来他擢任江南行御史台。明代元兴，奉诏至京。洪武二年（1369），许汝霖以“余先朝进士，春秋又高，不足以辱明”[②]为由，力辞官职。很显然，许汝霖已完全看透了明朝统治者对元朝遗臣不信任的本质，毅然辞归。如许汝霖者，还有刘于其人。刘于（1318—1372）字允恭，幼时嗜学，“年稍长，以文谒虞文靖公集，公深器之”。“国朝继承大统，遣使者四出征辟贤能。府君（即指刘于）至京师，以疾辞。越三年，游至，又固辞”[③]。

值得指出的是，在元明社会急遽变革的时期，也有一些元代文人真心归附明廷，但必须对新朝表现出极大的合作诚意，以至于完全丧失自尊和人格，唯此才有可能得到统治者的认可。长安人张敏行，至正癸卯（1363）科进士[④]。明朝建立后，他被举荐为翰林典籍。此人在明廷的表现堪称谨小慎微，宋濂对其卑微行迹的描摹非常生动：“一旦，上御东房，遥见敏行委蛇入堂，召而前，问劳备至。且曰：‘尔能诗乎？’对曰：‘臣虽不能，愿学焉。’乃命之题，敏行研墨濡毫，跪写以进。上览毕，悦曰：‘诗甚佳，北产如尔者，诚铁中之铮铮也。’由是，日承顾问。见其性秉忠悫，可任以事，特命为甘肃卫经历”[⑤]。宋濂在明朝供职十九年，经历的人和事不可谓不多，同前述元朝“遗臣”相比，张敏行无疑是另类的代表人物，他之所以受到朱元璋的赏识，除却卑微慎行的性格特点以及诗文俱佳的才情以外，“北人”的出身背景或许是明统治者更看重的外在条件。至于这种人在明初政坛究竟占多大比例？笔者迄今还没有看到专门的统计数据，这个问题值得认真思考并亟待作出回答。

北方医学南传与浙东名医朱震亨的从医之路

朱震亨（1281—1358）字彦修，今浙东义乌人。因世居“丹溪”，遂以此为号，故其门人及生前友好尊称之朱丹溪。朱震亨是元末江南名医，尽管他年长宋濂三十岁，两人却结为忘年之交。有关他在浙东的行医活动、亲炙门徒以及著书立说的情况，宋濂多所记述，借此我们似可对其在元末的遗事做些辑考。

丹溪先生的父亲名朱元，字子初，早丧。其母戚氏（1260—1346），婺州金华人，贞孝先生戚绍之女。朱元去世后，她以己力抚养三个孩子。朱夫人“读书史，为人言皆有词采”，表现出较高的文化素养，且教子有方，有恩而严，对震亨三兄弟的成长起着垂范作用。宋濂记述说：“丹溪学可师法，观丹溪可知夫人贤，观夫人其子之贤益可征”[⑥]。宋氏以上言语绝非溢美之词，是对朱震亨家族实际情况的真实记录。据《故丹溪先生朱公石表辞》记载，震亨自幼天资敏慧，读书知大义。年三十六师从许谦（字益之）问学。因科场落第，去而习医，受教于罗知悌（字子敬），得其真传，遂以医术名

① 刘基：《诸暨州重修州学记》，载《刘伯温集》卷3，第161页。
② 宋濂：《送许时用还越中序》，载《宋濂全集》第1册，第484—485页。
③ 宋濂：《故泰和州学正刘府君墓志铭》，载《宋濂全集》第2册，第794—796页。
④ 萧启庆：《元代进士辑录》，台北：“中央研究院”历史语言研究所专刊，2012年，第371页。
⑤ 宋濂：《送甘肃卫经历张敏行之官序》，载《宋濂全集》第2册，第807—808页。
⑥ 宋濂：《元故朱夫人戚氏墓铭》，载《宋濂全集》第3册，第1572—1573页。

闻一时。著有《宋论》、《格致余论》、《局方发挥》、《伤寒论辨》、《外科精要发挥》、《本草衍义补遗》、《风水问答》凡七种。[①]

朱震亨弃文从医并最终走上解人病苦的行医之路，应与其家人的健康状况以及浙东地区医学欠发达的情形不无关系。正如宋濂所言："初，先生壮龄时，母夫人病脾，颇习医，后益研磨之。"[②]此外，震亨的业师许谦"素多疾，金先生病革，徒步往省之。……门人朱震亨进曰：'先生视稍偏矣。'先生更肃容端视，顷之，视微瞑，遂卒，享年六十八"[③]。上引史料表明，朱母倍受肺疾折磨和良师死于病疴的现实或许是丹溪先生走上从医之路的重要原因之一。如前所述，朱震亨的父亲很早就离开了人世，其妻戚氏亦先丹溪三十五年而亡故，死因是否直接与疾病有关，史无明文。这里我们有必要说明一点，朱震亨的岳母是他的亲姑姑，其妻则是戚象祖（1254—1331，字性传）与其姑姑所生之长女。如此看来，戚、朱两家世相婚姻，由来已久。[④]笔者通过爬梳资料发现，朱震亨的岳父母及其家庭成员的身体状况不容乐观。他的表弟戚宗仁（？—1324）因身染瘴疾死于象州（今广西）阳寿县龙门之地；而其岳母（即姑姑）亦因"丧子过哀成疾"，遂于至顺元年（1330）卒于太平寓舍。次年（1331），其岳丈又撒手人寰。若以丹溪先生与其妻同龄而论，后者在四十岁上下便离开了人世。戚象祖次子戚崇僧（字仲咸）不仅是朱丹溪的表弟，两人还一起师从许谦问学。此人"博通经史，旁及诸子百家，尤潜心于儒先性理之说，探幽发微，必极其根柢而后已，同门推为高弟。"[⑤]然而令人遗憾的是，朱丹溪这位表弟也于至正十三年（1353）十一月十三日因疾卒于太平。表弟之妻朱氏在至治三年（1323）也过早地离开了人世。

以上所及表明，朱氏和戚氏两大家族相互联姻的现象在浙东并非鲜例。同时我们还发现，疾病和死亡时常伴随着这两个家族的成员，这或许是激发朱丹溪最终走上行医之路的内在动因。

浙东的医学是如何兴起并得以发展的？这个问题非常值得探赜。丹溪的业师罗知悌精于医术，他是在继承"金士刘完素之学，而旁参于李杲、张从正二家"[⑥]的基础上，逐步摸索、总结而最终形成自己独特的医术。据《金史·方伎传》称，"刘完素字守真，河间人。……好用凉剂，以降心火、益肾水为主"。而"张从正字子和，睢州考城人。精于医，贯穿《难》、《素》之学，其法宗刘守真，用药多寒凉，然起疾救死多取效"[⑦]。由此可见，刘守真、张子和等一代名医皆在今河北一带兴起。至于医学为何率先在北方发端的原因，元代名儒虞集总结道："中原至于北方，风气坚劲，禀受雄壮，饮食充后，肤理严密，大实大满之族，常常有之。为河间之学，而得其传者，诊脉察证，真知邪之所在，一决而去之，可谓快意而通神者矣。"[⑧]据此不难看出，北方医学的发展，明显

① 宋濂：《故丹溪先生朱公石表辞》，载《宋濂全集》第4册，第2131—2138页。
② 同上，第2134页。
③ 黄溍：《白云许先生墓志铭》，载王颋点校《黄溍全集》，天津：天津古籍出版社，2007年，下册，第460页。
④ 黄溍：《戚君墓志铭》，载王颋点校《黄溍全集》，下册，第581-582页。
⑤ 黄溍：《戚君墓志铭》，载王颋点校《黄溍全集》，下册，第584-585页。
⑥ 宋濂：《故丹溪先生朱公石表辞》，载《宋濂全集》第4册，第2134页。
⑦ [元]脱脱等：《金史》卷131《方伎传》，北京：中华书局，1975年，第2811页。
⑧ 虞集：《医书集成序》，载王颋点校《虞集全集》，天津：天津古籍出版社，2007年，上册，第579页。

要早于江南。黄溍记载的一个事例似乎也能说明这个问题。平江（今苏州）名医葛应雷（1266—1323，字震父）的父亲葛从豫深谙医术，他于“九流百家靡所不通，尤工于医”。应雷在父亲的影响下，取家中所臧《灵枢》、《素问》诸书，研穷精覆，深通此道。浙西提刑按察司判官李某是中州名医，葛应雷延邀其为令尊医病并借此机会请益。两人在交谈中，李氏深为葛应雷的医道折服，于是将家中所藏刘守真、张洁古（即金代易州名医张元素）的医书奉上，自此两人互为切磋，相得益彰。大德十年（1306），葛应雷出任平江路医学教授，著有《医学会同》二十卷，因此江南人有言：“刘、张之学，始自葛应雷。”[①]上述说法似不为过，尽管葛应雷出身医学世家，他却是在中州名医李某的无私帮助下，逐步了解和掌握了北方刘完素、张元素医学的精髓并逐步走上成功之路的。同时，李氏父子为江南拥有葛应雷这样的良医惊愕不已。这种情况的出现从另一种意义上说明，类似葛氏父子深通医术者在当地并不多见，他们还不足以代表江南医学发展的整体水平。宋濂对江南医学的兴起有自己独到的见解，他记载说：“夫医之为道，本于《内经》，其失传盖已久矣。金之诸儒刘守真辈，独能远紹绝学，至（丹溪）先生始三传，则授受之正，不言可知矣。”[②]在宋濂看来，金代的刘完素、杭州的罗知悌和朱彦修分别是金元时代医学的代表人物。实际上，在朱彦修之前，江南地区已经涌现不少医学人才。婺州浦江人柳贯的曾祖柳蕴“韬晦弗仕，而寓迹于医”[③]。有些地区甚至出现了一门四代世相从医的家庭，浙西医者倪维德（1303-1377），字仲贤，先世原居于汴梁（今开封），其祖父倪秀文挟医术游江南，遂定居吴郡。维德的父亲倪鼎亨，能绍家学，名闻乡里。仲贤自幼好学，年稍长惟以医学是攻。“取《皇帝内经》，日研其奥旨，见其疏陈治法，推究原本。……泰定中，得金季刘完素、张从正、李杲三家之书读之，知其与《内经》合，自以所见不谬，真积力久，出而用药，往往如神，奇证异疾，一经诊视，有如辨白黑，毋少爽者。……而其子倪起，通儒书，亦以医鸣于时”[④]。如若倪维德一家四代在浙西从医者并不多见，维德本人除切脉、医人疾疢外，还综合各家眼科方论，著就《原机启微集》若干卷。其声望和医术堪与浙东朱丹溪相轩轾。

而家居江南的名医张仁斋“从陈鼎庵受《内经之学》，而与刘（守真）、张（从正）、李（明之）三家之书，无不贯通，故用药多奇验。”[⑤]还有一些出生于北方的名医，南下江浙一带传播医术，著书立说，与当地名儒结为至交，深受当地民众的敬重。许昌人滑寿，字伯仁，自号撄宁生。此人博通经史，精于医术。在宋濂看来，“江南诸医未能或之先也”，著有《素问钞》、《难经本义》行于世。此外，他还以《内经·骨空》诸论及《灵枢·本输》篇所述经脉未易释解之词义者，条分缕析，详加注释，编成《医家十四经发挥》三卷，宋濂为之序。[⑥]

---

① 黄溍：《成全郎江浙官医提举葛公墓志铭》，载王颋点校《黄溍全集》，天津：天津古籍出版社，2008年，下册，第554页。

② 宋濂：《题朱彦修遗墨后》，载《宋濂全集》第2册，第809页。

③ 黄溍：《翰林待制柳公墓表》，载王颋点校《黄溍全集》，下册，第723页。

④ 宋濂：《故倪府君墓碣铭》，载《宋濂全集》第2册，第1343—1345页。

⑤ 宋濂：《赠惠民局提领仁斋张君序》，载《宋濂全集》第2册，第932页。

⑥ 宋濂：《〈医家十四经发挥〉序》，载《宋濂全集》第4册，第2020-2021页。

毋庸讳言，朱丹溪的医学成就与北方医者南下及其传播医术的活动密不可分。与其说朱丹溪是刘守真医术在江南地区的传承者，毋宁将其及众弟子视作共同推动元末江浙医学进步的先驱。浦江戴原礼是宋濂的同乡，他生于儒学世家，自幼敏求好学，后来前往乌伤（今浙江义乌）师事朱丹溪学医，朱氏见其颖悟超常，遂倾心教授，成为远近闻名的医者。[①]值得一提的是，戴原礼的父亲戴士垚（1307—1349，字仲积）也是朱丹溪的学生。正如宋濂所说："先生（指朱丹溪）之弟子虽众，得其真切者，唯仲积父子为优。"[②]不幸的是，戴士垚早亡，"原礼以其学行于浙河之西，从之者日益众。"[③]戴仲积的弟弟戴叔能与宋濂为同门友，且交往最久。仲积有两个儿子皆承继先志从医，他们分别是戴思恭和戴思温，[④]至于"原理"究竟是两人中谁使用的"字"，笔者未得其解，有待确证。通过以上叙述可以发现，师传和家传是江南医学得以快速发展的重要途径。

宋濂与朱震亨的交往以及相互间的关系，是值得探讨的另一个问题。宋濂本人记载说："予尝从先生游，而交原礼诸父间甚欢"[⑤]。于此看来，宋濂也有从朱丹溪问学的经历，并在此时结识了戴仲积、戴原礼父子，彼此相处甚洽，结下情谊。此外，壬辰（1352）秋，宋濂身患疾病，家人"闻丹溪朱先生彦修以医名四方，亟延治之。先生至，既脉曰：'内摇其真，外劳其形，以亏其阴，以耗其生，以收视返德于太虚之庭，不可专籍药而已之也'。因属其高弟子贾君思诚留以护治之。……余疾于是乎告瘳，而贾君有功于余者甚大矣"。[⑥]名医为名儒医病在其时与当下并不少见，更何况他们之间还有一段师生的缘契。十分有趣的是，前述那位恪尽医道、精心护理宋濂的贾思诚不仅是朱丹溪的高徒，还是宋濂的表弟。此人曾同景濂一起师事城南闻先生研习经传，后来忝列朱震亨门墙，"诸儒家所著，无所不窥；出而治病，往往有奇验"[⑦]。江南名医中还有不少人是朱丹溪的学生，限于篇幅，此不一一赘述。笔者研读史料时发现，在江南地区，大凡成功的医士又是学养深厚的儒者，他们同当地知名的文人墨客相互唱酬，彼此结下很深的友谊，宋濂与朱丹溪的交往就很能说明问题。宋濂对朱丹溪敬重有加，他不仅为朱母和丹溪本人撰述《元故朱夫人戚氏墓铭》、《故丹溪先生朱公石表辞》，还纂著《蜀墅塘记》，以此记载朱丹溪在至正四年（1344）夏天带领当地民众修偃筑堤的事功。因此，名医、名儒以及菁英群体对江南基层社会的影响和垂范作用是值得学者关注的新课题。

明初入华日僧及遣日僧使事迹辑考

笔者在披读《宋濂全集》时，辑录了几条明初入华日本禅僧的史料，想必对研究元末明初的中日文化交流有所裨益，现介绍如下。

---

① 宋濂：《送戴原礼还浦阳序》，载《宋濂全集》第2册，第805—807页。
② 宋濂：《题朱彦修遗墨后》，载《宋濂全集》第2册，第809页。
③ 同上。
④ 宋濂：《戴仲积墓志铭》，载《宋濂全集》第4册，第2116—2117页。
⑤ 宋濂：《题朱彦修遗墨后》，载《宋濂全集》第2册，第809页。
⑥ 宋濂：《赠贾思诚序》，载《宋濂全集》第3册，第1975页。
⑦ 宋濂：《赠医师贾生序》，载《宋濂全集》第1册，第53—55页。

一、令仪范堂与简中原要

宋濂在《赠令仪藏主序》中谓："范堂仪公，日本之人也，俗姓藤氏。修习禅观，夙夜匪懈。至正壬寅（1362）秋，航海自闽抵浙，参叩尊宿，咨决法要。洪武癸丑（1373）冬，复来蒋山为侍者，寻迁掌藏史，丛林中以法筵龙象期之。范堂以予颇究内典，圆顶方袍之士，无不获文句而去，谒予以征赠言。"[①]据此而知，日本禅僧范堂仪公初于至正二十二年自福建抵浙江，随侍江南名僧游学。洪武六年来蒋山为侍者，中间相隔十一年，其行业踪迹无从考明。宋濂另撰《赠简中要师游江西偈序》亦云："方外范堂仪公来言：'同胞有原要字简中者，日本之人也，姓藤氏，为其国贵族。依能仁国济国师给洒扫之役。久之，国师为薙落，受具足戒。……每慕中夏禅宗之盛。洪武甲寅（1374）夏，不惮鲸波之险，航海而来，憩止南京大天界寺。闻江右多祖师道场，欲往礼其灵塔。颇闻古有赠言之礼，世恒相因，先生能不废之乎'？"[②]据上引资料可知，简中原要亦是日本僧人，出身贵胄，因仰慕中华禅宗，欲睹圣迹，遂于洪武七年（1374）泛海抵达中国南京修行。令仪范堂和简中原要两人都是僧人，想必在他们来中国之前彼此已经相识。因此，由令仪范堂代简中原要索序于宋濂当是情理中的事情。从以上引文还不难发现，除江浙外，江西一带的佛教崇奉亦十分兴盛。不然，日僧简中原要为何执意"欲往礼其灵塔"。

二、汝霖良佐

宋濂《跋日本僧汝霖文稿序》称："日本沙门汝霖名良佐，远州高圆人，姓藤氏"[③]。业师陈得芝先生考证认为，汝霖于元至正二十七年（1367）来华，其时江南已在朱元璋治下，宋濂此跋系洪武九年（1376）应其请而作。[④]该跋文称：汝霖"遍参名山，精于禅观"，"尝掌书记于苏之承天寺，继同五山诸大老入钟山点校《毗庐大藏经》"。[⑤]洪武九年（1376），汝霖良佐"泛鲸波东还，以文鸣其国中。"[⑥]很显然，日本禅僧良佐在华游历时，"凡遇文章钜公，悉趋事之，故得其指教，深知规矩准绳而能使文字从职无难也。"[⑦]因资料有限，我们目前还无法考述汝霖良佐与中国文人交往的情况，但其汉学造诣深受宋濂称许："予读之至再，见其出史入经，旁及诸子百家，固已嘉其博赡。至于遣辞，又能舒徐而弗返，丰腴而近雅，益叹其贤。"[⑧]一位日本禅僧的书稿能得到宋濂的推重，绝非平庸之辈。

三、古先印元

据宋濂《日本建长禅寺古先原禅师道行碑》记载，"禅师讳印元，字古先，世居相州（镰仓），姓藤氏。"八岁时师事圆觉寺桃侯德悟法师，十三岁剃度，受具足戒。此

---

① 宋濂：《赠令仪藏主序》，载《宋濂全集》第2册，第1098页。

② 宋濂：《赠简中要师游江西偈序》，载《宋濂全集》第2册，第1080页。

③ 宋濂：《跋日本僧汝霖文稿序》，载《宋濂全集》第2册，第1073页。

④ 参见陈得芝师：《古林清茂与元代中日佛教文化交流》，载氏著《蒙元史与中华多元文化论集》，上海：上海古籍出版社，2013年，第59页，注释（3）。

⑤ 宋濂：《跋日本僧汝霖文稿序》，载《宋濂全集》第2册，第1073页。

⑥ 同上。

⑦ 同上。

⑧ 同上。

后，遍参诸师门庭，皆无所得。因其仰慕中华佛法渊薮，遂于元仁宗延祐五年（日本文保二年，1318）来到中国求法。起初，他前往天台华顶峰拜谒无见先睹禅师，先睹即为临济宗虎丘派破庵禅系的名僧，然而他却力荐印元前往杭州天目山拜望中峰明本禅师。印元至天目山后，明本见其求法心切，态度至诚，“遽命给侍左右”。至于明本对印元的谆谆教诲，《明本禅师杂录》卷中《示日本元禅人》有一则法语指称：“此心迷成生死，悟成涅槃，然生死之谜固是难遣，殊不知悟之涅槃犹是入眼金尘”[①]。古先印元闻此话语，不觉通身汗下。为时未久，豁然大悟，如入“银山铁壁”，明本禅师为之欣然。其时，虚谷希陵、古林清茂、东屿德海、月江正印诸日僧“各据高座，展化于一方”[②]。印元皆一一前往拜谒，“诸大老见其证悟亲切，机锋颖利，以‘丛林狮子儿’称之”。

元泰定三年（日本嘉历元年，1326），印元随日僧清拙正澄回到日本，正澄在本地弘扬佛法，得到印元的鼎力襄助。历应二年（1329），受京都天龙寺梦窗疏石（1275—1351）国师的邀请[③]，主持甲州（即甲斐，山梨县）慧林寺。此后，历迁京都真如寺、万寿寺、镰仓净智寺。印元兄长新建普应寺后，力请其为开山主持。再后，又主持镰仓长寿寺、圆觉寺。应安七年（1374）正月，印元圆寂，世寿八十，敕谥“正宗广智禅师”封号。

值得一提的是，至正元年（1341）夏，印元对其业师古林清茂心存感激，当他得知日本森禅人立志刊刻古林在金陵保宁禅寺语录的讯息后，高兴地说：“昔尝居其座下，诸彦欲倩为书，时迫东归不果。今当以森公之志，以补所欠”。于是为之劝募，共成其事，于次年（日本北朝康永元年）刊行。[④]

四、明初遣日僧使——仲猷祖阐 无逸克勤

明朝初立，朱元璋统一四海，“华夏归于正统”，周边国家相继奉表纳贡。宋濂记载说：“高句丽最先，交趾次之，流求、琐里又次之。于时日本良怀亦令僧祖来奉表而至。”[⑤]至于这位“入明奉表”的日僧祖来的事迹，《明史》记载说：洪武三年（1370），日本国王良怀“遣其僧祖来奉表称臣，贡马及方物，且送还明、台二郡被掠人口七十余，以四年十月至京”[⑥]。仔细比对宋濂和《明史》的文字，二者略有细微的差异。宋濂称“祖来奉表而至”，而《明史·外国传》谓：“祖来奉表称臣”。孰是孰非？日本学者木宫泰彦研究认为，据怀良亲王一贯的强硬态度推测，不可能奉表称臣。[⑦]笔者认为宋濂的记载和木宫泰彦的分析应当更符合当时的实际情况。

洪武五年（1372）五月，朱元璋念及日僧祖来远道而至，特颁布诏令，命明州（今浙江宁波）天宁寺主持仲猷祖阐和金陵瓦官寺主持无逸克勤禅僧为使者，护送祖来返回日本，以通北朝持明天皇，希望循唐、宋故事，共修和好。复虑彼此言语不通，选派元

---

① 《明本禅师杂录》卷中《示日本元禅人》，载《禅宗全书》第48册，第333页。

② 宋濂：《日本建长禅寺古先原禅师道行碑》，载《宋濂全集》第2册，第1131—1134页。

③ 宋濂：《日本梦窗正宗普济国师碑铭》，载《宋濂全集》第2册，第1011—1015页。

④ 此据《古林清茂禅师语录》卷5末附《竺仙梵仙跋》。

⑤ 宋濂：《送无逸勤公出使还乡省亲序》，载《宋濂全集》第2册，第894页。

⑥[清]张廷玉等：《明史》卷322《外国传三·日本条》，北京：中华书局，1974年，第8342页。

⑦[日本]木宫泰彦著，胡锡年译：《日中文化交流史》，北京：商务印书馆，1980年，第512页。

末来华修行的日僧椿庭海寿和杭州中竺寺藏主权中中巽两人为随行翻译。笔者认为，我们有必要弄清楚这两位护送者的身份以及出使情况。

据宋濂《重刊寂照和尚四会语题辞》和《恭跋御制诗后》记载，天宁寺禅师祖阐，字仲猷，浙江慈溪人，俗姓陈，“少慕佛屠氏，受经于慈溪之龙山寺。寺逼近官道，迎送宾客无虚日，即杖锡江湖间，冥心兀坐，恨山不深、林不密，所见甚超诣。久之，典法藏于金陵之蒋山，道益隆而名益著。及四海弗靖，无逃遁之地，复归龙山，独处一室，泊如也。今受知于司徒荣禄方公，公命主持同里之香山寺，上人力辞，不许，乃勉就命。”[①]明初，升住明州天宁寺，广开法筵，祛妄解惑。普济群生。经考察，仲猷祖阐是寂照禅师元叟行端（1255—1341）的及门弟子，因其德高望重，“今天子闻而嘉之，诏使日本，宣布圣意，日本人首抢地从化。上大悦，其往也，御制饯章，其返也，亲赐内馔”[②]。

与仲猷祖阐一起护送日僧回国的另一位禅僧无逸克勤，浙江萧山人，俗姓华，少学浮图，“通儒释书，湛堂法师（元代最著名的天台宗“觉先系”高僧—引者注）诸孙也。”[③]明初，被选为金陵瓦官寺主持。这里需要指出的是，仲猷祖阐是天宁寺的禅师，无逸克勤则是瓦官教僧。“瓦官教”为何种宗教？不甚明了。笔者怀疑，宋濂很可能将“瓦官寺”误作“瓦官教”。据业师陈得芝先生考证，“瓦官寺”又名“崇胜戒坛寺”，故谓之“瓦棺阁”，李太白所谓“钟山对北户，淮水入南荣”者，又《横江词》“一风三日吹倒山，白浪高于瓦棺阁”是也。按《至正金陵新志》所附地图，该寺在饮虹桥之河南标有“凤凰山”，即凤凰台。按，“瓦官寺”在凤凰台之右。“饮虹桥”即今新桥，凤凰台即今南京花露岗，瓦官寺原址当在今凤游中学附近。[④]戒坛寺（即瓦官寺）和保宁寺在南宋中后期曾遭破坏。入元后当有所恢复，在古林清茂主持的八年间，其地位已经不亚于十刹之一的蒋山太平兴国禅寺（灵谷寺），吸引了许多来元的日本和高丽禅僧到此参谒、挂锡。特别是古林清茂的高足竺仙梵仙应邀赴日，弘扬师学，更在日本扩大了古林清茂的影响和瓦官寺、保宁寺的声名。如此看来，朱元璋派遣瓦官寺禅僧无逸克勤出使日本是非常合适的人选。

另据宋濂《恭跋御制诗后》记载，此次出使甚为隆重。明太祖朱元璋赐以法器、禅衣等物，并诏令太官进馔饗于武楼下。其时，大天界寺禅师宗泐赋诗饯别，众大臣和儒僧竞相和答，得诗一十八韵。朱元璋阅毕，欣然命笔，俯赐和之：“释门宏胜，无理不该，无事不摄。其于忠君爱物之心，亦甚悬悬。凡可以致力，虽身命将弃之，况其余者乎？人徒见其厌离生死，辄指为寂灭之行。呜呼！此特见其小乘者尔，吾佛之为教，岂至是哉？”[⑤]，

洪武五年（1372）五月，仲猷祖阐和无逸克勤一行自明州出发，五日后，到达肥前的五岛，再经五日，抵博多。这次航行比较顺利，没有遇到征西府的阻挡。

①[明]乌斯道：《送阐上人住香山序》，《乌斯道集》卷8，杭州：浙江古籍出版社，2012年，第185页。

②乌斯道：《二兰斋记》，《乌斯道集》卷6，杭州：浙江古籍出版社，2012年，第148页。

③宋濂：《送无逸勤公出使还乡省亲序》，载《宋濂全集》第2册，第894页。

④参见陈得芝师：《古林清茂与元代中日佛教文化交流》，载氏著《蒙元史与中华多元文化论集》，上海：上海古籍出版社，2013年，第61—62页。

⑤宋濂：《恭跋御制诗后》，载《宋濂全集》第2册，第926页。

明使遂于六月二十九日顺利到达京都。进入嵯峨的向阳院，直到八月二十九日离去，在京都逗留了两个月。[①]此与宋濂“祖阐受命而行，自翁州启棹，五日至其国境。又逾月，始入王都，馆于洛阳西山精舍”[②]的记载相吻合。

然而当仲猷祖阐、无逸克勤一行抵达日本九州时，仍不免受到拘禁的不公正待遇。宋濂记载说：“先是，日本王统州六十有六，良怀以其近属窃据其九都于太宰府，至是被其王所逐，大兴兵争。及无逸等至，良怀已出奔。新设守土臣疑祖来乞师中国，欲拘辱之。无逸力争得免，然终疑勿释。守臣白其事于王。王居洛阳，欲延阐主持天龙寺，无逸独先还。无逸奉扬天子威德，论以祸福，必期与阐俱。王闻其志不可夺，命舆马来迎，经涉北海。时近六月，大山高插霄汉，积雪如烂银。行一月始至，馆于洛阳西山向阳精舍。”[③]留居京都期间，仲猷祖阐和无逸克勤与热衷于文字诗赋的禅僧多所往来，应请为其删改诗作，撰写序跋等。[④]同时，“一遵圣训，敷演正法”，且“申布威德，罔间内外，所以遣使者来之意”[⑤]。

这两位高僧除了完成向日本国王传达朱元璋诏敕的使命外，仲猷祖阐“以善道行化”，日本僧人对其敬信无比，“以为中华之禅伯，亟白于王，请主天龙禅寺。寺乃梦窗国师道场，实名刹也。祖阐以无上命，力辞之”[⑥]。无奈，日本柄国政者重申主持天龙寺之请，无逸克勤慷慨陈词道：“‘我使臣尔，非奉帝命不敢从。王如欲（祖）阐敷宣大法，宜同往请于朝。否则有死而已’君臣闻之，皆大愧服”[⑦]。

仲猷祖阐和无逸克勤一行离开京都归国途中，顺道拜访了征西府，向日本国王良怀赠送了《大统历》及文绮、纱罗等物。[⑧]但良怀国王对明朝心存戒意，怀疑朱元璋有迫令日本奉明正朔之嫌，把二僧拘留两年之久，直到洪武七年（1374），他们才获释回国。

同年五月，祖阐与无逸等自日本九州登舟，经五昼夜的跋涉抵达昌国州（今浙江舟山）。旋即赴南京觐见明太祖复命，朱元璋仍召见于端门。无逸克勤备陈出使的经历，仲猷祖阐也附奏说：“岛夷不知礼仪，微勤，臣不能再瞻龙颜矣。”寥寥数语道出了他们在出使过程中遭遇的种种不测与艰辛。朱元璋对其表现很满意，时值“僧祖阐、克勤等还自日本，赐祖阐、克勤白金人百两，文绮、帛各二匹。从行僧白金、绮帛有差。”[⑨]此外，朱元璋还颁诏特命无逸克勤的父亲华毅“加冠出仕”，又念及两人已离家三年，遂赐其还乡省亲。

（尚衍斌，1958 年生，历史学博士，中央民族大学历史文化学院教授。北京：100081）

①任宜敏：《明初遣日僧使考》，《江海学刊》2008 年第 4 期。
②宋濂：《恭跋御制诗后》，载《宋濂全集》第 2 册，第 926 页。
③宋濂：《送无逸勤公出使还乡省亲序》，载《宋濂全集》第 2 册，第 894 页。
④ [日]木宫泰彦著，胡锡年译：《日中文化交流史》，北京：商务印书馆，1980 年，第 513—514 页。
⑤宋濂：《恭跋御制诗后》，载《宋濂全集》第 2 册，第 926 页。
⑥宋濂：《恭跋御制诗后》，载《宋濂全集》第 2 册，第 926 页。
⑦宋濂：《送无逸勤公出使还乡省亲序》，载《宋濂全集》第 2 册，第 894 页。
⑧[清]张廷玉等：《明史》卷 322《外国传三·日本条》，北京：中华书局，1974 年，第 8342 页。
⑨《明太祖实录》卷 89，洪武七年五月甲午条纪事，第 1578—1579 页。

索多巴·洛追坚赞《回遮蒙古之历史》初探

哈斯朝鲁

内容提要:《回遮蒙古之历史》是西藏佛教宁玛派高僧索多巴·洛追坚赞撰写的具历史兼自传双重性质的一部著作。它记述了自1240年阔端汗时期至1614年蒙古进军西藏和西藏喇嘛、咒师（包括索多巴本人在内）等对这些蒙古军队实施各种回遮仪轨的情况。其中，索多巴时期的记录尤为详细。此部分的绝大多数历史事件也是其他蒙、汉、藏文文献缺载的。《回遮蒙古之历史》是对蒙藏关系，尤其是16世纪末17世纪初蒙藏关系研究具有较高学术价值的文献。由于五世达赖喇嘛掌权后，公开宣布对索多巴、其最亲近的上师希布令巴和其主要弟子贡日贤潘多吉的不满，在西藏查禁他们的著述、伏藏及仪轨。目前，国内学界对索多巴及其著作研究较少。本文对《回遮蒙古之历史》的相关问题进行初步探讨，旨在向国内学术界及广大读者介绍《回遮蒙古之历史》及其相关背景。

《回遮蒙古之历史》（*Sog bzlog bgyis tshul gyi lo rgyus*，以下简称《历史》）是西藏佛教宁玛派高僧索多巴·洛追坚赞（Sog bzlog pa Blo gros rgyal mtshan，1552—1624）撰写的具历史兼自传双重性质的一部著作。它记述了自1240年阔端汗（1206—1251）时期至1614年蒙古进军西藏和西藏喇嘛、咒师（包括索多巴本人在内）等对这些蒙古军队实施各种回遮仪轨的情况。其中，索多巴时期（自1583索多巴从其上师希布令巴接受“回遮蒙古”的重任与相关经文至1614年索多巴最后一次实施回遮咒术为止）的记述即索多巴是怎么成功回遮蒙古人而获得“索多巴”称号的部分较为详细。此部分的绝大多数历史事件也是其它蒙、汉、藏文文献所缺载的。《历史》是研究蒙藏关系，尤其是16世纪末17世纪初蒙藏关系研究具有较高学术价值的文献。

一、作者

索多巴·洛追坚赞（Sog bzlog pa Blo gros rgyal mtshan，1552—1624）是藏传佛教宁玛派喇嘛，是集咒师、宗教仪轨师、医师和学者于一身的重要人物。他以“索多巴”（Sog bzlog pa）闻名当时，又以此为后世所熟知。“索多巴”之“索”（Sog）即“索波”（Sog po）指“蒙古人”；“多”即（多巴）（Bzlog pa），为“回遮、阻挡、防御”之意；“巴”（pa）意为“……的人/……者”。“索多巴”意为“回遮蒙古人的人或回遮蒙古者”。索多巴·洛追坚赞基于其上师希布令巴（Zhig po gling pa，1524—1583）伏藏《回遮军队二十五种》（Dmag bzlog nyer lnga），对当时屡犯西藏的蒙古军队实施御敌术，按其说法以“咒术奏效”而获此称号。

迄今为止，尚未发现记述索多巴本人生平的《自传》或他人为其撰写的《传记》等著作。这里，结合索多巴一些著作里的零星记载和《前译大圆满教法源流》（Snga ’gyur rdzogs chen chos ’byung chen mo）所载索多巴简传，对其生平进行简单介绍如下：

索多巴·洛追坚赞以涅译师（Gnyags Jñānakumāra，8世纪）之化身而闻名，出生于后藏叶如（G.yas ru）塔东卡（Thag gdong khar）地方的董（Ldongs）姓家族,俗名诺布旺杰（Nor bu dbang rgyal）。(215.4*) ① 他自小通晓术语学（tha snyad kyi rig pa），尤其擅长医明。少年时侍从第巴东卡瓦（Gdong khar ba），因此，以“东卡措且”（Gdong khar 'tsho byed）② 闻名。中年出家，晋谒喇钦金刚橛扎巴仁钦（Bla chen rdo rje ’chang Grags pa rin chen)、雍增阿旺扎巴(Yongs ’dzin Ngag dbang grags pa)、白玛令巴（Pad ma gling pa，1450—1521）心传弟子达瓦坚赞（Zla ba rgyal mtshan，1499-1587）、伏藏师希布令巴（Zhig po gling pa，1524—1583）、多杰僧哥（Rdo rje seng ge）等诸上师聆听无边法门。尤其从夏密·多杰坚赞（Sha mi Rdo rje rgyal mtshan）处听受《集聚经之细说圆满四海之授权口诀常规》（’dus pa mdo’i chub bo bzhi rdzogs kyi dbang gtad rgya bshad pa gdams ngag phyag）等，密号为直美达夏载（Dri med zla shar rtsal）。晚年，他居住在名为娘麦吉布（Nyang smad Skyid sbug）的地方，专心修行。③

索多巴起初跟仁蚌家族关系比较密切。后来，又投靠藏巴汗，成为他的门客。索多巴是怎样成为仁蚌家族的政敌藏巴汗的门客，我们不得而知。第司藏巴作为他的新施主，给索多巴一座寺庙，提供所需原料，让他实施回遮蒙古军队之咒术。索多巴的一部著作《答复郭卓喇嘛》（Bla ma go ’jo’i dri lan）也是阳水鼠年（1612）在第司藏巴的桑珠孜（Bsam grub rtse）大宫廷里写作完成的（212.1）。

索多巴·洛追坚赞不仅在当时，而且也在后世都是颇具争议的人物。索多巴要求他人也实施“回遮蒙古”仪轨之时被一部分人直接拒绝。有的人怀疑索多巴“回遮蒙古”之举纯属追逐个人名利。甚至，希布令巴的一些弟子声称希布令巴没有索多巴所说的那些伏藏。索多巴原来的施主本喀奈（Bong mkhar nas）过世时，人们纷纷指责是索多巴毒害了他。迫于形势，索多巴不得不逃离该地。即使是在第司藏巴门下，部分霍尔和藏人向藏巴汗进“谗言”反对索多巴。

五世达赖喇嘛（Ngag dbang blo bzang rgya mtsh，1617-1682）掌握西藏政教大权以后，指责索多巴是个骗子，禁止学习、修炼其教法，禁止传播其著作。因此，在国内索多巴及其著作被鲜为人知。五世达赖喇嘛圆寂后，索多巴的影响在宁玛逐渐恢复。尤其是他的弟子古热瓦贤翩多吉（Gong ra Gzhan phan rdo rje，1594-1654）在五世达赖喇嘛

* 205 为页数，1 为行数即第 205 页第一行。下同。

① 索多巴·洛追坚赞：《回遮蒙古之历史》，《索多巴文集》（第一卷）203-259，桑杰多吉编，新德里，1975 年，（Sog bzlog pa Blo gros rgyal mtshan . Sog bzlog bgyis tshul gyi lo rgyus. Sog bzlog pa Blo gros rgyal mtshan dpal bzang po’i gsung ’bum bzhugs so. vol. 1, 203--259. New Delhi: Sanje Dorji, 1975.）

② 东卡措且（Gdong khar ’tsho byed）意为“东卡地方之医生。”

③丹增隆多尼玛：《前译大圆满教法源流》，中国藏学出版社，北京，2004 年，第 191-192 页（Btan ’dzin ling rtogs nyi ma. Snga ’gyur rdzogs chen chos ’byung chen mo. krong go’i bod rig pa dpe skrun khang, pe cin, 2004）

掌权时，逃到锡金，继续传播希布令巴和索多巴的教法。由此，索多巴的教法在不丹、锡金等地佛教界影响较大。①

索多巴一生著述丰富。从其文集目录表来看，他著有传记、宗教仪轨、宗教理论、教法史、问答（dri lan）……等大小不等的近百部作品。其中，大部分著作现已失传。迄今，1975年，名为桑杰多吉的出版商从尊者敦珠仁波切（Bdud 'joms 'jigs bral ye shes rdo rje，1904-1987）图书馆收藏的唯一但不完整的乌简体手稿复制，由金·史密斯（E. Gene Smith，1936-2010）做序的《索多巴文集》第一、第二两卷本在印度新德里出版。其中收录索多巴25部著作。1985年《迄今为止尚未发现的宁玛派大师索多巴·洛追坚赞几部著作》在印度锡金出版。此版收集索多巴5部著作，其中4部是上述两卷“文集”里所没有的。②1992年由土丹坚赞整理出版的拉萨布达拉宫馆藏宁玛派高僧著作目录《宁玛派文集目录》（Thub bstan rgyal mtshan. Rnying ma'i gsung 'bum dkar chag. Lhasa: S.N., 1992.）收录索多巴2部著作的目录。另外，索多巴撰写的《莲花生大师传》在国内外多次出版。③

二、版本

《历史》全文共57页④，每页6行，长条经文式，手写本，包含在《索多巴文集》第一函（203-259）内，是迄今所知唯一版本。

三、结构与内容

《历史》由赞颂（204.1-204.3）、缘起（204.3-206.1）、正文（206.1-259.6）三部分组成。

缘起（204. 3-206. 1）部分，索多巴首先简单描述自己生平，接着交代接受并实施“遮回蒙古”咒术的原由和撰写此文的目的。索多巴声称自己本是才疏学浅，能力有限，但是，不能违背囊则哇（Snang rtse ba）即其上师希布令巴（1524—1583）的命令，由此，“遮回蒙古人”的重任落到他身上。而撰写此《历史》旨在通过记述和歌颂成功回遮边地军队、使西藏和平幸福之功德，以此来激励后继者。

① 详情请见詹姆斯. 金特里:《物质与意识：西藏仪轨大师索多巴·洛追坚赞生平、著作和遗产中的权力对象》，哈佛大学博士论文，2013年，第五章（Gentry, James. Substance and Sense: Objects of Power in the Life, Writings, and Legacy of the Tibetan Ritual Master Sog bzlog pa Blo gros rgyal mtshan, Ph. D dissertation, Harvard University, 2013年）

② 詹姆斯. 金特里:《物质与意识：西藏仪轨大师索多巴·洛追坚赞生平、著作和遗产中的权力对象》，哈佛大学博士论文，2013年10月，第151页

③ 这些分别是 Sog bzlog pa Blo gros rgyal mtshan. Slob dpon chen po sangs rgyas gnyis pa'i rnam thar yid kyi mun sel, Indo-Tibetan Buddhist Literature Series, vol. 108. Rewalsar, Distt. Mandi, H.P., India:Zigar Drugpa Kargyud Institute, 1985. Bka' thang yid kyi mun sel. In Sngags mang zhib 'jug, 6, 1-81. Zi ling: Zi ling mi rigs par ' debs bzo grwa, 2003. Slob dpon sangs rgyas gnyis pa padma 'byung gnas kyi rnam par thar pa yid kyi mun sel. In dPal o rgyan gyi gu ru padma sam bha ba'i rnam thar gyi skor, 475-792. Berkeley: Dharma publishing, 2005. Slob dpon sangs rgyas gnyis pa padma 'byung gnas kyi rnam par thar pa yid kyi mun sel. Delhi: Chos spyod Publications, 2005. Slob dpon padma 'byung gnas kyi rnam thar yid kyi mun sel. Lhasa: Bod ljongs mi dmangs dpe skrun khang, 2010.

④ 这是出版后新加的阿拉伯数字页码，没有正反面之分。原文藏文页数为29页。

正文又可以分为两部分即往昔之本生（snyon byung ba yin pa'i skyes rab: 206.1-217.3）和如何做之次第（ji ltar bgyis pa'i rim pa: 217.3- 259.6）。

叙述本生(skyes rab)是典型的传记体文学的开头部分。这里索多巴简单介绍了自己是涅·甲纳古玛热（8 世纪）的语之化身。而涅·甲纳古玛热又是在松赞干布（7 世纪）时期的内相纳钦波（Nang blon Sna chen po，7 世纪）之化身（206.2—207.2）。之后，索多巴进行话题转换。他说"回遮蒙古"之事已超过他能力所及的范围，人们也没有这种愿望，自己也从正人君子进入江湖骗子行列，又对自己在山间自由行走、进行修行产生障碍。原本打算行事能产生福德之事，安度余生。不料，羊（1583）年，其上师希布令巴（1524—1583）一遍又一遍地派人来传唤。当时，索多巴由于生病，未能及时前往。后来，仁蚌巴下达命令，索多巴去了囊则(Snang rtse)即希布令巴处（207.2—208.1)。索多巴到达囊则时，希布令巴（1524-1583）已病危，甚至谣传已过世[①]。经索多巴精心治疗后，除了右手稍有不适外，身体明朗了许多。希布令巴对其侍从和亲戚们通过讲述自己的梦境说自己即将离开人世（208.3-209.1）。他还说他死后,蒙古人要来西藏。为此,他通过讲述梦境所见益希措杰（Ye she mtsho rgyal，8 世纪）给索多巴灌顶的情形，试图以此来证实索多巴就是其继承人，想要把"回遮蒙古"之事托付于他。自此开始了希布令和索多巴师徒二人间所进行的较长对话。刚开始，索多巴直言对其没有产生任何诸如希布令巴所描述的那些征兆。希布令巴又令其侍从把他的那些经书从其卧室的匣子里拿了出来。希布令巴与其森本（gzim dpon）拉达瓦（Lha dar ba）两人抄写那些经书，做一些宗教仪轨之后，交给索多巴，并叮嘱道这是伏藏经《殊胜汇集》(Rgyal ba 'dus pa)[②]的一部分，只是时机未成熟而闲放而已，要他好好保管。接着，又把《授记密印》(Lung bstan gab rgya can）交给了索多巴。这时，索多巴心想"在我有生之年哪会有蒙古人要来，即便要来，这'回遮蒙古'也不是我力所能及的事情。"因此，他假装成要精心保管好这些经文的样子。(209.2—210.5）这时夏尔巴的一个官员生病，派人邀请索多巴。刚开始几次，希布令巴没有允许他离开。最后，由于仁蚌雪仲（zhabs drung）下达措辞严厉的命令，因此，这次索多巴不得不去。这时希布令巴向索多巴再次嘱托把"回遮蒙古"之事就像佛陀把教法委托给饮光尊者那般看待。第二天，索多巴携带那些经文来给希布令巴把脉。脉相趋于稳定。于是，索多巴顺便提出"回遮蒙古"应该是珠古仁波切德钦令巴(Bde chen gling pa)等高僧大德要做的事情，他一个卑微的连衣食都尚无保障的家奴难担此重任，敬请希布令巴谅解。希布令巴听后很是生气。接着，希布令巴又以讲述净像、梦境，引用授记等等多种方式来说服索多巴接受"回遮蒙古"的重任。最终，索多巴虽然内心还不是完全愿意，但这确实是其上师临终前的遗言，因此，便答应接受此重任。(210.3-216.3）紧接着，索多巴重申实施这种"回遮蒙古"咒术，仅是为了不

① 索多巴·洛追坚赞:《希布令巴传》,《索多巴文集》(第一卷)1-202，桑杰多吉编，新德里，1975年 第98页（Sog bzlog pa Blo gros rgyal mtshan Rdzogs chen pa sprul sku zhig po gling pa gar gyi dbang phyug rtsal gyi skyes rabs rags bsdus dang rnam thar. Sog bzlog pa Blo gros rgyal mtshan dpal bzang po'i gsung 'bum bzhugs so. vol. 1, 9—109. New Delhi: Sanje Dorji, 1975.）: 98

② 这是希布令巴掘出的伏藏经。详情参见 Rin chen gter mdzod chen mo, vol. 30 (dza) (Paro:Ngodrup and Sherab Drimay, 1976-1980): 293-346.

违背其上师的遗言，而并非自己肆意编造，贪图个人名利。（216.3—217.3）

第二部分是“如何做之情形”。这里，索多巴依据授记所示，把边地军队来犯西藏分成三个阶段来进行叙述。

第一阶段为自阔端汗至元朝西藏萨迦政权时期(217.3-219.4)。这里记录了自铁阳鼠（1240）年阔端汗（1206-1251）派多达（Dor rtog）进藏至八思巴（’Phags pa Blo gros rgyal mtshan,1235-1280）圆寂后，元朝军队入藏协助萨迦派平息叛乱等一系列军事行动以及针对这些军事威胁，西藏僧人、咒师、本教徒等以各自的方式实施御敌仪轨等情形。此时实施“回遮蒙古”咒术的代表人物为阳滚巴（Yang dgon pa）等。

蒙古军队入藏之第二阶段是白马令巴（1450-1521）的晚年时期和随后的几十年(219.5-228.3)。这里主要讲述白马令巴、巧丹贡布（Mchog ldan mgon po,1497-1557）、达瓦扎巴（Zla ba grags pa,1499-1587）师徒三人进行回遮蒙古的情况。白马令巴根据一些伏藏经里的授记，预示蒙古人要入藏及防御其之方法。临终前，白马令巴把防御这些灾难的重任委托给其弟子巧丹宫布。巧丹贡布虽然采取一系列措施，但还是未能彻底防御敌人。所以，此任务又落到白马令巴之子兼心传弟子达瓦扎巴（1499-1587）身上。达瓦扎巴试图要完成剩余的所有任务，但是，最后一个即“把遗骨安放到萨普（Zab bu ）”这项未能完成。因为他本打算把遗骨安放于萨普而临终前去了西藏。但他的僧徒们把他的骨灰迎请至门域，从而产生索多巴时期的蒙古人进军西藏事件。这里也提到巧丹贡布的两个弟子阿里班钦(Mnga’ ris pan chen) 和日增钦莫（Rigs ’dzin chen mo）兄弟二人实施御敌术之情形。

第三阶段是索多巴时期即索多巴 1583 年从希布令巴处接受《遮回军队二十五种》至 1614 年冬天他最后一次实施“回遮蒙古”之术，把前来侵犯藏区之一支蒙古军队全部埋没于雪堆底之下为止（228.3-254.4）。这也是本文的重点部分。这里，索多巴记述了他实施二十多次“回遮”咒术的情形。据索多巴记述，大部分是成功的。有时，因其他原因还有些是未成功的。但不管成功与否，每一次实施回遮蒙古仪轨之时，都会清楚地交代授记的时间、具体实施者的名字、实施的日数、地点、相应的事件、原因、做完仪轨后的征兆等等。接着，索多巴引经据典对自己所实施的咒术进行了辩解（254.5-255.6）。

结尾部分，索多巴列举了诸多人名即他按照授记，要求他人实施御敌之术时，那些答应下来但未能做或直接拒绝接受的人们（256.1-259.1）和那些接受索多巴的要求，遵照授记实施回遮蒙古仪轨的人们等等。（259.1-259.5）。最后是结尾诗（259.5-259.6）。

四、写作目的

索多巴在《历史》开场白里谈到自己未能推脱自己上师希布令巴的命令，从而“回遮蒙古”的重任就落在他身上。“回遮蒙古”原本是那些大人物们做的事情。索多巴本人才疏学浅，此任务已远远超出他能力范畴。由于实施“回遮蒙军”咒术，索多巴成为他人嘲笑、排挤的对象，甚至好几次都险些丧命。但是，由于诸佛慈悲、邬坚传承护佑，自己动机也纯净，因此，遵照授记成功回遮蒙古军队，使藏区实现太平。如果不讲述此番吉兆，会丢伏藏传承颜面，以后也不会有人回遮蒙军，因此，他写的这个文章是利益佛法的。（205.1-205.6）

由此，我们看出索多巴写此文的目的有以下几个：

1. 给伏藏传承即宁玛派争光

索多巴想通过记述自己成功回遮蒙军的事迹，来给伏藏传承争颜面。索多巴或之前时期，以噶玛巴米觉多吉为首的新派给宁玛派发难。对此，索多巴写了诸多《答复》（dri lan）文章①。索多巴认为《历史》也是证明伏藏及宁玛派合理性的有力依据。因为蒙军进藏时间跟预言一一对应，而且，索多巴遵照授记行事，成功回遮蒙军。

2. 激励后继者

“回遮蒙古”是自讨苦吃别人也不高兴的苦差事。因此，好多人都不愿意做此事。索多巴通过自己成功回遮蒙军的经历，来激励后辈，只要动机纯净，诸佛、伏藏传承会护佑，从而定能成功回遮蒙古军队。

随着印度本土佛教的衰落，西藏佛教逐渐走上自主独立发展的阶段。经过几个世纪的发展，西藏佛教日渐成熟。到了12世纪末，西藏本土的自我中心意识开始出现，从而，佛教中心逐渐从印度转向西藏②。因此，侵犯西藏的蒙古军好比是恶魔之化身，来侵扰佛门净地，毁灭佛陀圣法。

宁玛派自认为莲花生大师的教法和吐蕃王朝最初翻译的佛典等的直接传承者，是藏传佛教最古老、历史最悠久、保存教法原貌最好的教派。

索多巴认为维护伏藏传承与宁玛派教法的神圣性，保护佛土西藏，免遭恶魔蒙古军队毁灭，就是利益佛法的事情。由此，索多巴最后把撰写《历史》的目的升华为“利益佛教”这终极目的。

五、写作时间

索多巴没有交代《历史》写作的具体时间和地点。但是，我们根据《历史》本身所记载的事件，结合当时西藏所发生相关重大历史事件等，可以给《历史》的写作时间划定大致的范围。

据《历史》记载，索多巴最后实施“回遮蒙古”仪轨是在木阳马年即公元1614年。当时，传言蒙古人跟风暴一同到来。伍佑地方的藏区牧民都惊恐不安。此时，索多巴师徒17人入修。第七天出现征兆。先是下暴雪，然后刮狂风，所下的雪就像沙陀般堆起

---

① 详情参见 Sog bzlog pa Blo gros rgyal mtshan .Gsang sngags snga 'gyur la rtsod pa snga phyir byung ba rnams kyi lan du brjod pa nges pa don gyi 'brug sgra bzhugs so. Sog bzlog pa Blo gros rgyal mtshan dpal bzang po'i gsung 'bum bzhugs so. vol. 1, 261-601. New Delhi: Sanje Dorji, 1975. Rgyal ba'i dbang po karma' pa mi bskyod rdo rjes gsang sngags snging ma tnams la dri ba'i chab shog gnang ba'i dris lan lung dang rig ba'i 'brug sgra zhes bya ba bzhugs so. Sog bzlog pa Blo gros rgyal mtshan dpal bzang po'i gsung 'bum bzhugs so. vol. 2, 1-143. New Delhi: Sanje Dorji, 1975.

② 详情参见 Martin, Dan. Tibet at the center: A Historical Study of Some Tibetan Geographical Conceptions Based on Two Types of County-Lists Found in Bon Histories. In Tibetan Studies: Proceedings of the 6th Seminar of the International Association for Tibetan Studies, ed. Per Kvaerne, vol. 1, 517-532. Oslo: The Institute for Comparative Research in Human Culture. Dalton, Jacob. The Taming of the Demons: Violence and Liberation in Tibetan Buddhism. New Haven: Yale University Press, 2011.

的恐怖之象出现。蒙古人连人带马、驮运牲畜等全部被埋于雪堆之下，无一生还。（254.3-254.5）

由此，我们可以界定《历史》是 1614 年或之后撰写完成的。索多巴的卒年为 1624 年，因此，《历史》撰写时间不会晚于 1624 年。

《历史》没有记载 1617 年应格鲁派在西藏的主要支持者施主第司吉雪巴（Sde srid Skyid shod pa）的请求，喀尔喀部的土门肯·昆都仑·楚库尔在为四世达赖喇嘛复仇的名义下，于率领三千多蒙古兵进藏；火落齐之子大小拉尊等率领的蒙古诸部落军队同西藏僧俗联军于 1618 年、小拉尊罗桑丹增嘉措（Blo bzang bstan dzin rgya mtsho）、古鲁洪台吉（Gu ru Hong tha'i ji）二人率领蒙军二千余人于 1621 年分别与藏巴汗交战等当时西藏重大历史事件[①]。由此，我们可以断定《历史》很有可能是在 1617 年前写作完成的。

综上所述，虽然索多巴没有交代《历史》的具体写作时间，但是我们依据《历史》记载的事件和其他藏文史料记载的当时西藏重大历史事件、索多巴的卒年等，把《历史》的写作时间初步划定为 1614 年或之后，1617 年之前，即 1614、1615、1616 这三年的某一年。

六、价值

《回遮蒙古之历史》不仅是集中记述做“御敌之术”情形之作品，而且，又是一部蒙古人进军西藏之简史。尤其是，索多巴时期蒙古进军西藏的记述较详细，其绝大部分也是其它蒙、汉文史书所缺载的。索多巴是当时的历史人物，跟藏巴汗关系也密切，又是“回遮蒙古”的具体实施者。因而，他所记述的这些历史事件应该是比较真实可信的。因此，《历史》对于蒙藏关系史，尤其是 16 世纪末 17 世纪初蒙藏关系研究具有重要的史料价值。

实施回遮咒术需要敌方主要人物的名字。《历史》列出当时右翼蒙古蒙古世系普（236.1- 239.5），由各部落首领、诺颜、台吉、塔布囊、巴都尔等 200 多个人名组成。这是由当时长期居住在蒙古地方后来逃到西藏的蒙古人所提供的。因此，比较真实可信。此世系表，对蒙藏语音对应研究、中期蒙古语研究都具有较高的学术价值，也对 16、17 世纪的蒙古右翼历史人考证等具有较高的价值，可以当作相关蒙、汉文文献的辅助材料来利用。

索多巴·洛追坚赞是 16 世纪末 17 世纪初西藏重要的历史人物、宗教人士。《历史》可以说也是索多巴·洛追坚赞的自传。他在《历史》“缘起”部分简述自己的身世，还两次提到“传记”（rnam thar）二字，表明他撰写的这部著作既是《历史》又是《自传》。《历史》接近五分之四的部分是跟索多巴相关的记载。《历史》可以给人们提供更多有关索多巴的生平信息，对于了解这位神秘而重要的历史人物具有较高的参考价值。詹姆斯.金特里在其毕业论文有关索多巴生平的《一个驱魔瑜珈师的精神与物质生活》（*The*

---

① 详情参见 智观巴·贡却呼丹巴绕吉：《安多政教史》，吴均、毛继祖、马世林译，兰州：甘肃民族出版社，1986 年，第 38-39 页；乔吉：《蒙古佛教史》北元时期（1368-1634），内蒙古人民出版社，2007 年，第 78-80 页

Spiritual and Material Life of an Exorcist Yogi）[①] 部分就是主要引用了《历史》。

《历史》描述实施各种退敌仪轨时的相关情形，诸如实施烧施、抛掷朵马、念休佛经、修缮佛塔寺庙、使用人的头盖骨、画肖像……等等。这些对研究西藏宗教仪轨，尤其是，研究西藏“御敌术”具有重要的参考价值。

《历史》无论是从内容还是体例都是一部别具特色的文学作品。它把授记与史实相结合、韵文体与散文体相结合、传记体例与历史体例相结合，形成一种独特的风格。《历史》可以在藏族文学史占上有一定的地位。

（哈斯朝鲁，男，1980 年生，中央民族大学蒙古语言文学系博士研究生。北京：100081）

① 詹姆斯.金特里:《物质与意识：西藏仪轨大师索多巴·洛追坚赞生平、著作和遗产中的权力对象》，哈佛大学博士论文，2013 年，第 105-150 页。

阐释拓跋早期历史的一部力作

——重读《拓跋史探》

尤 李

内容提要：本文概括归纳了田余庆先生的《拓跋史探》一书的学术贡献和治学方法，指出此书在探讨拓拔早期历史方面的独到见解，以及在研究方法上给予我们的重要启示，最后提出一些值得进一步讨论和补充的问题。

《拓跋史探》系田余庆先生对北朝史经过精细研究、认真打磨之后推出的一部力作。这部论著出版之后，在学术界引起不小的反响。不少学者对田先生的学术观点进行回应或商榷，写出不少书评。笔者攻读硕士学位之时，曾经拜读过田余庆先生的《拓跋史探》一书[①]。如今，时过境迁，田先生的《拓跋史探》又出版了修订本[②]，对原书做了较多改动和补正。笔者阅读这部经典论著的修订版，又有全新的感受。

学术界对北魏王朝的“子贵母死”制度、“离散部落”问题探讨颇多，已经取得不错的业绩。田先生却对这些前人做过不少研究的“熟题”继续探究，极力钩沉常见的、十分零散的材料进行精深的考证和分析，提出了独到的见解，抓住了北魏政治史上“子贵母死”、“离散部落”和“国史之狱”这三个看似毫不相关的政治事件的发展主线和内在联系，来重新阐释拓跋早期的历史。

尽管田先生长于治政治史，但他在讨论拓跋部早期历史之时，十分注重地理环境对部族发育、政治进程的重要影响。他从地理环境来分析拓跋部都城的变迁，从政治中心的变迁来分析部族关系、政治形势，从拓跋部落领袖的墓葬来分析拓跋部早期的活动范围以及其中隐含的政治事件。田先生在《代北地区拓跋与乌桓的共生关系》[③]和《文献所见代北东部若干拓跋史迹的探讨》[④]两文中对一些重要地名（如“东木根山”、“平城”、“新平城”附近的拓跋史迹）进行仔细考证，并由此牵涉出背后更大的历史问题，追踪拓跋振兴的轨迹。田先生的这种学术风格实与近些年兴起的学术热点“环境史研究”及“社会环境史”的取向[⑤]内蕴相通。只是田先生并未明确宣称自己运用这类分析框架，

① 田余庆：《拓跋史探》，生活·读书·新知三联书店，2003年。

② 田余庆：《拓跋史探》（修订本），生活·读书·新知三联书店，2011年。

③ 原载《中国史研究》2000年第3、4期，此据《拓跋史探》（修订本），第99－201页。

④ 原载《燕京学报》新第13期，北京大学出版社，2002年，此据《拓跋史探》（修订本），第232－251页。

⑤ 参见王先明：《环境史研究的社会史取向——关于“社会环境史”的思考》，《历史研究》2010年第1期，第24－29页。在此文中，王先生谈到：学术界开始注重生态环境对社会历史演变、社会变迁的作用，人物、历史事件与环境（包括自然环境、社会环境）的相互作用。

而是将这种理念融入自己的论证和分析过程中。

田先生还从全新的角度解读出土材料。田先生多次利用碑刻的题名来论证部族关系、族群关系、人群分布以及各种政治势力的消长，还对《和林格尔汉墓壁画》提出独到见解。田先生通过对内蒙古和林格尔出土的东汉壁画墓中宁城图的细致入微地分析，来论证东汉护乌桓校尉的职权、农牧交界处的一条东西交通线。田先生还透过内蒙古凉城出土的“晋乌丸归义侯”金印、“晋鲜卑归义侯”金印和“晋鲜卑率善中郎将”银印等官印资料，来探究此中包含的拓跋、乌桓共生的历史趋势[①]。而且，田先生对拓跋猗㐌残碑的分析，不但不放过任何一个细节，还结合当时的历史背景、政治形势来给这方石刻定性，揭示出它所蕴含的深刻内涵，点出其所体现的拓跋发展史上的一个关键转折点及其所牵涉的相关问题[②]。

田先生虽然自谦不太熟悉人类学理论，但他在行文中，仍然将这些理论贯穿于自己的分析之中。探讨北魏后宫的“子贵母死”制度、拓跋与乌桓的共生关系时，田先生多次论及北族部落中的习惯法、“族外婚”制、“收继婚”制对拓跋君位继承及其与乌桓互动过程中产生的影响。如他在《北魏后宫子贵母死之制的形成和演变》一文中对道武帝的母后贺兰氏的死因的分析[③]，在《代北地区拓跋与乌桓的共生关系》[④]、《文献所见代北东部若干拓跋史迹的探讨》[⑤]两文中对桓帝祁后事迹的探析。这些均堪称传统文献考证与人类学理论相结合的典范手笔，颇具启发意义。

田先生对拓跋部与其姻亲部落的复杂关系、拓跋与乌桓的共生关系的精彩分析也同时给予我们这样的启示：在研究民族史时，不要仅仅拘泥于“汉化”—“非汉化”模式，北方各部族之间的交流与互动也是其发育过程中十分重要的一环。但是，这类历史进程往往留下的材料很少，有些史实需要仔细钩沉，甚至加以适当的推测。

另外，田先生以普根父子为例，论及在北魏建国之后，开国皇帝道武帝拓跋珪追尊先人之时，普根父子因为与道武帝本人所继承的拓跋法统没有关系，而未被追尊[⑥]。道武帝追尊先代之君，实即对祖先的历史、皇统世系进行重新改造，等于重新建构一套他所想象的权力传承的“谱系”、他所认可的共同的“历史记忆”，并对他不认同的“过去”进行“选择性遗忘”。这种分析范式又与研究民族主义的著名学者本尼迪克特·安德森（Benedict Anderson）所提出的“想象的共同体”[⑦]理论不谋而合。这类裁减、整理“历史记忆”、对某些不赞成的“过去”进行选择性遗忘，还体现在北魏历史上的两桩“国史之狱”。田先生的《〈代歌〉、〈代记〉和北魏国史——国史之狱的史学史考察》一文采用细腻的笔法一步一步地剖析出道武帝诛史臣邓渊和太武帝杀史臣崔浩的隐情，进而点

---

① 《代北地区拓跋与乌桓的共生关系》，《拓跋史探》（修订本），第133、145页。

② 《关于拓跋猗㐌残碑及拓本题记二则——兼释残碑出土地点之疑》，原载《中华文史论丛》2008年第1辑，此据《拓跋史探》（修订本），第252－262页。

③ 原载《国学研究》第5卷，北京大学出版社，1998年，此据《拓跋史探》（修订本），第37－41页。

④ 《拓跋史探》（修订本），第157－163页。

⑤ 《拓跋史探》（修订本），第249－251页。

⑥ 《代北地区拓跋与乌桓的共生关系》，《拓跋史探》（修订本），第158－161页。

⑦ 详见[美]本尼迪克特·安德森（Benedict Anderson）著，吴叡人译：《想象的共同体——民族主义的起源与散布》，上海世纪出版集团，2005年。

出历代史家必须思考和寻求为学和自处的两全之道[1]，真是发人深省！作为史官，邓渊和崔浩如实记录北魏的开国史。但是，在他们生活的时代，拓跋部已经从部落联盟首领体制进化到专制集权国家阶段。在新的历史时期，汉化的鲜卑人也开始讲究人伦、礼制、君主专制。部落联盟时代因君位传承无序造成残酷丑恶的争权夺利、强后利用外家部落干政、拓跋部在其姻亲部落的庇护之下一步步发育成长等事，用鲜卑人汉化之后的道德、法度来衡量，其实是讳莫如深、极为碍眼的。而且，道武帝在建立君主专制政权之后，逼死其母后贺兰氏、赐死其妻独孤氏，并强制离散其母家贺兰部落、妻族独孤部落，就是欲将后族的势力排挤出权力核心，从而巩固君主专制，同时防止后族干预皇位继承，建立"父死子继"的有序传承制度[2]。实际上，贺兰部、独孤部[3]均为缔造北魏政权的大功臣，拓跋部能够建立国家，也是这些姻亲部落庇护、抬举和扶持的结果。但是，为了巩固专制政权，道武帝一再打压这些姻亲部落（包括杀母杀妻）。他心里想要的其实是一部拓跋部"一枝独秀"的、体面的国史，说得直白一些，就是将拓跋部的某些内斗事件、受姻亲部落卵翼的历史"遗忘"掉。而邓渊不明就里，未按照道武帝的心意裁减某些"丑事"，结果被冤杀。在太武帝统治时期，鲜卑人的汉化程度更深，汉人的礼法制度、伦理道德在朝野的影响力更大。在这样的背景之下，太武帝命令对自己有大恩、历经多年仕宦生涯、又身居高位的崔浩参与撰修国史。崔浩人虽聪慧，蒙受多年皇恩，但就因为修史时对太武帝所谓的"务从实录"之辞揣摩不到位，书写了拓跋建国初期的一些"不典"（这里指按照汉人的价值观念判定为"不典"）之事，没有完全搞清楚人主究竟想保留什么、想掩盖什么。结果，崔浩一不小心就栽倒在修史之事上，不仅自身惨遭屠戮，还酿成崔氏一门之祸。其实，这两桩"国史之狱"，归根结底还是如何对"过去"进行选择性的"记忆"和"遗忘"，对材料进行适当地剪裁，编撰成统治者接受并认可的"国史"的问题。只是北魏史臣邓渊和崔浩均不谙此道，这不能不令人感叹。

研究民族史，尤其是时代较早的民族史，最大的难题即史料匮乏。虽然近年来考古材料不断涌现，档案资源持续刊布，利用民族语言来研究本族的历史日益受到重视，突厥文、契丹文、女真文、西夏文、蒙古文、满文的材料为北方民族史的研究注入了活力，运用本族的一手材料来探讨民族历史与文化成为重要趋势[4]，但系统的汉文史料仍然非

---

①《〈代歌〉、〈代记〉和北魏国史——国史之狱的史学史考察》，原载《历史研究》2001年第1期，此据《拓跋史探》（修订本），第202－231页。

②《北魏后宫子贵母死之制的形成和演变》，《拓跋史探》（修订本），第24－41页；《贺兰部落离散问题——北魏"离散部落"个案考察之一》，原载《历史研究》1997年第2期，此据《拓跋史探》（修订本），第52－66页；《独孤部落离散问题——北魏"离散部落"个案考察之二》，原载《庆祝邓广铭教授九十华诞论文集》，河北教育出版社，1997年，此据《拓跋史探》（修订本），第67－81页。

③ 尽管贺兰、独孤二部之中又分为支持拓跋和反对拓跋的势力，但是，支持拓跋的贺兰部酋领贺讷、独孤部首领独孤（刘）罗辰对拓跋部落发育成长仍然贡献巨大。

④ 参见清格尔泰、刘凤翥等编：《契丹小字研究》，中国社会科学出版社，1985年；耿世民：《古代突厥文碑铭研究》，中央民族大学出版社，2005年；史金波：《少数民族文字古籍与国学》，《国学研究》第25卷，北京大学出版社，2010年。近年来，西方兴起"新清史"学派。这一学派强调清朝统治中的非汉族因素、满洲特性，从边缘的观点审视清史，在研究方法上重视汉语之外的文献资料，特别是满文档案的使用，体现"去中原中心"的理路。详见[美]罗友枝著，张婷译、李瑞丰校：《再观清代——论清代在中国历史上的意义》，刘凤云、刘文鹏编：《清朝的国家认同——"新清史"研究与争鸣》，中国人民大学出版社，2010年。

常重要。田先生的《拓跋史探》就是以考证和剖析汉文文献材料为主，从坊间习见的史料的只言片语记载中，运用自己出色的功力，勾勒出一部全新的拓跋历史。汉文文献，特别是正史中的民族史记载，尽管难免有去取失当、叙述偏颇的缺点，但这毕竟是系统的材料，史臣经过仔细搜讨，精心编排和斟酌，准确度较高，史料价值不容否认。因此，对这些汉文材料进行仔细研读，反复咀嚼，钩稽发覆，仍然能够推动民族史研究。

笔者在研读《拓跋史探》过程中，发觉有些问题尚有进一步讨论或补充的余地，兹缕列如下，以求教于方家。

在《北魏后宫子贵母死之制的形成和演变》一文中，田先生论及文明太后冯氏的侄女冯昭仪（后因得孝文帝的盛宠，被立为皇后，即史书所称的幽皇后）有抚养皇子元恪之意，而其生母高氏在从平城到洛阳的途中暴死。高氏之死疑窦丛生，或云冯昭仪派贼将高氏害死。之后，冯氏将元恪取为己子，进行抚养。当时，元恪已经 13 岁，不可能对后宫中的倾轧一无所知。但是他取代其兄长成为太子之后，不念及生母被害之事，却对养母幽皇后尽礼。田先生认为这是元恪屈从于后宫中强后的淫威[①]，这诚然是真知灼见。笔者认为，以当时的背景观之，元恪之所以这样侍奉幽皇后，恐怕不仅仅是因为这个原因。《魏书》载元恪“为皇太子，三日一朝幽后，后拊念慈爱有加”[②]。后宫中的生存竞争十分残酷，元恪的生母高氏生前在宫中的地位并不高[③]。元恪本人想坐稳太子之位、将来顺利登基，讨好最受父皇宠幸的幽皇后，让这位强势的“母亲”充当自己的保护伞，这对他的政治前程有益无害。史载幽皇后欲“如文明太后辅少主称命”[④]。显然，她的如意算盘是欲通过掌握太子来把握未来的政局，以此擅权。因此，《魏书》所称元恪对幽后尽礼、幽后对元恪“慈爱”也当在一定程度上反映了实情。幽后与元恪之间，实因政治利益而结成同盟，外部则表现为含情脉脉的“母子”关系。

在《代北地区拓跋与乌桓的共生关系》一文中，田先生论及前秦灭掉拓跋部建立的代国之后，秦主苻坚采纳燕凤的意见，对拓跋部首领及部众宽大处理，没有强制迁徙离散拓跋部落，而是将其一分为二，分别划给铁弗、乌桓独孤统治。这是为各方乐于接受的处置策略，因为燕凤洞悉代北地区拓跋、铁弗、独孤之间的复杂关系。这种处理方法对保全拓跋部意义重大[⑤]。田先生的分析颇有见地。笔者对此问题只想补充一点：前秦君主苻坚做出这样的决策，恐怕不仅仅是听从燕凤的一番说辞，他本人对代北地区的局势也当有深思熟虑。对于前秦来讲，如果严厉处置和极力削弱拓跋部，必定会给同在这一区域的铁弗、乌桓独孤的发展提供机遇，造成这两支部族势力坐大。这样，对前秦来讲，铁弗和乌桓独孤也将成为新的难缠的对手。这无异于前脚办了一只狼，后脚却养了两只虎。因此，苻坚对亡国的拓跋部采取宽松政策、不对其过分削弱，也很可能有利用拓跋残部来牵制铁弗、乌桓独孤势力的考量。

田先生在讨论代北拓跋与乌桓的共生关系中，对“赤沙种”、“赤山乌桓”的族属进

---

① 《北魏后宫子贵母死之制的形成和演变》，《拓跋史探》（修订本），第 46—47 页。
② ［北齐］魏收：《魏书》卷 13《孝文昭皇后高氏传》，中华书局，1974 年，第 335 页。
③ 《魏书》卷 13《孝文昭皇后高氏传》，第 335 页。
④ 《魏书》卷 13《孝文幽皇后传》，第 333 页。
⑤ 《代北地区拓跋与乌桓的共生关系》，《拓跋史探》（修订本），第 176—177 页。

行了详细梳理和考证，通过扎实的文献材料，得出了赤沙种当属乌桓，即赤山乌桓的结论[①]。这固然极为正确。对此问题，笔者只想从其他角度补充一些证据。“沙”在上古音中属山母、歌部，上古拟音为[ʃea][②]；“山”在上古音中属山母、元部，上古拟音为[ʃean][③]。在上古语音系统中，这两个字属于同一声母，只是韵部略有差异。清代学者孔广森将上古的韵部分为十八部分，包括阳声九部（即元部、耕部、真部、阳部、东部、冬部、侵部、蒸部、谈部）和阴声九部（即歌部、支部、脂部、鱼部、侯部、幽部、宵部、之部、叶部），并说“此九部者，各以阴阳相配，而可以对转”[④]。所谓阳声就是以鼻音收尾的韵，所云阴声即指以元音收尾的韵。孔广森认为：阴声和阳声的主要元音相同，可以互相转化，称为“阴阳对转”，这是汉语语音发展的一条重要规律。阴阳对转的其中一种情况就是“歌元对转”[⑤]。那么，在上古时代，“沙”与“山”的读音极为相近，二字的韵部可以对转。因此，汉文典籍音译的“赤沙”与“赤山”极可能所指相同。

另外，“赤山”在乌桓人的信仰世界中具有特殊地位。乌桓人相信“死者神灵归赤山。赤山在辽东西北数千里，如中国人死者魂归岱山也”[⑥]。赤山也成为乌桓部族的象征之一，对其意义重大。因此，史籍中常常出现的“赤山乌桓”是否也与这一独特的信仰或象征符号有关联呢？

（尤李，女，1981 年生，历史学博士，北京市海淀区圆明园管理处副研究馆员。北京：100084）

① 《代北地区拓跋与乌桓的共生关系》，《拓跋史探》（修订本），第 181－184 页。
② 郭锡良编著：《汉字古音手册》（增订本），北京：商务印书馆，2010 年，第 3 页。
③ 郭锡良编著：《汉字古音手册》（增订本），第 301 页。
④ ［清］孔广森著：《诗声类》卷一，北京：中华书局，1983 年，第 1 页。
⑤ 王力的《汉语音韵》一书专门分析了孔广森建立的阴阳对转理论（北京：中华书局，1963 年，第 131－132 页）。
⑥ ［刘宋］范晔：《后汉书》卷 120《乌桓鲜卑列传》，北京：中华书局，1965 年，第 2980 页。

新疆出土佉卢文简牍所见妇女的处境

[印]阿格华尔 著 徐烨、文俊红 译 杨富学 校

一、概说

通过对中亚地区的考古探险，A.斯坦因爵士挖掘出土了一大批宝贵的考古学资料。在尼雅、安迪尔和楼兰地区的遗址中，他找到了一些写在木简、皮革、丝绸碎片和少量纸稿上的佉卢文文书。这批反映古代新疆地区日常生活的文书是一个信息宝库。其内容涉及了这一地区在公元2世纪到4世纪的社会、宗教、政治和经济生活。

分析这批文书，我们可以看到一系列指代不同类型女性的术语。

（一）Stri是指一般意义上的妇女。

1. Veṣi Stri（第719号文书）。这个短语看起来指的是妓女。我们从文书的内容可以看出，有两个人在没有任何正当理由的情况下带走了一名Veṣi妇女，并且和她发生了性关系。

2. Khakhorni Stri或Khakhorna。陶慕士（F. W. Thomas）认为这个词和梵语中的Śvaśūrāṇī是同义的。[①] 贝罗（T. Burrow）指出这个词的读音与Khakhorda相近。[②] 与之相对应的有《阿维斯塔》中的Kaxvarda（即男巫）、亚美尼亚语中的Kaxard和梵语中的Kākhorda或Khārkoṭa等。[③] 因此，Khakhorni Stri应该指的是女巫。

（二）Kuḍi指的是女孩，也可写作Kuḍiyae。[④]

（三）Dhitu指的是女儿，也可以写作dhidara（第279号文书）。在第46号文书中有类似“女儿们”的单词，但它的准确含义却是模糊难明。

（四）Bharya指的是妻子。

（五）Svasu指的是姐妹。

（六）Matu指的是母亲。

（七）Mahuli。吕德斯（Luders）博士认为这个词和梵语中的Mahilā（意即女士）不是同义词。[⑤] 一个纯粹的猜测是：这个词可以当作梵语中mātuli（指的是姨母或舅母）

① 《皇家亚洲学会杂志(JRAS)》，1921年，第280页。

② 贝罗《新疆出土佉卢文文献语法(The Language of the Kharosthī Documents from Chinese Turke- stan)》，剑桥，1937年，第86页。

③ 参看《伦敦大学东方与非洲研究院院刊(BSOS)》第7期，第780~781页。在摩尼尔·威廉斯(Monier Williams)的《梵英辞典》第337页中，Kharkhoda是指一种巫术。《克什米尔王记(Rājataraṅgiṇī)》(V,238)和《遮罗迦集(Caraka)》(VI,23)中都提到了Kārkhoṭa。

④ 贝罗《新疆出土佉卢文文献语法》，第27页。

⑤ 贝罗《新疆出土佉卢文文献语法》，第111页。

来翻译。

（八）Aniti 或 Anita 出现在第 279 号文书中。陶慕士将这个词翻译为妻子（《伦敦大学东方与非洲研究院院刊》第 6 期，第 521 页）。他将其与巴利语单词 Aneti 相比较。后者通常指从事佛教相关工作的妇女们。比如《饿鬼事(Petavatthu)》(I,7)、《尼波多经(Sutta Nipāta)》(110)和《长部(Dīghanikāya)》(II,245)中提到的。

（九）Dajhi（贝罗《新疆出土佉卢文文献语法》，第 27 页）。第 621 号文书中写作 Dasi，其含义是“一名女奴”。

二、未出嫁女孩的处境

（一）出生

第 330 号文书中提到，一个新疆地区的女孩在出生后“被人丢弃在路上”，其原因却模糊难明。另一方面，一个男孩的出生无疑是一件喜庆的事（第 702 号文书）。在古代中国，没人会为一个女孩的出生而欣喜。[①] 印度的情况也是如此，但有时也有例外——当这个女孩的出生被认为是某种吉兆的时候。[②] 由于宗教原因，吠陀时代的父亲们可以将女儿看得像儿子一样宝贵。他们对养子有一种强烈的偏见。[③] 在几乎所有古代家长制社会中，普遍存在着这样的观念——生下女儿是不幸与悲哀的。用实用主义的观点来看，男孩的确比女孩对社会更有用。

（二）父母完全控制着女儿

在古代社会中，未出嫁的女孩始终处于自己父亲的掌控之中。少女们必须顺从于她们的父母。[④] 通过对这些文书的研究，我们推断女儿的婚姻大事通常是由她的父亲决定的。作为交换条件，女孩的父亲希望从女婿那里得到一些钱或者牲畜。这种报偿通常用“lote”这个词来表示（参看贝罗《新疆出土佉卢文文献语法》，第 115~116 页。陶慕士的论文也提到这一点，见《伦敦大学东方与非洲研究院院刊》第 6 期，第 519 页及其后）。[⑤] 当地未婚女子在自己的婚姻大事上是否有发言权，这一点很难搞清楚。

第 690 号文书给我们展示了一位贪婪的父亲。他居然写信向自己的女婿明目张胆地索取礼物。在第 621 号文书中，另一个同样贪心的父亲因为没有得到所谓的“报偿(lote)”而提出诉讼。他的女儿在背叛丈夫后和一个陶工的儿子私奔。这位女士作为主要的当事

① 奥尔加·朗(O. Lang)《中国的家庭与社会(Chinese Family and Society)》，纽黑文，1946 年，第 46 页。

② 奥特卡(A. S. Altekar)《印度教文明中的妇女地位(Position of Women in Hindu Civilization)》，巴纳拉斯，1938 年，第 11 页注 1。又见《摩诃婆罗多(mahābhārata)》(VIII,11,14)和《毗湿奴圣传书(Visnu Smrti)》(99,14)。

③ 奥特卡《印度教文明中的妇女地位》，第 281 页。

④ 关于公元前 4 世纪少女的情况，参看夏德(F. Hirth)《中国古代史(The Ancient History of China)》，纽约，1911 年，第 284 页。《摩奴法典》也提供了同样的信息。

⑤ 这种买卖婚姻的习俗和古代中国社会的“买婚”相类似。在 7 世纪后的古代中国，这种现象极为普遍。唐高宗(650~684 年)颁布严令，规定官员从女儿新郎那里得来的钱财必须全部用作女孩的嫁妆。见奥尔加·朗《中国之家庭与社会》，第 33 页。这一习俗也普遍存在于吠陀时代的印度，详情参看奥特卡《印度教文明中的妇女地位》，第 47 页。稍后的《法论(DharmaŚāstras)》坚决反对这种恶习，详情参看奥特卡《印度教文明中的妇女地位》，第 48 页。给予新娘家彩礼，这是合法婚姻的重要标志。在公元前 1 世纪的中国，没有交出结婚的彩礼之前，男女双方是不容许发生性关系的。见马塞尔·葛兰言(Marcel. Granet)《中国的文明(Chinese Civilization)》，伦敦，1930 年，第 346 页。译者注：唐高宗的这项禁令发布于显庆四年(659 年)十月十五日，见《唐会要》卷 83。

人，其父没有权力向她现在的丈夫索取任何财物。

（三）买卖、交换与赐予

1. 买卖。在古希腊，父亲是一个家庭的领导。他可以代表妻子、子女和家中奴隶处理宗教和法律方面的相关事务。在早期古希腊时代，父亲可以将女儿出售，甚至作为监护人的兄弟都可以出卖他们的姐妹。这种权力直到梭伦(Solon)改革时才被废除，只有一种例外：女性犯有不贞之罪。① 在中亚地区，女孩被当作可移动的财产，可以没有任何限制地买卖。以下的众多事例可以证明这一点：

(1) 在第589号文书中，一头价值40穆立(muli)的一岁骆驼就是一个身高4 diṣṭi女孩的售价。②

(2)同样身高的另一个女孩作价一头价值30穆立的骆驼和一条于阗小地毯(第592号文书)。

(3) 第437号文书有一个作价45穆立、身高5 tiṭhi的女孩。第589号文书提到在国王Aṃgoka当政时期有一个女孩于饥荒之时被出卖。这种买卖是通过协议立约来实现的。第589、590号文书中的买主拥有该女孩的所有权，可以对她为所欲为。第437号文书已经声明买主本人、子孙、兄弟、兄弟之子、亲属及任何依附于买主的人都无权质疑这一交易。任何违反该契约的人都将受到严厉的惩罚。

2. 女孩的交换。女孩一旦被出售，就会被认为是主人财产的一部分(第55号文书)③。第551号文书中，一个女孩被主人拿去和别人做交换，而后者居然将她买给了另一个人。

3. 将女孩作为礼物赠送。第380号文书提及"有关作为礼物被赠送之女孩的文件要妥善保管"。

4. 第114号文书仅仅提到一个女孩被赠送他人，但其详情不明。

5. 被借贷出去的女孩。一个人在法庭上否认自己曾从Sūryamitra处借过一个女孩④。

（四）女孩的收养

在中国就目的而言，收养孩子这一古老习俗几乎与买卖人口无异。因为收养人不会承担任何义务，而且他能够完全控制所收养孩子的一切。"妹仔(Mui-Tsai)"这一名词最初就是指一种收养孩子的高级方式。一个妹仔起初在幼年时被人收养。她作为家中男孩未来的妻子将得到简单的抚养。⑤

在中国新疆地区，收养女孩的事情经常发生(第39、331、542号文书)。只要相应地支付"奶费"(贝罗《新疆出土佉卢文文献语法》，第83页)，收养行为就是合法的。这种奶费通常是用驴马来偿付的(第39、45、431号文书)。在第39号文书中，一匹马

① 《社会科学百科全书(Encyclopaedia of Social Sciences)》第15卷，纽约，1935年，第443页。

② disti是当地的一种测量标准。译者注：穆立是鄯善国所使用的价值单位。

③ 译者注：原文有误，这里应写作第551号文书。

④ 在第295号文书中。详情参看贝罗《新疆所出佉卢文文书译文集(A Translation of the Kharosthī Documents from Chinese Turkestan)》，伦敦，1940年，第53页。

⑤ 拉斯克(Bruno. Lasker)《在亚洲东南部被奴役的人们(Human Bondage in Southeast Asia)》，北卡罗来纳州大学(chapel hill)，第52~53页。又见奥特卡《印度教文明中的妇女地位》，第281页。

和一匹牝马被当作一个奴隶女孩的奶费。① 在古代印度文学作品中有两个作为实例的历史记录。Śāntā（国王 Daśaratha 的女儿）和 Pṛthā（Śūra 的女儿）分别被 Lomapāda 和 Kuntibhoja 两位国王收养。②

在亚洲中部地区，被收养女孩得到了怜悯。收养人不能随便出卖这些女孩。既不能把她们拿去抵押，也不能随便赶走。在第 331 号文书中，养女被当作亲生女儿一样看待。文书明确规定了养女应享有的照顾。

（五）女儿的财产继承权

在古印度，“出嫁彩礼”这一古老习俗与“私房钱”(strīdhana)有密切的关系。这种看似不合理的习俗具有一种补偿的作用，即它增加了妇女婚后的“私房钱”(strīdhana，在盎格鲁-撒克逊人社会中称之为 Gerade)。女方的父母通常会将彩礼的大部分(有时甚至是全部)返还作为女儿婚后的财产。③ 妇女死后留下的孩子将作为孙辈合法地继承她父亲的财产。新疆出土的这批文书也记载了类似的情况。在第 474 号文书中，只要母亲的婚姻是合法的，那么儿子和女儿可以均分她的财产。④ 在梨俱吠陀时代，遗产甚至可以由无兄弟的女儿继承(奥特卡《印度教文明中的妇女地位》，第 281 页注 3)。但佉卢文文书对此没有提及。

（六）不同阶层之间的通婚

家人将女孩嫁给同一阶层的男人。这种行为不受什么限制。在第 18、474 号文书中，我们看到僧侣合法地将自己的女儿嫁给了另一个僧侣。⑤ 在第 621 号文书中，一个僧侣的女儿与非僧侣阶层的男人建立了婚姻关系。后来，该女子在未和前夫离婚的情况下与一个陶工的儿子私奔了。⑥

（七）近亲婚姻

与近亲订立婚约是令人惊异的行为。在第 32 号文书中，一个叫 Sagapeya 的人将自己的女儿嫁给名为 Chings 的男人。作为回报，女婿 Chings 曾答应将亲妹妹嫁给岳父 Sagapeya。我们当然可以对这种关系表示厌恶，但中亚的匈奴人不会反对这样的婚姻。公元前 1 世纪，匈奴郅支单于娶了康居国王的女儿。作为回报，郅支单于将自己的女儿嫁给了岳父。⑦

（八）用女儿交换婚姻

在第 279 号文书中，来自 Yave-avana(地名)的一位女士嫁给了 Ajiyama-avana(地名)的一个居民。作为回报，后者要将一个女儿嫁给 Yave-avana 的一个男人。贝罗先生认为

① 译者注：贝罗的译文是“一匹牝马或一匹马”。见贝罗《新疆所出佉卢文文书译文集》，第 9~10 页。此外，第 431 号文书中根本没有提及奶费的问题，这应该是“331”的误写。

② 凯恩(P. V. Kane)《法论史(History of dharmaśāstra)》第 3 卷，浦那，1941 年，第 675 页。

③ 奥特卡《印度教文明中的妇女地位》，第 259~260 页。

④ 文书没有提及母亲是否已经去世。她应该已经死亡，否则没有必要分割财产。详情参看贝罗对这件文书的翻译。译者注：贝罗《新疆所出佉卢文文书译文集》，第 92 页。

⑤ 译者注：第 18 号文书中无婚姻的内容。原文中将 418 错写为 18。

⑥ 第 621 号文书提到了一个关于爱情与婚姻的案件。门第和教条在这个案子里没有成为爱情的障碍。

⑦ 麦高文(W. M. Mcgovern)《中亚古国史(Early Empires of Central Asia)》，北卡罗来纳州立大学，1939 年，第 190 页。

至少有一点可以肯定：这种婚姻交易不是在家庭间，而是在各县(avanas)、教区或城镇之间进行。[①] 如果 Yave-avana 的一个女人嫁到了 Ajiyama-avana，那么就必须有一个 Ajiyama-avana 的女性嫁到 Yave-avana 那里去。第 481 号文书提到各县之间交流的规则。这是保持各县人口男女比例平衡的最好方法。

三、姐妹和母亲的处境

在一份作为孤证的文书(第 420 号文书)中，一个将死的男人要求自己的姐妹向他的债务人追索欠债。这位女士后来在法庭上做了证人。可能是她从兄弟的债务人那里没有要回欠款而提出了诉讼。

反映母亲社会地位与处境的佉卢文文书数量是很少的。从一些儿子写给双亲的书信中可以看到对母亲的称呼是“亲爱之母亲(第 164 号文书)”。母亲一直是爱的源泉。儿女是母亲财产的合法继承人(第 474 号文书)。一般会将母亲的财产均分。

四、妻子的处境

（一）文书对中亚社会妻子的地位和权利没有过多的记载

从第 621 号文书中我们看到了一个有外遇的丈夫。他和另一个女人私奔后离开了自己的妻子和儿女，随之失去了对妻子的全部权利。在第 34 号文书中，一对曾经分离的夫妻在复婚后又打算再次离婚。[②] 在印度受到非议的协议离婚方式从封建时代起就被中国人接受了(奥尔加·朗《中国之家庭与社会》，第 40 页)。在埃及，妻子凭借遗嘱可以对财产拥有完全的权利。她们也可以凭婚前协议捍卫自己的权利，并反对单方面的离婚要求(《社会科学百科全书》，第 443 页)。从第 621 号文书中我们可以知道，成年男女离婚和再婚都是被允许的。

（二）财产权

在中国，女儿和妻子是很难拥有这种权利的。甚至在中国的富人阶层中，妻子是不能直接带着西方人定义的“嫁妆”来到夫家的。她可以携带珠宝、衣服和家具出嫁，但极少带钱。以土地做嫁妆则是绝不可能的(奥尔加·朗《中国之家庭与社会》，第 44 页)。巴比伦和埃及的情况则正好相反。在那里，妇女是有财产继承权的，而母亲和父亲一样拥有自己的财产。在罗马共和国，尽管父亲和丈夫在家中拥有法律上的绝对权威，妇女还是在公元前 2 世纪获得了处理自己财产的权力。在古希腊早期，新娘将彩礼作为自己的个人财产(与印度社会的 strīdhana 相似)的一部分。后者还包括“早上的礼物”(这是丈夫在举行婚礼后的第一天给的)和婆家给的嫁妆。婚后妇女的财产权受到过一些限制，但从未被完全剥夺过，即使是在妇女地位最为低下的 11~14 世纪(奥尔加·朗《中国之家庭与社会》，第 44 页脚注)。我们无法了解中亚地区的妇女是否有权继承丈夫的财产。在第 474 号文书中，她们可以完全控制的个人财产被允许由自己的儿女继承。

① 贝罗《新疆出土佉卢文文献语法》，第 116 页。

② 贝罗《新疆所出佉卢文文书译文集》，第 8 页。

（三）丈夫的控制

新疆地区的丈夫对妻子的财产和个人可能都没有控制权。《摩奴法典》(VIII,299-300)赋予丈夫对妻子进行有限度体罚的权力。[①] 在后中世纪的英格兰，一位丈夫先安排好医生来治疗骨折，然后他用杵打断了自己妻子的腿。这一切都是因为妻子不肯服从他。[②] 中世纪的俄国有一种习俗：新娘的父亲通常会送给女婿一条新鞭子作为丈夫权威的象征，并把它挂在婚床上(奥特卡《印度教文明中的妇女地位》，第112页)。通过一条流行于15世纪的德国谚语可以知道，女人和驴天生就该被打。[③]

五、寡妇的处境

关于"vega kilme striyana"这个短语(第165、211、481、714号文书)的解释，贝罗先生认为"短语vega kilme可能与寡妇有关系(贝罗《新疆出土佉卢文文献语法》，第123页)"。陶慕士(F. W. Thomas)不同意贝罗的意见。[④] "Vega"这个单词需要和一些单词做比较研究。例如，伊朗语单词"Vidavak"、巴列维语单词"Vevak"和波斯语单词"Bēvah"。这些词指的都是寡妇(贝罗《新疆出土佉卢文文献语法》，第123页)。佉卢文文书并没有为我们多少材料来了解在当时社会中寡妇的处境。

希罗多德告诉我们，斯基台人(Scythian)的一位国王曾经娶了自己的继母，也就是一位寡妇。蒙古高原上的匈奴人允许儿子续娶父亲的所有妻妾，除生母以外(麦高文《中亚古国史》，第55页)。

六、一般妇女的处境

（一）社会对待妇女的态度

在欧洲，基督教禁欲主义的思想导致妇女被看作是"制造罪恶的重要工具(chief vehicle in sin)"。妥图里安神父(Tertullion)的说法是"魔鬼的大门"(《社会科学百科全书》，第444页)。中国新疆地区的人们对女性的看法也并不好。第514号文书的观点让人感到可笑，其内容是"如果你为女人所喜欢，那没什么可高兴的。女人像剃刀的边缘，谁会去赞美她们呢？"[⑤] 正如本文开头所说，一个女孩的出生并不是值得高兴的事，也不代表好运。她也可能被出卖、抛弃和交换。没有证据表明对家庭来说女孩和妇女是吉祥的预兆。对于对她们的教育和培养，我们一无所知。

（二）被绑架和殴打的妇女

中国新疆地区妇女的命运在很大程度上是不幸的。一些妇女被绑架(第9、415、719号文书)，有的遭到殴打(第9号文书)，甚至有妇女被打破了头(第20、29、53

① 奥特卡《印度教文明中的妇女地位》，第137页。

② 亚伯拉罕(Abraham)《后中世纪英格兰的日常生活(English Life and Manners in later Mediaeval Ages)》，第126页。又见奥特卡《印度教文明中的妇女地位》，第111页。

③ 霍尔(Hall)《苏联妇女(Women in Soviet Russia)》，第75页。又见奥特卡《印度教文明中的妇女地位》，第112页。

④ 塞卡博士(D. C. Sircar)《碑铭精选(Select Inscriptions)》第1卷，加尔各答，第241页注释1。

⑤ 贝罗《新疆所出佉卢文文书译文集》，第101页。圣人阿伽斯提亚(Agastya)也有相似的观点，见《罗摩衍那(Rāmāyana)》(II,13,6-7)。又见奥特卡《印度教文明中的妇女地位》，第384页注3。

号文书)。买主对其购买的女孩可以为所欲为(第589、590、592号文书)。曾有一名妇女被殴打，结果导致其流产，后来她才被允许回到丈夫那里(第9号文书)。少数古印度的圣传书(Smṛti)和往世书(Purāṇa)很体谅那些遭受暴力犯罪伤害的无助妇女，允许各家族宽容和接受她们。① 一些关于非法性行为的案件也被记录在文书中(第719、730号文书)。②

在古代中国，已婚男子与他人通奸是犯罪行为，而一个丈夫杀死不忠于他的妻子却并不触犯法律，不会受到任何处罚。③

（三）挣工钱的妇女

在中国新疆地区，工作的妇女通常可以得到工钱(第19、54、403号文书)。有时她们随牧群放牧(第19号文书)。作为工作的回报，她们会得到工钱、衣物和食物。④ 无正当理由的情况下不能强迫妇女劳动(第403号文书)。分配给女佣人的工作可能是不太繁重的那种。在古印度、⑤ 古代中国和古罗马，⑥ 妇女一般是通过编织和纺纱来赚取钱财。这类轻作业的工作足可以确保家庭财政的稳定。公元前2世纪的鞑靼妇女像男人一样吃苦耐劳。她们负责着营地的主要工作。⑦

（四）买卖、交换和赠送妇女

1. 在雅典，妇女的地位极为低下，和蔬菜一样无关紧要。在同时代的巴勒斯坦地区，她们也只是可以随便拿来出售的财产之一。⑧ 佉卢文文书提到了买卖妇女的各种不同价格：41匹丝绸(第3号文书)；1头七岁口的老骆驼(第209号文书)；总价值为98穆立的若干织物和牲畜等等(在第590号文书中，它们是一峰viyala骆驼、一峰aṃklatsa骆驼、一条12腕尺长的地毯、一条11腕尺长的地毯和8 sutra muli)。世界各地都曾有丈夫有权出售妻子的记载。⑨ 在日耳曼人(Teuton)的社会中，妇女只是丈夫可移动财产的一部分。古罗马早期的丈夫可以很容易地将妻子出售。而同时代的波斯人则经常将妻子儿女抵作捐税。⑩ 妇女遭受了无情男人的太多伤害。《那罗陀(Nārada)》(XII,51-54)提到了一种理应被买卖的“荡妇”(戈沙尔《印度史学之初兴及其他》，

① 奥特卡《印度教文明中的妇女地位》，第369~370页。又见《极裕仙人法经(Vaśistha Dharmasūtra)》(XXVIII, 2-3)。《阿低利(Atri)》(V,35)和《帕茹阿沙尔(Parāśara)》(X,26-27)中也有类似的内容。

② 考底利耶(Kautalaya)、加纳瓦克亚(Yājn̄avalkya)和极裕仙人(Vaśistha)都反对玷污奴隶的妻女。参看戈沙尔(Ghoshal)《印度史学之初兴及其他(Beginning of Indian Historiography and other Essays)》，加尔各答，1944年，第98页注57~58。

③ 奥尔加·朗《中国之家庭与社会》。译者注：原文中没有写明所引著作的页码。

④ 在古代中国，妇女赚的钱只能由父亲、丈夫或者公公支配使用。见奥尔加·朗《中国之家庭与社会》，第44页。

⑤ 参看《迦旃延(Kātyāyana)》(V,736)的相关记载。参看奥特卡《印度教文明中的妇女地位》，第263页。考底利耶和《增支部(Aṅguttara Nikāya)》也有类似的观点，见奥特卡《印度教文明中的妇女地位》，第26页。

⑥ 关于古代中国的情况，见夏德《中国古代史》，第283页。古罗马的情况，见《社会科学百科全书》第15卷，第444页。

⑦ 伊丽莎白·西格(Elizabeth. Seeger)《中国历史的盛况(The Pageant of Chinese History)》，纽约，1947年，第82页。

⑧ 戴维斯(Davies)《妇女简史(A Short History of Women)》，第172页。又见奥特卡《印度教文明中的妇女地位》，第407页。

⑨ 这种现象在古代中国非常普遍。详情见奥尔加·朗《中国之家庭与社会》，第37页。

⑩ 关于这三个地区的情况，见奥特卡《印度教文明中的妇女地位》，第252页。

第 94 页）。

2．第 578 号文书中，一名妇女被拿去交换了一头骆驼。

3．一些来自于阗的抢掠者绑架了一名妇女，并把她连同她的子女一起作为礼物送给了别人（第 415 号文书）。此事并不令人惊奇。《梨俱吠陀》（I,126,3）和《摩诃婆罗多》（V,86,8）中的某些颂诗提到了作为礼品的女奴，数量多达上百人（奥特卡《印度教文明中的妇女地位》，第 213~214 页）。

4．妇女也会成为房屋财产的一部分（第 709 号文书）。在第 719 号文书中，不允许用一名遭到绑架的 vesị 妇女来赔付其主人的债务。

（五）妇女的收养权利

在古代印度，“法论（Dharmasastra）”的作者们反对妇女在未获得丈夫同意的情况下收养子或将儿子交给他人作养子。① 在中国新疆地区，妇女在收养问题上有一定的自主权（第 569 号文书）。我们只看到女奴将女儿过继给他人的事例（第 39、45 号文书）。大概她们无权将儿子过继出去。② 从第 39 号文书中我们可以知道，女奴将孩子过继给别人之前必须获得自己主人的同意。在这份文书中，作为收养人的奴隶并没有征求自己主人对此事的首肯。

（六）妇女的政治生活

第 46 号文书中有一个关于中国新疆地区早期习惯法的孤证：“男人通常要履行公共义务，而女人则完全不参与。”③类似情况在古代中国是普遍存在的。基督降生前的中国农村妇女“只能在指定的房间里准备食物、看护家里的物品、缝补和编织。而干这些家务的活动范围是受到限制的”。④古埃及妇女的情况却正好相反。她们可出去从事繁忙的手工业或者做生意，而不像希腊的妇女那样在屋外做活。⑤

（七）妇女对土地和动产的权利

如上所述，中亚地区的妇女享有充分的财产权。她们拥有牲畜，例如骆驼（第 420、516 号文书）、母马（第 600 号文书）或公马（第 421 号文书）。在第 677 号文书中，她们可以买卖地产，也能耕种、播种或将土地赠送他人等等。这件文书中的女士还接受了别人送给她的土地。⑥ 第 516 号文书中的妇女租用了一头骆驼。第 600 号文书中的妇女则从皇家马厩中牵走一匹母马去进行交换。由此可见，这些妇女在户外的活动是不受限制的。她们可以参与各种交易活动，例如买卖和交换等。与其相类似，古巴比伦的妇女也从事商业活动（《社会科学百科全书》第 15 卷，第 443 页）。

（八）结婚与离婚

① 凯恩《法论史》，第 675 页。

② 在第 415 号文书中，一个遭到拐卖的妇女甚至被允许将儿子过继给别人。文书并没有明确指出这是女奴拥有的特别权利。

③ 这是贝罗对第 46 号文书内容的翻译。

④ 夏德《中国古代史》，第 283 页。参看伊丽莎白·西格《中国历史的盛况》，第 82 页。

⑤《社会科学百科全书》第 15 卷，第 443 页。一些妇女还参与经营管理的工作，见奥特卡《印度教文明中的妇女地位》，第 212~225 页。

⑥ 这些土地不用交纳 Seni 和 N̲ichira 这两种税。应这位女士的要求，契约中写明她的儿子们无权占有这些土地。

已婚妇女可以很容易地破坏自己的婚姻。[1] 他们会和他人私奔并再婚。从第621号文书中我们可以看到，一个妇女在离开丈夫后与一个陶工的儿子结婚。而这一切并没有得到她父亲的同意。在此事发生很久之后，这位父亲还要从女儿再婚的丈夫那里无理地索取赎金(lote)。[2] 第34、97号文书也提到了破坏婚姻关系的事例。当地应该还有很多我们无法知道的离婚妇女。

（九）在法庭上作证人

在古巴比伦，妇女是有资格在法庭上作证的(《社会科学百科全书》第15卷，第443页)。中国新疆地区也存在这样的事例(第3、420号文书。译者注：第3号文书中并没有明确提到妇女作证的事实)。

有时，政府不得不出面处理妇女违法之事。[3]

（十）妇女写信

在第316号文书中，一位女士给亲爱的姐妹写了一封信，还送了一件礼物——一件单色丝织衣物。作为回报，她希望对方能回赠一件外衣。

（十一）对妇女的人口统计

第110号文书列出了一批毗陀县(Peta-avana)妇女的名字，其中有姐妹和母亲的，甚至还有她们丈夫的。这份文书(其开头写有年月日等信息)呈现给我们关于女性人口的记录。我们不知道这样做的真实目的是什么(第334号文书中也有这类统计)。

（十二）对女巫的迫害

和古代欧洲的情形一样，中国新疆地区的女巫也遭到监禁和处罚(第248号文书)，甚至被处死(第63号文书)。[4] 在当时，做女巫是一种犯罪行为。在第58号文书中，一个非巫婆的妇女被处死了。官方认为应对此给予赔偿。这说明如果杀死非女巫的妇女，那就应该做一些补偿。《摩奴法典》规定对这类案件可以做死刑判决(奥特卡《印度教文明中的妇女地位》，第380页)。

（十三）怀孕期间

在第702号文书中，亲属们在得知产妇安全分娩之后才感到了轻松。人们清楚一个产妇的重要性。

（十四）服饰

中亚地区的妇女通常穿三种不同的上衣或短上衣：[5]

1. 有刺绣的丝绸所制(第318号文书)。
2. 麻布所制(第318号文书)。

① 在古代中国的封建社会中，离婚是男性的特权。见奥尔加·朗《中国之家庭与社会》，第40页。

② 关于婚姻的“赎金”，参看本文前面第二部分的相关内容。

③ 在第569号文书中，一位妇女接受了商定的“奶费”，将自己的儿子过继给了他人。但不久之后她又将孩子接回。她从得到“奶费”的时刻起就失去了对孩子的所有权。政府对她的这种违法行为很不满。

④ 公元前1世纪的匈奴郅支单于曾杀死了自己的新娘，但这不是当时社会的常见现象。见麦高文《中亚古国史》，第191页。在古印度，妇女是不能轻易处死的。其详情参看奥特卡《印度教文明中的妇女地位》，第380~381页。

⑤ 参看拙作《新疆出土佉卢文文书所见织物与服饰的研究(A study of Textiles and Garments as depicted in the Kharosthī Documents from Chinese Turkestan)》，全印度东方学会议(All India Oriental Conference)，勒克瑙，1951年。

3. 毛线所制(第 318 号文书)。

印度妇女到现在还在穿这几种上衣。

（十五）好争执的妇女

在第 606 号文书中，一位僧侣控告一名妇女烧毁了他的一件黄色法衣。文书并没有交代这一切发生的原因。但一些文书的内容却在很大程度上展现了僧侣们奢华的家庭生活。①

（十六）对妇女的保护

佉卢文文书的内容足可以证明很多妇女享有完全的财产权，包括动产与不动产。有时，女仆和女工的权益也会得到保护(第 3、19 号文书)。这些社会成员遭受的不公正待遇令政府难以容忍(第 403 号文书)。但是，当我们看到妇女像牲畜和动产一样被绑架、强奸、买卖和交换转让时，就不得不怀疑这些官方声明在实际生活中的效果。享有的财产权是某种方式的安慰。世界各地古代社会的妇女都在受罪，而中亚地区的也不会例外。

(本文译自印度历史季刊(*The Indian Historical Quarterly*) 第 28 卷，1952 年。作者阿格华尔（R. Ch. Agrawala）为印度瓦拉纳西印度教大学著名印度史和艺术史学家，已故。)

（徐烨、文俊红，均为西北民族大学历史文化学院硕士研究生，兰州，730030；杨富学，敦煌研究院民族宗教文化研究所研究员，兰州大学、西北民族大学兼职教授、博士生导师，兰州，730030）

① 参看拙作《新疆佛教僧侣的生活(Life of Buddhist monks in Chinese Turkestan)》，《萨茹菩纪念印度学论集(Laksbmana Swarup Commemoration Volume)》，霍希亚布尔，1954 年，第 173~181 页。译者注：参看[印]阿格华尔著，杨富学、许娜译《佉卢文书所见鄯善国佛教僧侣的生活》，《甘肃民族研究》2006 年第 4 期。

畏兀儿地*

[日]小田寿典 著　姚　胜 译

西回鹘国（West Uighur Kingdom）[①]的领土跨越天山东段南北。公元840年，游牧的回鹘帝国（Uighur Empire）崩溃之后，许多回鹘人（Uighurs）从蒙古高原（Mongolia）迁居此地。他们选择了定居生活，而那些非突厥语的当地人则学习使用了这些势不可挡的新来者的突厥语言。由此，一个被称为“畏兀儿地”（Uighuristan）的国家形成了。它占据了一块对于中国与内亚（Inner Asia）[②]的交通和贸易而言当属重要的连接地区。这个地区可以沟通东西之间的文化交流。[③]摩尼教徒（Manicheans）、佛教徒（Buddhists）、景教徒（Nestorians）以及其他人逐渐使用一种所谓的回鹘字母（Uighur alphabet）来读写突厥语。他们对早期的蒙古帝国（Mongol Empire）施加了巨大的文化影响，比如，蒙古语习用回鹘字母书写。然而，畏兀儿地在蒙古人的统治下逐渐衰落。[④]特别是在13世纪60年代以后海都（Khaidu）40多年的叛乱中，畏兀儿人遭受了巨大损害。称为亦都护（Idiqut<Iduq-qut）的畏兀儿王族及其他贵族逃到了中国西北地区避难。甚至中亚地区于1305年以后重建了和平，畏兀儿人也未再恢复他们以往的繁荣。而且，当信奉伊斯兰教的伊兰－突厥人（Irano-Turks）在来自河中地区（Transoxiana）的远途贸易中占据主动之后，畏兀儿人的中转运输也衰落了。[⑤]事实上，伊斯兰势力已经几乎扩展到了整个塔里木盆地（Tarim basin）。[⑥]另一方面，作为少数族群的畏兀儿佛教徒，似乎处于由元朝所保护的藏传佛教（Tibeto-Lamaistic）文化的影响之下。

本文关注的是土鲁番（Turfan）和哈密（Hami）。这是元代灭亡（1368年）之后，畏兀儿地的两大中心。我们所研究的14到16世纪中国新疆（Eastern Turkestan）的地域

*本文原文为 Oda Juten(小田寿典), Uighuristan, *Acta Asiatica*, no. 3Δ, 1078, pp. 22-ΔC。小田寿典先生授权本人将该文译成中文，并为此进一步针对原文个别错误向本人提供了一份“勘误表”，附于译文之后，以便读者核对原文时查询之用。

① 安倍健夫：《西回鹘国史的研究》（「西ウィグル国史の研究」），京都，10CC。译按：宋肃瀛、刘美崧、徐伯夫译，新疆人民出版社，108C 年。

② 爱宕松男：《斡脱钱及其背景》（「斡脱錢とその背景」），「東洋史研究」卷 32，第 1 号，第 1-27 页；第 2 号，第 23—C1 页。

③ 葛玛丽（A. von Gabain）：《高昌回鹘王国的生活 8C0-12C0 年》（*Das Leben im uigurischen Königreich von Qočo 8C0-12C0*），威斯巴登，1073 年。译按：邹如山译，吐鲁番市地方志编辑室，1080 年。

④ 佐口透：《蒙古人统治下的畏兀儿地》（「モンゴル人支配時代のウイグリスタン」），「史学雑誌」，第 CΔ 编，第 8 号，第 1—71 页；第 0 号，第 72-07 页。

⑤ 佐口透：《十四世纪元朝大汗与西方三王家的连带性》（「1Δ 世紀に於ける元朝大カーンと西方三王家との連帯性について」），「北アジア学報」第 1 辑，第 1C1—21Δ。

⑥ 佐口透：《元代塔里木南边地带》（「元代のタリム南辺地帯」），「北アジア学報」第 2 辑，第 313-3Δ0 页。

和人民的基本轮廓归功于N.伊莱亚斯，此话并不算过分。①继他之后，我倾向于用“畏兀儿地”来称呼15世纪的土鲁番与哈密地区。他关于当地成为穆斯林的人们不再使用畏兀儿这一族称来加以辨别的观点，可以得到陈诚的支持。②后者记述了土鲁番的居民根据衣着被划分为两个团体——穆斯林（译按：回族）和畏兀儿，他们说的都是畏兀儿突厥语（Uighur Turkish language）。15世纪早期，东察合台汗国（East Chaghatai khanids）间接地统治着土鲁番地区。另一支蒙古宗室受封于哈密绿洲。从政治和商业的视角而言，在汗或王统治之下扮演了重要角色的穆斯林，不被用作当地土著的族称。而我们使用“畏兀儿地”称呼当地的原因是，仍为佛教徒的畏兀儿人保留了其古老的种族特征。在哈密，被称为“佛教徒畏兀儿”和“穆斯林畏兀儿”的两支畏兀儿人集团，生活在同一个区域。就非宗教问题而言，他们必定彼此协助。

研究畏兀儿地，我们有《皇明实录》和其他同时期的汉文文献，以及《拉失德史》（缩写为TR）③。《拉失德史》是著名的“察合台人的历史”，在其中，我们能掌握一些土鲁番统治者的信息。我们必须尽力使用伊斯兰文献，并仔细与汉文文献进行对照。从大约16世纪中叶起，中国史学家撰写了相当数量的著作。比如，魏焕、张雨记述明朝边地的外国人，陈建、徐学聚记述朝贡人员，以及郑晓、严从简、茅瑞徵、叶向高等编纂外国历史。④的确，这些著作包含了有价值的叙述，但我们应当确立一个原则：任何一个材料都应当与详尽且基本的《皇明实录》进行印证。这一点是首要的。至于《皇明实录》，我们用的是羽田明的版本（缩写为T）。⑤

第一章　土鲁番的统治者

似乎是1305年之后，元朝再次允许畏兀儿亦都护统治哈剌火州（Qarakhojo）。我们在《USp》第22号⑥中发现了畏兀儿向察合台汗国秃忽鲁帖木儿（1346—1363年）免除赋税的请愿书。在察合台汗国那段统治期间，至少从也先不花一世（Isan Bugha I）开始，收税官或征税使就来到了这块王族领地。一位名叫宽阇亦都护（Künchük Iduq-qut，据R. 阿拉特所著，其于1309—1334年在位）的人统治那里。⑦根据元史（the Yüan

① 伊莱亚斯（N. Çlias）编著，《中亚蒙兀儿史——拉失德史》（*A History of the Moghuls of Central Asia, Tārīkh-i Rashidi*），纽约-伦敦，1070年，绪论，第72-114页。译按：本文所标《拉失德史》页码，均为《拉失德史》英译本页码，中译本（新疆社会科学院民族研究所译，王治来校注，新疆人民出版社，108C年）在页边做了相应标注，下同。

② 陈诚：《西域蕃国志》，《善本丛书》（第一集），第10b-20a页。

③ 伊莱亚斯编著，前引。译按：原文此处之后，“伊莱亚斯编著，《中亚蒙兀儿史——拉失德史》”均缩写为“TD.”，译文依照英文习惯，不做翻译。

④ 魏焕：《皇明九边考》（卷0）（《善本丛书》第一集）；张雨：《边政考》（卷8-11）（《善本丛书》第一集）；陈建：《皇明通纪》；徐学聚：《国朝典汇》（卷172）；郑晓：《皇明四夷考》（下卷）（《万历年刊吾学编》；严从简：《殊域周咨录》（卷12-13）（故宫博物院图书馆印行）；茅瑞征：《皇明象胥录》（卷C-7）（《善本丛书》第一集）；叶向高：《四夷考》（卷3）（宝颜堂秘籍本）。

⑤ 羽田明编著：《明代西域史料——明实录抄》（「明代西域史料·明実録抄」），京都，1074。译按：原文此处之后，“羽田明：《明代西域史料——明实录抄》”均缩写为“T.”，译文依照英文习惯，不做翻译。

⑥ 《Usp》第22号，即：拉德罗夫（W. Dadloff）：《回鹘文献集》（*Uigurische Sprachdenkmäler*），列宁格勒，1028年，第22号，第28-32、70、220页。

⑦ 阿拉特（Q. Arat）:《论君主称号亦都护》*Der Herrschertitel Iduq-qut*，《乌拉尔—阿尔泰学年鉴》*Ural-Altaische Jahrbücher*）卷3C，第1C3页；《古代突厥语诗歌》（Çski Türk Şiiri），《土耳其藏吐鲁番文书》（TTK），安卡拉，10CC年，第21C页。

annals），我们应当把他视为元朝而非察合台汗国的封臣。一位名叫纽林的斤（Tegin）的亦都护，重建了哈剌火州（据安倍健夫所著）。①此后，一名受元朝皇帝指派的官员于1330年统治该地。②大约此后不久，③比较确定的是在秃忽鲁帖木儿（Tughluq Temür）至歪思（Vais）统治期间（1417—1432年），④土鲁番地区成为东察合台汗国领地，虽然他们的庭帐设在别失八里（Bishbaliq）。

15世纪中期，一座名叫土鲁番的城镇成为其周边全部地区的指代。起初，土鲁番似乎只是一座附属于哈剌火州的小城。⑤在哈剌火州有一位名为哈三（Ḥasan）的王（1406—1413年，据T.）⑥，他是哈剌火州、土鲁番和柳城（Lükchüng）三处堡镇的王。据陈诚所言，哈剌火州隶属于东察合台汗马哈麻（Muḥammad）。⑦我认为，这一时期，土鲁番的众头领，并未真正统治这一地区。非常有趣的是，根据陈诚和盖耶速丁（Ghiyāth al Dīn）的记载⑧，这座城池被认为曾经是个佛教中心。从15世纪20年代末到30年代，该城的许多头领——速哥和尹吉儿察，他们的家族与一些佛教僧侣——避难于明朝。⑨我们知道，是歪思开始对土鲁番地区实施直接控制的。据《拉失德史》记载，土鲁番十分缺水，歪思汗本人亲自在当地修建了灌溉系统。游牧的蒙兀儿人（Moghuls）曾不得不将东察合台汗国统治下的牧场转移至伊犁河（Ili River）与塔里木盆地（Tarim basin）之间的山区。在西蒙古的瓦剌（Oirats）的扩张下，他们又被赶回此地。这次迁移削弱了汗的政治实力，并导致一些蒙兀儿贵族（Moghul nobles）独立。有两种对立的观点：歪思之后统治土鲁番地区的两个王，是否是汗室的后裔⑩。他们在汉文中被称作也密力火者（Emil Khwājah）和速檀阿力（Sulṭān ʻAli）。在明代的文献中他们被称作王。即便在那个时期，人们也必定很重视统治者的成吉思汗（Chingiz）宗室血统。理论上这两个王应当被视为东察合台汗国的后裔，但我们不能确定这一点。

① 《元史》卷 122；安倍健夫，前引，第 12C 页。

② 《元史》卷 3Δ。译按：该年八月，“复立总管府于哈剌火州”。

③ 参看屠寄《蒙兀儿史记》：哈剌火州落入笃来帖木儿[Dula Tamür=宏达迷儿书中的 Duvā Tīmūr，译按：宏达迷儿《旅行者之友》，德弗雷麦里波斯文节刊本及法文节译合璧本《突厥斯坦和阿姆河北地区的蒙古汗史》（*Khwandamir, Habib al-Siyar, Histoire des khans Monguls du Turkistan et de la Transoxiane, extraite du Habib Essiier de Khondemir, Trahduite du Persan et accompagne de notes*, par M.C.Dafromary, Daris, 18C3）]之手（卷 1C0），以及答儿麻失里归并了整个畏兀儿地（卷 3C）。在《元史》（卷 32）中，我们能看到朵列帖木儿（1328 年），答儿麻[-shiri]则于 1331 年继承其位（《元史》卷 3C）；佐口透，「北アジア学報」第 180 页；安倍健夫，前引，第 130 页。

④ 间野英二：《十五世纪初的蒙兀儿汗国》（「十五世紀初頭のモグーリスターン」），《「東洋史研究」卷 23，第 1 号，第 2-C，17-20 页。

⑤ 布雷特施奈德（Ç. Dratschnaidar）称，根据一份出版时间不明的中文史料（Chinasa annals）记载，“土鲁番”首次出现于 1377 年（《中世纪研究》[*Mediaeval Researchs*]卷 II，第 103 页）。此说恐不确。在我们的材料（第 Δ1 页，译按：该材料即 T.），它首次见于 1Δ0C 年。

⑥ 或写作：哈散（T. 第 Δ1、Δ8 页）；哈三（T. 第 80 页）；这似乎是一个伊斯兰教名字：Ḥasan。

⑦ 陈诚，前引，第 10a 页，马哈木（原文如此）；T. 第 8C 页，马哈麻。

⑧ 陈诚，前引，第 1Cb-17a，10a 页；盖耶速丁，《皇家图书馆抄本拔萃和评注》（*Notices et extraits des manuscrits de la Bib. Du Roi*）卷 1Δ，上篇（toma 1Δ，I），巴黎，18Δ3 年，第 310、380 页。

⑨ T. 第 1C0、1C8、1C0、171、180、100、202、200、21C-217、231 页；间野英二，前引，第 10-11 页。

⑩ 莫里斯·罗萨比（Morris Dossabi）：《明代中国与吐鲁番》（*Ming China and Turfan*，1Δ0C-1C17），《中亚杂志》（*Central Asiatic Journal*），卷 1C，第 3 期，1072 年，第 21C 页（译按：姚胜译，《吐鲁番学研究》，2000 年第 1 期）；堀直：《明代吐鲁番研究》（「明代のトゥルファーンについで」），「待兼山論叢」第 8 号，第 18-21 页。

也密力火者（1445—1459）[①]是自歪思汗以来明朝称为“亦力把里（Ili-baliq）”[②]的地区的统治者，该地构成了蒙兀儿汗国（Moghūlistān）的领土。他与也先不花二世（Isan Bugha II）同时统治着汗国的东部（土鲁番和察力失[Chalish]），而后者的统治区域界于裕勒都斯（Yulduz）谷地西部。但是，《拉失德史》中没有发现有关也密力火者的记载。考虑到速檀阿力（1464—1479年）[③]的统治时间和领土范围，他似乎是也密力火者的继承人。1473年，速檀阿力侵占哈密并让其妹夫牙兰带兵留驻当地，而将哈密王母及其孙女掳往土鲁番。[④]速檀阿力似乎娶了王母孙女为妻。[⑤]在他死后（1478/79年），明朝收复了哈密卫。堀直（S. Hori）推断，这个“王”可能就是速檀阿里·札剌思（Sulṭān ’Alī Jurās, amīr，译按：异密）。[⑥]根据TR.（第90—92页）记载，笃思忒·马黑麻（Dūst Muḥamad, 1468/69年）死后，他的儿子，克伯速檀（Kabak Sulṭān，T. 第469页）与他的几个支持者逃至土鲁番。此时，羽奴思汗（Yunus Khan）则进入阿克苏（Aqsu）并征服了的笃思忒·马黑麻部众。在《明实录》中，我们发现，成化十四年七月癸未，速檀阿力王的部众爆发了叛乱；[⑦]成化十五年（1479年）九月甲子，该王已死，克伯速檀试图占领其领地，而火者亦速（Khwājah Isu）与牙兰等相互仇杀。这些记载暗示，速檀阿力王死后，克伯速檀的随从杀死了他们的主人，并将其首级献给了羽奴思汗。羽奴思汗于1482年以阿速王的名义[⑧]以及1484年以哈实哈儿（Kashghar）王的名义，向明朝进贡。[⑨]随后，他前往达失干（Tashkent），并在当地去世（1487年）。简言之，我们能得出这样一个结论，克伯速檀在速檀阿力的保护之下大约在位十年。只要我们将上述内容作为前提，关于这个王就是札剌思部落的头领的结论恐怕就不够谨慎了。在这方面，我们有足够的理由。札剌思是一支强大的部落，他们自也先不花分离出来，并与瓦剌结盟。但是，最强大的头领（异密）没有王的称号，就无法确立统治。起初，他支持也密力火者作统治者。我们可以发现后者家属如下：母亲，弟弟，岳母，儿子欢喜，王妃（在土鲁番）克瓦儿速檀，以及姐姐（在察力失）打剌闷。[⑩]明朝应当确认他为一个相当强大且独立的王。很有可能，他并非歪思汗的后裔。TR.没有关注歪思汗除此之外的任何世系。至于速檀阿力王，他的名称首次出现于T.（第414页）天顺八年九月癸酉。该处记载，迤西倒剌

① 或写作：也密火者王（T. 第30C页）、也密力虎者王（第313、31[、31C、310、3C2、37C页）、亦速[原文如此，当为：迷]力火者王（第330页）、也咩力火者王（第371页）、也乜力火者王（第38[页）、也密火只王（第381、382页）。

② T. 第313、31[页等等。

③ 或写作：锁鲁檀阿力王（T. 第414、432、443页。译按：T. 第443页作“锁鲁檀阿力”，无“王”字）、速鲁檀阿力王（第420页）、速檀阿力王（第430、441、4C1、4CC页）、速檀阿力（第43C、443、448、440、4C0、4C4、4C0页）。

④ T. 第444、474、483、48[页；其孙女名叫：满堆阿哈察（第474页）、阿黑察（第483、48[页）。

⑤ T. 第[2[页。

⑥ 堀直，同上。

⑦ T. 成化十四年七月癸未：速檀阿力部下携叛。译按：第4CC页。

⑧ T. 成化十八年二月辛亥：陕西阿迷[原文如此，当为：速]等处羽奴思王。译按：第47C页。

⑨ T. 未收录此条，另见《宪宗实录》卷2C1：成化二十年四月壬戌，赐火失阿儿等处羽奴思王，虎斑绢、磁器，从其使臣请也。堀直，前引，第10页。

⑩ T. 第31C、3C2、37C、381页。译按：第37C页为“王姑”，原作者译为“岳母”，此人未知是也密力火者的岳母，还是姑母，有学者说应当指的是“王的姐妹”。

欠哈敦（Khatun）索求九龙彩丝，锁鲁檀阿里索求盔甲、弓剑等物。[①]“哈敦”在突厥—蒙古语（Turk-Mongolian）中通常意指王后。在上述明朝记载中，我们可以注意到锁鲁檀阿力的地位低于哈敦。她可能拥有王族血统。据TR.（第121页），锁鲁檀阿力被羽奴思汗之子速檀阿黑麻（Sulṭān Aḥmad）所杀。此后速鲁檀兀也思（歪思）受封为王，并在1481至1487年间数次从土鲁番朝贡。[②]明朝回赐部分礼物给这位王及哈密王的孙女——锁鲁檀阿力的妻子。他或许也是也密力火者或速檀阿力的一位家族成员[③]。

1487年，速檀阿黑麻汗将他的势力扩展至土鲁番，[④]并于次年占领哈密。他再次让牙兰领兵留驻当地。虽然明朝通过财物赎回哈密，并于1492年册封了一名能力强干的哈密王，但阿黑麻旋即于1493年卷土重来[⑤]。为此，明朝出兵进行征讨，而阿黑麻则于1495年反攻失败。[⑥]他最终的领土局限于土鲁番、察力失、库车（Kucha）、阿速和乌什（Ush）等地。由此，蒙兀儿汗国向南发展，越过了天山。1504年，阿黑麻长子速檀满速儿（Sulṭān Manṣūr）继位。另一方面，随着哈实哈儿头领桑尼司·米尔咱（Sānīz Mīrzā）之子阿把把吉儿（Abā Bakr）率军进至阿速，[⑦]乌兹别克（Uzbegs）、吉尔吉斯（Qirghiz）和哈萨克（Qazaqs）人，大约在这一时期，开始征服他们邻近区域，或在蒙兀儿汗国西部走向独立。满速儿则不得不将他的汗国迁移至东部，即土鲁番和察力失。随后，他向明朝扩展。1513年占领哈密后，满速儿不仅试图向边界上的沙州（1516年）发动袭击，而且通过嘉峪关进入了明朝。他三次侵袭明朝。第一次是1516年，围困肃州；第二次是1524年，攻击甘州。其后，他率领两万骑兵在大约40天内扫荡了肃州地区。[⑧]在1525年的几个月里，一万多名骑兵再次进攻肃州区域，但我们无法获知满速儿是否是部队统帅。[⑨]这些针对明朝的伊斯兰“圣战”，是游牧的蒙兀儿人征战的最后阶段，应当是征战导致了这个庞大部族的迅速衰落。满速儿诸子开始分裂为各自领地的统治者。他们的子嗣退出了历史舞台。但是，阿黑麻次子赛德（Sa‘id，1514—1533），在哈实哈儿建立了他的汗国。他的后代统治包括土鲁番和哈密在内的东部诸城，一直到17世纪。[⑩]

① T. 第Δ1Δ页：迤西倒剌欠哈敦奏求九龙文绮，锁鲁檀阿力王奏求盔甲、弓箭等物，诏以琵琶、筝弦、苏木、绣线等物与之，余不与。

② T. 第Δ7Δ、Δ00、[00页。

③ 而且，我们可以确认阿尔克锁鲁檀（1Δ7Δ年）是速檀阿力之子（T. 第ΔΔ3页）。土鲁番一位名叫兀隆各（1Δ80年，T. 第Δ71页）的人，可能与之是同一个人。

④ T. 第Δ0Δ页，成化二十三年五月丙寅：羽奴思王子锁檀阿麻王，复侵夺察力失等四城（四城为：察力失，托逊[Toqsun]，土鲁番，柳城？？）。

⑤ T. 第[3C-[37页。

⑥ T. 第[C2-[CΔ页。

⑦ 堀直，前引，第23页。译按：堀直原文作“阿把把吉儿”，《中亚蒙兀儿史——拉失德史》汉译本作“阿巴·乩乞儿”。

⑧ T. 第CΔ8页；谈迁：《国榷》（卷[1）第3308、3310页。

⑨ T. 第C[Δ页；谈迁，前引，第331C页；郑晓也提到，牙木兰再次留驻哈密，并于Δ年后（1[2[年），入侵肃州。随后，他进入了沙州（同上）。T. 称土鲁番势力于嘉靖四年的10月，袭击了肃州（第C[0页；谈迁，第332C页）。上述两份材料，所指似乎是同一事件。这是来自土鲁番的第Δ次入侵。

⑩ 堀直，前引，第31-32页。

第二章　哈密藩国及其部众

天山东麓南缘有一处绿洲，明朝人自1404年以来称之为“哈密”（Hami, Khamil or Qamul）。地理上，该地属于土鲁番地区，虽然它或多或少地处于来自蒙古的游牧势力的影响之下。这一时期，属于察合台汗国的一个宗支，但臣属于大元王朝的王族在此建立了一个藩国。这个藩国与明朝、蒙兀儿汗国及蒙古关系密切，并形成了一个战略及商业的基地。

王族血统　根据伯希和（P. Pelliot）与松村润（J. Matsumura）的观点，哈密诸王无疑是察合台曾孙出伯（Chübei）的后裔。[①]他是元朝最伟大的指挥官之一，曾与海都（Khaidu）及其盟友都哇（Duva）的游牧部队作过战。鉴于他功勋卓著，元朝在河西（甘肃和敦煌）地区给他了一块封地。[②]在拉施都丁《史集》（the history of Rashīd al-Dīn）中，他众多子女里有两个儿子被提及，即喃忽里（Nom Quli）与宽彻（Könchek）。[③]松村润确认他两个儿子的族裔，14世纪前半期在同一地区拥有领地。[④]名为兀纳失里（Unashiri）的哈密王族的建立者被认为是他们中的一员。事实上，他于1390年首次从哈密向明朝派出了使节。[⑤]在此之前，他似乎是北元皇帝或可汗脱古思帖木儿（Tögüs Temür，1384）麾下的一名军事指挥官。[⑥]在脱古思帖木儿死后的一段时期，许多指挥官向明朝投诚，[⑦]兀纳失里可能也尝试了联系明朝。我们有一封他（？）的女婿纳门（Namun）于龙年（1388年）十月八日，所写的蒙汉文的书信。[⑧]在这封信中，他请求兀纳失里应予获准统治他受封于大[元]朝的[旧]地。[⑨]第二年，明朝向这名位于和林（Qarakhorum）西部某地的王

① 伯希和（D. Dɑlliot）：《明史中的火者与写亦虎仙》（Lɑ Uōja ɑt Iɑ Sayyid Ḥusain dɑ l’ histoirɑ dɑs Ming），《通报》（*T'oung Pao*），卷38，莱顿，10Δ8年，第13Δ-138、108页；韩百诗（L. Uambis）译，伯希和注，《元史卷一〇七》（*Le chapitre CVII du Yuan che*），莱顿，10ΔC年，第02-03页；松村润：《明代哈密王家的起源》（「明代哈密王家の起源」），「東洋学報」第30卷，第Δ号，第32-Δ8页。

② 《元史》卷21，108；佐口透：《河西的蒙古封建王侯》（「河西におけるモンゴル封建 王侯」），《和田博士六十寿辰纪念之东洋史论丛》（和田博士還曆記念東洋史論爭），东京，10C0年，第2CC页。

③ 伯劳舍（Dlochɑt），第1CC-177页，译按：原文未做详细出处，根据拉施都丁《史集》汉译者序来看，应当是《史集·合赞汗史即蒙古史》，伯劳舍校订，第二卷，莱顿-伦敦，1011年版，《吉布纪念丛书》第18卷；韩百诗（L. Uambis），前引，第00、03页，注释10，表23；第C2-CC页，注释7；《元史》卷30、107、108（喃忽里），卷22、108（南木忽里），卷23、108（那木忽里），卷2Δ、20、33、37、107、108（宽彻）。

④ 松村润，同上。

⑤ T. 第1Δ页。

⑥ 《太祖实录》卷1C8，洪武十七年十一月丙寅：然其麾下哈剌章·蛮子·阿纳失里，诸将各相猜忌。阿纳失里是兀纳失里的异写之一。和田清：《东亚史研究（蒙古篇）》（「東亜史研究·蒙古篇」），东京，10C0年，第Δ0、0C页，注释C0。译按：潘世宪译，《明代蒙古史论集》（上、下册），商务印书馆，北京，108Δ年。

⑦ 和田清，前引，第18Δ-18C页。

⑧ 火源洁译，明洪武间刻本《华夷译语》（涵芬楼祕笈第四集所收）。海涅什（Ç. Uaɑnisch）：《1Δ世纪末汉蒙双语文献》（*Sino-Mogolich Dokumente vom Ende des 14 Jahrhunderts*），《纳门驸马书》，10C2年。

⑨ 古纳失里王宜，合迷里阿儿牙不灰也客兀鲁孙拜里孩宜，额邻札儿沉兰忽宜，合罕讷札儿里蔑迭秃该。这段话海涅什（Uaɑnisch）转写为：Gunaśiri ong yi Ḥamil i’ ar yabuḥui yɑkɑ ulus un bairiḥai yi. ɑrin Jarcimlaḥu yi. ḥahan ṇo jarlih mɑdɑ tugai。

派出了一名使节。[1]因此，他从哈密贡献了一些马匹，虽然这些进贡并不必然意指臣服。洪武皇帝对他有所防范。事实上，他关于在延安、绥德、平凉和宁夏进行马市的轻率要求威胁到了明朝人。[2]洪武皇帝拒绝了他的要求，并迅速派兵前往哈密击败了他。[3]

1372年，明朝在肃州城外建立了嘉峪关。明军在从沙州（敦煌）、赤斤、白城子直到亦集乃（Ejinei）等地作战，并于1380年扫清了元朝的残余势力。[4]此后，1381年，一位名叫阿老丁（‘Alā’ al-Dīn）的穆斯林从哈密随同朝贡前来。[5]明代材料说，这位穆斯林是兀纳失里派出的使节。[6]但这并不属实。我们可以确认，兀纳失里王从蒙古到达哈密的时间是稍早于1390年。[7]他于1392年最后一次向明朝遣使朝贡，此前一年，他刚刚遭受上文提到的失败。

明朝的傀儡政权　1403年，永乐皇帝登基，他开始积极改善与哈密的关系。安克帖木儿（Engke Temür）嗣其兄兀纳失里（Unashiri）之位，统治哈密。1404年，皇帝封其为“忠顺王”（忠诚、顺服的王）。这一封号，意在使哈密成为一个忠诚于明朝的藩国。进一步说，皇帝的措施可能是离间忠顺王与号称“鞑靼汗（Khaghan of Tatars）”的鬼力赤（Qilich）的一项战略措施。此后不久（1404—1405年间），该忠顺王在位期间被鬼力赤毒杀。根据既定安排，[8]明朝立即派出兀纳失里之子脱脱（Toghto）继承王位。他于1391年明朝进攻哈密期间被俘，并在永乐皇帝宫中被养大成人。[9]虽然哈密混乱一时，但明朝支持脱脱确立了他的统治。同时，明朝人的卫所在嘉峪关外建立（1404年建立了赤斤蒙古卫，1405年建立了沙州卫）。1406年，哈密卫建立。[10]其目的在于，支持这一傀儡政权。但卫所的建立并非意味着明朝的政治控制。明朝给哈密王以下的头领授予明朝的军事职衔，并不时恩赐胄袍。由此，哈密绿洲诸王，王族以及众头领，获得了朝贡贸易的优先条件。脱脱死后（1409—1410），其子卜答失里（Budashiri）于1426年嗣忠顺王位。同时，安克帖木儿（Engke Temür）之子免力帖木儿（Mengli Temür，1411—1425）被封为“忠义王”（忠诚、顺义的王），此后由脱欢帖木儿（Toghon Temür，1427—1437）嗣位。从此，两个王族与明朝建立了良好的关系，并在这一绿洲生息繁衍。在该地，商人开展明朝和蒙古或蒙兀儿汗国之间的贸易。

① 《明代满蒙史料——明实录抄（蒙古篇）》（「明代滿蒙史料・明実録抄・蒙古篇」），第一册，京都，10[illegible]年，第212-213页。

② T. 第14页。译按：事在第1[illegible]页。

③ T. 第17页。

④ 和田清，前引，第3[illegible]-30页。

⑤ T. 第0页。

⑥ 《明史》卷330。

⑦ 小田寿典（曾用名：永元寿典）：《明初的哈密王家》（「明初の哈密王家について」），「東洋史研究」卷22，第1号，第1-38页。

⑧ 小田寿典，前引，第3-11页；莫里斯・罗萨比：《中国与内陆亚洲，13[illegible]8年到现在》（*China and Inner Asia From 1368 to the Present Day*），伦敦，107[illegible]年，第20页。

⑨ T. 第37页。

⑩ T. 第38页。译按：事在第40页。

臣服瓦剌　《明实录》所见零散信息提供的有效材料，确认蒙古的游牧势力深切关注哈密的政治、商业地位。脱古思帖木儿（Tögüs Temür）去世后，少数游牧势力为军事霸权进行争夺。其中，位于西北蒙古的瓦剌在对付东部蒙古鞑靼的过程中变得足够强大。1409年，明朝册封瓦剌联盟三位头领为王，他们分别是马哈木、太平、把秃孛罗（Batu Bolad）。[①]马哈木之子脱欢（Toghon）统一了瓦剌，并最终于15世纪30年代获得了整个蒙古名义上的宗主权。他一度同哈密王保持了和平的关系，并将他的女儿弩温答失里（Nu‘undashiri）嫁给了哈密王卜答失里（Budashiri）。[②]1439年，卜答失里去世，哈密爆发了叛乱。明朝获知，哈密卫一位名叫皮剌纳的军事指挥官不忠。同时，哈密部众自相仇杀，而且，他们与瓦剌有了麻烦。[③]明朝立即册封卜答失里之子倒瓦答失里（Dawadashiri）嗣位，并为团结哈密卫而勅戒皮剌纳。[④]据下列信息，[⑤]先是太平之子捏列骨[⑥]勾结穆斯林头领陕西丁（Shams al-Dīn）围攻哈密，随后进入把思阔（Bars-köl）地区的鞑靼猛哥卜花（Möngke Bugha）[⑦]，击败了捏列骨。然而，猛哥卜花并未解除包围，因为皮剌纳与他联系并谋杀哈密王的企图失败了。最终，1440年，瓦剌军队扑灭了这场叛乱。

此时，脱欢之子也先（Esen）继承了蒙古最高统治权。也先是在位的哈密王倒瓦答失里的外甥，但他却出兵哈密。据说，1443年，也先的军队围困哈密并掳走了哈密王的母亲[⑧]。截至目前，有用的材料太少，尚不足以使我们得知真实的情况。很可能是猛哥卜花勾结上面提到过的陕西丁，攻击了这个藩国。[⑨]瓦剌驱离入侵的军队，并带回了被俘的王族。哈密人随后在也先的要求下，让陕西丁与忠顺王一道管理哈密事务。但他们所有的事务，都被置于瓦剌的压力之下。虽然1437年，脱脱塔木儿（Toghto Tamur）继承了忠义王之位，但他却没再在历史上出现。根据记载，1443年哈密的人口比邻近任何地区都少。1446年，瓦剌的一个头领前来掳走了兀鲁伯（Ulugh Beg）使团的一百多人。同时，哈密王、王母以及陕西丁与他们一并离去。瓦剌庭帐坐落在晃忽儿槐（Khongghur Khai，乌里雅苏台[Uliyasutai]东南）。该地位于杭爱（Khanghai）山脉南麓的堆（Tui）河与塔出（Tachu）河之间。[⑩]在那儿，他们受到了也先的热情款待。每次忽里台（Quriltai）

① 《明代满蒙史料》，前引，第3ΔC页（《太宗实录》卷C3，永乐七年五月乙未）。

② T. 第30[页。

③ T. 第2ΔC页。

④ T. 第2ΔC页。

⑤ T. 第2C2（正统五年八月乙亥），2C3（八月丁酉），2CΔ（九月辛丑）页。

⑥ 捏列骨应该是捏烈忽的异写。《明代满蒙史料》，第二册，第70页；T. 第00、100页。

⑦ 他是也先土干的弟弟，《明史》卷1[C《金忠传》；和田清，前引，第77-70页：他将营帐驻扎于肃州边境和哈密地区之间（T. 第20[、221、228、272、33C页）。

⑧ T. 第278、280页。

⑨ T. 第280-281页。

⑩ T. 第202页：堆塔出晃忽儿槐（正统九年九月丁亥）。和田清，前引，第278、338、Δ03页。在阿里·阿克巴尔（Ali Çkbɑr）所著《中国纪行》的"Qalmaqs"一章中，我们能发现一座城镇的地名"Qonār-uy"。这应该是晃忽儿槐（Khongghurkhai）的异写。林义民（Lin Yih-min）：《阿里·阿克巴尔的〈中国纪行〉》（*Ali Ekber' in Hitaynarne*），台北，10C7年，第1[0页；《伊斯兰百科全书》（*İslâm Ansiklopedisi*）I，由托干（Z. V. Toghan）撰写的"阿里·阿克巴尔（Ali Çkbɑr）"词条。

大会，哈密王都不得不出席。虽然哈密人未曾中断与明朝的政治、商业联系，但1444年，哈密彻底落入也先之手。[①]也先的突然去世改变了哈密的局势，不是更好而是更糟，因为哈密已经变得极度虚弱。他们宁肯服从瓦剌。倒瓦答失里死后，他的弟弟卜列革（Bürege，1457—1459/60）继位。[②]后者除了母亲和女儿外没有子嗣。1463年，哈密遭到乩加思兰（Beg Arslan）的入侵。他是一支游牧部落集团的头领，在哈密周边地区崭露头角。[③]直到1466年，哈密王族不得不在苦峪（肃州边外）一带躲避。最终，蒙兀儿汗国的势力将其领地扩展到了哈密绿洲。[④]

王族的恢复 卜列革死后，其母弩温答失里似乎想为孙女聘一名驸马。[⑤]明朝要求她指定一名安定王族后裔。安定王自元朝以来统治着吐蕃边界地区的撒里畏兀儿（Sarigh Uighurs）。但不幸的是，她和她的孙女，于1473年被速檀阿力掳走了。另一方面，一位名叫把塔木儿（Bagh Tamur）的强干的畏兀儿头领，是脱欢帖木儿的外孙，因而也是忠义王族成员。一些人希望他出任统治者。1467年，明朝重新设立哈密卫，并授予其摄政王一职。他的继位者是其子，罕慎（1472—1488年）。当阿力占据哈密，罕慎率领他的部队移徙苦峪。其后，在明朝人的扶助下，罕慎在当地修筑了一座堡垒，并召集散落部众。[⑥]重建哈密之后，罕慎被册封为忠顺王（1488年）。[⑦]然而，在明朝敕印正式授予之前，罕慎被速檀阿黑麻（Sulṭān Aḥmad）所杀。他的弟弟奄克孛剌（Engke Bolad）成为由畏兀儿、穆斯林和其他少数部族组成的苦峪部队的首领。1492年，这支部队扶助一位名叫陕巴的安定王族后裔成为忠顺王。[⑧]他似乎是罕慎的外孙。[⑨]次年，阿黑麻重新占领哈密，并掳走了这位哈密王。卫所则撤至苦峪，或暂时性地迁往赤斤。[⑩]1495年，明朝武力夺回哈密，并从土鲁番赎回陕巴。此后不久（1498年至1500年间），陕巴及其哈密卫获得恢复。陕巴的继承人是他的儿子速檀拜牙即（Sulṭān Bāyazīd，1505-13）。直到速檀满速儿发动了针对明朝的伊斯兰“圣战”之前，这是明朝、哈密和土鲁番之间最

① T. 第28[、288、301、30Δ、30C、307、31C、317、331、333、33[、33C、337、330、3Δ2、3Δ3、3ΔΔ、3[1、3[2、3[8、3C1、3C2、3C[页。

② 或写作：孛罗革（T. 第380页），孛罗哥（T. 第2C8页），以及孛罗帖木儿（T. 第C13页）。最后一种写法应该是误写。参见本文注释102。

③ T. 第Δ07、Δ13、Δ1[、Δ20、Δ20页。

④ T. 第371页。

⑤ T. 第Δ08、Δ13、Δ1Δ-Δ1[、Δ17页。

⑥ T. 第ΔΔ[、Δ[C、ΔC2、ΔC3页。

⑦ T. 第[01、[00页。

⑧ T. 第[30页。

⑨ T. 第[3[页：先是，遣达官指挥法虎尔丁等，勅谕安定王千奔，令送哈密忠顺王陕巴家属，千奔不从云，陕巴不应袭忠顺王爵，爵当归绰儿加，绰儿加前忠顺王罕慎之姪，千奔弟也，故千奔求立之，且要赏赐，甘肃守臣以闻，兵部覆奏，以陕巴乃忠顺王之孙，素爲国人所推服，前哈密未封，遣使谕取应立者……（弘治六年正月辛卯）。从上述描述来看，陕巴是被册封为忠顺王的罕慎之孙。我们必须留意后来一些历史学者所引用的下列信息。这些信息容易引致误读。T. 第C13页：永乐间，封元遗派脱脱爲忠顺王，赐以金印，俾世爲藩篱传至孛罹帖木儿，无嗣母爲守国，成化间，土鲁番速擅阿力王乘其微弱夺金印去，阿力死，守臣复哈密城，请令忠顺王外孙部都督罕慎摄守，寻袭王爵，阿力子速檀阿黑麻役之，弘治中，立忠顺王陕巴（正德九年五月己丑）。

⑩ T. 第CC7-CC8、CCΔ页。

后的和平关系时期。1513年，哈密并入东察合台汗国，忠顺王拜牙即被掳走，他的一些部众头领则避难明朝。

部众 15世纪初，哈密各部众集团可能包含鞑靼人（Tatars）。在脱脱为哈密王时期，他们的头领有哈剌哈纳、买住、赤纳等。赤纳一开始就是一名隶属于买住的鞑靼。[①]就15世纪末而言，马文升称回回[②]、畏兀儿、哈剌灰（Qara-quis，瓦剌）三个集团组成了哈密卫。[③]自哈密王以下，明朝给隶属于哈密王的大小头目分别册封以明朝的军事职衔：都督（监督官），都指挥使（指挥官）等等。[④]这表示明朝同意按照哈密王请求或当地原则办事。监督官有三个等级：左右都督、都督同知和都督佥事；指挥官也有三个等级，即：都指挥使、都指挥同知和都指挥佥事。

哈密卫监督官

（根据我们的文本）[⑤]

序号	姓名	记录时间	职衔	备注
1	哈剌哈纳	1408~1411	都指挥同知 都督佥事	
2	纳法虎儿丁（Juna Fakhr al-Dīn）	1415~1419	都督佥事	或作：法火儿丁；穆斯林首领，1427年之前去世；弟：忽剌出；子：母撒（1437）
3	脱脱不花（Toghto Bugha）	1425~1429	都指挥同知 都督佥事	或作：脱脱卜花？

① T. 第 38-30、Δ0 页。

② 译按：小田寿典原文作“Moslims”，直译应当为“穆斯林”，此处依马文升原文写作“回回”。

③ 马文升：《兴复哈密国王记》（《学海类编》所收），第 2b-3a 页。

④ 《明史》卷 7C（五军都督府，都司）。

⑤ 1（T. 第 [C、C2、71 页），2（第 88、80、0C、1Δ0、23C 页），3（第 118、120、123、1[8、183 页），Δ（第 1Δ0、1Δ1、1Δ3、183 页），[（第 1Δ8、1[C、2[8 页），C（第 1[C 页），7（第 81、1Δ0、1[8 页。译按：第 81 页是有关哈剌苦出的记载，此外还有第 120 页也是），8（第 207 页），0（第 80、100？、1Δ0、2Δ8、2[1、2[Δ、2C7、2C8、288、30[、33[、338、387 页），10（第 2Δ[、2ΔC、2[0、2[Δ、2[8 页），11（第 1Δ0、2[3、281、287、30[、323、33[页），12（30[页），13（第 Δ01、Δ02、Δ08、Δ22、Δ3[页），1Δ（第 300、Δ22 页。译按：当为第 Δ23 页，且母朵法儿为都督，而非都督同知），1[（第 Δ3[、ΔΔΔ、ΔΔ[、Δ7[、Δ7C、Δ08、Δ00、[01 页。译按：第 Δ08 页当为第 Δ78 页），1C（第 [0[、[07、[08、[11、[28、[20、[30、[3C、[Δ1 页），17（第 [03、[31、[[3、[87、[88、C01、C07、C00、C18、C10、C22、C32、CΔ1 页。译按：其中 [07 页当为 [08 页，第 CΔΔ 页也有其记载），18（第 [08、[11、[32、[Δ[、[87、[88、C01、C12、C18、C2[页），10（第 [31 页），20（第 [[3、[83、C01、C00、C33 页。译按：另有第 C22 页），21（第 [78？、C18 页），22（第 C30、CΔΔ 页。译按：另有第 CCC 页），23（第 CΔΔ、CCC、71Δ 页），2Δ（第 700、722、72[页。译按：原文为“米儿马黑木”，而非“未儿”，第 C88 页也有其记载）。

4	北斗奴	1427~1430	都督佥事	卜答失里之弟
5	朮纳	1428~1429	都督佥事	1429 年之前去世；子：尹赤（1429），次子：撒满赤（1441）
6	把台	1429	都督佥事	
7	不剌纳	1427~1429	都督佥事	兄：哈剌苦出（1415~1427）
8	兀马剌	1433	都指挥同知 都督佥事	
9	脱脱不花	1427~1429	都指挥佥事 都督佥事，同知	兄：赤丹不花（1415~1422？）
10	皮剌纳	1439~1440	都督	叛乱（1439）
11	陕西丁（Shams al-Dīn）	1427~1447	都指挥佥事，同知 都督佥事	穆斯林首领
12	伯都王	1461	都督佥事	也先（Esen，瓦剌）之弟
13	把塔木儿（Bagh Tamur）	1462~1472	都督同知 右都督	或作：把帖木儿；畏兀儿首领，1472 年之前去世
14	母杂法儿（Muẓaffar）	1462~1462	都指挥使 都督同知	或作：木撒法儿；穆斯林首领
15	罕慎	1472~1488	右都督 （忠顺王）	畏兀儿首领，1488 年为阿黑麻所杀
16	阿木郎	1488~1493	都督佥事	1493 年为阿黑麻所杀
17	写亦虎仙（Sayyid Ḥusayn）	1488~1521	都指挥佥事 右都督	或作：赛因虎仙，散因火辛，穆斯林首领，1521 年被处决；赛亦撒隆（Sayyid Sanlung）之侄
18	奄克孛剌（Engke Bolad）	1489~1517	都督同知 左都督	或作：奄克孛罗；畏兀儿首领，罕慎之弟，1513 年后居于苦峪，1521 年之前去世
19	哈剌参	1492	都指挥使 都督佥事	
20	失伯颜答（Shīr Bayandar）	1492~1517	都督佥事 同知	或作：失拜烟答；失拜烟答。其长子为火者马黑木（Khwājah Maḥmūd）；1517 年死于肃州
21	满剌哈三（Manla Ḥasan）	1500？~1515	都督	穆斯林

22	把的孛剌（Pa-ti Bolad）	1521~1523	都督	奄克孛剌之子，1523 年之前去世
23	乩吉孛剌（Begi Bolad）	1523~1545	都督	把的孛剌之弟，1528 年之前避难于肃州东关
24	未儿马黑木（Mīr Maḥmūd）	1537~1564		失伯颜答次子，1557 年之前避难于肃州北关

根据明朝材料，上述阿老丁（‘Alā’ al-Dīn）是首位来自哈密的穆斯林（1381年）。盖耶速丁曾提及的上表中的朮纳法虎儿丁应该也是一位穆斯林头领。①盖耶速丁称，法虎儿丁（Fakhr al-Dīn）出身于迭里迷（Termez）的圣裔（the sayyids），他的女婿他只丁（Tāj al-Dīn）在一座叫阿塔苏菲（Ata-ṣūfī）的城镇有一个救济院。法虎儿丁在一座佛寺旁边修建了一座宏伟的清真寺和一间漂亮的礼拜堂。他派遣使团前往明朝贡马。②总的来讲，哈密包括土鲁番的穆斯林，毋庸置疑在血统上都属于畏兀儿。15世纪20年代，在穆斯林部众里，似乎有一些低级头目，名叫兀马儿（Umar）、那苏儿丁（Naṣr al-Din）等等。③但不确定的是，其中是否有一些新来者。正如前文所言，他们中的陕西丁成了一名穆斯林首领。在哈密王位空缺期，母杂法儿居于领导地位。明朝赐予他帝国敕令以及一套金丝做的袍服（1467年）。在他之后，我们知道赛亦撒隆及其侄子写亦虎仙是穆斯林头目。后者，在后来以成为武宗皇帝的宠臣而闻名。④关于他的第一条信息是，明朝在肃州作为掩埋出使明朝的穆斯林墓地旁，赐予他七分之五英亩（五亩）土地（1488年）。⑤1491年，他和他的同伴哈剌参一道工作，力图使阿黑麻交还哈密。⑥新的哈密王，陕巴，得到了他很好的支持，如同得到奄克孛剌的支持一样。⑦在拜牙即继位期间，奄克孛剌受封左都督作为畏兀儿的首领，写亦虎仙则受封为右都督作为穆斯林的首领。⑧然而，满速儿入侵之后，他不得不承受一段变幻的人生。1516年，满速儿围攻肃州，明朝军官以秘密勾结敌人为由将其拘捕，⑨但他利用与明朝专权太监的密切关系，很快脱狱。

① 《皇家图书馆抄本拔萃和评注》，前引，第310，380页。

② T. 第 88、80、0C 页。

③ T. 第1Δ0、1Δ3页。

④ 伯希和（D. Dɑlliot）：《火者》前引，第 11C-1[Δ 页；罗伊·安德鲁·米勒（D. A. Millɑr）：《写亦虎仙》，《明代名人传》（*Dictionary of Ming Biography*）卷 2，纽约－伦敦，107C 年，第 11[2-11[3 页。

⑤ T. 第 [03 页。

⑥ T. 第 [31 页。

⑦ T. 第 [[3 页。

⑧ T. 第 [01 页

⑨ T. 第 C22-C23 页。

相反，一些官员则受到了严厉处罚。[①]他和他的女婿，火者马黑木（失拜烟答之子），获得了被武宗皇帝赐姓国姓——“朱”的殊荣。期间，他们卷入了朝臣的争斗。当下一任皇帝继承武宗，写亦虎仙遭告发并被处决。其子米儿马黑麻及其女婿被斩首（1523年）。总之我们必须说，写亦虎仙在其中扮演重要角色的一系列事件，揭示了穆斯林在哈密内部的政治情势。

就上述畏兀儿而言，把塔木儿成为哈密卫重建后的摄政王。但是，没有信息能够使我们将其与上表中任何一人的家属联系起来，除了他的父亲娶了脱欢帖木儿王的女儿。继他之后，他的儿子罕慎和奄克孛剌相继成为包括穆斯林在内的各部众集团的首领。1482年，罕慎率领8600人以及另外两个卫所的援兵，击败了驻守哈密的土鲁番将领牙兰所率之部队，并夺回了八个要塞或堡镇以及1500名住民。[②]在接下来与蒙兀儿持续的攻防作战中，许多畏兀儿似乎离散了，脱离了监督官的控制。大约1497年，奄克孛剌治下有2450名畏兀儿人。1513—1528年期间，他的部众集团在肃州东关避难时，人口已不超过370人。[③]但是，很长时期以后（1647年），[④]他们被称为羁留于肃州的哈密卫。他们是主要从事农业和畜牧业的佛教徒。很可能，该部族集团中的大部分的畏兀儿留居于哈密绿洲。

至于哈剌灰，从血统上看，他们属于瓦剌。据说“西部的（译按：迤西）”哈剌灰及其在他失卜剌哈孙（Tash Balghasun，今称为Tash Bulak）地区的头目[乜克力][⑤]原来就从属于哈密当局。[⑥]一些出自哈剌灰的人与穆斯林和畏兀儿人一道定居于哈密这个堡镇。阿黑麻入侵（1488年）之后，一位名为拜迭力迷失（Bay Dermish）的头目及其190名部属避难苦峪（1497年）。1528年左右，有510定居者[⑦]，他们类似尚武的民族，主要从事打猎。[⑧]此外，我们还知道一些其他人，如小列秃（瓦剌）及乜克力（或Wild Mekrin；突厥语？）环绕定居于北山（Karlik Tagh）的左右山脚。后者有几处延伸至亦集乃（Ejinei）地区的分离领地。[⑨]

第三章　佛教徒的消退

几乎可以肯定的是，畏兀儿地后期的佛教文化，至少在元朝时期，处于中国、印度和吐蕃的直接影响之下。一些突厥译者为我们所知，如桑加失里（Sanggashiri）、[⑩]阿

① T. 第C33页。

② T. 第Δ7C页。

③ 严从简，前引，第12/11b页。

④ 祁韵士：《皇明藩部要略》卷11[（顺治四年）。译按：当为卷1[，该书一共十八卷。

⑤ 和田清，前引，第8[]-8[[页。

⑥ T. 第[28页。

⑦ 严从简，同上。

⑧ 马文升，前引，第7b页；茅瑞徵，前引，第C、0b页；伯希和（D. Dɑlliot），前引，第132页，注释00。

⑨ 和田清，前引，第8C[-8[8页。

⑩ 拉德罗夫（W. Dadloff）：《观世音菩萨》（*Kuanši-im Pusar*），附卷I，彼得堡，1011年，第C0-00页；卡拉（G. Kara）、茨默（D. Ziɑmɑ）：《回鹘文密宗文献译本残卷》（*Fragmente tantrische Werke in uigurischer Übersetzung*），《柏林藏吐鲁番文书第七种》（*BTT VII*），柏林，107C年，第1Δ(3Δ)页；小田寿典：《回鹘文〈殊師利成就法〉之残片一叶》（「ウイグル文文殊師利成就法の断片一葉」），「東洋史研究」卷33，第1号，第8C-100页。

梨耶阿阇梨（Arya Achari）[①]及本雅失里（Punyashiri），他们翻译藏语佛教文献。[②]他们的工作，为喇嘛教在哈密和土鲁番的传播做出了贡献。虽然有藏语文献的翻译，但正如G.卡拉（Kara）注意到的，大部分佛教术语并非源自藏语，而是来自畏兀儿语。[③]元代以前畏兀儿佛教徒是否实际受到吐蕃佛教的影响仍然存疑。根据《元史》（Yüan annals）一些简单的传记，畏兀儿，如迦鲁纳答思（Karunadaz<梵文为Karuṇā-dāsa，死于1312年）以及必兰纳识理（Piratnaśrī，梵文为Prajñāsrī？来自哈密，死于1332年），是首批熟悉天竺教（Indian Buddhism）或西天书（Indian books）的人。[④]10世纪末，前往中国的印度僧人建立了一所译经院（institution for Buddhist translations）。[⑤]在新的印度的影响下，吐蕃佛教开始获得恢复。而由于伊斯兰教不可避免的扩张，印度佛教徒似乎在寻求往东方传教。他们应当是将梵文（婆罗米文）文献带至了畏兀儿地。因为懂梵文，较为容易理解藏文文献，因而畏兀儿教师参与了将喇嘛教引介至元朝的活动。因为这个原因，在元朝皇室诸王和畏兀儿佛教徒中，都能发现源自梵语的名字。特别是在元代灭亡以后，我们知道哈密王及其家族中有些名字以“-shiri”（梵文为-śrī，藏文为dpal，汉意为“吉祥”,汉字写作“失里”、“失力”等）结尾,如兀纳失里（梵文为Guṇāśrī）[⑥]、速可失里（Sukashiri，梵文为Sukhaśrī，脱脱祖母）、卜答失里（梵文为Buddhaśrī）、倒瓦答失里（梵文为Devatāśrī？或Devada[tta]śrī？）。15世纪早期，在土鲁番地区及哈密绿洲仍然存在一些佛教社区。土鲁番（城内）的许多居民是佛教徒，当地也有一些僧侣及寺庙。明朝将畏兀儿僧侣授以明朝僧侣职衔，有时还会向更为高级的僧人授以（最尊崇的）国师封号。[⑦]1408年，僧人清来及其弟子法泉（法先）等前来朝贡，明朝册封清来为国师，并授以其他人都纲（宗教官员的首长）等职。[⑧]1430年，法泉之子佛先继承了他的职衔。佛先后来于1437年与随从前往明朝避难。[⑨]另一位僧人，古麻剌失里（Kumarashiri，梵文为Kumāraśrī）于1408年前往明朝。[⑩]次年，他派遣南答失里（Nandashiri，梵文为Nandaśrī）出使，并于1411年获赐三袭僧袍。1426年，明朝赐给僧人善实一些礼物，并允许桑果大师设立僧纲司。巴剌麻儿答失里（Paramartashiri，梵文为Paramārthaśrī）两次朝贡明朝并请求受封为国师（1426，1429年）。此后，他于1437年派遣了僧人格来。明朝则于1441年向他派了一名使臣。所有这些均与土鲁番有关。哈

① 庄垣内正弘：《回鹘文抄本·大英博物馆藏 Or.8212（100）》（「ウイグル語写本・大英博物館蔵 Or.8212(100)について」），「東洋学報」卷 CC，第 1 号，第 0ΔC 页；卡拉（G. Kara），前引，第 1C 页。

② 卡拉（G. Kara），前引，第 13-1Δ、ΔC、CC 页。

③ 卡拉（G. Kara），前引，第 13 页。

④ 《元史》卷 13Δ，第 202 页；茨默（D. Ziemo）：《回鹘文佛教头韵诗》（*Zür buddhistischen Stabreimdichtung der alten Uiguren*），《匈牙利东方学报》（*Acta Orient. Hung*）卷 20，第 2 号，107C 年，第 108-100 页，注释（Anm.）CΔ；小田寿典，「東洋史研究」卷 33，第 1 号，前引，第 08-00 页。

⑤ 《望月佛教大辞典》卷 8，东京，10C8 年，第 2CC-2C8 页。

⑥ 或写作：古纳失里（洪武刻本《华夷译语》），忽纳失里（T. 第 3Δ 页），伯希和（D. Dalliot），前引，第 13C-13C 页，注释 103；参见本文注释 C0。

⑦ 《明史》卷 7Δ、7C。

⑧ T. 第 C0 页。

⑨ T. 第 1CC、231 页。

⑩ T. 第 C0 页。

剌火州早已成为一堆废墟。佛教中心无疑在土鲁番，虽然令人费解的是怎么如此众多的佛教徒都在柳城。15世纪中期之前，土鲁番彻底落入信奉伊斯兰教的蒙兀儿之手。当蒙兀儿政权中心设在土鲁番之后，估计整个地区都开始被称为土鲁番。可能许多当地的畏兀儿加入了这个新的群体。但是，他们中的一些避难明朝，而其他人则在哈密绿洲寻找了新的居所。

1409年，僧纲司在哈密设立。应使臣免力帖木儿的请求，僧人速都剌失被封为都纲（1411年）。①另一位僧人太仓被授以同一职职衔（1429年）。②如上文所述，一些哈密王拥有佛教名字。倒瓦答失里又称哈力锁鲁檀（Khalil Sulṭān），③这一名称很可能与穆斯林群体有着某种联系。他派出一名使臣前往明朝，说出于对父母之爱的感恩，他打算建一座佛寺（1442年）。④两位畏兀儿僧人，阿必答儿麻失里（Abidarmashiri，梵文为Abhidharmaśri）及皮剌的牙失力（Biradiyashiri，梵文为Hṛdayaśri？）⑤，请求明朝授以国师封号。后者被授以都纲之职（1463年）。⑥这位僧人乞求明朝对从哈密避难甘州的200住民给予帮助（1473年）。⑦一位名叫约家的僧官作为罕慎的使臣入贡明朝（1481年）。⑧在上文提及的肃州畏兀儿人中有一位僧人拥有国师封号。⑨可以得出以下结论：可能除了最后一位哈密王拜牙即之外，哈密王及畏兀儿部族集团信仰佛教。当哈密被纳入信奉伊斯兰教的蒙兀儿人的统治之后，信奉佛教的畏兀儿与信奉伊斯兰教的畏兀儿一道，加入了新的群体。他们中的一部分则避居于明朝。

结语

1513年，当满速儿汗吞并哈密，从一种逻辑的观点来说，畏兀儿地的人们就丧失了他们古老的自9世纪以来就已确定的“畏兀儿”这一族称。他们似乎越来越多地融入了当地的穆斯林社会。但是这些仍然保持了他们自己的语言和民族特征的人们，在近代再次采用他们的族称作为他们族群的名称。另一方面，蒙兀儿则随着伊斯兰教的引入，在实力和人数上迅速衰落。⑩这些已经放弃游牧生活的人们，必定逐步接受自己成为穆斯林畏兀儿。

虽然畏兀儿地在从中亚到明朝的“朝贡贸易”中，谈不上是一个重要的中转地，但我们需要注意其特殊情形。哈密在永乐皇帝的外交政策中受惠颇多。永乐皇帝输入军马，并设置卫所，以保障其对蒙古作战这一最优先目标。毫无疑问，伴随这一政策，他与西

① T. 第70页。
② T. 第107页。
③ T. 第240页。
④ T. 第208页。
⑤ 或写作：必剌牙失里（T. 第400页），必剌牙失里把的剌（梵文作：-bhadra，T. 第440页）。译按：前者事在第414页。
⑥ T. 第348页。
⑦ T. 第440页。
⑧ T. 第473页。
⑨ 严从简，前引，第12/11b页。
⑩ N. 伊莱亚斯，《拉失德史》，绪论，第78页。

部的哈密和东部的兀良哈（Uliyankhai）建立了友好关系。受益于他的政策，哈密人民似乎成功地出售了大量马匹。[①]据说，鞑靼可汗（Tatar Khaghan）鬼力赤经常在哈密从事马匹贸易，[②]而前往明朝的人也常常在那里买马。[③]永乐皇帝的继承人，洪熙皇帝在登基时宣布，他将停止向哈密和其他西域国家输入马匹。[④]这表明，永乐时期哈密在马匹贸易中扮演了重要角色。尽管可能发生了一些变化，但没有理由认为哈密的贸易活动此后就迅速衰落了。作为一个商业中心，哈密可能仍然持续繁荣了一段较长的时期。

同时，与哈密王存在姻亲关系的瓦剌头领土干（Toghon）必定加强其对途经哈密的贸易路线的控制。由此，他迅速而切实地赢得了对蒙古游牧势力的军事控制。但是，当土干的继承人也先在明朝北部从草原路线直接向大同派出大规模的贸易车队时，哈密被排挤出了主要的贸易路线。而且，15世纪后半段，畏兀儿与蒙兀儿之间的斗争似乎减少了畏兀儿地的商业活动。甚至穆斯林商人也试图避居明朝。[⑤]根据《中国纪行》（阿里·阿克巴尔著，伊斯坦布尔，1516年），我认为它收录了15世纪后期一些历史文献，有三万穆斯林居住在京兆府（Kinjān Fu，今西安）。[⑥]当时，这个城市有一个中央官僚机构，负责处理西域国家的朝贡和贸易事务。这些国家的使臣通过嘉峪关前往都城北京。所有的使臣通常待在甘州，他们中的一部分人被允许前往都城。[⑦]武宗时期，由穆斯林商人组成的使团成员待在官方的使臣馆舍（译按：会同馆），长达三到四年，做着私人买卖。然而，1521年嘉靖皇帝继位之后，他们的活动遭到禁止，并被驱逐出境。[⑧]这位皇帝试图改变自永乐以来所采取的对于来自西域国家的使臣比较自由的外交政策。满速儿的入侵可以看作是导致这一政策转变的最主要的原因。可能的真相是，写亦虎仙及其家族成了这些政策的牺牲品。由于他们被处决，明朝可能切断了当地穆斯林群体与来自西域国家的穆斯林商人之间的合作。在朝贡和贸易重建的体系中，明朝重新开始接受使臣。他们有规律地每隔一段时间，就从西域国家，甚至是遥远的诸如鲁迷（奥斯曼帝国领地）、天方国（麦加，Ka'aba，Mecca）等地而来，途经土鲁番，这一贸易商队主要以及最后的集散地。[⑨]

哈密王族世系表（略）[⑩]

---

① T. 第32页。

② T. 第[0页。

③ 陈诚，前引，第20b页。

④ T. 第107页。

⑤ 田坂兴道在他的著作中列举了很多引自明朝材料的例子，《回教传入中国及其弘通（II）》（「中国における回教の伝来とその弘通(II)」），东京，10CΔ年，第10[C-10C2，100[-110[页。

⑥ 林义民（Lin Yih-min），前引，第Δ3页；小田寿典：《十六世纪初期有关中国的伊斯兰史料》（「十六世紀初頭の中国に関するイスラム史料」），「史林」卷[2，第C号，第07页。

⑦ 林义民，前引，第[3页，注释38。

⑧ T. 第CΔ0页。

⑨ 布雷特施奈德，前引，第30C-308页；和田博德：《明代铁炮传入与奥斯曼帝国》（「明代の鉄砲伝来とオスマン帝国」），「史学」卷31，第Δ号，第C02-710页；羽田明：《明帝国与奥斯曼帝国》（「明帝国とオスマン帝国」），「西南アジア研究」卷1Δ，第0[-100页。

⑩ 译者注：原文附录哈密王族世系表，限于篇幅，从略。另，原文注释过繁，译文因篇幅所限，有所省略。

附：原文作者小田寿典提供之勘误表

Uighuristan
正误表Corrigenda

页Page	行Line	误Error	正Correct
22	20	tranfit	transit
24(notes)	(18)		Mediaeval Researches
27	9	癸西	癸酉
29(notes)	(62)	Sino-Mongolich	Sino-Mongolisch
30	6	‘Ala al-Dīn 阿老丁	‘Alā’ Al-Dīn 阿老丁
31	17	Bolado	Bolad
37(Text)	1		‘Alā’ Al-Dīn
38(notes)	(114)	Hōja	Ḫōja
40	7	必蘭納識理(skt. Viratnaśrī...in 1339)	必蘭納識理(<Piratnaśrī<skt. Prajñāśrī...in 1332)*
45	figure	Oirads	Oirats

*Cf. Indian Buddhist Missions to Uighuristan, based on Chinese Sources. P.29, 1.16. Wiesbaden 2003.

（小田寿典，男，1935 年生，日本京都大学文学博士；姚胜，男，1978 年生，历史学博士，北京外国语大学副教授，北京：100089）

1816-1861 年的西部西藏

[英]阿拉斯泰尔·兰姆著　梁俊艳译

通过廓尔喀（the Gurkha War）战争，英国获得了库玛翁（Kumaon）和噶瓦尔（Garwhal），英国领土有史以来第一次与中国皇帝主权统治下的领土接壤。正如波格尔（Bogle）和特纳（Turner，孟加拉政府首领黑斯廷斯在 18 世纪中后叶派往西藏的两个使团——译者）之行令我们熟悉了西藏其他部分一样，西部西藏（Western Tibet）的影响力也超越了其边界。由此，西部喜马拉雅山国（the Western Himalayan hill states）与拉萨产生了古老而复杂的联系。在英国控制下的新地域之中，库玛翁和噶瓦尔的部分土地是被英国直接吞并的，而特里—噶瓦尔（Tehri-Garwhal）和西姆拉（Simla）附近、沿着萨特累季河谷（Sutlej valley）的山国，后来归类统称为西姆拉山国（Simla Hill States），实际上仍在当地酋长统治下，但已受英国保护了，其中最重要的一个山国便是萨特累季河（Sutlej）附近的巴沙尔（Bashahr）国，其首府位于兰普尔（Rampur）。在萨特累季河（Sutlej）以外，即英国控制范围之外的，便是拉达克王国（kingdom of Ladakh）及其属国拉胡尔（Lahul）与斯比提（Spiti）。尽管拉达克王国及属国现与英国领土毗邻，但其与西藏的边界线从喜马拉雅山脉（Himalayas）延伸至喀喇昆仑山脉（Karakoram），构成了拉萨与信仰穆斯林教的锡克（the MoslemSikh）、信仰印度教的克什米尔（Hindu states of Kashmir）及旁遮普（Punjab）之间的缓冲区。拉达克、拉胡尔及斯比提，在民族、宗教和文化方面均与西藏相同，其政府组织形式也表现出西藏政府政教合一特殊体制的诸多特征。在某种程度上，这也是当时英国统治下的很多地区的特征，但萨特累季河东部的诸山国则受印度教影响更多。萨特累季河两岸均受西藏影响，体现在与西藏复杂的商贸、政治和宗教关系方面。拉达克与拉萨定期互派外交和商贸使团，拉胡尔和斯比提则出于政治—宗教原因定期向西藏交纳若干款项。巴沙尔国与西部西藏的政治中心噶大克有着密切的外交关系，而在位于英国直接统治下的库玛翁，西藏人和往常一样向英国领土派出收税人员，对从事跨边界贸易的商人继续征税。①

此外，西部西藏的神山冈底斯山（Mount Kailas）和圣湖玛旁雍错（Lake Manasarowar），对佛教徒、印度教徒和穆斯林而言都是圣地。几百年来，信徒从平原涌向这里，绕神山步行，在冰冷的圣湖中沐浴。根据一种传统的说法，伟大的印度河流恒河（Ganges）、印度河（Indus）、萨特累季河（Sutlej）和布拉马普特拉河（Brahmaputra）

① 董事会文集（Board' s Collections），第 552 册，第 13384 号文集：韦伯（Webb）致函多伊尔（Doyle），1816 年 6 月 7 日。《秘密信函》附件（Enclosures to Secret Letters），第 89 册，附件第 115 号：坎宁汉致函克勒克，1842 年 8 月 3 日。

都发源于圣湖玛旁雍错（Lake Manasarowar）。[①]

拉萨强有力地控制着西藏西部各地。尽管噶大克与拉萨之间距离遥远，但噶大克政府无权接受外交信函，并和其他西藏官员一样反对欧洲人进藏。然而，西部西藏与拉萨及日喀则等地仍然存在重大的区别：尽管与孟加拉进行贸易对拉萨有无重大经济利益值得怀疑，但西部西藏的生活却极大地依赖于和其周边邻居的贸易。西部西藏的中心地噶大克不过是一个贸易市场，四周散布着一些小泥屋；然而到了夏季，来自周边地区的数千名商人，如来自中国突厥斯坦（Chinese Turkestan，即新疆——译者），中亚汗国（the Central Asian Khanates），甚至来自遥远的俄国属地（the Russian dominions）的商人，都来到这里，用本地的产品交换西藏特产，包括硼砂、盐巴、黄金、羊绒和矮种马，还换取来自内地的茶叶、瓷器以及丝绸等。[②]

1816 年，噶大克的主要对外贸易即同拉达克或经由拉达克展开；噶大克与英国治下山国之间的贸易最多能满足当地需求。[③]拉达克与噶大克之间的贸易与拉达克和西藏之间的政治关系密切相关。这种情况持续贯穿整个 19 世纪，直至作为克什米尔一部分的拉达克被置于英国的保护之下。这种情况令英属印度政府焦虑不安。1889 年，1899 年及 1900 年，英国官员对拉达克的外交关系进行了详细研究，并揭示了以下模式[④]，即有两个重要的使团将拉达克首府列城（Leh）和拉萨（Lhasa）联系起来。三年一度的“洛恰”使团（Lapchak，藏语“逢年朝贡”之意——译者）从列城出发，前往拉萨。其目的半贸易、半外交。该使团以一名重要的拉达克人或西藏驻拉达克领事作为首领，均为僧人或堪布担任，同时由一位最重要的拉达克穆斯林（阿儿浑，Arghun）[⑤]商人同行，长期以来的传统准许使团在西藏进行贸易。“洛恰”使团带着拉达克国王（king，Gyalpo，杰波）送给达赖喇嘛的信函和礼物。“洛恰”使团总是选择途经噶大克前往拉萨的路线。西藏人将其视作朝贡性质的使团，即便 1834 年拉达克已被并入克什米尔，西藏人也不认为这改变了“洛恰”使团的性质。西藏人将拉达克的克什米尔统治者视作“拉达克用益物权使用人”（man in usufructory possession of Ladak）[⑥]。作为同“洛恰”使团的交换，西藏每年也向列城派出一个使团，称作“恰巴”（Chapba，tea man——藏语“茶使”之意——译者）。使团首领恰巴（Chapba）或松尊（Zungston），是达赖喇嘛派往拉达克的私人贸易代表，总是由一名颇为重要的西藏僧俗官员担任。“恰巴”这一官职任期三年，在任职期间需前往列城一次。每年 6 月，“恰巴”使团离开拉萨，带着内地的砖茶前往

---

① 《伟大的高原》（The Great Plateau），罗林（C. G. Rawling）著，伦敦，1905 年，第 263 页。

② 《亚洲研究》（Asiatic Researches），第 12 册，1816 年，第 449 页。

③ 《亚洲研究》（Asiatic Researches），第 11 册，1810 年，第 530 页。

④ 英国外交部（FO）17 1109，印度外交信函（Indian Foreign Letter），第 123 号，1889 年 8 月 16 日；英国外交部（FO）17 1398，印度事务部（IO）转发英国外交部（FO），1899 年 1 月 3 日。英国外交部（FO） 17 13 445，印度事务部（IO）转发英国外交部（FO），1900 年 8 月 22 日。英国外交部（FO） 17 1447，印度事务部（IO）转发英国外交部（FO），1900 年 10 月 3 日。

⑤ 阿儿浑，又称阿鲁浑，合剌温，阿剌浑。克什米尔的拉达克与列城人称呼维吾尔人与克什米尔人通婚所生子女为阿儿浑人，因而有混血之意——译者。

⑥ 用益物权，是物权的一种，是指非所有人对他人之物所享有的占有、使用、收益的排他性的权利。例如，土地承包经营权、建设用地使用权、宅基地使用权、地役权、自然资源使用权等——译者。

拉达克销售，抵达列城的时候已是 12 月。使团在列城一直停留到翌年 4 月，再返回西藏首府，随行携带着印度和欧洲纺织品及其他手工制品。

“洛恰”和“恰巴”使团是拉达克和西藏之间密切关系的最重要体现，并促成了许多规模较小的使团。拉达克国王的封地，如斯托克（Stok）和玛索（Matho）的王侯，每年都习惯性地向噶大克派出贸易使团。一些穆斯林商人在噶大克和列城之间的内地砖茶贸易上享有特权。噶大克统治者噶本（Garpons），以及日土宗（Rudok）的藏族长官，每年都来列城做生意。拉达克的几个大佛教寺院定期向拉萨派出宗教和贸易使团。大约每隔十年，西藏伟大的宗教中心扎什伦布寺都会派出使团前往列城。所有这些使团都享有支配苦役（begar）的权利，即在途经地区从当地居民那里强征劳动力和运送货物的牲畜，后来英国认为该权利多少令人不快。在每一个拉达克村庄都能感受到拉达克与西藏之间的这种传统关系的象征所产生的影响，这种关系发生任何变化，都会给拉达克和西部西藏带来深刻的经济影响。

从其进展情况和分散的人口来看，拉达克贸易主要是一种转口贸易。一定数量的内地砖茶被运往当地消费，然而，目前为止，拉达克贸易中最重要的商品是羊绒（shawl wool, pashm），即长在绵羊或山羊长毛下面的优质绒毛，这种绒毛似乎在西藏高原这种干燥的环境下长得最好。1853 年，羊绒占拉达克贸易的四分之一，而 1816 年这一贸易大约占当地贸易总量的一半。①通过风俗、惯例以及条约，拉达克人获得了对羊绒的垄断：他们从邻居噶大克那里获得羊绒，然后卖给克什米尔的纺织工作为原料，而克什米尔的羊绒披肩被欧洲人视为最重要的服装之一。这种垄断特权被拉达克小心谨慎地守护着②，只有极小数量的羊绒披肩是通过其他渠道运来的。③

克什米尔羊绒披肩以其在欧洲引人瞩目的价值，引起了英国人的注意。1799 年，英国农业部（Board of Agriculture）咨询东印度公司董事会（Court of Directors），能否找到制造羊绒披肩的西藏绵羊，他们希望在英国养殖这种羊。因此，孟加拉政府奉命寻找样本，并接到关于如何仔细保护这些绵羊、将其万里迢迢地运回英国的精确指令。④1810 年，来自巴雷利（Bareilly，印度北部的一个城市）的一位英国商人吉尔曼先生（Gliiman），派出一位代理人前往噶大克搜集羊绒标本。拉达克获悉这一消息后，一定以为这将打破他们的垄断地位，因此向噶大克长官，或曰噶本抗议，于是噶本颁布了一条命令，严禁将羊绒卖给除拉达克人以外的所有人，否则被处死刑。⑤两年后，伟大的旅行家威廉·穆尔克罗夫特（William Moorcroft）前往噶大克麦克马洪线，“带着公众热切的动机，为大不列颠获得最优质的羊毛制品”，却没有得到英国官方的赞助。穆尔克罗夫特成功地购买了一些羊毛，人们告诉他，非拉达克人能做到这一点还是第一次。1816

① 《拉达克的自然、统计数据和历史》（Ladak, Physical, Statistical and Historical），亚历山大·坎宁汉，伦敦，1854 年，第 244，248 页。

② 《亚洲研究》（Asiatic Researches），第 12 册，1816 年，第 451 页。

③ 汉密尔顿（Hamilton），《印度斯坦》（Hindostan），如前所引，第 2 册，第 451 页。

④ 《孟加拉急件》（Bengal Despatches），第 34 册：孟加拉商业急件（Bengal Commercial Despatch），1799 年 10 月 31 日。

⑤ 《亚洲研究》（Asiatic Researches），第 12 册，1816 年，第 451 页。

年，他在《亚洲研究》（*Asiatic Researches*）上发表的游记中，坚决主张羊毛贸易可行，且有很多办法，东印度公司可以用利诱手段从拉达克取得羊毛贸易，开头只要稍微提高一些市场价格即可。[①]在廓尔喀战争中，羊绒和其他西藏贸易商品的价值引发了大量评论，在英国决定吞并免受廓尔喀统治的这一高山地区时发挥了重要的影响作用。

1815 年，当巴沙尔国成为英国保护国时，东印度公司仍占据着巴沙尔的考特加尔村（village of Kotgarh），这给公司创造了从萨特累季河染指西藏贸易的优势条件。1819年，当锡克人征服了克什米尔之后，随之而来的饥荒迫使很多克什米尔纺织工背井离乡，到平原地区寻求避难，如阿姆利则（Amritsar），卢迪亚纳（Ludhiana），努尔布尔（Nurpur），以及周围的村庄，克什米尔纺织工的到来引发了这些地区对羊绒原材料的新需求。[②]1820年或 1821 年，东印度公司成立了一家工厂，专从西藏商人那里购买羊绒。这一商业冒险“仅仅是实验性的，目的是将羊绒贸易从克什米尔转到我们自己的领土上”[③]。事实证明该冒险并没有成功，因为考特加尔村位于萨特累季河下游，西藏人并不打算到该地来。[④]

尽管没有得到公司的任何赞助，但在巴沙尔国的首府兰普尔，羊绒贸易在平原地区产生的新需求的鼓励刺激下得到了发展，该贸易很快便注定成为萨特累季河两岸山地国家经济中最重要的元素了。1841-1842 年间，坎宁汉（J. D. Cunningham）在萨特累季河上游的卡纳瓦尔（Kanawar）停留了一年，他搜集的数据表明，在 19 世纪 30 年代后半期，羊毛贸易的价值骤然增加。1837 年，兰普尔的西藏羊绒总价值达到 35630 卢比，1839 年，这一数字增长到 73080 卢比，1840 年，更达到了 94807 卢比。[⑤]在该贸易额获得增长期间，与其说英属印度政府关注在山地诸国开展贸易的可能性，不如说其更关心建设山地驿站如西姆拉（Simla）或奈尼陶（Naini-Tal）等为其带来的好处。

在廓尔喀战争后的几年间，英属印度政府官方并没有过多关注山地诸国与西藏之间复杂关系中存在的贸易可能性和潜在的危险；若果真如此，这种可能性必然会激发起华伦·黑斯廷斯那类人的热情了。1822 年，当威廉·穆尔克罗夫特拜访拉达克之际，拉达克国王主动向威廉提出双方签署一则条约，将拉达克置于英国保护之下，并对英国臣民开放贸易。之前，拉达克国王被锡克的扩张速度所震惊，他本人也刚刚镇压了克什米尔的起义。然而，英属印度政府不仅拒绝了这个建议，还千方百计地确保兰吉特·辛格

---

① 《亚洲研究》(Asiatic Researches)，第 12 册，1816 年，第 374 页。

② 《旁遮普国家地名词典》(Punjab States Gazetteer)，第 8 册，巴沙尔国，第 8 页。《秘密信函》附件（Enclosures to Secret Letters)，第 89 册，第 38 号，附件 114：坎宁汉致函克勒克，1842 年 7 月 30 日。戴维斯（R. H. Davis)：《英属印度西北边疆诸国之贸易和资源报告》（Report on the Trade and Resources of the Countries on the North-Western Boundary of British India)，拉合尔，1862 年，附录 24，第 CCXXI-CCXXII 页。

③ 劳埃德（G. Lloyd）编辑：《喜马拉雅山脉考恩普尔至伯伦多山口游记：劳埃德少校和亚历山大·杰拉德上尉对于经由备库尔至噶鲁和圣湖玛旁雍错的描述》（Narrative of a Journey from Caunpoor to the Boorendo Pass in the Himalaya Mountains etc. by Major Sir W. Lloyd and Captain Alexander Gerrard’s account of an attempt to penetrate by Bekhur to Garoo and the Lake Manasarowara, etc.)，两卷本，伦敦，1840 年，第 1 册，第 174 页。

④ 戴维斯，《报告》，如上所引，第 61 页。

⑤ “穆尔克罗夫特拉达克之行笔记”（Notes on Moorcroft’s Travels in Ladak)，坎宁汉（J. D. Cunningham)，(JASB，第 12 册，1844 年)，第一部分，第 210 页。

（Ranjit Singh）获悉拉达克曾提出过这一建议，并被英国政府拒绝。[①]1834年，就在道格拉（Dogra）入侵拉达克的前夕，拉达克再次向东印度公司的一名植物学家韩德森博士（Dr. Henderson）提出这一建议。韩德森在公司内任职没有向公司请假就离开加尔各答，他自然不愿将这一建议转告给威廉堡（Fort William，东印度公司所在地，即后来的加尔各答——译者）以至于宣扬出去。最后，拉合尔杜巴尔（Lahore Durbar）首次在一份抗议里告知英印政府拉达克曾要求订约的事，亨德森博士马上被解职。[②]但英属印度政府还是严厉地斥责了他，因他未经任何许可便进入了西藏属国的领土。[③]拉达克人还主动接触了另一名旅行者杰拉德博士（Dr. Gerard），他们请杰拉德博士来列城调停，可以说也是要他代表拉达克人与锡克人斡旋，但英属印度政府决定不理会这个提议。[④]

英属印度政府不愿在该地区采取可能被误认为与锡克人一争高下的任何行动，而在亚历山大·坎宁汉（Alexander Cunningham）看来，与锡克人竞争，“对拉达克的繁荣和英属印度的贸易而言”都是最不幸的。[⑤]英属印度政府对诸如穆尔克罗夫特等人的建议均充耳不闻。穆尔克罗夫特早就认为——后来他的此类想法在本世纪变得流行起来——英国同俄国之间的竞争结果将会成为影响中亚历史未来的决定性因素，他用绝大多数游历经验证明这一点。对穆尔克罗夫特而言，拉达克和西部西藏不仅是英国涉足利润丰厚的羊毛贸易的手段，而且是通往整个中亚的商业路线，西藏只不过是其中很小的一部分。穆尔克罗夫特坚信，俄国人已经攫取了这一巨大市场的潜能，如果英国还希望与俄国竞争，就必须尽快行动。俄国商人正在造访噶大克，参加其每年一次的集市。[⑥]俄国间谍（agents）则手持官方证件和适当得体的礼物，在列城和拉合尔（Lahore，锡克王国的首都——译者）施展阴谋诡计。[⑦]英国正面临着至关重要的选择。穆尔克罗夫特写道，英国人不得不决定，中亚和西藏的居民是否

> 是穿着俄国的，还是英国的优质羊绒，是使用圣彼得堡的，还是来自伯明翰的铜、铁、锡制工具和各种家用金属器件。这一切取决于英属印度政府的决定。当前，奖项无疑要授予一方。俄国对中亚诸国采取的措施是野心勃勃、充满活力

①《印度斯坦和旁遮普的喜马拉雅各省游记》（Travels in the Himalayan Provinces of Hindustan and the Panjab, etc.），穆尔克罗夫特（W. Moorcroft）和特雷贝克（G. Trebeck）著，威尔逊（H. H. Wilson）编辑，两卷本，伦敦，1841年，第一卷，第420页。《锡克历史：从国家起源到萨特累季战役》（A History of the Sikhs from the origin of the Nation to the Battles on the Sutlej），坎宁汉著，加雷特（H. L. O. Garrett）编辑，伦敦，1918年，第331页。

② 坎宁汉，《拉达克》，如上所引，第10-12页。《克什米尔和旁遮普行纪》（Travels in Kashmir and the Panjab），贝伦·查尔斯·休（Baron Charles Hügel）著，伦敦，1845年，第101-102页。《克什米尔、拉达克及斯卡杜行纪》（Travels in Kashmir, Ladak, Iskardo, etc），瓦因（G. T. Vigne），两卷本，伦敦，1842年，第二卷，第333，335，375页。

③ 董事会文集（Board's Collections），第1643卷，第65660号文集。

④ 董事会文集（Board's Collections），第1642卷，第65650号文集。

⑤ 坎宁汉，《拉达克》，如前所引，第331页。

⑥《孟加拉急件》（Bengal Despatches），第68册：印度政治急件（India Political Despatch），1815年1月6日。

⑦ 穆尔克罗夫特手稿（印度事务部图书馆藏）。穆尔克罗夫特在列城写给乔治·斯文顿（George Swinton）的两封信函，标注日期均为1821年12月17日。其中一位代理人，阿格哈·迈赫迪（Agha Mehdi）从俄国外交大臣内瑟罗德伯爵（Count Nesselrode）那里携带了一封介绍信前往兰吉特·辛格（Ranjit Singh）处。参见《拉达克和西部喜马拉雅政治：1819-1848年》（Ladakh and Western Himalayan Politics:1819-1848），达塔（C. L. Datta）著，新德里，1973年，第204-205页。

的，而我们的措施的特征则是动辄虚惊和不必要的胆怯。①

尽管英国或许要为在拉达克错失的良机而受到指责，但他们却不应为没能与西部西藏政府建立联系而遭受非难。自1792年以来，中国人似乎牢牢地控制了噶大克，看来他们一直感到英国的力量在喜马拉雅山脉南麓的增长，因此满怀戒心地注视着。他们知道穆尔克罗夫特在拉达克的旅行，并对此提出过抗议②；他们显然对于英国旅行者试图通过萨特累季河谷或库玛翁山口进入西藏持有戒心。自1818年以来，英国人的游历似乎越来越成为英国官员休假或工作时最喜爱的一项活动了。对于在西姆拉刚刚修建的山地站点而言，萨特累季河这条线路尤为方便。然而，正如一位旅行者所说，"在其庞大帝国的遥远边疆，中国的鞑靼人对那些未经许可进入其疆域的陌生人高度警惕，如同他们自己的臣民到了北京一般警惕：无论多少钱，都休想贿赂他们违反其长官的命令"。③1821年，亚历山大·杰拉德上尉致函噶大克噶本，要求获准前往圣湖玛旁雍错游历，他沿萨特累季河而行，满心希望能获得积极肯定的回答。然而，他在西藏边界上被拦住了，中国边界士兵告知他"已经在几个月前收到拉萨的命令，不与欧洲人交好，不为其提供食物或柴火"。就在那时，他收到噶本的回信，内容大意为：穆尔克罗夫特在拉达克的游历活动及报告令拉萨当局警惕，他们颁布了严厉的命令，禁止所有欧洲人越过边界，在未来"他不得接收或回复任何来自欧洲人的信函；假如收到也要原封不动地退还。"尽管遭遇此番挫折，杰拉德"对于中国人开诚布公的态度十分满意"。在他同意返回之后，他们便尽其可能地为他提供食物和燃料。他总结说，"鞑靼人性格非常温顺，爱好和平，这一性格在与其熟悉之后表现更为明显。"④中国人的政策就是要确保这些即将来到准边界的欧洲人能提前从英国领土上的当地居民处收到警告；在边界接待游客，尽可能地要求其返回；如果遭到拒绝，则通过扣留随身物品阻止其继续前进。例如，1830年法国旅行者维克多·雅克蒙（Victor Jacquemont）就有过这样的经历。⑤此类不幸的遭遇倒都没有导致国际纠纷。

英属印度政府非常希望避免这种复杂的纠纷，中国人也同样希望如此。1827年，噶大克政府冒险抗议巴沙尔国王允许英国旅行者通过其领土进入西藏。他们指出，这种愈发频繁的事件已经引起了拉萨的不满。如果英国希望与中国结盟，应通过海路抵达北京，而不是通过西藏。最后，噶大克政府警告巴沙尔国王：不要过度依赖英国军队的力量，因为中国皇帝更为强大；与中国交战的结果无疑是中方大获全胜。巴沙尔国王将原话转告英属印度政府，希望今后不必处于一种可能会得罪其强邻的尴尬境地。尽管英属印度政府对这种狂妄自大的语气颇为不满，但仍决定"为了控制这种好奇心和求知欲或导致尴尬的讨论"，命令英国官员今后不得越过西藏边界，但这一禁令似乎并未施加于

① 穆尔克罗夫特，《游记》，如前所引，第一卷，第358-359页。

② 穆尔克罗夫特，《游记》，如前所引，第一卷，第256页。

③《喜马拉雅库纳乌尔行纪》(Account of Koonawur in the Himalaya)，杰拉德上尉，劳埃德编，伦敦，1841年，第104-105页。也可参见汉密尔顿：《印度斯坦》(Hindostan)，如前所引，第二卷，第662页；《印度之旅》(Voyage dansl' Inde)，雅克蒙（V. Jacquemont)，第二卷，巴黎，1841年，第276-277页；《在锡兰与印度大陆行纪》(Travels in Ceylon and Continental India)，霍夫梅斯特（W. Hoffmeister)，伦敦，1848年，第448-449页。

④ 劳埃德与杰拉德，《行纪》(Narratives)，如前所引，第二卷，第91页，125页，155-156页，178页。

⑤ 雅克蒙，《行纪》(Voyage)，如前所引，第340页。也可参见JASB，第八辑，第二部分，第945页。

私人行动。[①]

1816 年后，与英廓战争中出现的诸多幻想形成鲜明对比，可以说，英属印度政府除了表达不愿与中国的西藏政府和清朝政府发生任何纠葛之外，可谓终止了一切对藏政策。当然，英属印度政府也并未完全忽略西藏，想必忽略一片与之接壤长达数英里的土地绝非易事。由此，英属印度政府转而开始支持匈牙利学者乔玛（Csoma de Körös）的西藏研究，从三十年代到 1841 年（这年乔玛即将动身去拉萨，死于大吉岭），英属印度政府还给这位性格温和的怪人提供了数额不大的资助。[②]此外，英属印度政府同意了英国驻加德满都领事霍奇森（B. H. Hodgson）的建议，尽其所能与班禅喇嘛保持联系，以便从班禅那里获取藏文宗教文献。霍奇森用几码（yard，1 码等于 3 英尺或 36 英寸或 0.9144 米）红色细平布从喇嘛那里换回的 327 卷四开本的藏文宗教典籍，已于 1835 年 11 月运往东印度公司董事会处。[③]但直到 1837 年彭伯顿使团（Pemberton mission）前往不丹，英国才开始尝试按廓尔喀战争期间的计划与西藏建立政治联系。

英国东印度公司的需求在不断发生变化。英国同中国的贸易和外交问题，很快在中国本土得到解决（此处指 1840 年鸦片战争结束后中英两国签订了《南京条约》——译者）。对于喜马拉雅地区发生的重大事件，虽然英国不承担责任也几乎没有掌控权，但却日益要求英国在英藏关系上采取主动。因此，东印度公司不得不更加积极地关心英国在库玛翁和噶瓦尔的领地与西部西藏之间的边界事务，与其说公司希望基于这些原因、以摩拉勋爵（Lord Moira）建议的方式与中国人建立联系，不如说因为公司无法忽略印藏边界上的政治动态。在 19 世纪 30 年代，印度西北边疆的权力平衡正在发生变化。曾是拉合尔锡克王国（Sikh Kingdom of Lahore）臣属的道格拉（Dogra，清代文献译作森巴——译者）统治者、查谟（Jammu）国王古拉伯·辛格（Gulab Singh，清代文献译作古浪森——译者），正忙着在印度河上游合并小邦，创建属于自己的帝国。1834 年，在辛格的将军左拉瓦尔·辛格（Zorawar Singh）的辅佐下，辛格成功地入侵了拉达克，由此，锡克帝国与中国直接接壤。[④]尽管英国默许了此次战争[⑤]，但这场战争依然注定威胁到英国的利益。毫无疑问，正是拉达克的转口贸易，尤其是羊绒披肩，将道格拉人吸引到这荒芜的高山地区；同样毫无疑问的是，道格拉人的征服和接下来强加于羊绒贸易之上的苛捐杂税，扰乱了该地区长期以来形成的商业模式。拉达克和西藏之间的贸易很大程度上基于一种传统体系，很容易受到文化和宗教与之迥异的国家之征服所带来的影响。这种影响的结果之一便是噶大克与喜马拉雅南麓国家之间的贸易额大幅增长，故损

① 董事会文集（Board' s Collections），第 1181 册，第 30743 号文集：孟加拉政治信函（Bengal Political Letter），1828 年 7 月 3 日，坎宁汉，《锡克》（Sikhs），如前所引，第 183n 页。

② 有关乔玛（Csoma de Körös），详情参见《亚历山大·乔玛的生平与著作》（The Life and Works of Alexander Csoma deKörös），杜卡（T. Duka）著，伦敦，1885 年。

③ 董事会文集（Board' s Collections），第 1639 册，第 65571 号文集：来自印度的政治信函（Political Letter from India），1836 年 11 月 28 日。

④《克什米尔国家的建立》（The Founding of the Kashmir State），潘尼迦（K. M. Pannikar），伦敦，1953 年，第 74 页，以及下列等等。

⑤《克什米尔国家的建立》（The Founding of the Kashmir State），潘尼迦（K. M. Pannikar），伦敦，1953 年，第 76-77 页。《西部西藏的历史》（A History of West Tibet），弗兰克（A. H. Francke），伦敦，1907 年，第 137 页。

害了噶大克与拉达克之间的贸易。在 1834 年之前，出口到兰普尔的羊绒数额似乎很小，但到了 4 年后的 1837 年，羊绒出口额迅猛增加了 200%，这些数据均有据可查。如此叹为观止的贸易额变化必然产生广泛影响。阿姆利则（Amritsar）和卢迪亚纳（Ludhiana）的纺织工制造出的精致羊绒披肩产量猛增，其代价只能是克什米尔所产羊绒披肩数额下降，这无疑给古拉伯・辛格带来损失。新的贸易在喜马拉雅山地国家中引发了一场经济革命，人们需要新的资金，山区居民因向平原放债人借款而负债的事情骤然增多[①]。

古拉伯・辛格对此变化的反应不足为奇。1841 年春，他派将军左拉瓦尔・辛格入侵西部西藏盛产羊绒地区，很快便占领了整个区域，直至兰嘎错湖（Rakas Tal）和圣湖玛旁雍错（Manasarowar），这样一来，道格拉的统治范围现已包括了西藏城镇日土宗（Rudok）和噶大克（Gartok），并扩展到尼泊尔边界。潘尼迦（K. M. Panikkar）所撰写的古拉伯・辛格生平传记是关于这一时期的代表作，但对这种侵略行为没有做任何解释；反而对这位印度统治者征服印度斯坦高山边界外领土的大胆构想充满了敬仰之情。[②]然而，在 1841 年，英国官员可没有对此留下如此美好的印象。印度西北边疆代理人克勒克（Clerk, Agent to the North-West Frontier）始终认为古拉伯・辛格占据西藏这块土地的目的是想垄断羊绒贸易。他坚信：依据拉达克与西部西藏的传统关系，包括西藏日土宗和噶大克向拉达克国王呈交贺礼常规等，现在古拉伯・辛格通过征服道格拉，宣称对日土和噶大克也拥有所有权，目的就是为了垄断羊绒贸易。[③]随后，事态的发展很快证明了克勒克的此番结论。征服者采取的第一轮行动之一，便是终止西藏与英国属地之间的贸易[④]。1841 年，兰普尔的羊绒进口额跌至 17766 卢比[⑤]，而 1840 年通过兰普尔的羊绒价值总额是 94807 卢比，如此剧烈的跌幅产生了一定的政治后果。正如托马森（Thomason）所说：

> 如果我们对这次伤害逆来顺受，必然导致英国影响力和经济收益的下降，而我们邻居的狂妄自大和肆意妄为必将相应增加。从政治角度来看，羊绒贸易微不足道；但无论被阻挡多长时间，单单我们被阻拦这一事实就会令我们的百姓垂头丧气，同时也令那些阴谋得逞的人扬眉吐气，从而觊觎更多。[⑥]

但事情还远未结束。1841 年，英国参与了在阿富汗和中国的战争。英军在喀布尔（Kabul）的通信线路直接延伸穿过锡克领土，而自两年前兰吉特・辛格（Ranjit Singh）去世以来，锡克人对其英国盟军的忠诚开始动摇。英国若要反对道格拉在西藏的行动，不仅需要调动此时别的地方需用的军队，还严重地威胁到英军在阿富汗的处境。然而，此时左拉瓦尔・辛格若继续留在中国领土，即便不会破坏英国与中国的和谈局面，也会令事态变得更为复杂。克勒克认为：

---

① JASB，第 13 辑，第一部分，1844，第 208 页。

② 潘尼迦，如前所引，第 80 页。

③《秘密信函》附件（Enclosures to Secret Letters），第 75 册，第 31 号：克勒克致印度，1841 年 3 月 25 日。

④《秘密信函》附件（Enclosures to Secret Letters），第 79 册，阿格拉信函 20-8-41，厄斯金（Erskine）致函霍奇森（Hodgson），1841 年 7 月 21 日。

⑤ JASB，第 13 辑，第一部分，1844，第 210 页。

⑥《秘密信函》附件（Enclosures to Secret Letters），第 79 册，第 76 号：汤姆森（Thomson）致函印度，1841 年 9 月 4 日。

此刻，锡克人对中国的属国（tributaries）所表现出的敌对立场，势必在此情形下对北京即将达成的和解带来麻烦；因为在此情形下，中国政府很自然会将锡克人对其领土发动的侵略，归咎于英国政府的教唆煽动。①

古拉伯·辛格似乎也意识到这一问题。1841 年 10 月，他建议应当“与英国政府合作入侵中国西部边疆”，而英国人没有对此建议表现出任何兴趣。②

更大的危险潜藏于尼泊尔人的态度中。自 1837 年以来，廓尔喀始终置身于痛苦的政治冲突中，其中一个利害攸关的问题便是：他们应当对英国政府采取敌对政策，还是中立政策。当英中两国发生战争之际，作为中国属国的廓尔喀似乎应采取反对英国的立场。如果廓尔喀认为古拉伯·辛格对西部西藏的进攻是受了英国的怂恿或支持，那么情况就太令人尴尬了。毕竟，古拉伯·辛格是拉合尔的臣民，而拉合尔当时正与英国结盟。因此，1841 年 6 月，当拉达克前任国王使团抵达加德满都，寻求尼泊尔的帮助共同抵抗道格拉时，霍奇森焦虑不安地注视着这一切。③看来廓尔喀的确主动提出，希望通过对英属印度政府发动战争来帮助其宗主国中国，虽然在支持接受廓尔喀援助的人中，不乏在广州与欧洲人打过不少交道的中国杰出官员林则徐（Lin Tse-hsu）和拉萨的驻藏大臣，但该建议仍遭到北京的拒绝。④然而，廓尔喀人遭到中国拒绝之后，并未放弃从当前喜马拉雅局势中捞取好处的想法。他们开始考虑与古拉伯·辛格达成某种妥协。古拉伯·辛格的领土现在与尼泊尔近在咫尺，其发展势头必然危及打破尼泊尔与其他印度山国政治孤立的状态，而这也正是廓尔喀战争后英国得出的结论以及英国政策的一个重要目标。正如克勒克在 1841 年指出的：

在尼泊尔与其西部的所有山国毗邻之处，英国的利益都会面临威胁；我认为，一旦资源丰富的查谟国王与狠毒剽悍的廓尔喀军队结合起来，这种威胁就变得迫在眉睫。

他认为此种结合很可能成为古拉伯·辛格进攻西部西藏的一个“更遥远的目标”。⑤

此外，道格拉入侵西藏招致英国嫌恶的另一个原因是，道格拉的军队出现在拉达克与萨特累季河之间的西藏边界南部的拉胡尔（Lahul），库鲁（Kulu）和斯比提（Spiti）等地。在斯比提，所有贸易都中断了，而从巴沙尔国出发必须经过斯比提才能抵达拉达克。鉴于斯比提与其周边四邻极端复杂的关系，作为英国保护国的巴沙尔国之主权是否遭到侵犯，英属印度政府对此一点也不清楚。⑥无疑，古拉伯·辛格似乎尽其所能向英

---

①《秘密信函》附件（Enclosures to Secret Letters），第 79 册，第 76 号：克勒克致函印度，1841 年 9 月 4 日。

②《秘密信函》附件（Enclosures to Secret Letters），第 81 册：阿格拉信函（Agra Letter），1841 年 11 月 21 日，克勒克致函印度，1841 年 10 月 31 日。

③《秘密信函》附件（Enclosures to Secret Letters），第 78 册，第 65 号：霍奇森致函印度，1841 年 6 月 6 日。

④《战争与和平中的中国》（China, During the War and Since the Peace），德庇时爵士（Sir J. F. Davis），从男爵（Bart.），两卷本，伦敦，1852 年，第一卷，第 151，315 页。也可参见安博（Imbault）—休厄特（Huart）著作，如前所引，第 375-376 页；“尼泊尔和中国”（Nepaul and China），帕克（E. H. Parker），《帝国与亚洲季刊研究》（Imperial and Asiatic Quarterly Review），第七卷，1899 年，第 80 页。

⑤《秘密信函》附件（Enclosures to Secret Letters），第 79 册，第 76 号：克勒克致函印度，1841 年 9 月 4 日。

⑥《秘密信函》附件（Enclosures to Secret Letters），第 79 册：阿格拉信函（Agra Letter），1841 年 8 月 20 日，厄斯金致函霍奇森，1841 年 7 月 21 日。

国保护下的山地诸国扩大影响。有报道称，他正在与巴沙尔国王商讨自己的儿子迎娶巴沙尔国王之女的相关事宜。[①]更甚者，他向这些山国索要过去习惯上献给拉达克的礼物。由此，英属印度政府旋即决定制止道格拉在英国保护区内的公开干涉活动，必要的时候可诉诸军事行动。[②]

正如霍奇森提到的，道格拉的入侵是“一件极为棘手的大事”，鉴于“中国人在此区域的政治与军事废弛”，他们很可能容忍此次入侵。[③]很难看到采取什么样的措施才不至于引发更多不愉快的后果。1841 年 9 月，英属印度政府决定采取两个没有多大希望的模棱两可的措施。第一，要求拉合尔大公保证古拉伯·辛格从西藏撤出，该要求得到了同意，但查谟国王是否遵守拉合尔此番命令的问题并未得到检验。[④]第二，英国军官坎宁汉中尉（J. D. Cunningham），也即后来研究锡克的历史学家，接受命令前往萨特累季河西藏边界附近的一个地方游历，在那里观察情况，并随时向英属印度政府汇报。[⑤]

1841 年 12 月，西藏人开始反抗道格拉人的入侵。因大雪封山无法通行，左拉瓦尔·辛格仓促决定在西藏过冬，就在此时，他被一支强大的中国人组成的军队拦腰截断。左拉瓦尔将军遭遇惨败，他和他的绝大多数军官都被杀害。中国人向前推进，入侵拉达克，包围列城。事态发展到这一步，英国很难再保持中立立场。道格拉人立刻向英国求救。考虑到英国当时正与中国交战，如果英国援助了道格拉人，中国人会有怎样的反应呢？当有些道格拉士兵在与西藏人交战惨败后逃往英国领土卡纳瓦尔（Kanawar）寻求庇护时，中英之间发生摩擦的危险再清楚不过。若中方索要这些人的要求遭到拒绝，中国人会不会把英国视作道格拉的同盟军呢？实际上，英国人的确是道格拉的同盟军。那么中国人会不会利用这个借口阻止跨界贸易呢？[⑥]尼泊尔人的反应会怎样？克勒克绝不允许让这些惧怕令自己偏离中立的立场。他致函坎宁汉，英国的政策不正是希望令噶大克重归中国吗，坎宁汉恰好扮演了观察家或曰调停者的角色。[⑦]西藏的自然条件令英国很难向锡克派出军事援助。[⑧]相反，当 1842 年 9 月，古拉伯·辛格重新变得咄咄逼人时，英

---

①《秘密信函》附件（Enclosures to Secret Letters），第 80 册：阿格拉信函（Agra Letter），1841 年 9 月 21 日，梅特卡夫（Metcalfe）致函托马森（Thomason），1841 年 9 月 6 日。

②《秘密信函》附件（Enclosures to Secret Letters），第 79 册：阿格拉信函（Agra Letter），1841 年 8 月 20 日，印度致函卢兴顿（Lushington），1841 年 8 月 17 日。

③《秘密信函》附件（Enclosures to Secret Letters），第 80 册：阿格拉信函（Agra Letter），1841 年 9 月 21 日，霍奇森致函印度，1841 年 9 月 6 日。

④《秘密信函》附件（Enclosures to Secret Letters），第 80 册：阿格拉信函（Agra Letter），1841 年 9 月 21 日，印度致函克勒克，1841 年 9 月 20 日。《秘密信函》附件（Enclosures to Secret Letters），第 81 册：阿格拉信函（Agra Letter），1841 年 12 月 21 日，克勒克致函印度，1841 年 12 月 20 日。

⑤《秘密信函》附件（Enclosures to Secret Letters），第 80 册：阿格拉信函（Agra Letter），1841 年 9 月 21 日，克勒克致函托马森，1841 年 9 月 2 日。

⑥《秘密信函》附件（Enclosures to Secret Letters），第 89 册，第 38 号：克勒克致函印度，1842 年 8 月 31 日。《秘密信函》附件（Enclosures to Secret Letters），第 82 册：阿格拉信函（Agra Letter），1842 年 1 月 22 日，汉密尔顿致函印度，1842 年 1 月 21 日。《秘密信函》附件（Enclosures to Secret Letters），第 88 册，第 30 号：坎宁汉致函克勒克，1842 年 6 月 29 日。

⑦《秘密信函》附件（Enclosures to Secret Letters），第 82 册，第 8 号：克勒克致函坎宁汉，1841 年 12 月 13 日。

⑧《秘密信函》附件（Enclosures to Secret Letters），第 90 册：秘密部门（Secret Dept.），机密信息信函（Confidential News Letters），第 3 号，1842 年 1 月 22 日。

国不得不再次考虑用武力限制他的攻势，但也不会起多大作用。即便英国真的援助了中国人，他们也不可能赢得任何信任，因为当地的中国官员永远不会向北京汇报此事。[①]

由此，在没有英国人参与的情况下，中国人和道格拉人达成了妥协，并于1842年10月17日在列城签署和约。条约似乎没有通过官方正式传给英国，但英国从巴沙尔（Bashahr）国王处获得一件复本。这是一份简单的文件，包含三个恢复原状的条款；只有第二条提到“为了符合古代惯例，茶叶和羊绒应从拉达克路线运送”，此条可以理解为授予古拉伯·辛格垄断羊绒披肩这项对外贸易，而这也正是他在西部西藏发动战争的主要目的。[②]后来又因中国人、西藏人和拉合尔大公一起签署的一份文件，进一步承认了该条约，巩固了古拉伯·辛格所签署的协议。[③]英国一直没有获得这份辛格签订的条约的官方正文，后来在1889年，锡金与西藏的边界局势迫使英人仔细调查英国保护下的诸邦与西藏间存在的关系，直到那时，驻列城的英国联合委员会成员拉姆赛上尉（Captain Ramsay）才出示下面的文件：

> 鉴于一面是拉萨长官，即首先是噶伦苏堪瓦拉（KalonSukanwala），其次是中国皇帝军队长官巴克什桑珠（BakhshiSapju）；另一面是代表古拉伯·辛格的迪凡·哈里·钱德（Divan Hari Chand）和瓦齐尔拉特努（WazirRatnu），我们一致同意，并在神灵面前发誓，古拉伯·辛格与中国皇帝以及拉萨的达赖喇嘛（Lama Guru-Sahib Lhassa-wallah）之间的友谊将会长存；不得无视在神灵面前达成的协议；我们不会与拉达克边界的国家产生任何联系。我们会像从前一样继续经拉达克经营披肩、羊绒和茶叶贸易。如果室利国王（Sri Raja）的任何敌人来到我们的领土，诋毁国王，我们都不听，并将其赶出我们的国家；任何从拉达克来的商人，都将享有我们给予的方便。在涉及修复拉达克边界及保持披肩、羊绒、茶叶贸易商路畅通方面，我们绝不会违背此次会议所规定的内容，节外生枝。[④]

这些条款大部分都与巴沙尔国统治者提出的条款相同，但在更大程度上似乎暗示着，西藏对拉达克事务产生的影响要远比英属印度政府怀疑的大。直到1900年，印度政府仍未决定该条约是否对英国在克什米尔的最高权威产生了一定影响。[⑤]

古拉伯·辛格对西部西藏的入侵并没有产生任何令人不快的结果，英属印度政府对此曾十分担忧。的确，英国领土与西部西藏之间的贸易并没有增长多少，可毕竟还在进行着，总比万一古拉伯·辛格吞并了西部西藏时要好。查谟国王与廓尔喀人之间结成联盟的危险已烟消云散，这在一定程度上多亏霍奇森高超的外交手段：他在加德满都担任英国领事期间，廓尔喀从英国的敌人转变成盟友，这标志着一个重要阶段。与阿富汗发生的事件相比较，1841-1842年的喜马拉雅危机似乎微不足道，在印度历史上也没有引起多大的关注。然而，这场危机对随后的英国喜马拉雅政策产生了重要的影响。第一，

---

①《秘密信函》附件（Enclosures to Secret Letters），第90册，第52号：坎宁汉致函克勒克，1842年9月24日。

②《秘密信函》附件（Enclosures to Secret Letters），第92册，第31号：厄斯金致函克勒克，1843年4月1日。

③ 潘尼迦，如前所引，第84-89页。

④ 英国外交部（FO）17 1109，印度外交信函（Indian Foreign Letter），第123号，1889年8月16日。

⑤ 英国外交部（FO）17 1445，印度外交信函（Indian Foreign Letter），1900年8月2日，印度事务部（IO）转发英国外交部（FO），1900年8月22日。

面对喜马拉雅山国与西藏之间存在的复杂关系，英属印度政府必须采取一定的应对政策，这已十分明显。英国不得不阻止其保护国中存在任何形式的双重效忠（dual allegiance）现象。正如坎宁汉所写：

在野蛮民族和短命王朝相互竞争的时代，自然会出现多种多样的关系和随时变化的效忠；这种不确定性总是符合那些野心勃勃、能力出众的统治者的愿望，而这种统治者却是昙花一现。然而，到了后期，当中华帝国和大英帝国在喜马拉雅山脉上狭路相逢时，这种疑虑应当走到尽头了。我们绝不会与别人分享这些小公国的忠诚，也不应当奢望我们的附属国能占有别国的领土。我们的附属国不应与任何陌生人建立政治联系，但我们允许他们与别国统治下的邻居交换友好信函，甚至可以友好互访。①

第二，喜马拉雅边界英国一侧的贸易显然常常会受非英国控制区发生的事件的影响。例如，一旦古拉伯·辛格离开西藏，兰普尔的贸易就不会复苏到预期的规模②。除非英国能和中国人以及古拉伯·辛格签订某种形式的政治和商业协定，否则兰普尔贸易同样不会复苏。同样明显的是，没有这样一个协议，古拉伯·辛格很可能会再次试图占领噶大克和日土宗，并威胁边疆的和平。

1845 年，锡克战争的爆发为英国提供了签署这样协议的机会。查谟国王古拉伯·辛格成功地避免公然对英国表示敌意，他的技巧如此精湛，以至于当卡尔萨（Khalsa）军队于 1846 年在索布拉翁（Sobraon）被打败时，英国竟委任古拉伯·辛格本人担任查谟和克什米尔的统治者。这种行事方式意义深远。1846 年 3 月 9 日，通过签订《拉合尔条约》（the Treaty of Lahore），萨特累季河和印度河之间的所有锡克山国资产，包括查谟，克什米尔和拉达克，都被英国吞并了。一周后，在阿姆利则通过了一些重要的规定，查谟、克什米尔和拉达克都被移交给古拉伯·辛格及其家族永久统辖。这个新成立的国家将置于英国保护下，每年向英国缴纳数额很小的朝贡物品；其边界和其他争端都移交给英属印度政府仲裁；未经许可不得雇佣欧洲或美国公民；其与中华帝国的边界问题将由联合边界委员会来决定。③最后一款至关重要。正如即将在克什米尔与西藏的边界协议(settlement)上起决定性作用的上尉亚历山大·坎宁汉（Alexander Cunningham）所说，既然古拉伯·辛格摆脱了拉合尔的锡克人的统治：

渴望掠夺和希望复仇似乎有可能促使他重蹈 1841 年侵略西藏领土的覆辙。出现这种情况必然会立刻阻断羊绒披肩进口至我们的领土，关闭我们的山地诸国同西藏之间所有小规模的贸易往来。我们同中国皇帝之间的和平关系也有可能因为天朝皇帝分不清印度统治者和克什米尔统治者而处于尴尬境地……英国政府决定解决未定界问题，消除这个总是引发争执的根源。④

相应地，在 1846 年 7 月，英属印度政府派亚历山大·坎宁汉上尉（Captain Alexander Cunningham）和万斯·阿格纽先生（Mr. Vans Agnew）前往查看《拉合尔条约》新割让

① 《秘密信函》附件（Enclosures to Secret Letters），第 89 册，第 38 号：坎宁汉致函克勒克，1842 年 8 月 3 日。
② 《秘密信函》附件（Enclosures to Secret Letters），第 3 卷，第 48 号，厄斯金致函印度，1847 年 7 月 19 日。
③ 潘尼迦，如前所引，第 90 页，以及下列等等。
④ 坎宁汉，《拉达克》（Ladak），如前所引，第 12 页。

的领土。[①]然而，通过他们接受的命令可知，此行的目的远远不止是单纯的划界。贸易问题仍有待解决，英国在西部西藏和整个中亚的贸易前景都充满疑问。就目前的西藏贸易而言，即便是现在，在获得令人满意的解决方案之前，英国必须面对克什米尔阻止羊绒披肩向兰普尔和其他市场出口的事实。在这种情况下，斯比提河谷及附近的拉胡尔（Lahul）和库鲁（Kulu）的重要性便非同寻常了。斯比提河谷在萨特累季河上游处进入拉达克境内，无论谁控制了斯比提河谷，都将处于有利位置，并对由噶大克通往兰普尔的路线施加一定影响。这便是通过 1841 年学到的经验教训。因此，边界委员会接受指令确保该地区的安全，“从地理上看，这是拉达克的部分领土……为了阻止外国介入兰普尔和盛产羊毛的西藏羌塘（Chanthan）之间”，应该据为己有，可让出别处，作为对古拉伯•辛格的赔偿。[②]

有迹象显示，西藏政府或许愿意达成某种协议。1845 年巴沙尔国王（the Raja of Bashahr）受指示也认为：如果英国人要求噶大克的两噶本解除羊绒出口的种种限制（这些限制或许是因同古拉伯•辛格签订条约之故），他们将受到嘉奖。看来，西藏人似乎和英国人一样，对拉达克的克什米尔官员向羊绒披肩贸易强征重税的行为极为不满。[③]印度总督哈定（Hardinge）将这种可能性铭记在心，并给“拉萨-噶大克首领（Vizier of Lhassa-Gartope）”准备了一封信函，打算让边界委员会成员转交给西藏当局，提出了有创见的论点，说在 1841-42 年古拉伯•辛格同西藏签订的任何约定，现在已由英国政府承担了，因为这些约定，事实上就是拉合尔所承诺的，据 1846 年《拉合尔条约》，这些约定连同拉合尔在锡克山区的领地都移交给英国人了。这样，英国商人与拉达克的或其他地方的商人应该同样享有同西藏噶大克往来贸易的权利就有充分理由。如果接受了这一点，那么，西藏与英国人签订一份正式协议，虽然的确是可取的，也不是根本必需的了。或者也可以这样认为，一旦同英国领地的正规贸易获得批准，则印度总督在信中绞尽脑汁提到的免税特权将会吸引双方商人往来，“人们很快便会找到最为安全和征税最少的地方”。[④]正如 1846 年 8 月哈定写给东印度公司董事会的信函中所提到的：

> 我希望现在采取的措施能够开辟我们和中国边疆及拉萨之间的交通线路，这些线路能够畅通无阻地经过我们的领地，或我们控制下的领地，在全程缴纳通行税的情况下不受任何阻挠。希望这些措施对我们治下的省份与中国鞑靼人治下的省份（此处指西藏——译者）之间展开的贸易产生非常有利的影响。[⑤]

若想尝试与西藏官员建立联系，一个亟待解决的问题便是：如何确保英国政府发出

---

①《秘密信函》附件（Enclosures to Secret Letters），第 106 册，第 33 号：亨利•劳伦斯（Henry Lawrence）致函万斯•阿格纽（Vans Agnew）及坎宁汉（A. Cunningham），1846 年 7 月 23 日。

② 戴维斯，《报告》（Report），如前所引，第 60 页。也可参见坎宁汉（Cunningham），《拉达克》（Ladak），如前所引，第 13 页；《旁遮普地区地名词典》（Punjab District Gazetteer），第 30 册，康格拉区（Kangra District），第 2-第 4 部分，拉合尔，1918 年，第 261 页；《库鲁、拉合尔、斯比提等喜马拉雅地区》（The Himalayan Districts of Kooloo, Lahaul and Spiti），哈尔考特（Capt. A. F. P. Harcourt）上尉，伦敦，1871 年，第 132 页。

③《秘密信函》附件（Enclosures to Secret Letters），第 3 册，第 48 号：厄斯金致函印度，1847 年 7 月 19 日。

④《秘密信函》附件（Enclosures to Secret Letters），第 106 册，第 33 号：劳伦斯致函阿格纽，1846 年 7 月 31 日。

⑤《来自孟加拉和印度的秘密信函》（Secret Letters from Bengal and India），第 31 册，第 401 页：哈定致函董事会，1846 年 8 月 14 日。

的这些信函能如期抵达目的地。迄今为止，噶大克政府对英国的提议表现出十分冷漠的态度，并不止一次明确表态，他们没有任何权利和欧洲人进行沟通。然而，如果不借助某些手段向西藏人传递英方的观点和意图，就会承担产生误解的严重风险。例如，斯比蒂一直有向西藏噶大克进贡的习惯，依据 J.D.坎宁汉 1841 年提出的政策，现已被废除。那么，怎样解释英国吞并斯比蒂一事呢？看来有必要改变向拉萨寄信的方式。因此，哈定总督将其信的复本寄往香港，请那里的约翰•德庇时爵士（Sir John Davis，时任香港总督——译者）安排通过北京将其转给西藏首府。[①]

这是英属印度政府第一次试图通过中国执行其西藏政策——在这之前，都是完全相反的政策，即通过西藏和中国建立关系。现在，由于《中英南京条约》的签订，英印政府才有可能使用这种方法。此外，中国人对古拉伯•辛格入侵西藏超乎想象的强烈反应，似乎表明中国才是西藏真正的主人。因此，中国人或许可以扮演比邮差更为重要的角色。英属印度政府要求约翰•德庇时爵士向广州的中国政府表明：清帝应当委派专员前往西藏西部边界，与英国和克什米尔专员联合进行划界。德庇时似乎收到了对此建议较为肯定的回复，但不能指望在 1846 年看到任何进展。[②]

1846 年夏天，万斯•阿格纽（Mr.Vans Agnew）和坎宁汉忙于在英国的新领地拉胡尔和斯比提勘定边界。他们在与噶大克建立联系方面进展颇为不顺。他们的翻译阿南特•拉姆（Anant Ram）是巴沙尔国王手下的一名官员，被派往噶大克递交印度总督的信函。拉姆返回后报告说，噶大克噶本极不情愿地接受了这封信，经过一番争论才同意将其转交给拉萨，只因这封信是由巴沙尔国的代表而非英国官员送来，噶本宣称他们绝不会和英国官员发生任何往来。噶本最后补充道，至少要一年才可能收到回复。[③]后来，有证据表明，阿南特•拉姆在报告中并未如实陈述，这封信并没有转交拉萨。不管怎样，这封信是用很糟糕的藏文写成的，让两名噶本看来，意思是为英国人要求噶本们严格遵守同古拉伯•辛格订立的条约之各款内容。[④]此次雇佣当地土著代表执行外交使命遭遇失败，之前也并非从未发生过；因担任此类工作的当地人，尤其在同西藏交涉的场合，私下里对维持现状更感兴趣。作为巴沙尔国的一名官员，阿南特•拉姆极有可能在经济上涉足西藏贸易，若贸易规模扩大到让英国属民也参加，他就有可能遭受损失。无论如何，拉姆都不会十分乐意承担这项让西藏当局把他看作是英国间谍的任务。

1847 年春，从巴沙尔国传来消息，有两名清廷官员抵达噶大克，还说他们是中国勘界委员(Chinese Boundary Commissioners)，这消息是通过香港获悉的。[⑤]尽管哈定怀疑他们此行的目的“与其说是划定边界，不如说是阻止我方专员越过边界”，依然决定派

---

① 《秘密信函》附件(Enclosures to Secret Letters)，第 106 册，第 33 号：爱德华(Edwards)致函劳伦斯(H. Lawrence)，1846 年 8 月 4 日。

② 《来自孟加拉和印度的秘密信函》(Secret Letters from Bengal and India)，第 32 册：哈定致函董事会，1847 年 7 月 28 日。

③ 坎宁汉，《拉达克》，如前所引，第 14 页。《秘密信函》附件（Enclosures to Secret Letters），第 114 册，第 36 号：坎宁汉致函劳伦斯，1847 年 8 月 29 日。

④ 《秘密信函》附件（Enclosures to Secret Letters），第 114 册，第 36 号：斯特里奇致函劳伦斯，1848 年 1 月 26 日。

⑤ 坎宁汉，《拉达克》，如前所引，第 15 页。《秘密信函》附件（Enclosures to Secret Letters），第 3 册，第 48 号：厄斯金致函印度，1847 年 7 月 19 日。

出一个新的委员会前往边界，继续前一年的工作。①亚历山大·坎宁汉接到命令，由刚刚前往玛旁雍错探险归来的亨利·斯特里奇中尉（Lieutenant Henry Strachey），和著名的博物学家托马森博士（Dr. Thomson）辅助共同前往边界。此次接到的命令比前一年的内容丰富得多。不仅要在中国专员的协助下划定克什米尔—西藏边界，而且要努力“令西藏和英属印度政府诸省之间的贸易关系建立在比目前更令人满意的基础上”。②坎宁汉的任务是经由拉达克和克什米尔，前往吉尔吉特（Gilgit）和罕萨（Hunza）游历，从而打探英国在中亚的贸易前景。斯特里奇则将前往西部西藏，如有可能，则沿着布拉马普特拉河上游或雅鲁藏布江游历，前往拉萨，最后经由不丹或锡金返回英国领土，他此行并不打算使用武力。③如果有可能与中国官员或西藏官员会谈，则划界委员会应尽可能废除古拉伯·辛格和西藏之间有关拉达克垄断羊绒贸易的任何条款。从哈定给东印度公司董事会的报告中不难看出，在这些命令之后隐藏着面对当前俄国商人，俄国货物以及中亚其他地区的商人商品充斥西藏市场（英国却无所作为）的局面，英属印度政府对此若非焦虑不安，则是一股怨气，自然也包含了一种希望，即希望来自英国领土的商人能在这场竞争中处于有利地位，正如穆尔克罗夫特 20 年前敦促的那样。④东北边境局（Agent of the North-East Frontier）的詹金斯少校（Major Jenkins）也比较支持派英国官员前往拉萨的想法，他在与西藏政府更为密切的接触中看到了控制蛮横的不丹及阿萨姆山区部族的一种手段。有关詹金斯少校的建议将会在下一章详细探讨。

古拉伯·辛格和西藏人都对划界委员会疑虑重重。如果贸易协定一旦达成，古拉伯·辛格将会损失惨重；而西藏人则坚信，划界委员会在秘密侦察地形，以备将来入侵西藏。⑤由此可以料到，这次历时 1847、1848 两年经过香港的商谈一无所获。约翰·德庇时爵士通过广州的中国政府和他自己的代理人给皇帝发出了好几封信函。尽管他得到通知，北京将会给驻拉萨的中国代表发出“适当的命令”⑥，但中国人的态度显然是“这些领土的边界已经非常清晰地固定下来，因此最好坚持自古以来的规定，如不再采取额外措施划定边界则最方便不过。”当我们回想起这位驻扎在拉萨的中国代表即署理广东总督的臭名昭著的琦善（Ch’i-shan），此番言论就不那么令人吃惊了。达尔豪西勋爵（Lord Dalhousie）在回忆边界委员会所取得的成就时说道，“他若竭尽所能避免在遥远的中华帝国的又一条边界上与任何英国官员沟通，丝毫不足为奇”。⑦由于在鸦片战争中没能在广州阻止英国人的入侵，琦善遭到贬职，并被处以死刑，直到最后一刻，这一严酷的宣

---

①《来自孟加拉和印度的秘密信函》（Secret Letters from Bengal and India），第 32 册：哈定致函董事会，1847 年 7 月 28 日。

②《秘密信函》附件（Enclosures to Secret Letters），第 3 册，第 48 号：印度致函劳伦斯，1847 年 7 月 10 日。

③ 《秘密信函》附件（Enclosures to Secret Letters），第 3 册，第 48 号：印度致函坎宁汉，1847 年 7 月 27 日。也可参见《西部喜马拉雅与西藏》（Western Himalaya and Tibet），汤姆森（Dr. T. Thomson），伦敦，1852 年，第 116 页。

④《来自孟加拉和印度的秘密信函》（Secret Letters from Bengal and India），第 32 册：哈定致函董事会，1847 年 7 月 28 日。

⑤《秘密信函》附件（Enclosures to Secret Letters），第 114 册：劳伦斯致函坎宁汉，1847 年 7 月 16 日。

⑥《秘密信函》附件（Enclosures to Secret Letters），第 114 册：德庇时爵士致函哈定，1847 年 8 月 12 日。也可参见《中国杂记》（Chinese Miscellanies），德庇时爵士，伦敦，1865 年，第 47-48 页。

⑦ 董事会文集（Board’ s Collections），第 2461 册，第 136806 号文集：达尔豪西（Dalhousie）致函董事会，1851 年 7 月 31 日。

判才被改为流放西藏。他在拉萨的任职之所以被人铭记，则是由于两名法国天主教遣使会的传教士古伯察（Huc）和秦神父（Gabet），此二人成功地在1846年抵达了禁城拉萨，但后来却被琦善下令驱逐出拉萨。[①]

中国专员并未到来，因此，早先提到他们已到边界的报告都是假的。英国专员在拉达克就遇到了阻挠。实际上，由于当地的堪布拒绝为他提供供给物品，斯特里奇在汉勒（Hanle）被关了好几周；毫无疑问，这是受了对英国委员充满了敌意的噶大克政府的教唆。更多写给噶本的信函均遭到无视，现在情况很简单：英国专员根本无法获准踏上西藏的土地，更不用说执行什么联合划界。[②]古拉伯·辛格的划界专员也同样不合作，他们把与英国划界专员合作的事宜推迟了好几个月，当最终抵达划界地点时，他们又尽其所能地拖延划界事宜，[③]但这似乎并未耽搁古拉伯·辛格向英国提出要求，即希望英国施加影响力，释放那些在1841年入侵惨败后仍被西藏人扣押的战俘。[④]坎宁汉和斯特里奇所能做的，只有在无人帮助的情况下自行划定边界，而1687年以来树立在西藏和拉达克边界之间的清晰界柱为他们完成任务提供了极大帮助。他们还搜集了更多有关这片不为人知的土地的信息，这些在二人广为流行的著作中都有所记载，参见坎宁汉所著《拉达克》（*Ladak*）和斯特里奇所著《西部西藏的自然地理》（*Physical Geography of Western Tibet*）。[⑤]英属印度政府对此十分满意。1848年5月，尽管对失去改善与中华帝国关系的“这一千载难逢的机会”感到极为遗憾，英属印度政府还是决定放弃尝试进一步与西藏人或中国人进行谈判。[⑥]

因此,划界委员会没有取得政治协议,其渊源和活动在英藏关系史料中也鲜有记载。[⑦]尽管没有达成任何协议，但若说这些事件，尤其这些发生在1841-1842年危机期间的重大事件没有产生任何重要的政治意义，则是不切实际的。从当时的往来通信、官方指令和报告中，我们可以理解英国边疆政策的基本元素，而边疆政策的发展演变则构成了未来印度与西藏关系史的主要组成部分。例如，理解了山地诸国与西藏之间错综复杂的关系后，坎宁汉才提出，只能允许这些在英国保护下的小公国给中华帝国的一个附属国交

---

①《中国通史》(Histoire Generale de la Chine)，考狄（H. Cordier)，第4册，巴黎，1921年，第12-13页。《清代名人传》(Eminent Chinese of the Ch’ing Period)，恒慕义（A. W. Hummel）编，两卷本，华盛顿，1943年，第一卷，第126-128页。《古伯察和秦神父被逐出西藏的文献档案》(L’ Expulsion de MM. Huc et Gabet du Tibet: documents inédits)，考狄（H. Cordier)，巴黎，1909年。

②《秘密信函》附件（Enclosures to Secret Letters)，第114册，第36号：斯特里奇致函劳伦斯，1847年9月25日。

③《秘密信函》附件（Enclosures to Secret Letters)，第114册，第36号：坎宁汉致函劳伦斯，1847年10月20日。

④《旁遮普政府档案》(Punjab Government Records)，第4册：拉合尔政治日记(Lahore Political Diaries)，1847-1849年，第52页，254-255页。

⑤《西部西藏的自然地理》(Physical Geography of Western Tibet)，斯特里奇上尉（Captain H. Strachey）著，伦敦，1853年。

⑥《来自孟加拉和印度的秘密信函》(Secret Letters from Bengal and India)，第33册：达尔豪西致函东印度公司董事会，1848年5月2日。董事会文集（Board’ s Collections)，第2461册，第136806号文集：达尔豪西致函东印度公司董事会，1851年7月31日。

⑦ 例如：《在西藏探险》(The Exploration of Tibet)，桑德伯格（G. Sandberg)，加尔各答，1904年，第137-138页。

纳特殊的宗教贡品，这一原则首次适用于斯比提。后来，在英国1886年统治不丹、1890年统治锡金时，该原则都得到了实施；当印度政府带着些许兴趣和焦躁不安考察尼泊尔对于中华帝国的朝贡地位（Tributary Status）时，也运用了这一原则。

边界委员会标志着英国第一次试图和中华帝国代表在西部喜马拉雅山脉商讨正式的帝国边界。从诸多方面来看，一条山脉固然是强国的天然关卡，却也提出一些政策问题：英国的统治界限是否应在山麓（foothill）一带，抑或应在山腰，或在对面的斜坡上。总而言之，只要有可能，英国就希望控制喜马拉雅山区那些友好且独立的小公国，如尼泊尔，不丹等，当然首先是锡金。克什米尔的出现，很大程度上可用此理论来阐释。[①]然而，从商业的角度来看，该政策并不完全令人满意，因为友好且独立的小公国从不拒绝从这笔过境贸易中最大限度地榨取好处。由于经由这些地方越过喜马拉雅山脉的贸易十分重要，如，在锡金有一种吞并西藏边界领土的强硬观点，我们在拉胡尔和斯比提的例子中看到这种观点付诸实践。像这样的情况，高山地区的边界究竟应当划在哪里，边界委员会"防止所有在未来引发争端的可能性"，采取了"山脉中不同河流水系之间的分水岭构成的边界"。[②]

另一个结果是，英属印度政府明白了与达赖喇嘛和拉萨政府建立直接联系的企图总会无果而终的道理。1848年，斯特里奇在报告中说，从西藏政府那里盼来的只有阻挠：他们拒绝承认其周边国家发生的任何政治变化。他认为，古拉伯·辛格和拉萨之间所签条约的条款是学术性质的，因为拉萨官方仍然认为拉达克是一个独立的王国，甚至根本没有承认查谟国王的存在。他觉得成功的最佳机会在于鼓励英国官员通过本地代理人（local agents）和当地西藏官员建立友好往来关系，尽管这样的举动可能面临明显的危险。他还敦促，如果以后给西藏人写信，一定要对信函的翻译倍加小心——的确，英属印度政府表现出的对藏文研究的兴趣很可能就是这一时期的成果。最后，斯特里奇强调说，如果有必要接触中国驻拉萨代表，即驻藏大臣，那么最好通过北京，而绝非印度政府建议的与西藏建立直接沟通。英属印度政府接受了这一观点。[③]

阿富汗战争结束后的几年，印度政府似乎留意到俄国商贸正在渗透西藏市场的事实，正如他们发现俄国人还在向中亚的其他地区扩展。当然，该情况以前就曾经提到过。波格尔提到卡尔梅克商人在西伯利亚和西藏之间做买卖。[④]如上所述，在廓尔喀战争期间，摩拉勋爵对俄国商人（可能是亚洲俄国人）发现法国布匹在西藏颇受欢迎一事做出过评论。穆尔克罗夫特也对此事评价过。1831年，身处加德满都这样有利位置的霍奇森指出，英国货物通过圣彼得堡进入西藏集市，可真是咄咄怪事。[⑤]1838年，彭伯顿似

① 潘尼迦，如前所引，第107页。

② JASB，第17册，第一部分，1848，第295页。

③《秘密信函》附件（Enclosures to Secret Letters），第114册，第36号：斯特里奇致函劳伦斯，1848年1月26日；科里爵士（Sir F. Currie）致函印度，1848年3月22日。《来自孟加拉和印度的秘密信函》（Secret Letters from Bengal and India），第33册：达尔豪西致函东印度公司董事会，1848年5月2日。

④ 马克汉姆（Markham），《游记》（Narratives），如前所引，第125页。

⑤《尼泊尔和西藏语言学、文学及宗教论文集》（Essays on the Languages, Literature and Religion of Nepal and Tibet），霍奇森（B. H. Hodgson），伦敦，1874年，第94页。

乎得出结论，俄国人不仅在政治上，而且在商业上对拉萨产生了影响。[①]然而，这些信息似乎都没有引起印度政府的兴趣，直到这位精力充沛的总督达尔豪西勋爵（Lord Dalhousie）认为，在距离英属印度如此之近的市场，英国贸易应当竭尽全力与俄国竞争。达尔豪西勋爵承认，西藏的对外贸易数量很小，但他看不出任何理由允许俄国垄断西藏贸易。他似乎还没担心过在西藏的俄国商人其实还是政治间谍。[②]印度政府究竟该怎么办才能改善英属印度与西藏之间的贸易呢？边界委员会已经证明，政治手段收效甚微。如果英国人希望改善自己在西藏高原的贸易地位，他们将不得不仅限于在自己领土内采取措施。他们可以免去来往西藏市场货物所征的税收，还可以修建通往西藏边界的道路。

心中有了这一政策，巴沙尔国的过境税在 1847 年被英国废除。[③]1850 年，达尔豪西勋爵下令修建一条从印度平原通往西姆拉的道路，这条道路将最终延伸至萨特累季河，并经由奇尼（Chini）直抵西藏边界。这条路被称之为印度斯坦—西藏路，最初是 1841 年由坎宁汉建议修建的，他认为这条路会吸引阿姆利则（Amritsar）及德里的商人踏上前往噶大克寻求羊绒的征程。[④]达尔豪西还发现了好几个支持该项目的其他论点。这条道路可距离重要的高山站点西姆拉更近；方便军队往来于此；终结苦役（begar）或强行搬运制度，该制度对于高山游历至关重要，但印度政府认为这是强加在山地农村的不公平制度；但这条道路的主要作用将是改善英国与西藏的贸易条件。达尔豪西认为“开辟一条经由奇尼通往西藏的路线可以给英国带来政治和商贸方面的好处”。[⑤]然而，该项目的执行却缺乏动力，到了 1858 年，该项目实际上已被废止，以便集中精力修建大货车路（the Grand Trunk Road）。当时，有人从军事层面提出了疑虑，认为跨越喜马拉雅山脉障碍修建这样一条便利的路线在军事上是不利的。[⑥]从奇尼到边界的最后一站，贯穿整个 19 世纪都未竣工。[⑦]1861 年，印度测量局（Survey of India）的蒙哥马利少校（Major Montgomerie）报告说，抵达西藏的最佳路线是经过大吉岭（Darjeeling）或阿萨姆（Assam），英属印度政府应当在这里修建道路，而非毗邻西部西藏的遥远地区。[⑧]

从整体上看，英国对西部西藏的贸易政策并没有成功，印度斯坦—西藏道路的修建就是一个例证。1862 年，一份截至当时的贸易报告分析了当时的情况，指出，尽管存在许多设计和期望，但都没有获得成功。主要针对欧洲买家的西藏羊绒市场本该在斯比

① 《有关不丹的报告》（Report on Bootan），彭伯顿（R. B. Pemberton），加尔各答，1838 年，第 172 页。

② 董事会文集（Board' s Collections），第 2479 册，第 141m513 号文集：达尔豪西勋爵备忘录，1852 年 2 月 16 日。

③ 《印度帝国地名词典》（Imperial Gazetteer of India），牛津，1908 年，第 7 册，第 94-95 页。

④ 《秘密信函》附件（Enclosures to Secret Letters），第 82 册，第 8 号：坎宁汉致函克勒克，1841 年 11 月 13 日。

⑤ 《印度和孟加拉急件》（India and Bengal Despatches），第 81 册，第 169 页：印度外交信函（India Foreign Letter），第 74 号，1852 年 12 月 7 日。《1857 年纪录与档案》（Accounts and Papers 1857），第 1 部分、第 11 部分：有关印度斯坦—西藏公路的备忘录和通信集（Minutes and correspondence relating to the Hindustan-Tibet road），第 275 页。《有关印度斯坦—西藏公路的报告》（Report on the Hindustan-Tibet Road），布里格（D. Briggs），1855 年 12 月 19 日。

⑥ 《印度和孟加拉急件》（India and Bengal Despatches），第 113 册：公共著作部（Public Works Dept.），第 21 号，1858 年 6 月 29 日。

⑦ 《旁遮普国家地名词典》（Punjab States Gazetteer），第 7 册，第 2 号，第 63 页，附录 1，第 7 页。

⑧ 戴维斯（R. H. Davis）：《英属印度西北边疆诸国之贸易和资源报告》（Report on the Trade and Resources of the Countries on the North-Western Boundary of British India），拉合尔，1862 年，附录 A，第 12 页。

提刚刚被英国吞并的时候建立，但直到1862年止，英国什么也没做。[①]万斯·阿格纽建议，还可以从斯比提修建一条通往叶尔羌（Yarkand）的道路，这条路只穿过中国领土，以此来躲避克什米尔政府高昂的赋税[②]；“迄今为止，英国与中国突厥斯坦（此处指新疆——译者）的贸易仍然只能通过列城或其他克什米尔控制下的城镇进行，那里的重税已达到令人无法忍受的程度：纺织品要缴纳30%的过境税，糖缴纳126%的过境税，茶叶缴纳 78%的过境税，烟草缴纳 99%的过境税”。[③]外交手段已无法打破拉达克对羊绒贸易的垄断，克什米尔大公仍然认为这是一项国家垄断贸易。[④]自边界委员会插手以来，英国与西藏政府的外交关系就没有改善过。1863 年，康格拉区副专员（Deputy Commissioner for the Kangra District）埃杰顿（P. H. Egerton）致函噶大克噶本，请求在斯比提边界与其会晤，商讨“成立一个对双方都有利的集市”，鼓励印度和西藏商人以斯比提为聚集地。这封信被原封不动地退回了。埃杰顿感叹道：“唉，罗素勋爵（Lord Russell，1829—1884，英外交家——译者）在外交生涯中都从未遭遇过比我更惨痛的失败。”[⑤]西藏人非常怀疑英国人的意图。一位富有的西藏地主曾询问埃杰顿的一位本地助手：“英国人什么时候来占领西藏？过去四五年间就不断有人谈论修路的事宜，但直到现在他们还没来。我保证出钱买牦牛二百头，白白送给每一位要来拉萨的英国人。”[⑥]然而，除非拉萨爆发一场革命，埃杰顿都疑心重重：若非一位威风凛凛的使臣将中华帝国政府的‘朱笔谕旨’递交给噶大克或拉萨，这诸多有利可图的贸易能否成功地“抵挡住西藏官员顽强不屈的阻挠”。[⑦]

如果能一直为旁遮普的纺织工提供有品质的羊绒——由于越来越多地使用次等克尔曼（Kerman）和赛斯坦（Seistan）羊毛，与克什米尔相关的旁遮普成品羊绒品质下降——与此同时，英国与西藏的关系也没有得到任何改善，因此，英国必须和克什米尔统治者达成某种协议，从而令英国可在拉达克派驻官员。[⑧]英属印度政府现在就采取了这种政策。1864年，英国与克什米尔大公签署了关税协议。1867年，英国派凯利博士（Dr. Cayley）前往拉达克担任英国驻拉达克首任代表。[⑨]然而，尽管取得了这些进展，羊绒

---

① 戴维斯（R. H. Davis）：《英属印度西北边疆诸国之贸易和资源报告》（Report on the Trade and Resources of the Countries on the North-Western Boundary of British India），拉合尔，1862年，第60-61页。

② 戴维斯（R. H. Davis）：《英属印度西北边疆诸国之贸易和资源报告》（Report on the Trade and Resources of the Countries on the North-Western Boundary of British India），拉合尔，1862年，附录B，第21页。

③ 戴维斯（R. H. Davis）：《英属印度西北边疆诸国之贸易和资源报告》（Report on the Trade and Resources of the Countries on the North-Western Boundary of British India），拉合尔，1862年，第78页。

④ 戴维斯（R. H. Davis）：《英属印度西北边疆诸国之贸易和资源报告》（Report on the Trade and Resources of the Countries on the North-Western Boundary of British India），拉合尔，1862年，附录C，第33页。《穿越斯比提前往中国西藏边界行纪》（Journal of a Tour through Spiti to the Frontier of Chinese Thibet），埃杰顿（P. H. Egerton），伦敦，1864年，第65页。《拉达克、鞑靼与克什米尔行纪》（Travels in Ladak, Tartary and Kashmir），托伦斯（Lt.-Col. H. D. Torrens），伦敦，1862年，附录3，第364-367页。

⑤ 埃杰顿，如前所引，第44页。

⑥ 埃杰顿，如前所引，第45页。

⑦ 埃杰顿，如前所引，第67页。

⑧ 埃杰顿，如前所引，第66页。

⑨ 《1867年至1868年间的纪录与档案》（Accounts and Papers 1867-68），L，第705页：有关任命拉达克商务代理人及其活动……的通信（Correspondence……relating to the appointment of a Commercial Agent in Ladak, and to his proceedings there）。

贸易的重要性却日渐下降。相对而言，经过克什米尔属地取道叶尔羌（Yarkand）和喀什噶尔（Kashgar）前往中亚发展贸易的各种可能则日益显著，这就为英国同俄商竞争开辟了天然场地。1870 年福赛斯使团（the Mission of Mr. Douglas Forsyth）的叶尔羌之行标志着英国开始了扩张的新阶段①，相比之下，“英国与中国西藏之间的贸易则完全无关紧要”。②例如，1883 年英国与西藏之间的贸易仅占旁遮普进出口贸易总额的 1%。③

只要英国势力在孟加拉这段喜马拉雅地区得到充分发展，英印同西藏接触的重点从印度西部移至东部孟加拉就是必然的，因为从印度平原前往西藏首府的最短途径正是穿越孟加拉。到 1861 年，这一进展几乎就要完成了，而西部西藏则直到 19 世纪最后几年才能再次在印藏关系中发挥重要作用。④

（本文选译自英国学者阿拉斯泰尔·兰姆（Alastair Lamb）著《英属印度和西藏，1766-1910 年》（British India and Tibet, 1766-1910, Routledge & Kegan Paul, London and New York，1986），第 43-67 页。本文的翻译经过作者授权。）

（梁俊艳，女，博士，副研究员，中国藏学研究中心历史研究所，北京，100101）

①《1871 年纪录与档案》(Accounts and Papers 1871)，LI，第 619 页：有关道格拉斯·福赛斯先生前往叶尔羌使团的通信（Correspondence Relating to the Mission of Mr. Douglas Forsyth toYarkand）。

②《1881-1882 年旁遮普对外陆路贸易报告》(Report on the External Land Trade of the Punjab 1881-1882)，拉合尔，1882 年：旁遮普（Punjab）致函印度财政（India Financial），第 1814 号，1882 年 7 月 21 日。

③《1882-1883 年旁遮普对外陆路贸易报告》(Report on the External Land Trade of the Punjab 1882-1883)，第 2 页。

④ 参见第 198—201 页下方。有关拉达克和西藏之间关系的两部著述，都多多少少受到 20 世纪 50 年代和 60 年代初期的中印边界争端的影响，参见：“西藏和拉达克的历史”（Tibet and Ladak: A History)，阿合麦德（Z. Ahmad），收入《第 14 号圣安东尼论文集。远东事务，第三辑》(St. Antony's Papers No. 14. Far Eastern Affairs Number Three)，伦敦，1963 年；《喜马拉雅战场：中印在拉达克的竞争》(Himalayan Battleground. Sino-Indian Rivalry in Ladakh)，费舍（M. W. Fisher）、罗斯（L. E. Rose）、哈登巴克（R. A. Huttenback）著，伦敦，1963 年。阿德尔（G. J. Alder）所著的《英属印度的北部边疆，1865-1895 年》(British India's Northern Frontier 1865-1895，伦敦，1963 年）主要研究克什米尔（包括拉达克）的贸易和外交关系，但重点放在 1860 年之后。

CONTENTS

Abstract: The yin（荫） privilege was the privilege extended to high-ranking officials whereby they could nominate family members (sons, grandsons) for civilian office. The yin privilege in the hands of the Yuan Emperors was used to achieve their own very specific goals as Chinese rulers of a large sedentary empire. Under the Mongols, the yin privilege became the norm, it accorded with the normal workings of Mongolian society. The Yuan Dynasty yin regulations were designed and devised to facilitate the careers of Mongols and Western and Central Asians, while severely limiting the advance of Chinese. Some protection regulations were bound up with ethnic, occupational, and geographical categories, Some of the northern and southern Chinese families also actively involved in this, to maintain their old class and status. With yin privilege, People from Mongolian and Western and Central Asians families have different career choice.

Abstract: The institutions for receiving messengers, who came from foreign and tributaries states, were *libu*, *lifanyuan* and *neiwufu* in times of Qing period, and such practice was dissimilar to the one made in previous dynasties. Moreover, the rule on receiving the messengers can be divided into two categories, i.e. Chinese culture circle and non-Chinese culture circle. In detail, Korea, Vietnam and Ryukyu, etc., who were in Chinese culture circle, received a warm reception from *libu* and was in charge of Han Chinese officials. Mongolian and Tibetan area as well as Russia, who belonged to non-Chinese culture circle, were given a warm reception from *lifanyuan* and *neiwufu* on being in charge of Manchu and/or Mongolian officials. This practice lasted until modern China period, when envoys of western states arrived. Scholars, whose research interests in patriarchal-vassal and tribute system, have emphasized function of *libu* performed in receiving messengers rather than that of *lifanyuan* and *neiwufu*, due to the reason that record of *lifanyuan* and *neiwufu* was written in Manchu language. In reality, frequency of missions received by *neiwufu* and *lifanyuan* was higher than that by *libu*. In this way, influence of Chinese culture circle was weak compared with non-Chinese culture circle.

So it is worth to note the question on *lifanyuan* and *neiwufu* received messengers who came from the non-Chinese culture circle.

The Activities of a Merchant Governed by Northwestern Mongol during the 17th and 18th Centuries Based on Analyses of a Manchu Archive

Qi Guang（67）

Abstract: This article attempts to illuminate the trade route and activity of a Muslim merchant governed by the Lord of Mongol Qinghai Khoshud tribe from the mid-17th century to the early 18th century based on an analysis of a Manchu File collected by Alashan Zuo Qi Archive. At the same time, it also discusses the operation of commerce under the Mongol regime and the contacts among the empires in Eurasia through an analysis of the internal situation of the Mongolia, the Qing Empire, the Russian Empire, the Ottoman Empire and the Mughal Empire.

The Manchu Tiben and the Mongol Women's Political Role in the Inheritance of Noble Titles: The Qinghai-centered Comparative Study

Chia Ning（83）

Abstract: This article examines the inheritance of the Mongol noble titles after the Mongols were organized into the Qing banner-league system. The examination focuses on women, as the wives or the mothers of the deceased male title-holders, in the heir decision and the tribal/or banner stability during the title transition. The analysis of the 290 *tiben* leads to the conclusion that the Qinghai Mongols retained the strongest Mongol legacy of women's political participation in comparison to the Inner, Outer/Khalka, and Western Mongols during the Qianlong reign.

The Scope of Validity of the law for the Mongols and its revisionary texts in the Qing Dynasty

Darijab（96）

Abstract: The one of most successful measure of Qing government was to administering the northern border area through make laws and deal with Mongols affairs according to the law. The law for Mongol was also in effect in the ethnics that were administrated by Li Fan Yuan, such as Fanzi were distributed in Köke naγur, Northern Sichuan and Northern Tibet area, Dagur and Solon who live in the Northeast area, Huiz who lived in the Hami and Tulufan. The law for the Mongols was playing an important role in administrated the ethnics were lives in the frontier region in the Qing Dynasty. The law had a lot of revisionary texts for it was revised many times after the first published in 1643.

Important role of Dongkeer play in the relations between Mongolian and Tibetan history

Hanguanquejia（103）

Abstract: The Ge-luk-ba Order of Tibetan Buddhism was introduced into Mongolian tribes since the Wanli period of Ming dynasty. As the representative of Dalai Lama, Dongkeer Hutukutu of each periods made great efforts for the spreading and rooting of it in Mongolian nationality and regions. That was Dongkeer Living Buddha's propagating Buddhism doctrines in early time in Elute tribe in Moxi gained military support from Gu Shi Khan of Khoshut tribe for Ge-luk-ba Order in late Ming and early Qing dynasties.

The Undercurrent of the Relationship between Qing and Joseon at the Beginning Years of Su-zong King Achieved the Throne

Wang Gui-dong（114）

Abstract: At fourteen years old, The King of Su-Zong(肃宗) inherited his father's throne when his father Xian-Zong（显宗） died for disease in 1674. It was a time that the new King was young and the kingdom was not secure, just at that time the influence of the "Revolt of the Three Feudatories" of the Qing Dynasty spread to the Joseon Dynasty. This essay discussed the secret strategy、the Qing Dynasty held twice memorial ceremony for Xian-Zong as well as the true or false of the view that the "the king was weak but the minister was strong" as the points and combines with other related historical events, in order to reveal the harmony level of the subordinate relationship between the Qing Dynasty and the Joseon Dynasty which was not achieved at the beginning when Su-Zong succeeded the throne，in other words, the calm surface , it was undercurrent.

The Temple and Social Life of the Balikun at Xinjiang in the Qing and Early Republican Era

Wang peng-hui（126）

Abstract: Since the Qing dynasty, Balikun socioeconomic happened oasis from nomadic to agricultural transformation, combined with each of the relics in Han and Tang dynasty at Balikun and folk beliefs immigrants from mainland China, forming various types of Buddhist Taoist temples. Balikun temple is closely related to the livelihood of the local people, most temples belonging to folk beliefs in social space, constructed the internal order Balikun urban and rural society. Balikun temple is central geographical position in social space, showing a picture of the social life of the indigenous.

The Crisis and Challenge of the Modern China Political Reconstruction and Transformation of the State

——At the Center of Outer Mongalia from 1911 to 1921

Zhao Yiyan　Peng Wulin（142）

Abstract: After the revolution of Xin Hai，The problem of outer Mongolia is almost throughout the entire period of the Republic of China. From 1911 to 1921, the issue of outer Mongolia has experienced the four stage that the form of Independence——autonomy——withdrawal of treatment——Independence, which mixed with modern nation state building Chinese exists in how to realize the political independence, national independence, national identity, ethnic identity and a series of problems. This paper at the center of the outer Mongolia issue from 1911-1921, focuses on the causes of the outer Mongolia issue.

How The U.S government induced Dalai Lama to choice the place for fleeing around the signing of "Article 17 Agreement"

Gao Cuilian　Feng Yueran（155）

Abstract: In order to contain communist and implement Cold War strategy, the U.S government took variety of measures to prevent peaceful liberation of Tibet during the negotiation and signing on "Article 17 agreement", such as inducing the 14th Dalai Lama to issue a statement against "Article 17 agreement", or inducing the Dalai Lama to flee, seeking India and United Kingdom to support Dalai, and so on. This paper used the declassified U.S. documents and related studying achievements to make a detailed discussion on how the U.S. government and Tibetan authority chose the place for Dalai Fleeing from May to Oct.1951 so that we can reveal the U.S policy toward Tibet and Sino-US relation in the early 1950's as well as the America' role in the internationalization of the Tibet issue.

On the Trade Fairs in the Ethnic Minority Festivals of Southwest China

Wan Hong（171）

Abstract: This article discusses the trade fairs in the ethnic minority festivals of southwest China, considers that there are very close relations between ethnic minority festivals and trade fairs. Due to the most ethnic minority festivals of southwest China associate with consumption of life of the local people, they may provide chances for large-scale trading of goods and also create the extremely beneficial condition for inter-regional economic and trade exchanges.

On "Xiao Shi Qiao Phenomenon" of Wuding County, Yunnan
——reflections on the correct handling of religious issues in ethnic minority areas

Zhang Yongde（177）

Abstract : The Marxism basic principles on the relationship between social existence and social ideology provide a theoretical support for the adaptability of religions to the socialist society. That the so-called "Xiaozhong Jiao" (a small alienated Christian group) phenomenon triggered by "Xiao Shi Qiao" event could once be obstruction of the local government decrees is the specific manifestation of reaction of the social ideology to the social existence. On the contrary, when the existing social material foundations change, the social ideology based on it will accordingly change sooner or later. The "Xiao Shi Qiao" phenomenon once more proves that the basic principles of Marxism can not be overturned, and it is highly instructive for our future work.

Integration and Conversion from Hali to Meifu
——Based on field research in Xifang, Dongfang, Hainan province

Meng Fanyun（184）

Abstract: There have always been conversion and integration among different subgroups within each ethnic group, and the conversion and integration from Hali to Meifu is a typical example. Through observing the conversion and integration from Hali to Meifu in Xifang, we can find out that the conversion and integration, under both internal and external forced, are efficient and effective. Also Haili and Meifu have harmonious relationship after the conversion and integration, with Meifu being obedient. It is a significant achievement of ethnic conversion and integration and can be studied and applied to nowadays life.

Reading Notes on Collected Works of Song Lian

Shang Yanbin（197）

Abstract: This study investigates Song Lian's lifetime and his arrangement for his descendants' marriage. In addition, the achievements of the Chengxiang of Jiangzhe Province Qanqlï daš-temür are also discussed. This study also attempts to make some textural criticism on the trajectory of Wei Su and his relative by marriage since Ming Dynasty. Moreover, this study analyzes the spread of northern medicine to the southern provinces and Zhu Zhenheng's path to a successful career as a doctor in eastern Zhejiang. Lastly, the situation of Japanese Zen monks in China as well as Chinese Zen monks in Japan is discussed in this paper.

Through a series of comparisons with contemporary historical documents, the author aims to prove Collected Works of Song Lian as a valuable piece of historical material.

The preliminary study on The History of How the Mongols were Turned back

Hasichaolu（216）

Abstract: *The History of How the Mongols were Turned back* (*Sog bzlog bgyis tshul gyi lo rgyus*) authored by The Nyingmapa figure Sog bzlog pa Blo gros rgyal mtshan (1552–1624) is a autobiographical historical text. It records the period of Khoden Khan (1240) until 1614 when the Mongol armies entered Tibet and how the Tibetan monks, sngags pas and bon pos performed exorcism rituals against those armies. Amongst the records, Sogdogpa's is the most detailed. The vast majority of historical events in this section are unrecorded in other Mongolian, Chinese and Tibetan documents. "The History..." has high academic value for the study of the relationship between Mongolia and Tibet, especially late 16th to early 17th century Mongolian -Tibetan relations. Since the Fifth Dalai Lama (Ngag dbang blo bzang rgya mtsho, 1617-1682) became the leader of Tibet, he openly pronounced his disapproval for Sog bzlog pa, his closest master Zhig po gling pa (1524—1583), and his closest student Gong ra Gzhan phan rdo rje (1594-1654), and prohibited their writings and rituals in Tibet. Thus, Sog bzlog pa and his writings are almost unknown to Chinese academia. This preliminary study introduces the relevant issues of "The History" and its associated background to Chinese academia and readers.

The Masterpiece of Interpreting Early History of *Tuoba*:
Reread *Tuoba History Investigation*

You Li（224）

Abstract: The book review summarizes and induces the academic contribution and research methods of *Tuoba History Investigatio*n written by Professor Tian Yuqing. Then the review points out its insights in the respect of exploring early history of *Tuoba* and important enlightenment the masterpiece gives us in the respect of research methods. Finally, the review proposes some issues which are further worth discussing and replenishing.

《中国边疆民族研究》征稿函

1.《中国边疆民族研究》由中央民族大学出版社出版，每年一辑。该书收录国内外学者有关中国边疆民族地区历史与地理方面的研究成果和译文。通过定期出版学术论文集，促进学术交流，培育史学新人，为国内外同行设立一个学术交流的平台，推动中国边疆民族地区历史与地理研究的深入。

2.《中国边疆民族研究》收录文章以中国边疆民族地区历史与地理研究的成果为主，兼及其他方面。内容包括中国边疆民族历史与地理、中国少数民族法制史、宗教史、民俗、民族语文历史文献、汉文有关少数民族历史古籍等方面的研究成果，有关边疆少数民族的社会学、民族学、语言学调查的优秀成果以及现实民族问题调查报告。

3.《中国边疆民族研究》收录文章须为有新见解的原创性成果。篇幅在 1—3 万字之间为宜，高质量的论文或调查报告字数不限。稿件全部采用页下注，注文体例采用《关于<历史研究>文献引证标注方式的规定》（见《历史研究》2004 年第 6 期），勿用“同上”一类标注。凡引用《实录》，注文中标注实录的朝代、卷、年、月、日，如《明太祖实录》卷 96，洪武八年正月辛未。正文中公元、世纪、年代及数据用阿拉伯数字（引文除外）。王朝纪年第一次出现时加注公元纪年，如“道光十年（1830）”，同一年号再次出现时不再加注。论文需附 200—300 字中、英文内容摘要。稿件后请附作者简介，内容包括作者姓名、出生年月、单位、职称、联系地址、电话、邮政编码。若为译文，需附原文复印件及作者同意翻译发表的授权书。为保证稿件质量，所有稿件先由编委或相关专家匿名评审，在初审的基础上，召开编委会会议决定是否采用，最终由出版社三审后编辑出版。

4.《中国边疆民族研究》（第九辑）征稿截止日期为 2015 年 9 月 1 日，2015 年 12 月 30 日前出版。若为打印稿请寄：北京海淀区中关村南大街 27 号，中央民族大学历史文化学院盛肖霞，邮编：100081。电子稿请发至 history985@126.com 信箱，王伏牛收。

《中国边疆民族研究》编委会

2014 年 10 月 15 日